U0463979

湖北省人文社会科学重点研究基地中南民族大学
中南少数民族审美文化研究中心

《民族美学》编委会

顾问委员
刘纲纪
曾繁仁

主任委员
段 超

副主任委员
柏贵喜
彭修银

委 员
（按姓氏笔划顺序）
冯广艺、田 敏、向柏松、许宪隆、刘为钦、李吉和、邵则遂
罗 漫、罗 彬、杨 彬

名誉主编◎范　曾

主　　编◎彭修银

民族美学

（第 4 辑）

中国社会科学出版社

图书在版编目(CIP)数据

民族美学. 第四辑/彭修银主编. —北京：中国社会科学出版社，
2017.3

ISBN 978 - 7 - 5161 - 9556 - 7

Ⅰ.①民… Ⅱ.①彭… Ⅲ.①少数民族—美学—研究—中国
Ⅳ.①B83

中国版本图书馆 CIP 数据核字(2016)第 306643 号

出 版 人	赵剑英	
选题策划	郭晓鸿	
责任编辑	熊　瑞	
责任校对	石春梅	
责任印制	戴　宽	

出　　版	中国社会科学出版社	
社　　址	北京鼓楼西大街甲 158 号	
邮　　编	100720	
网　　址	http://www.csspw.cn	
发 行 部	010 - 84083685	
门 市 部	010 - 84029450	
经　　销	新华书店及其他书店	

印　　刷	北京君升印刷有限公司	
装　　订	廊坊市广阳区广增装订厂	
版　　次	2017 年 3 月第 1 版	
印　　次	2017 年 3 月第 1 次印刷	

开　　本	710×1000　1/16	
印　　张	25	
插　　页	2	
字　　数	338 千字	
定　　价	92.00 元	

凡购买中国社会科学出版社图书，如有质量问题请与本社营销中心联系调换
电话：010 - 84083683
版权所有　侵权必究

目　录

艺术人类学

口头诗学

艺术人类学

艺术:人类学的视角

[美] 纳尔逊·格雷本　著　李修建　译[*]

摘要:人类学家认为艺术具有普遍性,不过,他们仍要通过寻找共同的艺术形式或艺术活动,如绘画、雕塑、舞蹈等,或是通过探索每种文化体系中的审美轨迹,应对艺术的跨文化认同。所有人都乐于审美欣赏,然其视、听、触、嗅、味等感官偏好却因地因时而有差异。人类学家或考察艺术的心理或精神分析层面及其情感力量,或将其视为语言和符号系统一样的语义交流媒介,或考察它们在支配人类关系时的社会政治能动性,以此探讨艺术的意义。艺术像其他地方性实践一样,经历了跨文化变迁、殖民化和全球化的过程。一方面,它们演变成了特定的民族认同的符号;另一方面,它们演变成了商业艺术和旅游艺术。艺术的跨越边界,使得不同的观众对其做出相异的解读,艺术的意义可能会被权力或商业所操控,商人、人类学家和批评家等在其中担当了中间人的角色。由于商业和旅行抹除了边界,以前那些与世隔绝的民族艺术家遭遇到了都市艺术活动,如艺术学院教

* 作者简介:纳尔逊·格雷本(Nelson Glaburn,1936—),美国加州大学伯克利分校人类学系教授,国际旅游研究院创始人,旅游人类学学科创始人,主要研究旅游人类学和艺术人类学。译者简介:李修建(1980—),山东临沂人,中国艺术研究院艺术人类学研究所副研究员,主要研究中国美学和艺术人类学。

育、美术馆和博物馆，以及繁荣而充满竞争的主流艺术世界。众多创作人员进入了这一艺术世界，不过他们极力维护民族差异性，因之，像英国、因纽特、日本、西班牙和毛利等地的艺术可以被同一家机构或类似的机构传播和展览。当代这一消融边界的世界，时常称作后现代，允许先前被分隔为工艺品、常为女性从事的艺术活动进入这些同样的流通渠道和机构之中；都市艺术家挪用非西方艺术的特征，将其据为己有，非西方艺术家同样会吸纳都市艺术的实践。艺术家们扎堆从事民族志调查，人类学家则强调艺术品的诗性（而非分析的）力量。艺术史家推崇艺术生产中的个体性和语境性，而人类学家则将研究视野拓展到了都市和全球艺术世界。

"艺术"这一术语有若干意义，皆涉及人类技巧的实施和产品，与审美（而非功能的、宗教的或科学的）属性有关，能够愉悦人的感官。有的艺术可以诉诸单个感官，如绘画，有的艺术则调用多种感官，如仪式舞蹈（视觉、运动知觉、听觉）。本文主要关注视觉艺术，而非歌曲、音乐或舞蹈。

一 "艺术"术语

"艺术"（art）源于拉丁语 ars，artis（技巧），其意义屡经变迁，反映了不同的技术和社会语境。英语"art"一词常与源自德语 kraft（自公元 850 年以后，在英语中意指"技巧，巧妙的"）的"craft"（手艺）关联在一起。自从诺曼征服（Norman Conquest）和文艺复兴之后，"craft"就变成了手工技艺和下等人的职业，而从法语"art"来的"art"（一并来的还有征服者和教会），则变成了博识之人的活动，与（艺术大师们所精通的）数学、修辞学、逻辑和语法平起平坐。

在欧洲启蒙运动时期，"艺术"的意义又发生了变迁，成为"美的艺术"（beaux arts）的同义词，意指一套重在表现的技巧，能够愉悦感官，而鲜有实用目的。这些艺术，如歌剧、交响乐、具象绘画、编排舞蹈（后来出现的芭蕾），是富有而有教养的阶级的游戏，这一阶级的趣味已不同于教会的艺术形式。一旦脱离了实用目的，艺术就成为人类精神的极好表现，艺术家体现出了天赋才能，能够自由表现。

欧洲众多未受过教育的社会成员的审美活动，如民歌、舞蹈、手工艺，以及女性的做被子、哼摇篮曲、缝纫，都不被看成艺术。另有一些活动，有审美和实用双重目的，如建筑（architecture）[和"盖房子"（building）相对]、园林建筑（landscape architecture）[和"园艺"（gardening）相对]或烹饪（cuisine）[和"做饭"（cooking）相对]，只有受过教育的从业人员，通常是男人，才被授予"艺术家"的身份。随着后现代主义者将许多民间的和地方性的活动重新评价为"艺术"，以上那些区分渐渐消隐。

二 人类学家面临的挑战

所有这些艺术都嵌入了西方世界的历史、社会和文化结构之中，人类学家发现很难识别其他社会里的"艺术"。他们以两种方法应对这一问题。

第一，寻找与西方艺术的形式（诉诸某种感官）和语境关系（如宗教、等级制度、仪式）相似的实践和产品。在西方人碰到其他复杂的文明（通常是考古学的发现）时，这个办法容易操作，但是对于早期人类学所研究的平等的无文字社会来说，就很困难了。在《原始艺术》一书中，博厄斯强调艺术的普遍性，他认为艺术是以技术为基础并且具有审美价值的产物。

当工艺达到卓越的水准……因而某种典型的形式（后来被确认为"风格"）得以生产出来，我们称这一过程为艺术……完善本质上是一种审美判断……（但是）我们却说不出在哪个确切的地方开始有了审美态度。①

---

① Boas, F., *Primitive Art*, Dover, New York [originally 1927], 1955, p. 10.

他补充说:"艺术效果有两个来源,其一仅以形式为基础,其二则与形式所关联的理念有关。"① 博厄斯假定前者具有审美普遍性,后者具有文化独特性,不过他承认,有的学者声称,所有艺术都形象地表达了某些东西。

马库特(Marquet)提出,所有社会都有审美焦点,用感官来评判其优劣。不过,"艺术"只包括那些在都市"艺术界"② 流通的产品,"原始艺术"只存在于博物馆和西方人的家庭中。马库特沿袭马尔罗(Malraux)的观点③,假定艺术是通过两种方式创作出来的:其一是目标(destination),由自觉的"艺术家"为艺术世界创作的;其二是变形(metamorphosis),是在过去或在其他地方制作的,处于艺术世界之外。比如,18 世纪的棉被直到最近才被视为艺术,当代西非多贡人的谷仓大门是为了使用而制作的,进口到西方之后,才变成了"艺术"。当下商品的全球化,使马库特的观点令人信服,因为根据博厄斯的定义,几乎所有东西都能成为"艺术"。

三 意义:艺术的内容

暗含着进化论和传播论、以博物馆为基础的 19 世纪人类学消亡之后,从 20 世纪 60 年代以来,人类学家开始关注艺术所携带的信息的机制和特性。他们利用心理学或语言学(如符号学),反映了人类学的功能主义和结构主义模式。

(一)心理学方法

类似于梦和神话,精神分析法将艺术视为潜意识的表达,在艺术中,潜意识被处理成自我意识可接受的形式。绝大多数学者都假定俄狄浦斯情

---

① Boas, F., *Primitive Art*, Dover, New York [originally 1927], 1955, p. 13.

② Becker H., *Art Worlds*, Berkeley: University of California Press, 1982.

③ Malraux, A., *Museum without Walls: the Voices of Silence*, London: Secker and Warburg, 1967.

结与攻击升华的普遍性。荣格的方法假定存在一系列具有普遍性的原型，其意义被个别或局部地加以改动，以解决面临的问题。

德弗罗（Devereux）提出，艺术以令人愉悦和美化的形式表现了禁忌。禁忌可能具有普遍性，如乱伦；也可能具有文化特殊性，如清教徒的性；还可能具有异质性，如神经病患者。当禁忌具有文化性，艺术就会受到部分赞赏，当禁忌涉及全人类的问题，艺术就会受到更大范围的赞赏。这种"美学作为不在场证据"的方法，同样成为玛格利特·米德（Margaret Mead）、贝特森（Bateson）和斯彻费林（Scheiffelin）的著作的理念基础，卡丁纳（Kardiner）的著作在一定程度上亦是如此。

费舍尔[①]追随华莱士（Wallace）和巴里（Barry），提出艺术家意识到其赞助人的由社会心理语境所催生的需要如何得以满足：艺术的潜在（没有表现出来的）内容和"风格"，呈现了能够提供安全或快乐的社会幻想的美化图景。例如，对称性的图案和重复性的简单元素，是平等社会中的艺术的特征，而复杂的等级社会中的艺术，则表现为封闭的非对称性的图案，将各不相同的元素整合在一起。他还发现，对于曲线的偏好，反映了男性对女性的安全幻想。提利特[②]（Tielhet）提出，在无文字社会中女性艺术家角色的暧昧性，源自男性对于女性生殖能力的嫉妒，他们通过对艺术创造力的掌控以及对珍贵的材料的贮藏，来补偿这种心理不平衡。

（二）语言学方法

艺术就像语言，是一种交流方式，它所用的媒介承载着编码信息，能为创作者和观众理解。福格（Forge）指出，对于塞皮克人来说，视觉艺术

---

① Fischer J., Art Styles as Cultural Cognitive Maps, *American Anthropologist*, 1961（63）：79 - 93.

② Tielhet J., The Equivocal Role of Women Artists in Non-literate Societies, *Heresies*, 1978（1）：96 - 102.

能被直接阅读，却不能变成言语。相反，穆恩①（Munn）表明，澳大利亚的瓦尔比里（Walbiri）绘画上面包含了众多形象的却与多方面相关的元素，它们具有语句一样的结构，组合在一起，是关于梦想时代的先辈的符号性表达，时常暗示着演说。

列维—斯特劳斯假定"艺术介于科学知识和神话与巫术思想之间……介于设计（科学家根据第一原理建造结构）和轶事（修补匠根据'往事的碎片'制造事物）之间……审美情感是这种结构规则和事件规则相结合的产物"②。其他一些结构主义者的研究，像亚当斯（Adams）对松巴人（Sumbanese）织物的研究，揭示了其中潜存的意义体系，能为当地人所解读。

在布洛赫看来，审美和情感之间的关系可以概括为"你不能和歌曲争辩!"他做了如下类比：交际性的/施为性的讲话对于仪式/艺术，就像散漫的/命题性的讲话是一种世俗行为和庸常表达。诸如重复、对称、有限的元素、固定的序列、老旧的图像等形式机制，赋予那些控制着仪式、修辞和艺术的权威人物以力量，使其凌驾于适应了这些模式的人们之上。

（三）社会政治方法

社会人类学家强调艺术对社会的维护功能。特纳③表明了恩登布人（Ndembu）的政治仪式如何使用规范而自然的符号与颜色构造事件，培育参与者的共同体（comunitas），比耶比克④展示了在莱加人的比瓦米（bwami）仪式中，如何以人形和动物雕像记忆箴言，训练刚入会者的。盖尔⑤声称，

---

① Munn, N., *Walbiri Iconography: Graphic Representation and Cultural Symbolism in a Central Australian Society*, Cornell University Press, Ithaca, NY., 1973.

② Levi-Strauss C., The Science of the Concrete, In *The Savage Mind*, University of Chicago Press, 1966.

③ Turner, V., *The Forest of Symbols: Aspects of Ndembu Ritual*, Ithaca NY: Cornell University Press, 1967.

④ Biebuyck, Daniel, *Lega Culture: Art, Initiation, and Moral Philosophy among a Central African People*, Berkeley: University of California Press, 1973.

⑤ Gell A., *Art and Agency: An Anthropological Theory*, Oxford: Clarendon, 1996.

人类学家错误地聚焦于美学以及形式风格与其他文化特征之间的关系，因为：第一，"艺术"并不总是关乎美学；第二，表现一个具有文化独特性的审美体系，并非艺术品的功能。被创作出来的艺术，会在社会关系中发挥作用，亦即具有能动性。在西方，艺术满足阶级和权力的利益，具有性别排他性①，维护社会等级制度②。格雷本③将分析框架拓展至商业性的民族艺术，超越了盖尔最初的视野。

（四）美学、民族美学和普遍性

对于审美的普遍性我们了解甚少。很多人类学家解释了地方审美，亦即民族审美体系，如约鲁巴人④、克林格人⑤和因纽特人的⑥。有些学者试图验证审美趣味的跨文化特征，比如将审美对象的照片出示给非西方生产者和西方的艺术研究者。⑦ 不过，格雷本⑧利用萨尔瓦多⑨在库纳人（Kuna）中的作品，是最早应用实际的艺术品对本地人（因纽特人）和欧美人

① Nochlin, Linda, Why Have There Been No Great Women Artists? *ART News*, January, 1971: 22 – 39, 67 – 71.

② Bourdieu, P., *Distinction: a Social Critique of the Judgment of Taste*, trans. Richard Nice, Harvard University Press [originally 1979], 1984.

③ Graburn N., From Aesthetics to Prosthetics and Back: Materials, Performance and Consumers in Canadian Inuit Sculptural Arts; or, Alfred Gell in the Canadian Arctic, In *Les Cultures à l'oeuvre-Rencontres en art* [Cultures at work – Encounters in art], edited by M. Coquet, B. Derlon et M Jeudy-Ballini, Paris: Biro Editeur, 2005, pp. 47 – 62.

④ Thompson R F., Yoruba Artistic Criticism, In W D'Azevedo (ed.), *The Traditional Artist in African Societies*, Bloomington: Indiana University Press, 1973, pp. 19 – 61.

⑤ Dark P., *Kilenge Life and Art* Academy, London: Editions, 1974.

⑥ Graburn N., A Preliminary Analysis of Symbolism in Eskimo Art and Culture, *Proceedings of the XL International Congress of Americanists*, Rome, 1973 (2): 165 – 170.

⑦ Child I and L Siroto, Bakwele and American Aesthetic Evaluations Compared Ethnology, 1965 (4): 349 – 360.

⑧ Graburn N., "I Like Things to Look More Different than that Stuff Did": An Experiment in Cross-Cultural Art Appreciation, In Greenhalgh M. and J. Megaw (eds.), *Art in Society: Studies in Style, Culture and Aesthetics*, London: Duckworth, 1978; Graburn N., White Evaluation of the Quality of Inuit Sculpture, *Inuit Art Quarterly*, 2001, 16 (3): 30 – 39.

⑨ Salvador M-L, The Clothing Arts of the Cuna of San Blas, In N. H. H. Graburn (ed.), *Ethnic and Tourist Arts*, Berkeley: University of California Press, 1976, pp. 165 – 182.

的偏好进行比较的一个实验。其他一些方法，利用维特根斯坦的哲学著作和其他关于旧石器时代和民族志艺术的作品①，研究前景光明。审美普遍性可能与视神经的光幻视以及大脑本身的结构有关。②

四　当代世界中的艺术

(一)　民族艺术和旅游艺术

早期的艺术人类学研究关注嵌入式的"本真的、传统的"艺术，名之为"原始"或非西方艺术。在《民族艺术和旅游艺术》(1976)一书中，格雷本考察了它们是如何进入"世界艺术体系"的，展示了主要的观众(当地或外地市场)以及审美形态的来源(传统的、外在的模式，或新奇产品)。其他学者关注诸如在非洲和美洲所发现的传统的"原始"艺术，以及在西方文明影响之下陷落的艺术。③墨菲对杂合/纯粹之区分的历史偶然性进行了质询，揭示了功能性的(当地主导)伊尔卡拉树皮画和商业性的(市场主导)伊尔卡拉树皮画有着完全相同的结构和审美模式。④内克考察了殖民时期(1870—1910)毛利具象绘画的形态，其在风格上受到了帕克哈(pakeha)(白人)文化的影响，但却表达了毛利人自己的宇宙观。⑤

---

① Conkey M., Making Things Meaningful: Approaches to the Interpretation of Ice Age Imagery of Europe, In *Meaning in the Visual Arts: Views from the Outside*, edited by I. Lavin, Princeton, NJ: Institute for Advanced Study, 1995, pp. 49 – 64; Marshack, A., *The Roots of Civilization: the Cognitive Beginning of Man's First Art*, Symbol and Notation, New York: McGraw-Hill, 1972.

② Onians, J., *Neuroarthistory: From Aristotle and Pliny to Baxandall and Zeki*, Yale University Press, 2008.

③ Phillips H., *The Integrative Art of Modern Thailand*, Seattle: University of Washington Press, 1992.

④ Morphy H., From Dull to Brilliant: the Aesthetics of Spiritual Power among the Yolngu, In *Anthropology, Art and Aesthetics*, edited by J. Coote and A. Shelton, Oxford: Clarendon Press, 1992, pp. 181 – 208.

⑤ Neich R., *Painted Histories: Early Maori Figurative Painting*, Auckland University Press, 1993.

科尔、阿帕杜莱、克利福德和托玛斯表明了殖民或后殖民时期（时常是旅游语境下的）艺术生产的历史深度和社会文化复杂性。商人、博物馆长和旅游主管可能会提供一些具有历史性的人工制品，作为丰富遗产的"纯种"符号，但实际上，我们所有的民族志收藏都是在殖民环境中获得的。像北美西北海岸印第安人的雕刻艺术，可能在市场交易的只是复制品，在新工具和经济的刺激之下，它们可能被扩大生产，数量激增。

近来的论著很少关注艺术品本身，更多关注艺术世界的相关人事的能动性。对于民族历史的分析有：科荷达斯[1]、巴特金[2]和菲利普[3]的著作，民族志研究[4]揭示了艺术家、中间商和消费者的复杂活动。艺术家可能会有意地创作多种风格的作品，意在满足众多的消费者市场[5]，他们自己有时也会担当中间商的角色。

当艺术家和消费者在文化上或地理上处于隔绝状态，中间商就具有了更加重要的作用。[6] 他们不仅将艺术品从生产者手中传递给消费者，还控制着信息的流动，如艺术品的源头、年代、意义及其作为商品或财宝的地位。[7] 他们还根据价格、重复性的订单，或有关形式、内容、颜色和材料等信息，将收藏者的需要和意识形态返回给生产者。

[1] Cohodas, M., *Basket Weavers for the California Curio Trade Elizabeth and Louise Hickox*, Tucson: University of Arizona Press, 1997.

[2] Batkin J., *Pottery of the Pueblos of New Mexico*, 1700–1940, Colorado Springs, Taylor Museum, 1987.

[3] Phillips, R., *Trading Identities: The Souvenir in Native North American Art from the Northeast*, 1700–1900, Seattle: University of Washington Press, 1998.

[4] Steiner C., The Art of the Trade: On the Creation of Value and Authenticity in the African Art Market, In *The Traffic in Culture: Reconfiguring Art and Anthropology*, edited by G. E. Marcus and F. R. Myers, Berkeley: University of California Press, 1995, pp. 151–165.

[5] Jules-Rosette B., *The Messages of Tourist Art: An African Semiotic System in Comparative Perspective*, New York: Plenum Press, 1984.

[6] Steiner C., *African Art in Transit*, Cambridge University Press, 1994.

[7] Appadurai A., *Social Life of Things: Commodities in Cross-Cultural Perspective*, Cambridge University Press, 1986.

　　依赖跨文化市场的艺术家极少能融入其象征和审美体系之中，他们对艺术界甚至"艺术"本身都知之甚少。他们生活在布满规则的雷区，逾越一步，便有严重后果，除非他们能被吸收进"艺术界"。①澳大利亚土著水彩画家纳玛特吉拉（Namatjira）成功地掌握了其白人导师的绘画风格，既赢得了澳大利亚公众的赞誉，亦受到了他们的不无妒恨的种族歧视，并最终导致了他的败落。②今天，第三和第四世界的民众越来越多地接触到主流艺术和艺术材料。许多人进入艺术学院，接受了（西方）艺术史以及原创性、艺术自由和个体原创性的思想负担。

　　本土艺术和主流（欧美）艺术流通的隔绝状态正在被打破。许多本土艺术家的作品借鉴了都市艺术的类型。他们的作品的内容不能被称为"民族的"——因为白人艺术家挪用了如此之多的民族图案！在世界艺术市场的竞争中，本土艺术家如是标识他们的民族性：展示传统的内容，包括老旧的图案和颜色；精选标题或使用一个本土名字（或"部落"指定一个非民族的名字）；或注明本土的观点。③如果作品中包含非本土性的内容、图案、名字和题目，可能会遭到市场的批评和拒绝。

　　民族艺术家处处感到压力，要创造符合主流市场需要的艺术。在巴黎举办的"世界艺术家"展览"大地魔术师"（Magiciens de la Terre）④，通过作品的并置，揭露了"民族"艺术家被期待创作一些带有成见的传统主题，而都市（白人）艺术家则可以无所顾忌地从自然或文化他异性（他者）中取用图案或材料。

---

① Graburn N., Arts of the Fourth World: the View from Canada, In Whitten D. and N. (eds.), *Imagery and Creativity: Ethnoaesthetics and Arts Worlds in the Americas*, Tucson: University of Arizona Press, 1993.

② Batty J. D., *Namatjira, Wanderer between Two Worlds*, Melbourne: Hodder and Stoughten, 1963.

③ Smith, P. C., *Everything You Know about Indians Is Wrong*, University of Minnesota Press, 2009.

④ Martin J-M. (ed.), *Magiciens de la Terre*, Paris: Editions du Centre Pompidou, 1989.

（二）都市艺术界

很少有人类学家研究都市艺术界自身的主要制度和活动。博罗①、格布兰德斯②、格雷本③、克勒克④和普里斯⑤全都考察了这一艺术界是如何对非西方艺术进行分类和调查的。许多民族志著作，如迈耶斯，在关于当代澳大利亚土著的双重目的（神圣和商业）艺术的著作中，极好地分析了西方艺术话语是如何涉及这类艺术的。⑥

从（中部澳大利亚）宾土比艺术的生产到它在都市艺术的最高殿堂的展览，迈耶斯⑦考察了一系列完整的事件和交易，许多优秀而详尽的民族志研究紧随其后，对全球化语境下的当代艺术进行了研究。迈耶斯表明，为了将艺术的真实意义传递给其最终的观众，艺术史家和艺术评论家承担了这一任务，因为土著艺术家为都市世界创作了"有明确目的的艺术"⑧，如迈耶斯书中所示，由于人类学家对当地艺术家及艺术生产的社会与材料环境极为熟悉，所以他们担当了中间人的角色。其一，这与一个世纪之前，只是从"原始"艺术的视觉形式中寻找灵感，而鄙弃其背后的信仰的立体主义者和其他人的态度形成了鲜明对比；其二，与由"推销员"（中间商，通常是穆斯林）

---

① Berlo J. C. (ed.), *The Early Years of Native American Art History: the Politics of Scholarship and Collecting*, Seattle: University of Washington Press, 1992.

② Gerbrands A. A., *Art as an Element of Culture, Especially in Negro Africa*, Leiden: Brill, 1957.

③ Graburn N. (ed.), *Ethnic and Tourist Arts: Cultural Expressions from the Fourth World*, Berkeley: University of California Press, 1976.

④ Krech, S., *Collecting Native America*, Washington DC: Smithsonian Press, 1999.

⑤ Price S., *Primitive Art in Civilized Places*, University of Chicago Press, 1991.

⑥ Marcus, G. and F. Myers (eds.), *The Traffic in Culture: Refiguring Art and Anthropology*, Berkeley: University of California Press, 1995.

⑦ Myers, F., *Painting Culture: the Making of an Aboriginal High Art* (Objects/Histories), Duke University Press, 2002; Myers, F. (ed.), *The Empire of Things: Regimes of Value and Material Culture*, Santa Fe NM: School of American Research, 2002.

⑧ Maquet, J., *Introduction to Aesthetic Anthropology*, Malibu CA: Undena (2nd edit.), 1979.

将当代非洲艺术贩卖到欧洲和北美时，传递的错误信息形成了鲜明对比。[①]

墨菲在对北部澳大利亚雍古族的"变形的艺术"进行比较分析时，确认了"人类学作为一门调停学科"[②]的地位。亚当斯通过对印度尼西亚托拉雅人（Toraja）的调查，表明了艺术在全球化语境下多文化、多民族的印尼，如何承担"认同政治一个积极组成部分"，对于那些用相机捕捉风景的都市旅游者来说，他们可以目睹却难以理解围绕"通克南"（tongkonan）[③]（字面意思是购买、偷窥或假冒）葬礼屋所进行的复杂而多彩的仪式，葬礼图片最终成为"有目的的艺术"，被放进博物馆或旅游者的家中。费尔有关阿拉斯加土著艺术的综合而纲要性的遗著，以他对当地村庄及城市地区的艺术家20余年的深入了解为基础写成。他先是作为一名商业艺术的收藏者，后来成了人类学和艺术史的研究者。尽管作者对那个并不恐惧文化接触的时代有怀旧之意，不过他毫不怀疑土著艺术家时常受到商业的驱动，亦不为此辩解，他亦不是一个渴望传统或"接触前"的材料和技艺的纯化论者，他就是将他们视为有一些审美和技术问题需要解决，并以此维持生计的艺术家。这和伊努皮克艺术家 Ron Senungetuk 的态度颇为一致，他是阿拉斯加大学的阿拉斯加土著艺术中心（1965）的创始人。让纳提斯和格拉斯[④]，一位是人类学取向的艺术史家，另一位是做艺术史的人

---

① Steiner C. , *In and out of Africa* (Video 60 mins)，Berkeley：University of California Extension，1991 [co-produced with I Barbash，B Gabai and L Taylor]；Steiner C. , *African Art in Transit*，Cambridge University Press，1994.

② Morphy, H. , *Becoming Art：Exploring Cross-Cultural Categories*，Oxford：Berg，2007.

③ 托拉雅人世代隐于高地之间与世隔绝的山谷之中，牛角吊脚楼是他们的传统，被称为 Tongkonan。Tongkonan 是托拉雅人的祭祖祠堂，是他们百年来供奉先祖神灵的庄严之所。不同于常见的坡形屋顶，Tongkonan 竹制的马鞍屋顶两角向上高高翘起，宛如一艘艘搁浅雨林的航船。相传，托拉雅人先祖便是乘船从湄公河南渡至此。在托拉雅人心中，飞扬的房角就是天空，他们崇敬祖先、敬畏神灵。在壮丽秀美的苏拉威西高地，这种带有浓厚神秘色彩的建筑在繁茂的森林中显得如此独特，又无比和谐。（引自《环球时报》《印度尼西亚吊脚楼守护天人和谐》一文——译者注）

④ Jonaitis, A. and A. Glass, *The Totem Pole：an Intercultural History*，Seattle：University of Washington Press，2010.

类学家，合写了一篇关于西北海岸图腾柱的功能转变的复杂报告，这些图腾柱有种族的、国家的、商业的、纪念的和宣传的多种用途，他们阐释了这些图形经受了时间考验并跨越了文化界限的多重路径。这些路径并非总是坦途，在演化过程中虽掺杂了商业形式，亦并非总是贬损其价值。邦滕①表明，在其民族身份的不断演进中，这些变形的艺术可能反过来会被那些原初的制作者消费。

直到 20 世纪 90 年代，人类学家对艺术生产、传播、消费和意义的研究，很少选取都市以外的资源。在布赖特和布莱克威尔的著作中②，有所贡献的人类学家确实就是在大洛杉矶地区"看上看下"（Looking High and Low）（题目），涉及了诸如奇卡诺人的涂鸦和壁画（Sanchez-Tranqillo 55—88），低车手（Low Riders），祖尼战神和霍皮舞神（Tedlock 151—172）所描绘的美学和政治，表现了霸权性的文化认同类型产生了像手工艺/艺术以及高级艺术/低等艺术的分类。在最后一章，马库斯集中分析了约翰·保罗·盖蒂博物馆（John Paul Getty Museum），他不同意布尔迪厄的观点，认为美国的"高级文化"是由富有的"平常人"所支持的，而在法国，那仍然是一种"知识分子"高雅的生活方式。

普拉特纳③对象征性类型的操控进行了持续的人类学调查，说明了源于纽约的上等阶层如何通过操纵经济收入，控制了圣路易斯的大批职业艺术家的生活。翁④对 2008 年纽约古根海姆博物馆举办的中国艺术家蔡国强

---

① Bunten, A., Commodities of Authenticity: When Native Peoples Consume Their Own "Tourist Art", In *Exploring World Art*, Venbrux, E., P. S. Rose and R. L. Welsch (eds.), Long Grove IL: Waveland Press, 2006, pp. 317 - 336.

② Bright B. J. and L. Bakewell, *Looking High and Low: Art and Cultural Identity*, Tucson: University of Arizona Press, 1995.

③ Plattner S., *High Art Down Home: An Economic Ethnography of a Local Art*, *Market* University of Chicago Press, 1997.

④ Ong, A., "What Marco Polo Forgot": Contemporary Chinese Art Reconfigures the Global, *Current Anthropology*, 2012, 53 (4): 471 - 494.

作品展的分析中，表示西方和艺术界已被纳入人类学的主流。

艺术人类学与视觉人类学有所重合，后者主要关注表征的"现代"形式，诸如包括摄影、电影、录像、电视和计算机在内的媒介，将它们视为研究对象，或者将其作为一种介质，借此分析一些更为传统的人类学主题，如艺术、仪式、服饰和表演。[①] 艺术研究还与复兴的物质文化研究有所重合，1996年，一本名为《物质文化》的刊物创刊。物质文化研究强调地方的或民间的材料[②]，不过这一新马克思主义取向的研究重点，乃都市和越来越多的后殖民社会中大量生产的日常物品及其消费[③]，尤其是个人财产和家庭。[④] 米勒和他的同事强调"物"在日常生活中是何等的重要，在他们看来，物不仅表达了个人和家庭的认同，还赋予日常生活以意义。

（三）人类学和艺术的共通性

2003年，挪威人类学家阿纳德·施耐德在伦敦泰特美术馆（Tate Modern Gallery）组织了一次会议，探讨艺术和人类学之间的重合和可能的会聚，会议论文结集为《当代艺术和人类学》。[⑤] 此书以及众多文章与文集[⑥]考察了当代人类学和艺术实践的方法论和认识论的趋同。一方面，许多艺术家声称他们研究民族志，开展调研，展示他们对世界的探索结果——通常以视觉的形式——对这一话题，泰勒[⑦]声称人类学长期以来是弃之不顾的。另一

① Banks, M. and H. Morphy (eds.), *Rethinking Visual Anthropology*, New Haven: Yale University Press, 1997; Pink, S., L. Kurti and A. I. Afonso (eds.), *Working Images: Visual Research and Representation in Ethnography*, London: Routledge, 2004.

② Glassie, H., *Material Culture*, Bloomington: University of Indiana Press, 1999.

③ Miller D. (ed.), *Material Culture and Mass Consumption*, New York: Wiley, 1997; Miller, D. (ed.), *Material Culture: Why Some things Matter*, University College London Press, 1998.

④ Miller, D., *Stuff*, Cambridge: Polity Press, 2010.

⑤ Schneider, A. and C. Wright (eds.), *Contemporary Art and Anthropology*, Oxford: Berg, 2006.

⑥ Schneider, A. and C. Wright (eds.), *Between Art and Anthropology: Contemporary Ethnographic Practice*, Oxford: Berg, 2010.

⑦ Taylor, L. (ed.), *Visualizing Theory*, New York: Routledge, 1994.

方面，自 20 世纪 80 年代的"表述危机"以来，许多人类学家强调他们的探究和描述之所以令人信服，更多是因其具有审美的形式而非科学的精确。众多著作是关于"……的诗学"，另一些则强调人类学的创造性。参与研究的学者中，人类学家和艺术家平分秋色，前者形形色色，后者陆离庞博，人类学家乔治·马库斯，以及特立独行的文化研究者露西·利帕德（Lucy Lippard），其人自承是个不成功的考古学家，是个中主要作者。

五　当代人类学和学科性

长期以来，艺术人类学和艺术史这一学科变得愈益紧密和重合，尤其是强调个人和物质关系以及艺术创作的社会网络的新艺术史。它关注特定的历史、社会和文化，而非形式方面，这类似于人类学对语境化的强调。在涉及考古学、非西方民族艺术以及世界艺术时，艺术人类学和艺术史有着丰富的对话。墨菲和帕金斯追溯了这一亚学科的历史，文布鲁克（Venbrux）等人在 2003 年美国人类学协会的会议论文结集为《探索世界艺术》（2006）。斯瓦色克（Svašek）在《艺术、人类学和文化生产》（2007）一书中强调了情感的功能。艺术史家勒特侯德以人类学的著作为理论基础，写出了论文集《艺术中的跨文化观》（2011）。在韦斯特曼主编的有趣的论文集《艺术人类学》（2005）中，14 位作者主要是艺术史家，只有墨菲和埃林顿（Errington）代表了人类学界。

人类学、艺术史和文化研究之间的学科界限越来越模糊，这体现于众多文集和刊物之中，如《美国艺术》（*Art in America*）、《视觉艺术人类学评论》（*Visual Anthropology Review*）等，反映了艺术、手艺和物质文化甚或"艺术"自身的边界开始崩解。

论西方早期艺术人类学对艺术家的研究

［荷兰］范丹姆　文　李修建　译

（荷兰莱顿大学人文学院）

（中国艺术研究院艺术人类学研究所）

　　摘要：本文提出了一项即将展开的学术史研究课题，意在记录和分析文化人类学对视觉艺术的创造者的研究状况。作为本课题的前奏，本文就 20 世纪上半叶西方人类学家对小型的传统社会的艺术家的研究做了简要的梳理。

　　在艺术人类学研究中，一系列重要问题涉及艺术品的生产者。的确，由于人类学意指对人的研究，那么人们很自然地想到，艺术人类学不仅关注艺术品本身，还会关注生产这些物品的人（当然，还包括使用它们的人）。别的学科也会关注艺术家，如艺术史和艺术哲学。这就提出了一个问题：人类学家考察艺术家[①]的方式有什么与众不同之处吗？回答这一问题，需要考虑

---

　　① 在西方人类学界，非西方小型社会中的艺术创作者一般被称为"艺术家"（artists），而非"手艺人"（craftspeople）或"工匠"（artisans），这是出于对具象作品和绘画的创作者、装饰图案的生产者，以及赋予诸多有用的东西以悦人外观的人的艺术技巧、品位和创造性想象力的尊敬。在当代都市语境中，艺术人类学家所研究的对象通常将自己视为"艺术家"，而非"手艺人"。

到存在几种不同形式的人类学。首先，我们既有若干基于西方传统的人类学，亦有不少基于中国传统的人类学。这些不同形式的人类学在研究艺术家时，会提出不同的问题吗？此外，他们在研究过程中会采取不同的方法吗？在思考这些问题时，还有必要追问，人类学家提出的这些问题是不是从内部人的视角切入的，而非研究者的外部视角？在人类学家所研究的各种文化中，哪些因素对于成为一名艺术家是举足轻重的？这些就是人类学对艺术家的研究这一课题涉及的一些话题。

在本文中，笔者将从历史的视角来考察人类学对艺术家的研究。笔者将集中于 20 世纪上半叶，在那一时期，西方人类学家开创了对艺术家的研究。本文会介绍几个在美国土著文化和非洲文化中所开展的调查，为这些早期的调查提供一个概述。此外，笔者还会对西方的艺术人类学史进行考察。之所以选择这一主题，主要因为中国同行对此很是关注，他们对西方艺术人类学的历史发展表现出了浓厚兴趣。

一　人类学重燃对艺术家的研究兴趣

在西方艺术人类学界（这一领域除了人类学家，还包括艺术史学者），对艺术家的研究兴趣是一个经常发生的现象。最近的例子是一本德文著作，名为《非洲大师》，出版于 2014 年的一次展览上。① 该书主要致力于考察一些活跃于西非象牙海岸的雕塑家们的个人风格。每次西方艺术人类学界重燃对艺术家的研究兴趣，学者们都会像在该书中那样抱怨说，早先的学者没有对艺术创作者给予足够关注，常常忽视了对艺术家个性的研究，遑论记录他们的名字。

当代的西方艺术人类学家似乎没有意识到，对艺术家的学科兴趣可以

---

① Lorenz Homberger and Eberhard Fischer, *Afrikanische Meister*, *Kunst der Elfenbeinküste*, Zürich: Schiedegger & Spies, 2014.

追溯到1900年前后的早期田野时代。事实上，在当时的研究中，有些艺术家的名字已被记录了下来（图1）。当代的学者对早期人类学的艺术家研究的忽视，更成为我们调查相关研究史的理由。

图1　美拉尼西亚新爱尔兰岛的雕刻家 Lúkam 在工作，

时为 1908 年或 1909 年[①]

二　鲁思·邦泽尔对普韦布洛陶工的研究

邦泽尔出版于1929年的《普韦布洛陶工》一书，堪称西方人类学家对艺术家的第一次详细研究（图2）。[②]邦泽尔受教于美国人类学创始人博厄斯，她花了两个夏天的时间，对美国西南部普韦布洛印第安人的女性陶工以及陶罐装饰做了考察，主要关注普韦布洛陶罐上的装饰图案的创作问题

---

① 图片出自 Augustin Krämer，Die Malanggane von Tambara，München：Georg Müller，1925，Plate section，p. 23。

② Ruth L. Bunzel，*The Pueblo Potter：A Study of Creative Imagination in Primitive Art*，New York：Columbia University Press，1929（reprint New York：Dover Publications，1972）．

（图3）。她考察了普韦布洛女性艺术有关的各种话题（下文会简要提到其中一些），对如下问题尤感兴趣：创作图案的灵感来自何处？艺术家本人如何看待她们的艺术创造力？在书中，她提供了众多女性艺术家的陈述，比如，有人提到，有时会在梦中想出了新的图案。这些来自普韦布洛陶罐装饰工的引述，是我们首次在人类学文献中听到当地艺术家的声音，尽管出自一位田野调查者之口。

图2 邦泽尔的《普韦布洛陶工：原始艺术中创造性想象的研究》（reprint New York：Dover，1972）一书的封面

　　为了了解美国土著文化中的艺术创造力，邦泽尔所采用的研究方法也是很新的。她不仅采访当地艺术家，还成了普韦布洛陶工的学徒，以便学习如何用普韦布洛的方式塑型和装饰陶罐。

图3 普韦布洛陶工（Nampeyo，时约 1908—1910 年）

图 4 希梅尔黑贝尔在非洲做田野考察

三 希梅尔黑贝尔对非洲和因纽特艺术家的研究

数年以后，德国人类学家希梅尔黑贝尔（Hans Himmelhebe）首次对非洲艺术家进行了田野考察（图 4）。值得注意的是，他在书中没有提到邦泽尔的研究。1933 年，希梅尔黑贝尔花了几个月时间，考察了西非象牙海岸的博勒人（Baule）和古罗人（Guro）。在那时，某些欧洲人对非洲雕塑已然熟悉，并且相当赞赏，但对这种艺术的创作者却一无所知。因而希梅尔黑贝尔集中于研究雕刻家。不像邦泽尔只提到了几个陶工的名字，希梅尔黑贝尔记下了所有他调查过的雕刻家的名字。希梅尔黑贝尔问了一些和邦泽尔在普韦布洛考察时同样的问题：艺术家受到了怎样的训练？他们使用了何种工具和技术？在当地风格的限制下，艺术家是否有创造的空间？不过希梅尔黑贝尔还问了一些邦泽尔没有问过的问题，例如：一个人为什么要成为艺术家？非艺术家如何评价艺术家的作品？他的调查结果出版于 1935 年，书名为《非洲艺术家》。[①] 有趣的是，几年之后，希梅尔黑贝尔来到了阿拉斯加（图 5），又对当地的艺术家展开研究。在那里，他研究了爱斯基摩人（现在通常称作因纽特人）中的雕刻家和画家。[②] 他的目标

---

① Hans Himmelheber, *Negerkünstler. Ethnographische Studien über den Schnitzkünstler bei den Stämmen der Atutu und Guro im Innern der Elfenbeinküste*, Stuttgart: Strecker und Schröder, 1935.

② Hans Himmelheber, Eskimokünstler, Teilergebnis einer ethnographischen Expedition in Alaska von Juni 1936 bis April 1937. Stuttgart: Strecker und Schröder (second edition, Eisenach: Erich Roth Verlag, 1953; English translation: Eskimo Artists. Fieldwork in Alaska, June 1936 until April 1937, Zürich: Museum Rietberg, 1984; paperback edition, Fairbanks: University of Alaska Press, 1993).

非常明确，就是要验证一下，他对非洲艺术家所做的调查结果，是否适应于另一个小型社会。由此，希梅尔黑贝尔就将跨文化比较引入了人类学对艺术家的研究之中。他的结论是，因纽特艺术家对待艺术的方法大异于非洲艺术家。在他看来，因纽特艺术家将他们的作品仅仅视为神话和故事的视觉解释，而非洲艺术家对他们的作品的艺术维度更感兴趣。

图 5　因纽特雕刻家 Ivan，此人来自阿拉斯加的努尼瓦克岛，时为 1936 年（图片来自希梅尔黑贝尔）

四　格布兰德的关于人类学对艺术家进行研究的问卷调查

希梅尔黑贝尔的工作对荷兰人类学家格布兰德（Adrian Gerbrands）1954 年就人类学对艺术家的研究所作的包罗甚广的问卷调查是一个极大启发。格布兰德从未出版他的调查结果，人们以为他的手稿已经遗失了。不过，在 2014 年，一位刚刚故去的学者所存的档案被捐给了比利时安特卫普的一家博物馆，其中就有该问卷的复印件。

这一问卷涵盖数十个问题，分成了七大类。除了像艺术家的训练方法和工作方法这样的常见问题，格布兰德还提出了一些新的调查话题，系统地阐述了这些问题，比如，关于艺术家的特点或性情，以及他们的社会地位等。这些问卷值得进行深入研究。

格布兰德后来对美拉尼西亚的艺术家进行

HANS HIMMELHEBER

·ESKIMO·
KÜNSTLER

图 6　希梅尔黑贝尔的《爱斯基摩艺术家》一书的封面（第二版，Eisenach：Erich Roth Verlag，1953）

了研究，包括新几内亚的阿斯马特人（Asmat）和新不列颠的克兰格人（Kilenge）（图7）。有意思的是，他提到，对于他在田野调查过程中提出的一些问题，当地艺术家觉得非常奇怪。[1] 这使我们反思这样一个话题，即当地人是否认为人类学家所提出的一些问题与他们自身有相关性。

图7　格布兰德正在研究克兰格雕刻家 Talania（左）和

Nake，美拉尼西亚新不列颠岛，1967 年

最后，笔者想给出一个与之相关的观察。在那位学者的遗产中，与格布兰德的问卷调查一起的，还有一封带着批评性意见的信件，写信人是他的比利时同事与好友范顿霍特（Vandenhoute）。[2] 范顿霍特在20世纪30年代末研究了非洲的艺术家，他以自己的经验向格布兰德提出建议，后者在当时还没有开始做田野调查。范顿霍特提出的一个批评是，格布兰德的问卷调查基于太多西方对于艺术家的观念，因此带有偏见。可惜的是，他对这一重要观点没有展开论述。不过，范顿霍特的评论说明，早在20世纪

---

① Adrian A. Gerbrands, *Wow-Ipits: Eight Asmat Woodcarvers of New Guinea*, The Hague, Parıs: Mouton, 1967, p. 8.

② 此遗产的主人是范顿霍特的学生 Elze Bruyninx，二人都是比利时根特大学民族艺术专业的教授。

50年代，学者们已经意识到，人类学在对艺术家进行研究时，所提出的问题可能会受到自身文化背景的影响。因此，中国的人类学家如何从事艺术家的研究这一话题非常有意思。我们可以对中西学术传统中的重要问题进行比较，此举可以增强我们对文化环境或学术环境对塑造学术的作用的认知。此外，还可以考察我们所研究的当地人如何看待艺术的创作者，这种知识传统的比较，在人类学对艺术家的研究中，同样会拓展相关的问题，丰富相关的方法。

（本文是在2014年11月由中国艺术人类学学会和北京舞蹈学院主办的"2014中国艺术人类学国际学术研讨会"上提交的论文，感谢会议主办方的邀请）

国外艺术人类学研究中的若干基本问题

李修建

（中国艺术研究院艺术人类学研究所）

摘要：艺术人类学作为一个新兴而受到关注的研究领域，亟须在学科建设上有深入推进，为此，有必要对西方艺术人类学的基础理论进行探析。概而言之，其涉及如下主题：一是研究对象的命名，研究者大都认识到了"原始艺术"一词的局限性，而用"民族艺术""第四世界的艺术"等概念代之；二是对艺术的定义，人类学家或继承传统美学的艺术观，或从艺术在社会结构中的地位和功能，以及艺术的社会运作过程的角度进行理解，或将艺术视为一个跨文化范畴，体现出了多元性；三是对艺术人类学的研究历史的梳理，雷蒙德·弗思和霍华德·墨菲对此进行了较为深入的勾勒；四是对艺术人类学的理论与方法的探讨，范丹姆梳理了西方艺术人类学史上的三个基本范式，西尔弗的《民族艺术》对于西方人类学各经典学派的艺术研究取向进行了简要的梳理；五是英国人类学家盖尔提出的艺术能动性的解析；六是对艺术品的涵化的研究，以纳尔逊·格雷本的研究最多。此外，还涉及艺术与政治、艺术与民族或国家身份认同的问题，以及历史视野中的收藏和表征策略、全球艺术市场等。

艺术人类学作为一个特定的研究领域，在西方兴起于 20 世纪五六十年代，国内对它的广泛关注则是 21 世纪尤其是近十年来的事情。毋庸讳言，我们的艺术人类学研究尚嫌稚嫩，在理论建构和田野实践两个方面都亟须深入展开。特别是后者，在非物质文化遗产保护运动的强大刺激之下，众多学者介入了对于民族民间艺术的探讨，近年涌现出铺天盖地的研究成果。虽说数量可喜，却也暴露出不少问题。比如缺乏必要的田野训练，民族志书写不够深入；比如理论框架陈旧，缺乏开阔的研究视野和深度的理论支持；比如价值立场不甚明晰、缺乏批判性的思考等。有鉴于此，需要对西方艺术人类学研究中的基本理论进行一番梳理。概括而言，西方艺术人类学的理论研究中，主要涵盖如下几大主题。

一　研究对象的命名：原始艺术、民族艺术……

大体而言，"原始"（primitive）一词在 19 世纪末至 20 世纪上半叶的人类学研究中被广泛使用，如"原始社会"、"原始文化"、"原始艺术"，对非西方文化抱有强烈同情的博厄斯，在 1927 年出版的《原始艺术》（*Primitive Art*），亦用此名。正如格雷本所说："'原始'艺术的概念是一个特殊的西方概念，指的是那些我们希望称之为艺术品的创造，其创造者在 19 世纪通常被称为'原始的'，但事实上他们只是被殖民势力所蹂躏的从前也曾自治的人民。"[①] 20 世纪五六十年代之后，随着所谓后殖民时期的到来，西方学界对于"原始"等话语背后所隐含的单线进化论观念、西方中心主义、帝国主义倾向进行了激烈的批判。同时，诸多学者认为这一术语容易造成混乱，甚至变得毫无意义。[②] 于是，后来的人类学者在面对相同的研

---

① ［美］Nelson Grabure：《人类学与旅游时代》，赵红梅等译，广西师范大学出版社 2009 年版，第 35 页。

② Robert Layton, *The Anthropology of Art*, Cambridge：Cambridge University Press, 1991，p. 3.

究对象时，不免变得小心翼翼，唯恐冒天下之大不韪。其解决之道，一是改头换面，另拟名称；二是继续沿用，拓展内涵。

第一种方式中，有多种命名来替换"原始艺术"。如部落艺术（tribal art）、非西方艺术（non-Western art）、异域艺术（exotic art）、民间艺术（folk art）、土著艺术（native art）、民族艺术（ethnic art/ethnological art）、无文字社会艺术（art in nonliterate societies）、非欧洲艺术（non-European art）①，纳尔逊·格雷本使用的第四世界②艺术（fourth world art），罗伯特·莱顿倡导的小型社会的艺术（art in small-scale soceities），再有就是希尔弗（Silver）所用的民族艺术（Ethnoart）。

美国人类学家希尔弗的《民族艺术》一文，对于何以采用"民族艺术"这一名称作出了阐释。在他看来，"原始艺术"有损人类学复杂而微妙的研究精神；"非西方艺术"未能对"大传统"和"小传统"作出区分，将中国艺术和塞皮克艺术混为一谈；"无文字社会艺术"不能涵盖现在的研究对象；"部落"一词本身就颇具争议；"民间艺术"、"土著艺术"虽然常被使用，但亦可能造成分歧。这些术语皆未契人意。他之所以用"民族艺术"，是因为在他看来，"民族艺术"所指的不仅仅是一个具体的审美传统，而是一种更加宽泛的导向，它引领人们关注艺术的整体性研究，对艺术进行主位研究，寻求其对社会成员和社会制度所具有的意义和价值。他认为，"民族艺术"比其他任何术语都更能好地表达人类学对于艺术的独特观点，因为它不仅关注物品，而且还研究塑造了物品的生产、使用、意

---

① Phillip H. Lewis, *Definition of Primitive Art*, Fieldiana Anthropology, 1961, Vol. 36, No. 10.

② 格雷本指出："'第四世界'是指处于第一、第二和第三世界国家的国界之内，在其技术官僚管理下的土著或当地人的集体名称。也可以说，他们是没有自己国家的民族，通常都是少数民族，亦是不具备左右其集体生活之能力的人群。"［美］Nelson Grabure：《人类学与旅游时代》，赵红梅等译，广西师范大学出版社 2009 年版，第 32 页。

义和欣赏的社会文化过程。①

希尔弗所说的"民族艺术"具有相当的适用性。荷兰学者范丹姆提到，他在比利时根特大学艺术史和考古学系读大学期间（1980—1982），学过一门课程，即"民族艺术"（Ethnic art）。范丹姆指出，"民族艺术"这一术语在当时被广为使用（至今某些学术领域仍在使用），指的是欧洲以外的小型社会的视觉艺术。② 相较而言，希尔弗的"Ethnoart"属于自造的一个范畴，和 Ethnic art 的表述有所不同，意在突出自己的界定。不过，二者并无本质上的不同。日本学者多用"民族艺术学"之称，日本还在20世纪80年代成立了日本民族艺术学会，其研究理念与希尔弗所云颇有相通之处。实际上，正如国内学者基本把"民族音乐学"（Ethnomusicology）等同为"音乐人类学"，我们亦可视"民族艺术学"大体就是所谓的"艺术人类学"。

第二种方式，是沿用"原始艺术"这一称谓，但对其含义作出进一步界定。路易斯（Phillip H. Lewis）在《原始艺术的定义》（1961）一文中，将原始艺术定义为："原始社会的成员所生产和使用的艺术。""原始"在字面上有初始的、开始阶段的意思，这是从年代学上而言的。他认同雷德菲尔德（Redfield）对原始社会的描述，其主要特征为小型的、同质的和亲密的，社区成员共享同样的语言、思想和生活方式，艺术家即是这一同质而亲密的群体之一员，不像文明社会那样分化出去。路易斯对当时所提出的几个替代性概念（非欧洲艺术、民族艺术）进行了批判性分析，认为还是"原始艺术"更好一些："'原始'一词，用于艺术史和艺术批评时，是值得称道的。原始艺术受到当代博物馆和私人藏家的热捧与极高评价。我们应该想一想，对于这些出自原始社会的艺术品，我们是否在审美和经

---

① Harry R. Silver, Ethnoart, *in Annual Reviews of Anthropology*，1979，8：267 - 307.

② ［荷兰］范丹姆：《通过人类学研究美学：我的学术之旅》，李修建译，《民族艺术》2015年第6期。

济上没有给以过高的评价。"① 路易斯的身份是原始艺术博物馆馆长，所以他对"原始艺术"所持的观点，不无实用的目的。

英国人类学家雷蒙德·弗思的两篇文章，一篇为写于1951年的《原始艺术的社会结构》（为其著作《社会结构的要素》第五章），使用"原始艺术"；另一篇是出版于1992年的《艺术与人类学》。在前篇文章中，弗思对"原始艺术"作了说明："目前人类学家所关注的艺术基本就是所谓的原始艺术。在此，'原始'（primitive）这一术语所指，即非年代学，亦非仅就风格而言。……人类学家所进行的原始艺术研究，不仅包括极为古老的人类文化，还涉猎当代或近代的文化。原始艺术有时显得粗糙，不过大多数作品不能说不够复杂。在原始艺术的背后，存在悠久的风格传统，它们在有限的材料上，体现出了极强的处理图案和象征的能力。'原始'这一用语可能不够新奇，不过那是另一回事。不能仅以使用工具来区别原始性。……所谓当代原始艺术，我们指的是仍在使用前工业时代的技术的人们的艺术。这是最为根本的。"② 弗思以技术因素来界定原始艺术，排除了在年代学上的混淆，并强调其主题和风格的多样性。

英国人类学家盖尔在《魅惑的技术与技术的魅惑》一文中同样使用的是"原始艺术"，他在一条注解中提道："有人建议我使用'非西方'这个词来替代本文中的'原始'一词。如果仅仅是因为人们执意要排斥东方文明传统艺术的'原始性'特征，但又不能将其称为'西方的'这样的原因，那么我很难做出这样的替换。我希望读者能够接受本文中使用'原始'一词，在此它是一种中性的，并不具有任何不敬意味。需要指出，本文中探讨的特洛布里恩群岛从事原始艺术创作的雕刻家们本身完全不原

---

① Phillip H. Lewis, Definition of Primitive Art, *Fieldiana Anthropology*, 1961, Vol. 36, No. 10.

② Raymond Firth, *Elements of Social Organization*, London: Watts and Co, 1951, p. 162.

始，他们受过教育，掌握多种语言并且熟识现代技术。他们仍在从事原始艺术创作是因为他们希望能够保护原始艺术，因为那是具有民族特性的经济产品。"[1] 盖尔并没有对"原始"作出界定，不过显然，他是从风格和技术方面着眼的，这点和弗思的观念一致。

还有不少学者就"原始艺术"进行了探讨，如美国人类学家莎莉·普里斯（Sally Price）的专著《文明地区的原始艺术》[2]，在导论部分梳理了原始艺术的若干意涵。弗雷德·迈尔斯在一篇文章中，从文化批判的角度，深入剖析了"原始艺术"背后的话语体系以及意识形态结构。[3]

就中国学界而言，我们在使用"原始艺术"一词时，没有西方人那种道德上的负累，亦很少将其作为批判性地反思自身的镜像。在具体运用中，多从年代学着眼，依马克思主义的社会发展史观，指的是史前艺术。[4] 就艺术人类学的当代研究对象来说，有民间艺术、民间文艺（一般指民间文学或口头文学）[5]、民族艺术、民众艺术、民俗艺术等称谓，彼此虽有不同，但更有相关性，不致引起太大混淆。它清楚地表明了这些对象的实践主体，它们属于普罗大众的，它们是渗透在日常生活之中的，它们是迥异于学院的精英艺术以及都市化、商业化的大众艺术的。

---

① Alfred Gell, "The Technology of Enchantment and the Enchantment of Technology", in Jeremy Coote and Anthony Shelton（ed.），Anthropology, Art and Aesthetics, Oxford: Clarendon Press, 1992, p. 62.

② Sally Price, *Primitive Art in Civilized Place*, Chicago: University of Chicago Press, 1989.

③ Fred Myers, "Primitivism", Anthropology, and the Category of "Primitive Art", in Christopher Tilley et al.（ed.），Handbook of Material Culture, SAGE Publications Ltd, 2006, pp. 267 - 284.

④ 20世纪八九十年代国内出版的相关著作，如朱狄的《原始文化研究——对审美发生问题的思考》（1988）、邓福星的《艺术前的艺术——史前艺术研究》（1986）、张晓凌的《中国原始艺术精神》（1992）、刘锡诚的《中国原始艺术》（1998）等，都是集中于史前艺术。

⑤ 参见董晓萍在《现代民间文艺学讲演录》（广西师范大学出版社2008年版）中对"民间文艺学"概念的梳理。

二 艺术的定义：对于艺术的多元理解

关于艺术的定义和本质，西方哲学家和美学家探讨最多。由于艺术的人文性、历史性和开放性，自是言人人殊，无有定论。不过，大体而言，自启蒙运动以来，西方对于艺术的认识，形成了一些特定的观念。比如，对象上，主要指"美的艺术"（fine art），涵盖绘画、建筑、雕塑、音乐、舞蹈、戏剧等类型；由特定的群体，即艺术家所创作，强调创作者的天才和灵感，强调独创性；功能上，以表达情感和审美为主，突出其无功利性。正如美国学者布兰德（Peg Zeglin Brand）所说："这些审美观由 18 世纪欧洲社会上层阶级的白人男性所确立，他们开创了现代美学的诞生。"[①]这种康德主义的古典艺术观，不唯在西方颇具影响，同样深刻影响了中国乃至世界学界。不过，自 20 世纪现代主义以来，艺术与"美"不再有必然关联，甚至出现了众多反"美"的艺术流派；随着技术与观念的革新，出现了诸多新的艺术呈现形式，诸如影视艺术、新媒体艺术、数字艺术，还有大地艺术（Earth Art）、极简艺术（Minimal Art）、装置艺术（Installation Art）、行为艺术（Performance Art）、观念艺术（Concept Art））等，更兼后现代思潮的汹涌来袭，为各人文学科带来了研究范式的转换。凡此诸种，逼使哲学家和美学家对以往的艺术定义进行反思和批判，并作出新的理解和界定。美国美学家霍华德·贝克尔（Howard S. Becker）、阿瑟·丹托（Arthur Danto）、乔治·迪基（George Dickie）等人的艺术惯例论，就是颇受关注的新定义。

那么，当人类学家面对所谓的非西方艺术时，他们会作出怎样的理解？或者说，他们持有怎样的艺术观？

---

① ［美］佩格·Z. 布兰德：《传统艺术理论中的明显遗漏》，［美］卡罗尔编著《今日艺术理论》，殷曼楟、郑从容译，南京出版社 2010 年版，第 235 页。

一些学者认为艺术（art）是西方的特产，非西方文化中不存在艺术的观念，因而主张使用本土文化的词汇，或者用"视觉文化"或"图像"来取代"艺术"（指视觉艺术）。不过，更多学者认同艺术的普遍性和跨文化性，认为 art 这一概念具有普适意义，可以用来探讨非西方文化中的艺术。当然，他们对于艺术的理解是存在差异的，下面列举一些主要观点。

其一，继承传统美学的艺术观，将艺术与审美关联起来。

博厄斯、弗思、莱顿、墨菲等人持此观念。博厄斯首先肯定艺术的技术基础，认为艺术是技术发展到特定阶段的产物，他高度肯定技术与形式、美感之间的关系："只有高度发展而又操作完善的技术，才能产生完善的形式。所以技术和美感之间必然有着密切的联系。"[1] 他强调艺术的形式和内容所带来的美感。弗思指出："艺术品乃是人类经验、想象或情感的结晶。之所以如此，是由于艺术品的形式表达和处理，能够唤起我们特有的、以审美情感为基础的反应和评价。"[2] 莱顿认为艺术具有审美性和象征性，在外在形式上令人愉悦，并以其特有的意象增强我们对周围世界的感受。[3] 澳大利亚人类学家墨菲这样定义艺术："艺术品具有审美的或语义学的属性（大多是兼而有之），以再现或表现为目的。"这种观点同样是传统美学所具有的。不过，以上诸人的观点是有所发展的，或者对艺术做了多个层面的界定。比如弗思在《艺术与人类学》一文中，就更加强调艺术的情感性和内在价值，他指出艺术未必就是美的或令人愉快的，但必然满足对于某种价值的内在认知。莱顿还从社会人类学的视角对艺术做出了进一步的理解，墨菲对艺术的界定亦十分丰富，下面还会谈及。

其二，从艺术在社会结构中的地位和功能，以及艺术的社会运作过程

---

[1] ［美］博厄斯：《原始艺术》，金辉译，贵州人民出版社 2004 年版，第 2 页。

[2] Raymond Firth, *Elements of Social Organization*, London: Watts and Co, 1951, p. 156.

[3] Robert Layton, *The Anthropology of Art*, Cambridge: Cambridge University Press, 1991, pp. 4 – 6.

的角度进行理解。

日本人类学家木村重信采纳西方学者（如新西兰学者戴维斯）对于大写的 ART 和小写的 arts 的区分，前者指西方经典艺术，乃纯粹艺术，美的艺术，注重作品的表现性和情感性，注重作者个性；后者指民族艺术，作者是匿名性的，以表现集体情感和价值观念为目的："民族艺术的作者去表现存在于自己所属的社会成员的心理、观念、信仰中的某种东西，而不是去表现个人性的见解与感情。在这种意义上，民族艺术一般以匿名性为特征。因此，譬如在部族社会，一般是没有艺术家这种职业的，不管是男女老幼，谁都可以成为音乐家，任何人都是美术家。当然，由于男女性别的不同有所分工，也有不跳舞或不击鼓的人，但在部族社会是有大家都参加的艺术活动的。于是，便产生了所谓的共同制作。"①

英国人类学家盖尔将艺术视为一种具有魅惑力的技术体系，其影响力源于其工艺过程。在研究方法上，他提出了一种"方法论上的庸俗主义"（methodological philistinism），悬置艺术品的审美维度，将艺术品当作物品，当作社会语境中的"能动者"，"艺术品是在外部的、物质的社会世界中得以生产和流通的。这种生产和流通必须由某种客观的社会性过程来维持，这种过程与其他社会过程（交换、政治、宗教、亲属等）相联系"②。他既不认为艺术是审美的，亦反对艺术是编码的和符号性的，而是认为："艺术品的本质就是社会关系情境的一种功能，艺术品是嵌入在社会情境中的。艺术品没有独立于关系语境的更内在的本质。"③ 基于如是理解，他认为艺术人类学的任务就是探讨艺术的生产、流通与接受的语境和过程。盖尔的观点得到了一些学者的赞同，如库特和谢尔顿认为："盖尔关于人类学家需要将物品视为物品的提议是非常正确的。阐明物品在其源出的文

---

① ［日］木村重信：《何谓民族艺术学》，李心峰译，《民族艺术》1989 年第 3 期。
② Alfred Gell, *Art and Agency: an Anthropological Theory*, Oxford: Clarendon Press, 1998, p. 3.
③ Ibid., p. 7.

化之中是如何‘运作’的，必定是任何艺术人类学研究的中心任务。"

此外，斯瓦色克（Maruska Svasek）同样将艺术视为一个社会过程。在《人类学、艺术与文化生产》（*The Anthropology Art and Cultural Production：Histories，Themes，Perspectives*）一书中，她重点探讨了艺术的商品化和审美化过程等问题，分析了全球化市场下的艺术品收藏与展览，以及其与艺术的生产、分配、消费的关联。她还将艺术的生产和消费与政治、宗教以及其他文化过程结合起来进行研究。

其三，将艺术视为一个跨文化范畴。

墨菲用维特根斯坦"家族相似"的观念来理解艺术，认为艺术是一个多元序列，其内涵极为丰富，囊括着多样的对象。不过，他认为在艺术观念群中，存在一个相互关联的特征："艺术是一种行为方式，艺术生产融入于意义创造过程的整体之中，艺术需要一种形式感，并且艺术与审美经验相关。"基于如是理解，他提出艺术是人类学研究很好的资料来源："如果我们忽视物品的艺术之维，我们就无法理解它们的意义，就会漏掉一种对于理解社会生活的诸多方面非常关键的资料来源。"因此他坚决捍卫艺术范畴的有效性，认为这种将艺术作为行为方式的理解，超越了传统的功能性范畴。在具体研究中，需要将注意力集中到形式，探讨何以此种类型的作品会在独特的文化和社会语境中被生产出来，还要考察它的影响以及他人的接受。^②

荷兰艺术史家马利特·韦斯特曼在为她主编的《艺术人类学》一书的导论中，从 art 的最初意义来理解艺术："文化人类学所研究的艺术，更多的是‘艺术物品’（art object）而非‘艺术作品’（work of art），通常是指

---

① Jeremy Coote and Anthony Shelton（ed.），*Anthropology，Art and Aesthetics*，Oxford：Clarendon Press，1992，p. 4.

② Howard Morphy："Art as Action，Art as Evidence"，In M. Beaudry and D. Hicks（eds.），*The Oxford Handbook of Material Culture Studies*，Oxford University Press，2010.

西方原初意义上的，即拉丁文 ars 所代表的艺术，其意为：由最有价值的技巧制作而成。"这一理解就与康德意义上的艺术观拉开了距离，使其具有了普遍意义。在这篇导论中，她还提到，有的学者认为："艺术品所具有的一种跨文化的、超历史的、实际上是人类学的常量，或许是它的中介功能：它通过图像和/或物品成为一种不在场的必要替代。图像和/或物品成为再现不在场之物（意指一个人，尤其是人们的鲜活肉身以及脸部），使之在场的方法。"这种中介功能，的确是各文化中的艺术都具备的。

此外，日本人类学家阿部年晴认为，所谓"未开化社会"的艺术要比文明社会更为广泛地渗透于生活之中，起着远为重要的作用。他在《文化人类学与艺术》一文中，以丰富的人类学田野资料为基础，考察了造型艺术家在社区中的地位，创作灵感的来源，创作过程中涉及的自然环境、心理状态、工艺过程等，还有作品的功能和意义，以及作品受到的审美性评价等问题。这些皆是艺术人类学所研究的典型问题。

在哲学美学界，尤其是英美分析美学界，许多学者在探讨艺术的定义时，亦顾及了非西方艺术的差异性。如美国哲学家卡罗尔编著的《今日艺术理论》（*Theories of Art Today*）（2000）一书中，收录了 12 篇论文，作者皆为分析美学界的重量级学者。他们的理论有一个明显的倾向，就是强调历史和社会语境的重要性。其中，斯蒂芬·戴维斯的《非西方艺术与艺术的定义》和丹尼斯·达顿的《"但他们并没有我们的艺术概念"》，更是直接针对非西方艺术而立论。戴维斯批判了非西方文化不存在艺术的观点，并分析了注重社会关联的迪基的艺术观以及注重历史关联的列文森的艺术观的局限性。达顿对盖尔的《魅惑的技术与技术的魅惑》一文与沃格尔的《鲍勒人：非洲艺术，西方之眼》（*Baule：African Art，Western Eyes*）一书中的方法论与艺术观进行了批判性分析，指出了其中的弊病。他总结了部落艺术的八个特点，概括说来就是：第一，艺术对象能够带来心理愉悦；第二，艺术家需要进行专门训练；第三，艺术对象与行为是根据公认的风格和规则创造出来的；第四，存在批评行为，具有关于判断与欣赏的批评性话语；第五，艺术对象再现或模仿着世界的真实或想象的经验；第六，艺术家有意地让受众产生愉悦，即使艺术对象的功能是实用的；第七，艺术对象和艺术行为可能融合在日常生活之中；第八，部落社会中的艺术经验对生产者与受众都是一种想象性的经验。以此来看，他们二人都认同艺术现象的跨文化普遍性，并且强调艺术的审美因素。①

三 艺术人类学研究史

19 世纪下半叶，在西方资本主义全球殖民扩张的时代大背景下，人类学作为一门学科登上西方学术舞台迄今已百余年，人类学史的研究成果已非常之多。相较而言，虽然人类学对艺术的研究伴随其学科史，但艺术人类学作为一个专门领域，毕竟是近几十年的事情，所以，在西方学界，艺术人类学的研究人员及研究论著不算很多，对艺术人类学史的梳理，更显其少。② 弗思的《艺术和人类学》、墨菲和帕金斯的《艺术人类学：学科史以及当代实践的反思》、韦斯特曼的《艺术史与人类学的对象》等文章涉及了艺术人类学的学术史。

弗思（1901—2002）是马林诺夫斯基的大弟子，英国功能学派的代表人物。他是一位高寿的学者，活了 101 岁，从事学术研究近 80 年，成果丰硕。所涉主题，除了亲属制度、政治、经济、仪式、宗教信仰、社会结构、社会变迁等人类学的常见话题，难能可贵的是，艺术一直是他的关注对象。早在 1925 年，他就发表过对毛利人雕像的研究，此后又出版过《新

---

① ［美］卡罗尔编著：《今日艺术理论》，殷曼婷、郑从容译，南京出版社 2010 年版，第 255—305 页。

② 笔者与方李莉老师合著的《艺术人类学》（生活·读书·新知三联书店 2013 年版）一书中，以西方人类学的经典流派为主线，对西方艺术人类学的研究情况进行了较为系统的梳理；另外，罗易扉的博士论文《写文化之后的意义关怀——1990 年以来的西方艺术人类学思潮》（中国艺术研究院 2012 年版），以主要论题为纲，对 1990 年以来的西方艺术人类学思潮进行了梳理与总结。

几内亚人的艺术与生活》（*Art and Life in New Guinea*）（1936）、《提科皮亚歌曲：所罗门群岛上波利尼西亚人的诗歌与音乐艺术》（*Tikopia Songs：Poetic and Musical Art of a Polynesian People of the Solomon Islands*）（1990）等论著。在《艺术与人类学》一文中，他对艺术人类学的研究史进行了较为简略的描述。他以两次世界大战为界，将其历史分成"一战"前，"一战"与"二战"期间、"二战"之后三个阶段，列举了每个阶段的代表性著作和他们研究的主题，还列举了西方博物馆举办的相关展览，以及艺术家与普通大众对待这些艺术的态度。在他看来，第一阶段主要侧重于地域风格、起源、进化和分布等问题，"二战"以后，严格意义上的艺术人类学研究逐渐繁荣，异域艺术的田野日益丰富，研究也日渐深入和多样化。与此同时，还出现了针对某些艺术家的作品风格和创造力的研究。此时的研究主要集中于比较美学，并且将艺术视为交流的媒介和传递信息的要素。[①]

澳大利亚人类学家墨菲和美国艺术史家帕金斯对艺术人类学的研究史进行了更为深入的勾勒。他们同样将这段历史分成三个阶段：一是 19 世纪末至 20 世纪 20 年代，艺术人类学研究很是繁荣；二是 20 世纪 20 年代至 60 年代，艺术人类学研究陷入沉寂；三是 20 世纪 60 年代以来，艺术人类学研究重又复兴。对于个中原因，他们给出了较为深入的解析。

19 世纪末 20 世纪初，正是欧洲进行大规模扩张和全球殖民，世界体系纳入西方掌控的时期。在墨菲二人看来，"艺术和物质文化是 19 世纪人类学不可或缺的一部分。作为一门学科，人类学的发展与古玩收藏、古文物研究，以及启蒙运动以来欧洲历史视野的打开息息相关"。这段话蕴含着大量信息。欧洲殖民者以强制的手段，从世界各地的殖民地攫走大量古文物和各种物品，其中不乏艺术品，这些物品成为博物馆收藏和人类学家

---

① Raymond Firth, Art and Anthropology, in Jeremy Coote and Anthony Shelton （ed.）, *Anthropology*, *Art and Aesthetics*, Oxford：Clarendon Press, 1992, pp. 15 – 39.

研究的对象，因此这一时期的人类学和博物馆之间有着密切的联系，许多人类学家同时也是著名的民族学博物馆的创建者。二者的联盟，可谓相得益彰。此外，并不偶然的是，考古学和物质文化研究亦是兴起于这一阶段。这些艺术品亦被当作"物质文化"，人类学家依照主题或风格，对其进行类型学的排列，并以西方中心主义的进化论或传播论为原则建构图示与模型。

20世纪20年代至60年代，艺术人类学研究一度消沉。墨菲二人指出，这主要由于人类学方法论的转变以及学院派人类学和博物馆人类学的分离。此一时期，进化论受到强烈批判，其方法论的简单化与价值观上的西方中心主义，已是弊端丛生。1922年，以马林诺夫斯基和拉德克利夫-布朗为代表的英国功能学派成为人类学界的主导，其所倡导的长期田野调查方法取代了以往由非专业人士所做的风俗记录和研究。功能学派强调对社会组织的共时研究和对社会结构的比较研究，不像美国人类学界注重文化，他们强调社会高于个体、行为高于情感，这就有意地疏远了历史学和心理学，将具有个体性和情感性的艺术排除在外。因而，物质文化和艺术远离了英国社会人类学的主流，这导致社会人类学家未能利用博物馆主要的潜在资料源，博物馆人类学家无法将所收集的器物与生产它们的社会联系起来。此外，博物馆人类学家和其他人类学家都对艺术范畴持质疑态度。博物馆更愿展出一些更为普通的物质文化，艺术不受重视。人类学家则普遍将艺术视为一种人工制品，将它们视为礼仪用品、荣誉或地位的象征物。

他们主要针对英国人类学的研究状况而发。他们承认美国的人类学更具整体论的性质，对艺术与物质文化的关注更多，不过他们指出，在20世纪上半叶，美国人类学对艺术的研究也比较少。整体来看，这一期间的研究虽然不多，但还是能够举出一些，他们提到了弗思的研究，还有美国、法国、比利时、澳大利亚等一些学者的研究成果。

20 世纪 60 年代以来，艺术人类学的研究兴趣得以复兴。这出于两个方面的原因：一是人类学研究对象的转变，二是西方艺术实践和艺术理论向人类学靠拢。就研究内容而言，英国人类学由注重社会关系和社会结构的研究，转向了对神话、宗教、象征、仪式、情感、性别、身体、空间等论题的关注，艺术常常成为主要的资料来源。研究方法上，艺术人类学广泛吸取象征主义、结构主义、符号学、语言学等方法和理论，将艺术视为一个意义系统。与此同时，视觉人类学和物质文化研究亦受到关注，它们与艺术人类学存在学科交叉。①

显然，这一阶段艺术人类学的复兴，与所谓的后现代思潮的促动不无相关。瑞泽尔指出，后现代思想家罗斯诺（Rosenau）倾向于赋予各种前现代的现象如"情绪、感觉、直觉、反应、思辨、个人经验、风俗、暴力、形而上学、传统、宇宙论、巫术、神话、宗教感情以及神性体验"等以更大的重要性。② 凡此种种，和艺术有着千丝万缕的联系，无怪乎艺术受到哲学家和人类学家的重视了。

四 艺术人类学研究的理论与方法

学者们对于艺术人类学的研究内容做了类似的表述，如弗思认为："人类学家的任务是阐释那些物品业已丧失的意义。为了完成这一任务，必须注意两个问题，第一个问题是艺术品在生产和使用它们的社会中的作用，第二个问题是艺术品的形式特征所体现出的价值本质。"墨菲指出："人类学对艺术的研究方法之一是将艺术置于产生该艺术的社会语境中。要理解特定社会的艺术，首先须将该艺术与该艺术在其所产生的社会中的

---

① Howard Morphy and Morgan Perkins, *The Anthropology of Art: A Reflection on Its History and Contemporary Practice*, in Howard Morphy and Morgan Perkins（ed.）, The Anthropology of Art: A Reader, Blackwell Publishing Ltd, 2006, pp. 1-32.

② ［美］乔治·瑞泽尔：《后现代社会理论》，谢立中等译，华夏出版社 2003 年版，第 13 页。

位置相联系，而不是考虑另一个社会的成员会如何理解该艺术。其次，对该艺术的诠释应进一步与一些有关人类状况的普遍命题相联系，或根据人类社会的一个比较模式来进行。但首要的是该艺术需要被置于其民族志的语境之中。"谢尔顿等指出："阐明物品在其源出的文化之中是如何'运作'的，必定是任何艺术人类学研究的中心任务。"① 木村重信将里德（H. Read）所提出的艺术人类学的研究对象进行了总结，涉及艺术的起源与性质、艺术与美的关系、艺术家的才能等问题。所选阿部年晴的文章《文化人类学与艺术》，以丰富的田野个案，论及了艺术人类学所研究的重要内容：艺术品、艺术家的灵感来源、艺术的功能和意义、艺术的审美评价。

综合来看，诸人都提到了要在艺术品的社会文化语境中对其进行研究。实际上，顾名思义，艺术人类学就是用人类学的方法和视野研究艺术。所谓人类学的方法和视野，大而言之，就是以田野调查、跨文化比较和语境研究为基本方法。

当然，这种研究方法的形成，同样经历了一个过程，并且有所变迁。范丹姆的《早期艺术人类学研究中的认识论和方法论》，以 20 世纪前后德国学者舒尔兹和劳费尔对黑龙江流域下游民族的装饰物的研究为中心，探讨了早期艺术人类学的研究中的认识论和方法论的转变，即从博物馆到田野研究的转变。范丹姆指出，在这个过程中，"包括了几组密切相关的理论转换——信息来源，由客体变成主体；主导解释者，由善于分析的局外人变成知识渊博的局内人；研究兴趣，由关注过去和历史过程变成关注当下和文化整体"。这一变化过程，意味着人类学研究范式的变迁。在《风格、文化价值和挪用：西方艺术人类学历史中的三种范式》一文中，范丹

---

① Jeremy Coote and Anthony Shelton (ed.), *Anthropology, Art and Aesthetics*, Oxford: Clarendon Press, 1992, p. 4.

姆以西赤道非洲的芳族雕像为个案，探讨了西方艺术人类学史上的三种范式。第一种范式是风格分析，将雕像本体以及形态特征作为研究对象。这种定量分析方法旨在区分雕像风格与亚风格，其目的是对芳族的艺术生产作出地理定位。这样的类型学方法被认为带有殖民根源，服务于监管与控制的目的。第二种范式是定性分析，关注的是意义而非形式。这种方法是建立在田野调查基础之上的，突出文化的独特价值与思维方式。第三种范式是后殖民方法。这种范式考察了自 19 世纪雕像进入欧洲以来西方艺术家、收藏家以及博物馆对于芳族雕像的态度。这种方式关注对这些物品的挪用，包括将它们重新标识为"艺术品"，以及它们在国际艺术市场上的商品化。这三种范式，清晰地展示了艺术人类学研究中方法论的历时性转变。

人类学家对艺术的研究中，具体应用何种理论、采取什么方法，则呈现出多样性的特点。西尔弗的《民族艺术》一文，对于西方人类学各经典学派的艺术研究取向进行了简劲的梳理，包括传播学派、进化学派、历史特殊论学派，以及跨文化研究、图像志、精神分析、结构主义等研究方法。西尔弗很好地描述了每种方法的特点与取向，分析了其中的不足。他在该文中还结合众多田野资料，对审美人类学的研究方法进行了分析，归结了其中的一些原则。这篇文章由于写作年代较早（1979），对于以格尔茨为代表的解释人类学没有引起注意。不过，它从历时性的角度，精彩地呈现了艺术人类学研究的关注点和方法论，对我们有很好的参考价值。

晚近以来，图像学、符号学、象征主义、结构主义较多地应用于人类学的艺术研究之中。可以看出，艺术人类学研究自始就是一个跨学科的项目，人类学家一直注意吸收来自哲学、美学、艺术史、心理学、社会学等方面的理论和方法。艺术人类学的这一特点，使其与物质文化研究颇为相关，正如孟悦对物质文化的定性："物质文化是一个激发新思考和促进新的对话的场所。若是一定要规定物质文化的定义，那么不如把它想象成一个谈话空间或论坛。它是在过去两个十年里开始形成的、有多学科参与的、具有自觉和自我批评意识的同时又是开放的新学术空间。不同学科领域的人聚焦到这个空间,不是为了寻找结论,而是为了发现问题和寻求启示,以更深入更有效地理解和描述我们生存的世界。"① 对于艺术人类学,同样可以做如是观。

五 艺术与能动性

英国人类学家阿尔弗雷德·盖尔在《艺术与能动性》一书中提出的艺术的能动性(agency)理论,是当代西方艺术人类学研究中的热点。1997年,盖尔因病早逝,此书于次年(1998)出版,并于其后引起强烈关注,产生了巨大影响,同时也激起了广泛争议。

盖尔的理论不仅在人类学界引发热议,还影响到了艺术史等相关学科的研究。国外已有数本著作以及众多书评,是对盖尔理论的赞赏、应用、辩护、质疑或批判。如 C. Pinney 和 N. Thomas 主编的《超越美学:艺术和魅惑的技术》(*Beyond Aesthetics*:*Art and the Technologies of Enchantment*)(2001)与 Ruboin Osborne 和 Jeremy Tanner 主编的《艺术的能动性与艺术史》(*Art's Agency and Art History*)(2007)等。再如英国汉学家柯律格(Craig Clunas)的《雅债:文徵明的社交性艺术》(*Elegant Debts*:*The Social Art of Wen Zhengming*)(2004),同样深受盖尔理论的启发。格雷本的《从审美功能到社会功能:物质材料、展演及消费者——以加拿大因纽特人的雕刻艺术为例》,原文标题为"*From Aesthetics to Prosthetics and Back*:*Materials*,*Performance and Consumers in Canadian Inuit Sculptural Arts*;*or*,*Alfred Gell in the Canadian Arctic*",显示了其对盖尔理论的征引与认同。他在文中提道:"在踏入加拿大北部因纽

---

① 孟悦、罗钢主编:《物质文化读本》"前言",北京大学出版社 2008 年版,第4—5页。

特'艺术家'的雕塑世界的那一刻，我完全认同了盖尔的观点，即我们必须理解艺术的能动性及其社会角色或影响力——这就是他所谓的非西方社会中的'魔法'。"莱顿的文章更是直接对盖尔的艺术能动性理论进行了阐释。墨菲则在文章中对盖尔的观点进行了批驳。

盖尔的理论不无论战性。他提出方法论上的庸俗主义（methodological Philistinism），旗帜鲜明地将艺术的审美维度排除在外，这种观点，与以墨菲、谢尔顿等人为代表的对艺术的审美式理解针锋相对。同时，他反对将艺术视为一种符号和交流手段，亦即反对从语言学和符号人类学的角度对艺术的阐释。在他看来，"艺术作为一种行为体系，意在改变世界，而非对与之相关的象征性命题进行编码"①。可以说，他代表了英国社会人类学的传统，指出"社会关系"乃是人类学的真正主题。基于如是判断，他要对艺术作出真正的社会人类学的理解，将艺术视为一种具有能动性和人格属性的"物"，将艺术人类学视为一种传记式的研究，探讨艺术在社会关系网络中的流转运作，探讨艺术的生产、流通和接受的社会语境。

借鉴皮尔士的符号学尤其是 P. 波义耳（Boyer）的认知心理学②，盖尔建构了一套略显晦涩的理论体系。在这一体系中，有四个基本概念：艺术家（artist）、标志/索引/艺术品（index）、原型（prototype）、接受者/观众（recipient），通过一种叫作"溯因推理"（abduction）的逻辑推理模式，这四者可以互为能动者（agent）和受动者（patient）。这种网状的互动关系，形成了"艺术联结"（art nexus）。盖尔进而探讨了装饰艺术、表现艺术、风格、当代艺术等问题，显示出其体系的宏大和建构新的研究范式的企图。

学界热议并广为征引的，还是盖尔在《魅惑的技术与技术的魅惑》一

---

① Alfred Gell, *Art and Agency: an Anthropological Theory*, Oxford: Clarendon Press, 1998, p. 7.
② Ruboin Osborne and Jeremy Tanner (ed.), *Art's Agency and Art History*, Blackwell Publishing, 2007, p. 11.

文以及《艺术与能动性》第一章中所提出的基本主张，至于那四个概念之间复杂的关系，似未得到充分关注和探讨，或许部分由于其晦涩的个性和复杂性所致。不过，正如有的论者所言："这本书与其说向我们提出一种理论，毋宁说是提出了重新思考物品定义的一种方法。作者让我们思考物品在交互动态的界定中所扮演的角色，这些交互动态塑造了整个社会，社会中的人类在本体上与自己所生产的物品联系在一起，在这一点上，这本书更具启发性。"①

六　艺术的涵化

英文 acculturation 译成"涵化"，乃是中国学界的译法，陆谷孙主编的《英汉大词典》没有如是翻译，而是释为"文化适应，同化过程（尤指原始文化与发达社会接触后发生的变化）"，这一单词还有两个义项是"（儿童的）开化"和"文化互渗"。②《简明不列颠百科全书》对其作了如下解释："涵化是指因不同文化传统的社会互相接触而导致的手工制品、习俗和信仰的改变过程。这个词通常也用于说明这种变化的结果。"美国社会科学研究会在 1954 年的《美国人类学家》杂志上，对其下过这样的定义，涵化是指"两个或多个独立的文化体系相接触所产生的文化变迁。这种变迁可以是直接的文化传播的结果，也可以由非文化原因所引起。如由文化接触而产生的生态或人口方面的变化。它可以是随着对外部特征和模式的接受而出现的内部调适，也可以是对传统生活方式的反适应"③。此外，还有不少人类学家对涵化作过大体类似的界定。

从学术史的发展来看，涵化研究主要集中于美国人类学界。它兴起于

---

① Michèle Coquet, *Art Et Esthetique*, L'Homme, No. 157, Représentations et temporalités (Jan. - Mar. , 2001), pp. 261 – 263. 译文参考 http：//www. douban. com/note/353410039/。

② 陆谷孙主编：《英汉大词典》（第 2 版），上海译文出版社 2007 年版，第 13 页。

③ 转引自马季方《文化人类学与涵化研究》（上），《国外社会科学》1994 年第 12 期。

20 世纪 30 年代，在 50 和 60 年代中期成为一个重要课题。进入 80 年代以后，由于国际移民、难民冲突、非殖民化运动以及迅猛发展的通信传播手段和旅游事业，使跨文化的接触越来越多和不可避免，造成了各种文化冲突和社会整合的问题，因而涵化研究具有十分重要的现实意义。[①]

显而易见，涵化现象自古以来就普遍性地发生着，殖民时期以来，这种现象变得尤为严重。自信息时代开启之后，所谓的全球化浪潮愈演愈烈，地球被视为了一个"村"，不同文化之间的接触变得日益密切，与此同时，全球化与地方性、本土文化的保护、文化自觉等问题大大凸显。因此，对于涵化的研究变得更加迫切。

毫不奇怪的是，西方论及艺术涵化问题的两位作者，西尔弗和格雷本，都是美国人类学家。同样毫不奇怪的是，他们集中于对"民族艺术"或"第四世界艺术"的研究，即与处于绝对优劣的西方社会接触的非西方小型社会。这是他们的学术传统使然。

纳尔逊·格雷本当属目前对于艺术的涵化研究用力最多的学者。在他看来，"艺术品涵化的过程，也可以被看作是艺术生产过程，但这种过程在形式和内容、功能及生产工具诸方面，完全不同于传统的生产过程。这种生产过程，对日益发达的'文明'来说，也不同于土著人的艺术生产形式"。这一问题需要得到充分重视，因为"艺术历来是一种重要的媒介，通过这种媒介，可以解读两种文化涵化之间的内容，这些内容不仅仅是审美的，同时也是经济的、技术的、心理的"。

在广受征引的《第四世界的艺术品》一文中，格雷本总结了艺术变化的几种方向。除了在文化接触中消亡的艺术品，他将存活下来的艺术形式区分为：（1）传统或功能性艺术品，这种艺术在形式上或有变化，但其象征意义和审美功能却没有多少变化；（2）商业艺术品，目的在于销售，但

---

① 马季方：《文化人类学与涵化研究》（上），《国外社会科学》1994 年第 12 期。

坚持了传统的文化审美标准；（3）旅游艺术品或机场艺术品，经济目的压倒审美标准，与原生文化与传统艺术品没有关系；（4）复兴艺术品，文化融合之后的新的艺术形式，能够满足当地人群的需要；（5）精美的同化艺术品，少数民族艺术家完全被西方同化，追随其主流的艺术形式；（6）流行艺术品，少数民族艺术家以西方传统的艺术形式表达自身的情感。[1]

格雷本的研究以大量民族志案例为支撑，在《艺术及其涵化过程》一文中，他展现了加拿大的印第安人、肯尼亚的康巴人和阿拉斯加的爱斯基摩人的艺术品在不同历史时期的涵化过程。格雷本讲述了他们为了生存和市场的需要，在艺术品的形式和内容方面进行革新的成功经验。当然，格雷本的思考对我们更具有启发意义，他指出："艺术品的生产不仅是一种重要的谋生手段，也是一种文化再现的方式。"所有这些成功的经验，有一个共同的倾向，就是这些人群愿意与外界接触，对外来文化具有包容性。不过，这些艺术品在市场化的过程中，会朝着单一化、批量化、标准化，甚至是流水线的生产方式发展。这样的生产不可避免地会妨碍功能艺术品的保护，并会导致艺术品的生产从商业艺术品变成旅游艺术品。这样做虽然会带来经济利益，却最终会损害这些艺术品所具有的传统审美内容和文化观念。格雷本强调："凡属于有'民族'艺术的产品，在当今飞速变化的社会文化环境中所具有的功能，那就是它保持了其民族性。"他以爱斯基摩人的雕刻艺术为例，他们保持了自己的独特性，白人无法模仿。为此，白人尊重他们，也愿意买他们的产品，而爱斯基摩人在选择自己艺术品的生产中同时也保护了自己的传统。

格雷本的结论，很是契合方李莉研究员所提出的"从传统到资源"的观念。通过将传统转化为资源，在生产中保留并保护自身的传统和独特性。这对我国的非物质文化遗产保护工作同样富有启示意义。

---

① ［美］Nelson Grabure：《人类学与旅游时代》，赵红梅等译，广西师范大学出版社 2009 年版。

此外，英国人类学家费利西亚·休斯-弗里兰以印尼的宫廷舞蹈和民间舞蹈的区隔和互通为中心，分析了艺术与政治之间的关系。作者指出，土著艺术话语并不一定是独立自足和与外相隔的，应将这些话语需要放在历史背景中看待，以解释美学与艺术范畴中隐藏的政治意义。保拉·D. 格尔希克指出了当前艺术人类学研究中的一些新方向，如历史视野中的收藏和表征策略，涉及艺术与商品关系的全球艺术市场，以及艺术和民族/或国家身份等。

（注：本文为作者所编《国外艺术人类学读本》一书导言部分，中国文联出版社即出）

中国艺术人类学的理论基础探析[*]

王永健

（中国艺术研究院艺术人类学研究所）

　　摘要：处于学科建设初期的中国艺术人类学，涉及学科本身的诸多问题亟待深层次的理论阐发。中国特殊研究情境中的艺术人类学研究，其理论基础的构成具有多元性的特点，主要由人类学的理论、艺术学的理论和中国的艺术田野研究实践中生发的理论三个部分组成。处于学术发展时期的中国艺术人类学，需要一批来自不同学科有志于此研究的学者通力合作，关注社会现实，扎根于田野实践，及时进行理论的总结与提升，以期更为清晰而准确地阐明学科自身的一些基本问题，生发出中国经验的理论表达，贡献给国际学界。

一　研究缘起

　　艺术人类学是源自西方的一门学问，自 20 世纪 70 年代末传入中国，经过三十多年的发展，已初具规模，依托于中国艺术人类学学会，统合了

　　* 本文系 2015 年度国家社科基金艺术学青年项目"新时期以来中国艺术人类学的知识谱系研究"，批准号：15CA121，阶段性研究成果。

来自不同学科以及各具体艺术门类的学者，形成了一个颇具人气的学术共同体，涌现出了一批扎根于中国艺术田野实践基础上的研究成果，全国多所高校和研究院所开始招收艺术人类学相关方向的研究生。在取得众多成绩的同时，不可否认的是，艺术人类学的学科建设依然处于初始阶段，很多学科本身的问题诸如艺术人类学的概念界定、研究问题域、理论基础、研究方法等，仍然亟待进行深层次的理论阐发。另外，通过参加历次的艺术人类学年会，发现有些研究者对艺术人类学的认知并不是很清晰，从事该领域的研究应该具备怎样的知识视野与理论储备，也是迫切需要知晓的问题。只有把这些问题研究清楚，才能使学界对艺术人类学形成更加清晰的认知。

就笔者视域所见，有一些学者对艺术人类学的理论基础、学科定位等相关问题做了一些探讨，如罗伯特·莱顿认为："既然要称作'艺术人类学'（anthropology of art）就应当将艺术人类学界定在人类学框架之中，把它视为运用人类学理论和方法，对人类社会的艺术现象、艺术活动、艺术作品进行分析解释的学科。"[1] 阿尔弗雷德·盖尔提出："一种艺术人类学的理论看起来要像人类学理论，人类学理论的目的是弄清楚社会关系情景中的行为意义。相应的，艺术人类学理论的目标是解释作为这种关系情景的功能之一的艺术品的生产和流通。"[2] 可以看出，莱顿和盖尔均认为艺术人类学是附属于人类学的，属于人类学的分支学科之一。王建民在《艺术人类学理论范式的转换》一文中，从艺术人类学为人类学的分支学科的基点出发，概括了人类学古典进化论、功能主义、结构主义等各种理论范式的关注点，认为艺术人类学的理论主要是来自于人类学的理论。何明、吴晓在《艺术人类学的学科基础及其特质》一文中，对艺术人类学形成的

---

① ［英］罗伯特·莱顿：《艺术人类学》，李东晔、王红译，广西师范大学出版社 2009 年版，总序第 1 页。

② ［英］阿尔弗雷德·盖尔：《定义问题：艺术人类学的需要》，尹庆红译，《马克思主义美学研究》2011 年。

历史脉络做了回顾式爬梳，认为中国艺术人类学的形成是美学和人类学整合的一种可能性结果，以美学和艺术哲学的理论思辨作为潜在资源。前面所述几位学者的研究，多是从自身的学科知识视野出发，对艺术人类学的学科特质与理论基础等问题作了有理有据的阐发。有的学者将艺术人类学归到人类学旗下，认为其理论自然是源自人类学的；有的学者将其归结为美学与人类学的交叉，其理论基础是美学和艺术哲学。

虽然是一门舶来之学，笔者一直在想中国艺术人类学的理论基础是什么？是完全依赖于西方人类学的理论，还是另有可资利用的潜源？这恐怕要在中国具体情境的艺术人类学研究中寻找答案。纵览中国艺术人类学研究者的组成，既有来自人类学领域的学者，也有美学、民俗学以及各具体艺术门类的学者。就目前所接触到的西方艺术人类学研究而言，它们多是在人类学的理论框架下进行的，可以说是人类学的艺术研究，而中国的艺术人类学研究基本上形成了两条研究脉络，一是沿承西方人类学对于艺术研究的范式；二是将艺术本身内容的描述放在一个突出位置，借鉴人类学的理论与方法来丰富与艺术事象相关的外围文化场域的研究。两种不同的研究立场，关键问题在于如何看待艺术在艺术人类学研究中的位置问题。因此，研究立场的不同，也势必造成艺术人类学理论基础的不同。笔者认为，中国的艺术人类学研究有它本身的特点所在，其理论基础具有多元性的特点，主要由人类学的理论、艺术学的理论和中国的艺术田野研究实践中生发的理论三个部分组成。为什么需要这样的一些理论？这些理论能否成为中国艺术人类学的理论基础？是本文要阐述的核心问题，也是笔者在本文中力图回答的问题。

二　人类学的理论

人类学作为研究人及其文化的一门学科，在西方的学科体系中占有重要地位，已经走过了100多年的发展历程，形成了一整套较为成熟的学科理论与研究方法论。其主要的研究方法有田野调查、个案研究、跨文化比较研究、语境研究，尤以田野调查为人类学研究方法论的根本。它的研究特点不是从书本到书本，而是要求研究者进入活生生的现实生活参与观察，进行实证性的田野调查，解剖个案，注重在整体观的指导下进行比较研究和语境研究，在现实的社会生活中体验与感悟，发现与记录问题。

（一）西方人类学的理论

西方人类学的理论形成经历了上百年的时间，从泰勒的古典进化论、埃利奥特·斯密斯的传播论到马林诺夫斯基的功能主义、布朗的结构—功能主义、列维·斯特劳斯的结构主义，从博厄斯的文化相对论到格尔茨的阐释主义，以及后来的象征主义、女性主义、符号学、后现代主义等理论流派的不断涌现。这些理论是研究者在长期的研究过程中，在总结自身田野研究的基础上提出来的，对西方的文化艺术研究产生了重要的影响。因此，我们在面对中国研究情境中的艺术事象研究时，可以借鉴西方人类学这些成熟的理论来进行本土文化艺术研究。但是，应该注意的问题是，切忌生搬硬套，要注意西方人类学理论的内化与融通。也就是说，要看这些理论是否适合中国本土的实际研究情境，不可削足适履，要结合中国本土实际情况来借鉴使用。如普理查德从非洲的田野研究中发现了宗族制度的存在，认为它是平均主义的社会组织方式，并将其归纳为宗族研究具有普适性的一种范式路径。但是弗里德曼在中国的田野研究中却提出了与之迥然相异的观点，因为他发现中国的宗族制度的存在并不是因为平均主义的存在，而是一种不平均的制度。之所以举这样一个例子就是想说明，没有任何一种理论范式是包打天下的，理论源自田野实践，不同地区的田野研究中会生发出不同的理论范式。当我们在研究中借鉴这些理论的时候，是需要带着对话与批判的姿态去面对的，如果只是简单的拿来主义，套上便是，则势必容易陷入教条主义的桎梏。

（二）中国人类学的理论

人类学引入中国学界，改变了传统中国文人"书斋式"的知识生产方式，对人文社会科学研究具有"革命性"的意义。传统的"书斋式"做学问的方式固然很重要，但这只是其中一面，我们仍需要关注现实生活，那就是要走出书斋、走进现实生活。就中国人类学的发展史来看，其学术渊源主要来自英国社会人类学、法国社会学、美国文化人类学和苏联民族学。因此，从学术的传承角度来看，中国的人类学理论一定意义上延续并发展利用着这些理论资源。人类学在中国近百年的学术发展中，也在不断地将其内化到中国问题的研究中去，并积累了一系列扎根于中国本土实践的理论成果，如费孝通先生的"中华民族多元一体格局"、"差序格局"和"文化自觉"理论，林耀华先生的"宗族理论"，王铭铭的"三圈理论"等，以及关于汉人社会、少数民族社区、仪式、宗教等研究而产生的理论，这些理论的获得源自学者们多年来中国本土的田野实践，对于我们当下的田野研究能够提供理论指导，并可作为中国艺术人类学的阐释工具与理论基础。

三　艺术学的理论

2011 年 4 月，在国务院学位委员会、教育部新修订的《学位授予和人才培养学科目录（2011 年）》中，艺术学从文学门类下独立出来，升格为门类学科，成为第 13 个独立的学科门类。下设艺术学理论、音乐与舞蹈学、戏剧与影视学、美术学、设计学 5 个一级学科。艺术学的理论在本文的论述语境中主要指的是一般艺术学理论和具体门类艺术理论，它们分别对应的是普遍性与特殊性，是艺术人类学研究必须具备的理论潜源。一般艺术学（allgemeine Kunstwissenschaft）最早是由德国著名艺术学家、美学家狄索瓦提出来的，他一生中最具代表性的著作便是《美学与一般艺术学》，1906 年，他还创办了与著作同名的杂志，一般艺术学的名称伴随着它的著作和杂志而播布全世界。一般艺术学区别于特殊艺术学（具体门类艺术学），它在各具体门类艺术的基础上展开探讨，旨在探讨它们之间普遍性的、共性的一般规律，如艺术的起源、艺术的类型、艺术的本质与功能、艺术的接受、艺术的创作等。一般艺术学理论的学习与掌握，对于艺术人类学研究者而言至关重要，可以从哲学层面认知艺术发生、发展以及创作等的一般规律，是深入研究得以继续的一把钥匙。具体门类艺术理论主要是指各分支学科——音乐、舞蹈、美术、戏剧、影视、设计的理论，在本文尤其指各分支学科的史论，如中国音乐史、中国美术史、中国舞蹈史等，这些史论具有通识性的功用，可以提供知识视野上的有益补充。对于艺术人类学的研究者而言，一般艺术学理论和具体门类艺术理论的学习是非常必要的，可以使他们的研究更加契合艺术本身，少说外行话，这些理论恰恰是艺术人类学研究重要的理论基础。

（一）艺术人类学研究中艺术阐释的矛盾与困境

在当下的中国艺术人类学的研究中，容易出现两种表现形式，其一是人类学性的凸显而艺术性的薄弱，这种研究多发生在具体艺术学科以外的研究者身上，由于缺乏具体门类艺术本身相关的知识，在研究中他们更加强调人类学层面的探讨，而对艺术本身相关内容的论述采取了"集体回避"的态度。其二是艺术性的突出而人类学性的不足，这种状况多发生在各艺术门类研究者身上，由于学科背景与知识视野的缘故，在研究中容易把大量的笔墨放在艺术本身内容"一亩三分地"的描述之上，而对人类学学科的理论、方法论等内容缺乏足够的理解和知识补给，在人类学层面的探讨有些力不从心。这与多年来艺术学科教育与知识体系建设的局限性有相当大的关系，在我国的艺术学科教育中，课程设置和实践教学过于侧重于"专"，艺术学科之外的通识课程少有开设，教学中侧重于技能技法的传授，因此导致艺术门类的研究者往往精通于某一个相对独立的艺术门类，而对该艺术门类之外的其他学科鲜有关注和知识视野的补充，当接触到人类学的理论与方法并将其应用于艺术研究的时候，感觉很新鲜，但是实际应用起来感觉吃力，也就导致了如上所说现象的出现。

之所以提出这些问题，理论预设的前提是在规范的艺术人类学的研究中，艺术本身相关内容的解析和人类学层面的分析是同等重要的，不能厚此薄彼。艺术仅仅是作为一种对象化表征符号标签的存在，还是也应该对其本身的艺术性内容予以阐述，值得我们深思。正如有的学者指出："关注艺术本体，尤其关注作为艺术的核心元素的审美问题，探究美与历史文化语境的内在联系、寻找不同社会文化体系中对美的多样化表达、探询人类对美的认知与文化其他认知领域的联系并做出理论上的总结，应该是艺术人类学下一步应该展开的重要工作之一。"[1] 如果忽视了艺术本身相关内容的论述，会让人产生质疑，这也可以是一个人类学的研究，抑或是一个民俗学的研究。因此，明确艺术本身相关内容的论述在研究中的位置是关系到确定一个研究属性的关键所在。可以说，上述的两种情形都不是较为规范的研究呈现形式。笔者试想，可否采用一种"中和策略"，在研究中将艺术性与人类学性二者有机统合起来，既很好地对研究对象本身的内容与特质予以阐发，又运用人类学的理论与方法论对研究对象外围的文化以及背后隐藏的意义世界进行深入论述，当是一种比较理想的研究样态。

（二）艺术学的理论作为艺术人类学理论基础的必要性与可行性

1980 年，朱光潜先生在全国美学学会举办的第一期全国高校美学教师进修班上，以"怎样学美学"为题作了一首诗，其中前两句是说："不通一艺莫谈艺，实践实感是真凭。"[2] 当时老先生的用意在于，忠告美学和文

---

[1] 海力波：《美之文化与文化之美》，人民日报出版社 2014 年版，第 23 页。
[2] 朱光潜：《朱光潜全集》（第 10 卷），安徽教育出版社 1992 年版，第 504 页。

艺理论研究者，要学习一点艺术，或音乐或美术，最好能亲自动手参与创作，能够得到一些艺术实践或欣赏的体验最好，有了感悟与体验再面对具体的研究时可能会更加切题。朱先生的言说对于当下中国的艺术人类学研究同样具有启示意义，尤其是各具体门类艺术以外的人类学、美学、民俗学等学科的研究者，应该身体力行地学习一些艺术本身的相关知识，积累一些艺术经验。这种感性体验，或许不可名状，但对于研究者而言却至关重要。

　　一般艺术学理论建立在各具体艺术门类的基础之上，在宏观层面上高度统合，对艺术创作、艺术功能等一般性规律具有通约性，它可以帮助各具体艺术门类以外的学者能够通过掌握它而迅速走近艺术，并形成深层次的理解与认知。一般艺术学理论的准入门槛不高，相对容易学习，只要对该领域的一些著述进行系统阅读，便很容易掌握。这个领域较有影响的著作有：迪索瓦的《美学与一般艺术学》（中译本名为《美学与艺术理论》，中国社会科学出版社 1987 年版）、黑田鹏信的《艺术学纲要》（俞寄凡译，商务印书馆 1922 年版）、张泽厚的《艺术学大纲》（上海光华书局 1933 年版）、彭吉象的《艺术学概论》（北京大学出版社 1994 年版）、李心峰的《现代艺术学导论》（广西教育出版社 1995 年版）、张道一主编的《艺术学研究》系列文集（1995 年出版第一集，江苏美术出版社出版，至今已出版多集）等。各具体门类艺术的理论，如上文所提及的音乐、美术、舞蹈、影视、戏剧等分支学科，有多年的发展历史，且都有本学科的发生发展史。这方面的著作很多，艺术人类学的研究者可以找一些研究所涉领域的史论性著作来读，有了这样一个过程，对该研究领域所涉及的专业术语、历史发展进程等方面知识有所补给，在具体的研究中自然不会轻易说一些外行话。在具备了充分的知识储备基础上再去进行艺术人类学研究，可以从一定程度上避免对艺术的描述陷入"隔靴搔痒"的瓶颈，而不至于流于"概念游戏"，在表述艺术时会更加切题。可以说，对于艺术学的理论的学习与把握对研究者而言是十分必要的。

四 中国的艺术田野研究实践中生发的理论

中国艺术人类学研究刚刚走过了 30 多年的学术历程，有没有产生中国本土知识范式的艺术人类学理论？如果有，这些理论能否成为可资利用的理论为中国艺术人类学研究发挥阐释与指导作用呢？这也是笔者一直在思考的问题。

（一）中国艺术田野研究的特殊性

西方艺术人类学注重异域社会的文化和艺术研究，而中国艺术人类学则主要专注于中国本土文化和艺术的研究，秉承"家乡人类学"的研究思路，将本文化作为"他者"来进行研究。这种研究传统与费孝通先生不无关系，20 世纪 30 年代，费孝通先生由于在广西大瑶山田野考察时不慎坠入猎人的陷阱伤到了腿，回到老家江苏吴江开弦弓村的姐姐家养伤，在这段时间里对该村做了系统的民族志研究，完成了《江村经济》的初稿，1938 年凭借此文获得了英国伦敦政治经济学院博士学位。他的导师马林诺夫斯基对此著予以高度评价："我敢于预言费孝通博士的《中国农民的生活》（又名《江村经济》——译注）一书将被认为是人类学实地调查和理论工作发展中的一个里程碑。此书有一些杰出的优点，每一点都标示着一个新的发展。本书让我们注意的并不是一个小小的微不足道的部落，而是世界上一个最伟大的国家。作者并不是一个外来人，在异国的土地上猎奇而写作的；本书的内容包含着一个公民对自己的人民进行观察的结果。这是一个土生土长的人在本乡人民中间进行工作的成果。如果说人贵有自知之明的话，那么，一个民族研究自己民族的人类学当然是最艰巨的，同样，这也是一个实地调查工作者的最珍贵的成就。"① 费孝通的《江村经济》研究之所以在人类学史上具有里程碑

---

① 费孝通：《江村经济》，北京大学出版社 2012 年版，序言部分第 3 页。

式的意义，就在于它开创了人类学由异域到本土研究的先河。

在中国的艺术田野研究中，我们不仅要关注现实田野中的活态艺术事象，还要注意形成史学维度的观照，这是中国与西方艺术人类学研究的一个区别所在。为什么需要形成史学维度的观照呢？这是因为我们拥有延续五千年而不断的历史文明，流传至今的历史文献、出土文物浩如烟海，这是西方不可比拟的。进入田野中展开调查，看到的很多民间艺术在历史上可能很不民间，可能历史上是官方的在当下世俗社会的遗存。因此，要将现实的活态田野与历史文献进行"接通"①。在这样的研究中，既有一个历史维度的观照，又有一个现实田野剖面的呈现，研究的立体感会更强，这是中国艺术田野的一个特殊性。学者们在各自艺术田野研究中，虽然研究取向与研究对象不一，但是他们面对的历史文化背景却是一致的，在研究中会得出一些源自中国艺术田野特殊性基础上的理论共识，也可以说理论本身就是存在于中国艺术田野研究实践中的一种社会事实。

（二）理论的生发与运用

在中国艺术人类学多年的田野研究实践中，积累了大量的研究案例，产生了一些理论成果，它们存在于一个个研究案例中，多个个案累积的基础上方能升华出理论。这些理论植根于中国本土的社会文化生态，在对中国的艺术事象阐释中可以成为很好的理论工具。如方李莉带领的学术团队在探讨文化的发展与变迁时，提出了"遗产资源论"和"文化的变迁与重构"的理论命题，说的是"民间文化正处于剧烈变化过程之中，这种变化过程不再是传统意义上缓慢的文化变迁，而是文化在各种内在与外在力量及权力交锋中的重组或重构，在这种重组和重构的过程中，传统文化成为

---

① 项阳：《接通的意义——传统·历史·田野》，《音乐艺术》（《上海音乐学院学报》）2011年第 1 期。

了各种力量和权力都在反复利用和开发的资源。在开发和利用的过程中，其'资源'意义远远大于或超越其'遗产'意义"①。要充分发挥传统文化的资源价值，因为它们是今天我们创造新的文化的基础。这些理论是在"景德镇及其瓷文化丛研究"、"西部人文资源研究"和"非物质文化遗产保护研究"等具体研究中生成的，是长期田野考察的结果。项阳在长达20余载的中国音乐史学和传统音乐研究中，提出了"接通理论"，意即打通历史文献与当下的艺术田野中的活态艺术事象，将历时性研究与共时性研究有机统合，作者称其为"在建立史学理念的基础上侧重文化活态的整体把握"②。洛秦带领的学术团队在十余年的上海城市艺术田野研究中，提出了"上海城市艺术田野研究理论模式"。不仅注重上海城市艺术的历史与现实研究，而且注重国际视野的注入，走出了一条别具特色的研究之路。王杰带领的学术团队立足于广西区域民族文化艺术田野，以实证研究的方法来研究审美和艺术现象。其中以"漓江流域人文底蕴与审美文化研究"、"南宁国际民歌艺术节的追踪考察研究"和"黑衣壮族群的文化研究"三个区域个案为主，取得了丰硕的研究成果，提出了像"审美幻想"、"地方性审美经验"、"审美制度"等一系列审美人类学理论。当然，类似的例子还有很多，需要我们在下一步的研究工作中继续梳理与总结，理论是在多个个案的累积中慢慢总结出来的，如何将其运用到我们当下的艺术田野研究中去，并成为有效的阐释工具是需要进一步思考的问题。

结　语

艺术人类学是一门人类学与艺术学的交叉学科，跨学科的品性决定了它的理论基础必然是建立在多重知识视野的基础上。除了人类学的理论之

---

① 方李莉：《从遗产到资源——西部人文资源研究》，《民族艺术》2009年第2期。

② 项阳：《接通的意义：历史人类学视域下的中国音乐文化史研究》，中国文联出版社2014年版，序言部分第2页。

外，艺术学的理论与中国的艺术田野研究实践中生发的理论也是其重要的理论基础。这既是决定着其研究属性的重要标志，也是学术规范建立的必然要求。一门学科的创建，如果没有自己明确的研究理念与学术渊源，就很难建立起来，在成长的过程中，如果不能解决学科自身的基本问题，并与社会现实相结合解决一些具体问题，也很难获得可供持续发展的生机与动力。处于学术发展时期的中国艺术人类学，需要一批来自不同学科有志于此研究的学者通力合作，关注社会现实，扎根于田野实践，及时进行理论的总结与提升，以期更为清晰而准确地阐明学科自身的一些基本问题，生发出中国经验的理论表达，贡献给国际学界。

"田野"的美学

——兼论少数民族艺术研究与日常生活的审美批判

吴震东

（中南民族大学　中南少数民族审美文化研究中心）

摘要：少数民族艺术研究是融合人类学与艺术美学研究之范式为一体的学科交叉研究。民族艺术美学作为一种"田野"中生成的艺术美学，其研究者的身份不仅仅是他者文化的观察者，也是自身的"被观察者"。在此过程中的所持有的审美批判意识是一种既是针对"他者"也同时是针对自身的一种日常生活审美批判。在此整合研究的基础上所言说的"田野美学"，兼有文化记录和人文创造的双重性。

以西方人类学自马林诺夫斯基为代表的"文化功能主义"学派以降，研究的重心发生了重大的转向：从早期侧重于研究人种体制、社会组织、姻亲制度以及族群的宗教信仰，转到偏重于研究一个区域或族群的整体文化观。艺术作为文化子系统里不可缺少的一部分，从来不是一个孤立存在的文化片段，而是与所在族群的生活方式、信仰追求，以及生态环境紧密相关。在此种意义上，艺术及其审美活动同时也言说着这一民族或族群的"文化全景"，因为以艺术活动来索引族群的文化全景这一特征，也是艺术人类学的学科属性之一。就少数民族艺术研究的方法论而言，采取具有针对性的研究方法，是将艺术活动作为一个族群文化之整体表征来研究的一个重要依托，也是在具体场域中体认艺术自身本体内涵的一个必要手段。在此，"日常生活的审美批判"理论为少数民族艺术和美学研究提供了新的方法论导向，也呼应了人类学自身的反思性和超越性，从而给艺术人类学或民族艺术学的研究范式和学科生长提供了新的路径。

一 互文的间隙：艺术与人类学

民族艺术学①作为与文化人类学（民族学）紧密联系的一门学科，有别于一般意义上的艺术学。首先，它始终烙印着一个特定文化族群的地方性特色。其次，作为人类学或民族学的下属学科，田野调查法不可规避地成为了该学科一项基本的研究方法，即一种质性的经验研究。这种研究法也被称为"质的研究"、"质化研究"，在中国人类学界通常被称为"定性研究"。质性研究在收集第一手资料的过程中与研究对象交流互动从而对其文化行为和象征意义获得解释性理解的一种活动。它具有探索社会现象、对族群行为的意义进行阐释，以及发掘总体和深层社会文化结构的作用。②

西方社会科学研究领域自马林诺夫斯基以降，开创了实地调查的传统研究方法，即"田野"调查法。他于1914—1915年和1917—1918年间在新几内亚和特洛比恩岛上进行了长期而艰苦的实地工作。通过亲身经历"在这里"、"到过那里"和"回到这里"三阶段过程，他发现，白人研究

---

① 本文中所用的"艺术人类学"、"审美人类学"、"民族艺术学"、"民族美学"等概念几乎可以通用。人类学、民族学与艺术学、美学的结合，交叉学科本身就具有很大的包容性和涵化性。所以学界对此也并未作为严谨的划分，而且每个方向之间的互融性很大，所以笔者在此不妨通用，仅供写作行文之逻辑概念的统一。

② ［美］安·格雷：《文化研究：民族志方法与生活文化》，许梦云译，重庆大学出版社2009年版。

者只有在离开自己的文化群体，参与到当地人的日常生活之中，才能对他们的制度风俗、行为规范以及思维方式有所了解。可以说，马林诺夫斯基代表着人类学史上的一个时代，自他以来人类学家们兴高采烈地走进了田野。

在敞开的田野中，他们得以发现以往文本记载所不能涵盖的多种文化可能性，即通过"参与观察"的田野工作而获得一种对于特定时空坐标下的文化整体性的呈现和理解。这种整体性呈现的方法论，引领着以文化研究为己任的人类学者把自身与观察对象联系在一起，成为一种文化创造的参与者。① 因而，在少数民族艺术的研究中，研究者与研究对象一起，共同创造感性的田野经验，并对其行为进行意义的揭示和社会文化的阐释，从而以"文化自观"的身份，建构赋予个性化体验的地方族群文化体系。

后进的人类学家如爱德华·萨丕尔、克利福德·格尔兹、米德、本尼迪克特等，都特别转向了一种更为明确地与艺术理论相联系的文化研究方向，体现在个体与文化之间存在美学性和气质型的协调。② 特别是格尔茨，他在其著作《文化的解释》一书中提到，文化涉及符号表征的某种历史转化的意义模式，某种根据人们如何交流、永久保存以及发展他们关于生活态度的知识，而以符号形式表达的与生俱来的感知系统。这意味着文化研究或艺术研究的核心是关于族群价值、体认符号的研究；同时也是关于研究者对其文化意义的阐释和创造。例如，格尔茨在巴厘岛借助斗鸡活动、动物的野蛮性、男性的自恋、对抗性的赌博、地位角逐、群情激愤、血祭等巴厘岛人的内心活动及诸多社会现象进行文本描写，将其内心活动通过斗鸡这一"活动文本"映射出来，即"象征性的交流领域"，使其最终成为巴厘岛人的文化符号。这些仪式活动及其象征意义都是格尔茨通过详尽

---

① 赵旭东：《文化的表达：人类学的视野》，中国人民大学出版社 2009 年版，第 77 页。
② ［美］乔治·E. 马尔库斯、弗雷德·R. 迈尔斯：《文化交流：重塑艺术和人类学》，梁永佳、阿嘎佐诗译，广西师范大学出版社 2010 年版，第 17 页。

的民族志文本所记录，凭借"参与观察"的田野作业所分析得来。

因此记录和描写特定语境中的生活和文化文本，即人类学的"民族志写作"方法成为少数民族艺术研究的重要基础。"民族艺术志"对地方族群的艺术活动可以进行详尽的记录，因而研究者可以为自己的研究找到最为可靠"第一手"资料，产生最为强烈的"感性直观"。同时，民族志也作为一种实践性的方法论支撑着整个人类学的学科展开。有关学者这样写道："在作为方法的艺术民族志研究实践中，'整体观'原则对帮组转换既有的知识传统中以孤立地谈论艺术品来解决'艺术'问题的倾向、模式、以及对'艺术'认知的'祛魅'，具有基础性的意义；对'观察—体验'的实践理念的标举，正面回应了'体验'在民族志实践中的长期蛰伏状态；以当下的'共域在场'为具体操持方案，强调研究者对'场域'结构关系保持自觉并调动自身'在场'的能动性，机动的采取有目的的行为从调查现场获致所需信息。"①

以此作为论述的逻辑起点，艺术人类学以田野实证为基础而展开的研究向度一般有二：一种是考察地方族群文化在审美的维度上的存在方式和存在形态，并对这种存在于小型社会之中的艺术形式本身进行挖掘和探究，最后上升到对一般意义上的艺术本体、艺术发生、艺术生产和艺术接受等进行新的反思和规定。另一种是从人类学的角度出发，从族群的具体艺术活动切入，如节日狂欢、仪式象征、祭祀祷告等，从这些活动中来提炼具有族群文化的代表性因子，从而以鲜活的艺术样态来言说这一民族或族群的整体文化观。

诚然，无论基于哪一种研究的向度，文化的碎片想要上升到艺术及美学的高度，就必须超越既存的现实樊篱，仅仅一种文化的"深描"是不够

---

① 洪颖：《艺术人类学研究的民族志方法讨论》，《清华大学学报》（哲学社会科学版）2007年第4期。

的；因为艺术和审美的活动不仅仅是作为文化索引而存在，艺术活动本身也有其独立的生产创作机制和意义阐释系统。就艺术的功能性而言，它也是多向度共在的——既有纯粹的审美愉悦功能，又有意识形态的政治功能。而艺术最高的意指则是对一些人生根本问题的反复回应，而这些答案通过一系列诸如象征、仪式、图腾、舞蹈以及绘画的方式来呈现。在此过程中我们既站在"文化他观"的角度，对生存在特定空间坐标下的族群和个人，进行跨文化的比较研究，从而揭示其"共时性"的存在意义和价值；同时也站在"文化自观"的角度，挖掘和探究族群文化的"历时性"内涵。在此基础上，如果说共时性的存在意义和历时性的文化内涵是站在"艺术他律"的角度上来考虑，那么我们更可以从"艺术自律"的角度上，对艺术本体的语言和形式进行探究和挖掘。在此研究的过程中，文化的碎片被凝定为艺术的图景，从而将生存的境况导入审美的领域。族群中的艺术活动作为某种"救赎"的仪式和"治疗"的手段，为回应某种人生"终极关怀"的问题，提供一个可行的、内在一致的解答。

而这个答案的呈现和表述，需要研究者在不预设主客体的前提下，去体验少数民族的艺术活动和审美文化，在此基础上得到一个关于族群文化艺术活动的"活力感性"。故而能在经验的层面上，进行一种形上质素的反思，从而对其艺术本体——艺术语言进行分析和探究，进而将体验的内在与经验的外在还原为一个富有个性化的"文化全景"。因此，民族文化研究与艺术美学研究的主体间性关系，即人类学与艺术美学的关系，反过来也可以为互为主体的双方进行一个新的概念阐释，故而民族文化研究同时作为一种民族艺术或民族美学的研究，艺术美学的方法无可规避地成为了它重要的理论支撑。

艺术美学的方法，无外乎有两种。第一，自上而下的研究方法，从一个逻辑概念或第一原理出发，自上而下地演绎推理从而得出结论，比如先预设一个关于"美"的本质概念，从概念为核心出发来寻找与之匹配的美的存在，从而建构一个关于这个"美"之定义的理论体系；或者从人类本身的审美状态出发，来分析其审美的发生、审美的本质，如康德在《判断力批判》中提出的质、量、关系和模态，即关于审美判断的四个契机。第二，自下而上的方法，也就是从日常实际的审美经验出发，从经验中提炼出理性的美学体系。而艺术人类学从地方性的审美经验出发，研究与特定族群相连带的知识共同体，从而提炼出一种局部场域的特殊审美体系和艺术范畴。

所以，艺术人类学和审美人类学的研究方法基本是第二种方法的"田野"变体。艺术美学和人类学的结合，也就是"田野"的感性经验与审美的"知性"判断相结合：在占有大量感性资料的前提下，建构特定族群的艺术和美学话语体系，从而勾勒出其族群文化全景，同时也对其艺术存在本体进行追问。在这种特定的田野方法论的"辐射"下，少数民族艺术研究的关键就在于捕捉和凝练日常生活的文化碎片，并使其整合为一种理论的"语法结构"。因此，需要研究者近距离地观察异文化并体验其日常生活，从而占有大量且直接的生活经验，然后对其进行一种审美的批判，即一种"日常生活的审美批判"。

二　日常生活的审美批判：艺术人类学的民族志路径

"日常生活批判"理论，最早来自法国马克思主义哲学家——亨利·列斐伏尔。不过，列斐伏尔的批判主要是对现代世界的日常生活，特别是在工业文明背景下的机械化大生产中，对日常生活之异化的一种批判，并提出以"文化革命"和"节日狂欢"来对抗人本质的异化。之后的阿格妮丝·赫勒，以马克思的生活实践观和卢卡奇的日常生活本体论作为基础，进一步阐发了关于日常生活批判的理论。"她把日常生活世界看作是一个自在的和未分化的对象化领域加以批判和超越，把传统日常生活的自在自发的文化模式视作人的生存的文化根基，主张对自在的日常生活进行剖析和变革，从而使人超越自在的日常存在状态，成为自由的、创造性的个体。"① 她要求在具体分析日常生活的文化模式后，对个体行为模式进行分析、解读，这与民族学的"参与观察"法几乎不谋而合。但是，从双方各自的角度来说，田野作业的"民族志照相"几乎就是一种记录和再现；缺少一种文化和审美的批判；而赫勒的"日常生活理论"所观照的方式也从来不是以人类学或民族学的角度来审视的一个地方的族群文化。因此，将"日常生活理论"引入艺术人类学的研究，将其重新整合为一种"日常生活的审美批判"理论，对学科的方法论建设和学科本体论的研究，是具有创新和开拓意义的。

任何民族，在本质上是实践着的存在物，人的存在是一种历史的、生成性的存在，人的实践活动就是一个包含着受动与能动、限制与创造的动态历史过程；人的本质就表现为不断从"自在"向"自为"转化、由"自发"向"自由"升越的无限的生成状态。少数民族也同样如此。少数民族的艺术和审美活动作为这一特定族群的一种基本活动方式，存在于他们的现实生活中。因此，它具有直观性，这也就意味着少数民族审美活动是其最具本真性的一种存在方式，也是"审美生活化"以及"生活艺术化"的表征。

例如，刺绣是苗族姑娘的基本功。每个苗家女孩，往往从七八岁就要开始学习刺绣，跟着大人们飞针走线，从小就练就了一手高超的绣花技艺，而她们绣花的高潮，是为自己准备嫁衣的时候。许多苗族姑娘，从一学会绣花，就开始绣制自己的嫁衣，一件嫁衣往往凝结着自己几年甚至十几年的心血，嫁衣初成之后，姑娘们还在不断地完善与修裁。将审美活动和艺术创造与直观的日常生活相嫁接，这就是审美日常生活化的本真体现。从这一特性而言，审美以及艺术活动作为一种创造性的活

---

① 李霞：《个性化的日常生活如何可能——赫勒日常生活理论研究》，人民出版社 2011 年版，第 3 页。

动，是以超越即存现实为前提的。人的存在是一个有限、暂时的过程，而人在精神上有一种对于无限和永恒的追寻，即对现世的一种超越，但这种审美活动在少数民族的文化中，同时又是一种常态化的生活方式。以集中体现民族审美意识的日常活动为中介，少数民族艺术作为一种特殊的精神生产，凝结着其文化习俗的精要，作为文化活动和精神信仰以及审美心理结构的一个重要组成部分，对整体文化的"审美历时性"和"审美共时性"有着现实的表征作用。它是少数民族"审美意象"之具象化的"艺象"，是从"胸中之竹"到"手中之竹"的显现。正是在这个意义上，少数民族的节日仪式、歌咏舞蹈、图腾崇拜等"日常化"的活动有了审美和艺术的可能。

M. H. 艾布拉姆斯曾提出艺术的四要素：世界、作品、作家和读者。他在《镜与灯》一书中写道：

　　每一件艺术品总要涉及四个要点，几乎所有力求周密的理论总会在大体上对这四个要素加以区辨，使人一目了然。第一个要素是作品，即艺术产品本身。由于作品是人为的产品，所以第二个共同要素便是生产者，即艺术家。第三个要素，一般认为作品总得由一个直接或间接地导源于现实事物的主题——总会涉及、表现、反映某种客观状态或者与此有关的东西。这三个要素便可以认为是由人物和行动、思想和情感、物质和事件或者超越感觉的本质所构成，常常用"自然"这个通用词来表示，我们不妨换用一个含义更广的中性词——世界。第四个要素是欣赏者，即听众、观众、读者。作品都为他们而写，或至少会引起他们的关注。①

----

① ［美］M. H. 艾布拉姆斯：《镜与灯——浪漫主义文论及批评传统》，郦稚牛等译，北京大学出版社2004年版，第4页。

然而，在艺术人类学的艺术"生产"和"消费"的链条中，我们既作为解读和阐释艺术品的读者而存在，又作为生成和记录其艺术蕴含的创造者，以双重的身份进行"田野"中的"自观"与"他观"。作为"艺术再体验"（自观）和"艺术接受"（他观）的我们，既需要"入乎其内"的体验，又应当有"出乎其外"的批判，以一种"是"与"不是"之间的身份在田野中游走，这便是一种"日常生活的审美批判"态度。也就是说，我们在田野中不仅仅将地方文化的"他者"作为批判的对象，同时自己作为地方文化创造和生成的一部分，在"参与观察"时也成为审美批判的对象。在艺术和审美的体验中，我们将内在的审美判断与外在的地方人文生态相结合，使其成为具有统一意义的"审美文化全景"，透过"物我同一"的体验而生活；进而在经验层面的主客二元对立中，反思艺术活动中所存在的特定情感交流方式、意象表达手段，从而体会和描摹在艺术中所生成的美学内涵，这既是一种人类学意义上的"文化还原"，又是一种审美意义上的"艺术创造"。

三　阐释与生成：审美批判与人文蕴涵

如上所言，作为探究艺术本体及阐释其文化意义的研究者，同样是一个"二度创造者"。而且，艺术学或美学研究的人类学或民族学转向，关注的不仅仅是艺术研究者在田野考察中与观察对象之间的互动融合，更在于融合之后的"二度创造"。这种"二度创造"来源于一种日常生活的审美批判。"批判"并不是意指"批评"或"贬低"田野工作中的日常生活体验，而是区分生活世界中的"意义边界"，从而能够提炼出代表地方族群文化的艺术和美学元素。因此，日常生活的审美批判，虽要以田野调查的方法来获取研究资料，然而在提取其审美文化活动中所包含的美学思想及人文精神的时候，则不能拘泥于一般人类学意义上的"民族志照相"，因为一般意义上的民族志写作，只是关于文化现象的一种描述和分类，进

69

而比较不同族群之间的文化差异以及寻找文化之间的共性。但我们更需要的是在"体验"与"经验"的基础上进行一种人文关怀的审美批判和情感交流的艺术创造。

这种观点也可以与人类学学科自身的反思性和自我超越性发生"共振"的效果。自以格尔茨为代表的阐释人类学以来，人类学的反思性和自我超越性表现得尤为突出：阐释人类学对传统的民族志写作提出了质疑，也不再关心古典人类学关于社会形态进化进行划分的宏大叙事。格尔茨认为，人类学不应遵循自然科学的研究模式，反对提出普适性的教条律令，转而对具体的、个别的社会群体做深入而细致的文化内部分析，以"文化深描"的方式来揭示其社会行为的意义内涵，他将人类学的学科发展做了一个人文研究的转向，让一门冷冰冰的实验科学有了人文关怀的温暖。

少数民族美学作为艺术美学和民族学之间的交叉学科，其特点在于：民族学作为一门社会科学，凸显在它的实证性，尤其在孔德的实证主义思想的影响下，人类学在西方发展成为一种精密的科学，所以少数民族艺术美学受到诸如民族学、人类学这种社会科学的基本规定，从而表现出它的可考性。这种可考性与实证性不同，可考性只能为理论的阐述提供可感的对象和依据，而不具有实证性的唯一答案。

诚如格尔茨在《文化的解释》一书中所引用的保尔·里克尔的观点：

不是说话这个事件，而是说话是"所说过的"，在其中，我们借助说话时所说过的，得以理解构成对话的与意象的具象化过程；通过这个过程 sagen—说—想要成为 Aussage—表述和被述。简言之，我们所写的是说话的 noema（思想、内容、要旨），是说话事件的意义，而不是什么事件本身。①

① [美] 克利福德·格尔茨：《文化的解释》，韩莉译，译林出版社 2008 年版，第 22 页。

格尔茨深受现象学和阐释学哲学的影响，当人们理解文化符号的所指语义时，不仅是从心理上对其还原，而且总是要超越动作发生者固有的意向，达到一种理解的"可能的世界"，因此对其行为意义的阐释也就是非常个性和私密化的分析了。在格尔茨看来，人类经验是很难进行概括和抽象的，当然也就不具有普适的实证唯一性。因而，以"文化相对观"来审视建立在人类有限和局部生存经验之上的地方性知识也就十分必要了。"所谓的'知识'，是随着我们的创造性参与正在形成中的人类经验，与特定的族群经验相联系，不是超时空的客观知识，知识的主体是特定时间和场合中具有连带关系的共同体。"①

同样，乔治·E. 马尔库斯在《作为文化批评的人类学》一书也说道："描述文化之间根本差异的最有效方式，也许是围绕着人观（personhood）概念所进行的考察。人观指的是人类能力和行动的基础、自我观念以及情感表达方式。"② 自我观念与情感的价值是不可能用量化指标来衡量的，对民族艺术研究中的已有的活性体验，也不可能作普适化的质性规定，只能从可考的资料和私密化的经验中，归纳和提炼地方性的审美日常化的质素，从而为构建地方性的审美和艺术话语，提供一种新的可能性，使局部场域中的文化散发出不一样的人文蕴涵。

艺术人类学的民族志写作意图也就在于此，它同样也是一种四要素循环的链条：艺术活动的本体分析（作品）—行为范式的记录（作家）—作为背景的族群文化（世界）—审美蕴涵的生成（读者）。民族艺术学或艺术人类学说到底还是一个关于大写的"人"的学问，对特定文化中的人或族群的认识载体，即作为文化文本的"民族志"所描写的"认识论"之尽头，便是意义生成的民族美学和艺术的"本体论"之开始。

① 王大桥：《地方性审美经验：审美人类学研究的关键词》，《文艺理论与批评》2013年第1期。
② ［美］乔治·E. 马尔库斯、米开尔·M.J. 费彻尔：《作为文化批评的人类学：一个人文学科的实验时代》，王铭铭、蓝达居译，生活·读书·新知三联书店1998年版，第71页。

民间艺术中"灵韵"的消失与"震惊"的光环

——试论本雅明理论当下艺术人类学的审美意义

古春霞

（中南民族大学　中南少数民族审美文化研究中心）

摘要：进入 20 世纪后，人类的生存方式转成为技术本体论。这是一种间接的生存方式、一种技术含量占据主导地位的生存方式。"灵韵"是本雅明在《机械复制时代的艺术品》当中提出的一个重要概念，机械复制技术让传统艺术从繁复的巫术、宗教仪式当中脱离出来，即时即地的独一无二性被消解，灵韵随之消失不见。本雅明在反复权衡之后，通过回归，更新传统，让灵韵有了新的媒介——以电影中的"震惊"效果来表达，本雅明深刻洞察到大众与技术之间的异化关系：由人与艺术品之间的"膜拜"关系转向人与商品之间的"展示"价值。由机械复制创造出来的电影艺术，其所塑造的记忆和解析历史模式充斥着人生百态的烙印，审美的内涵得到新的延续，本雅明理论对艺术人类学而言提供了一种能体现时代辩证精神的审美追求。

一　民间艺术中的"灵韵"之光

"灵韵"是本雅明在《机械复制时代的艺术品》当中提出的一个重要

概念,用以阐释在科学技术高度发达的社会,机械复制技术让原生态艺术从繁复的巫术、宗教仪式当中脱离出来,即时即地的独一无二性同时也被消解,灵韵随之也消失不见。本雅明在1931年的《摄影术简史》中第一次使用这个概念:"那么什么是灵韵呢?它是一种空间和时间交织的在场,无论离客体有多近的一定距离之外的独一无二的现象或假象。在一个夏日的午后,你一边眺望地平线上连绵的群山,或凝视那在你身上投下绿荫的树枝,直到此一瞬间或时刻也变成这种显现的一部分——这就意味着那群山和树枝的灵韵开始了呼吸。"① 本雅明所谓的灵韵即是传统民间民族艺术的灵魂所在,即时即地的原真性是它生境的唯一原点,也是民间艺术最具包孕的瞬间,这也是民间艺术至今依然充满活力的原因,它生发于传统的巫术仪式礼仪之中,富含着幽远自然的古韵与生动质朴的美质,因此它带着厚重的历史感和高高在上的膜拜价值,具有一定的权威性,以人与物的关系取代了人与人之间的关系,传统的民间艺术以灵韵作为标志,完成了韦伯所说的传统权威的合法性,由于其存在与历史语境密不可分,从时间和空间的角度而言都是不可复制的,因此其具有一种时空上的距离感和不可接近性,在本雅明看来艺术作品灵韵的诞生最重要的特点之一就是不可复制性,是一种历史、偶然的产物,具有高高在上的膜拜价值。例如土家族的毛古斯原本属于远古时期的一种民间祭祀仪式,是土家族人驱瘟疫、除灾难、求吉利、得丰收的祭祖仪式,有一定的祭祀功能。"在土家人心目中,毛古斯首先是演给祖先看的,祖先高兴了(即'神之欢也'),便会更尽心尽力地护佑其子孙五谷丰登、种族兴旺。其次让人们得到欢悦,得到与神同乐的种种享受(即'人之爱也')。"例如"裸女降神"某些特殊的仪式,更带着某种不可凝视的距离感和神秘的宗教膜拜感。"这是密室祭梅山的仪式。方法是:选一间最隐蔽的土屋,内筑一土台高三尺许,即

---

① Walter Benjamin,*One-way Street and Other Writings*,London:Verso,1992,p. 250.

祭坛。坛边一土本钵内燃烧着檀木块。在村内挑选一妙龄女子裸体起舞，
飘飘然如羽化登仙。梯玛跪在坛下颂经念咒，做着事神、颂神的各种法
事。裸女在檀香的熏沐下，举止语言皆变为另一种人，此时表示梅娥已经
附体。她可以梅娥身份随口答对坛下梯玛的卜卦与问话，如明日出猎走哪
方为吉利、何时出户为好、如何应付险情以化险为夷。猎户们都说屡试不
爽。"① 从这些巫术仪式当中诞生的毛古斯，其舞蹈韵味体现着浓厚的原始祭
祀性质，从它的准备工作就可以窥见一斑：设祭坛布置神堂，要宰杀牛羊祭
全牲，编织草衣用草把捆草祖，还要捆扎火龙用以照明，还要制作龙凤旗，
入新贵人队的新娘或姑娘还要沐浴净身，以向神显示圣洁。这一系列的准备
活动都保留着对自然崇拜、图腾崇拜、祖神崇拜等远古的信仰，后来逐渐演
化成的舞蹈动作也充满着对生活写意性、虚拟性的模仿，表演粗犷豪放、刚
劲激昂，充满着凝神观照的独特性和延续性，这种灵韵之美根植于传统的祭
祀仪式，充满陌生化的神秘感，这种接近原生状态的民间艺术有一种独具在
场的独一无二性，是研究土家族历史的活化石。正如本雅明所言："原作的
即时即地性组成了它的原真性（Echtheit），对传统的构想依据这原真性，才
使即时即地性时至今日作为完全的等同物流传。完全的原真性是技术——当
然不仅仅是技术——复制所达不到的。"② 这也是传统民间艺术与本雅明古
典艺术中灵韵一致的契合点，都和置身于其中的传统关联相一致。

二 大众文化中"灵韵"的消失

在奔腾不息的历史长河中，人类对社会的感性认知是随着社会整体生活
方式的改变而改变的，随着社会的进步、现代化进程的加速，所谓的原生
性、本真性在经历一系列复杂的变动后，逐渐走下神坛，传统民间艺术随着

---

① 张子伟：《湘西土家族毛古斯》，湖南师范大学出版社 2002 年版，第 48 页。
② ［德］本雅明：《机械复制时代的艺术品》，王才勇译，中国城市出版社 2002 年版，第 8 页。

社会、经济、文化的变革，也有了相应的变化。它们有的经过大众文化的洗礼，传播媒介的加工提炼，形式和内容上有了很大的改变和突破，正在脱离原有的整体性和本土语境，传统文化功能的神圣性、神秘性被解构，成为文化碎片。从某种意义上可以看出大众文化西风东渐，传统民间艺术在现代媒介的传播下原有的仪式功能被解构，艺术与传播媒介的关系不是一种纯粹的依附关系，而是一种繁复的互生关系。走向感官娱乐化的大众文化，让艺术从人类灵魂的深处走向生活的表层，不再是精神的慰藉，而仅仅只是一件有用的可以用来展示的商品；艺术是存在的，但不是自律的，而是他律的，从高高膜拜的庙堂上走向商品化的市场，表现自己的展示价值，犹如本雅明所言，原真性的东西继承了从它问世以来所有的东西，"光韵"的概念就是曾经存在过的历史证据，它成就了事物的权威性特征，而复制活动中事物实际存在的长短时间摆脱了人的控制，可见"灵韵"在传统方面的重要性。也就是说，复制技术的产生瓦解了艺术作品内在特定的时空结构，跨越了时空的限制，走向大众传媒时代的无极限。被媒介设置的短暂性、重复性的时间结构取代了仪式过程中延续性、独特性的生成结构，拜物教性的膜拜价值被摧毁，取而代之的是艺术作品的"展示价值"。艺术已经成为商品，这在机械复制时代并不新鲜。中央新闻电影制片厂 1981 年拍摄的《土家风情》，湖北电影制片厂 1981 年拍摄的《春到土家》，中央电视台 1983 年拍摄的艺术片《踏花追歌》，由中央台、湖南台、湘西州台 1991 年合作拍摄的《中国土家族》，广电部 1994 年拍摄的《中国民族风情系列》等影片，它们用镜头语言再现了田野深处的民族风情，真实记录了少数民族在社会变革中的坚守与变化。但是，"艺术今天心悦诚服地承认自己完全具有商品的性质，艺术宣布放弃自己的自律性，并且以自己能够在消费品中占有一席之地而自豪，这却是令人惊奇的事"①。这

---

① Theodor W. Adorno & Max Horkheimer, *Dialectic of Enlightenment*, New York: Herder & Herder, Inc., 1972, p.157.

就是当下传统民间艺术不得不面临的一个商品社会的现实，为了延续发展不得不走向市场化。

很多传统民间舞蹈被迫融入市场化的浪潮，以延续生存发展。源于清江流域土家族的撒叶儿嗬，是土家族特有的丧葬习俗，也是土家族一项传统的民俗文化活动。每当家有老人辞世，人们总喜欢从四面八方赶来载歌载舞地进行祭奠，撒叶儿嗬其源头至少可以追溯到唐代，从武王伐纣时的巴人军阵舞和《巴渝舞》中找到蛛丝马迹，在撒叶儿嗬的表演现场，歌者、舞者、擂鼓师频繁交替、争相上场，它不仅是一种精彩的歌舞，更是一种艺术化的民俗活动，把整个丧葬仪式变成了赛歌的擂台和传承丰富的历史文化信息的学堂，承载着土家族众多门类艺术，例如舞蹈、音乐、文学等，蕴含着深邃的哲学意义。它脱胎于土家族的祭奠仪式，有着积极向上的人生态度，有着豁达、通透的生命观念，和庄子道法自然、达观生死的人生观念吻合，不仅能体现村寨、族群之间和睦相处的邻里关系，也传递着邻里乡亲互相关爱的美好情感。除此之外，撒叶儿嗬还具有很高的艺术和学术价值。它的声腔歌调是一种古老的特性三声腔或特性三度，以男嗓高八度声腔且要发出类似花腔女高音风格的颤音，给人一种清丽脱俗的艺术感染力，在其他歌种已成绝响，这种独特的艺术表现形式却在跳丧时被原汁原味地保存了下来。它的即兴演唱和文辞风采有着俗中见雅的灵韵效果，与本雅明所言古典艺术的灵韵互相应和。长阳土家族撒叶儿嗬还曾获全国第十四届广场舞群星奖，并因其独特的历史价值而率先进入中国第二批非物质文化遗产名录。在后现代语境中，撒叶儿嗬从传统的仪式当中脱离并走向现代复制技术的媒介包围中时，经验在电子中丧失、仪式失去了经验的依托，伴随礼仪功能相生的灵韵消散在机械复制的光芒中，机械时代的复制技术瓦解了艺术的礼仪根基，让艺术从神坛走向普罗大众，它瓦解了艺术作品只让小部分人参与的保守功能，让艺术成为大众的消费品，成为它激励大众的一种政治功能手段，陶冶情操、净化心灵，灵韵作为一种纯粹美的呈现让位于具有政治功能的展示价值。

早在 1934 年,刘易斯·芒福德在《技术与文明》当中就提出了传播技艺是"人的延伸"和"技术变化"是文明史的核心这两个基本观点。一方面,新媒介的诞生往往会导致一种新艺术或艺术样式的生成。随着信息时代的来临,互联网已经延伸到世界的各个角落,任何一种文化都能在网上找到属于自己的族群,文化的"流动空间"代替了文化的"地域空间",这对于文化的多元性与非主流文化的存续起到了重要的作用。另一方面,审美的内在属性发生了迁移和转化,灵韵作为古典艺术特有的光辉,在复制技术当中必然要寻得新的审美内涵。

三 影像复制中"震惊"的光环

1909 年美国社会学家查尔斯·霍顿·库雷在《社会组织》一书中高度概括了大众传播媒介的几个主要特征:"表达性,它们能传送范围广泛的思想和感情;记录永久性,即超越时间;迅速性,即超越空间;分布性,即能达到所有各阶层的人们。"① 复制技术的神奇之处就在于其惊人的传播效力,能够打破时空的阻隔,快速渗透到普通受众,使得艺术脱离高高在上的庙堂,以及为相应特权等级服务的宗旨,快速融入大众的日常生活。20 世纪 30 年代,随着电影、摄影、广播等新媒介不断走进大众的日常生活,传统的文本和传统的表达方式及时间性艺术逐渐式微,取而代之的是信息化工业社会的瞬间性艺术,机械复制文明的出现对艺术作品的存在方式产生了极大的影响,一大批新的艺术形式随之诞生,像美国抽象表现主义、安迪·沃霍尔的波普艺术,以及 60 年代后相继产生的"行为艺术"、"观念艺术"、"偶发艺术"、"大地艺术"等。艺术离不开它的时代,需要不断地推陈出新,对安迪·沃霍尔来说,摄影机和印刷机就是他的画笔,这种新的艺术形态也符

---

① 〔美〕查尔斯·霍顿·库利:《社会组织》,中国传媒大学出版社 2013 年版,第 142 页。

合工业文明的特质，追求新技术和新思想来改良其艺术形态，这也是一种商品社会、都市文化和现代传播的产物。其最为明显的特征就是机器生产式的复制，完全相同的商品元素在反复出现，形成奇特的货架式绘画，货架正是工业文明的奇特景观，革故鼎新势在难免。

在本雅明看来，复制技术抹杀了艺术作品此时此刻的在场性，泯灭了它的独创性，尤其是让艺术从宗教、巫术、礼仪中脱离出来，从高高的祭祀神坛走向芸芸众生，所以本雅明认为在历史上曾被当作贵族奢侈品的艺术，可以真正被解救出来惠临民间了，艺术品圣神的膜拜价值转向展示价值。虽然新媒介文化给大众审美和价值取向带来了很多的负面效应，以至于众多哲学家诸如霍克海默、阿多诺都认为新媒介会给文学和美学带来巨大的危机和负面效应。而本雅明却认为机械复制时代的艺术作品拥有新的认知、生存、伦理和政治场域。当代大众能通过复制艺术品而获得更多平等的精神愉悦和享受时，在他看来它不过是一种历史生产力的世俗产物，不能单纯愚蠢地把它认为是一种"衰败或现代的症候"，我们能从中看到另一种美。就如安迪·沃霍尔所言："我想成为一台机器。"艺术家在他看来只是一台机器，艺术作品就是艺术家这台人工机器创造出来的作品，虽然这类作品传达着工业文明特有的单调、无聊和重复的特质，但也反映出工业文明时代人与人之间特有的冷漠、疏离和迷惘，影射出人们在物欲中迷失的心态。

"每一种艺术形式的发展史都有一些关键阶段，在这些关键阶段中，艺术形式就追求着那些只有在技术水准发生变化的，即只有在某个新的艺术形式中才会随意产生的效应。如此所出现的艺术的无节制性和粗野性，尤其在所谓'衰落时代'，实际上是产生于它的最丰富的历史合力中。"①

---

① ［德］本雅明：《机械复制时代的艺术品》，王才勇译，中国城市出版社 2002 年版，第58 页。

电影艺术在机械复制时代孕育而生，在商品化的社会浪潮中扮演着举足轻重的角色，一方面它不断复制产生出更多的艺术作品，另一方面如本雅明认为的古典艺术作品中的"灵韵"可以通过新的媒介"电影"来产生，"为了弥补灵韵的萎缩，电影在摄影棚外制造出'名人'（personality）"[①]，通过名人效应产生让人得以膜拜的展示价值，而电影画面思接千载的蒙太奇手法又给人带来了"震惊"的效果，从而达到"激励民众的政治功能"[②]。2010年11月12日，国内首部土家族原生态电影《梯玛之子》在享有土家织锦之乡美誉的湘西龙山县苗儿滩镇捞车河村开拍。湘西龙山县土家少数民族文化保存完好，其浓郁的土家族习俗、语言、建筑、餐饮等民族特色以及源远流长的土家族历史文化在全国最具代表性。在该片的摄制过程中，从演员挑选、人物对白、服装道具、建筑装饰等运用上都坚持采用土家族实景，且保留原生态民族特色，将土家少数民族文化精髓原汁原味地展示给全国电影观众。主创人员坚持的这种艺术手法，将每一种支离破碎的即时即刻的信息收集起来加以重新组合，蒙太奇的编辑、剪裁手法完全符合机械复制时代艺术美的诞生，更多的传统艺术的"灵韵"之美，从机械控制的摄影里展现出来，以达到更为逼真的艺术效果，更好地展示了土家族少数民族特色，也有利于传承和保护土家族民族文化遗产、记录少数民族文化精髓。

现代传播媒介视域下传统审美中的形而上的精神信仰转为形而下的资本崇拜，伊格尔顿曾这样描述："艺术向现代资本主义社会的犬儒主义和商品化的全面投降。"[③] 资本社会的建构促进了新的美学维度的形成。客观

---

① ［德］本雅明：《经验与贫乏》，王炳钧、杨劲译，百花文艺出版社1999年版，第277页。

② Walter Benjamin, *Illuminations*, New York: Harper and Row, 1992, p.87. 潘知常、林玮：《大众传媒与大众文化》，上海人民出版社2002年版，第140页。

③ ［英］特里·伊格尔顿：《后现代主义的幻象》，华明译，商务印书馆2002年版，致中国读者第1页。

化的资本运作标准，使得传统的审美价值真、善、美走向虚无的境地，功利性使得美的主体无法保持自主性外观，澄怀观道、虚静恬淡的崇高感和自由感，人已经不再是大自然的附庸，转而成为自然的控制者，人逐渐成为物化的人，审美日渐生活化。以报刊、书籍、广播、电视、网络等为代表的大众传播媒介，取代了面对面的直接交流，与口语媒介恰成对照的是开放的、多元的、分化的社会，民间艺术活动由族群参与走向非族群参与，特定的语境不在了，神秘性、圣神性消失了。跨越了千沟万壑的距离，湮没了奔腾不息的时间，开始走向"狂欢化"及"娱乐至死"。现代科学技术介入导致了人类文化审美范围的扩展、审美对象的扩大、审美文化形态的拓展等。复制技术的产生实现了艺术产品的批量化、规模化，艺术审美的公共空间得以形成。过去"面对面"、"点对点"的狭小艺术审美空间，经过复制技术手段在大众传播媒介中的转换，成了一个全球范围内都可共享的对象，许许多多"藏在深闺人未识"的异域风情、民间艺术，过去都无法目睹，但现在却可以在广播、电视、电影、网络中"历历在目"、"声声入耳"。正如海德格尔所说："人在世界中我们也不妨说，人在大众媒介中。大众媒介既是工具又是世界。大众媒介首先就是世界。"本雅明也洞察到这种大众与技术之间的异化关系。原先的"膜拜"关系是人与艺术品，而机械复制时代的"展示"价值是人与商品。现代的传播复制技术使"灵韵"从巫术礼仪中解放出来，在本质上，人不过是由艺术品的拜物教中脱离出来，走向另一种商品拜物教。原始社会的图腾崇拜是一种植物、动物或某个物体，是一种具有共同性的物或符号，是一个群体部落长期心理积淀形成的集体无意识。每一个部落成员会通过信仰本族图腾来确认自己的精神归属和价值认同。由机械复制文明诞生下的电影中的"惊颤"效果，一样也由明星带来了时尚崇拜，对品牌（Logo）的崇拜，同样和原始社会中的图腾崇拜类似，也同样体现着一个特定群体的精神诉求和归属感，消费社会人们对符号价值的追捧不亚于原始社会人们对集体生活稳定感和安全感的寻求和庇护，这也是当代人克服被遗弃、被遗忘的一种无意识的策略和表达方式。无论是原始社会还是机械复制艺术下的人类都是对符号价值的认同胜过物体本身的物理价值或使用价值，这是一种非常特殊的文化心理积淀。但消费文化下的符号价值崇拜显得如此瞬息万变、不堪一击，时尚和流行文化更多地体现着电影般的"惊颤"效果，与原始社会的稳定、长久的图腾崇拜相比，显得易碎、易变，转瞬即逝。[①]

灵韵膜拜的公共基础随着艺术的世俗化消失殆尽。艺术的根基由礼仪转为政治，电影艺术满足了大众自我生产的欲望，在物化的社会中，灵韵找到了寄生的场所，披着"灵韵"的商品大行其道。传统艺术品中灵韵所带来的使人迷醉的抚慰感正在被一种"惊颤效果"所取代，经验被体验所取代，人们感受到的世界是破碎的、零乱的，孤立于传统之外的。在彻底消除艺术的"灵韵"之后，大量复制、拼贴的艺术作品的铺天盖地，电子媒介所产生的时空压缩效果，打破了地域壁垒，同时也消解了建立于地域知识之上的等级性和群体性的消失。

四 "灵韵"与"震惊"的和谐统一

本雅明在反复权衡之后，通过回归，更新传统，让灵韵有了新的媒介表达方式、新的内涵。传播媒介切断了我们与世界、大自然之间最本真的联系，它充当着把关人的角色，对所有的信息进行过滤和筛选，在自动延伸主体感官的同时也在取代我们对世界最直接真实的体验，让我们对生活隔岸观火，扰乱人与自然、社会之间既有的生活秩序和感知节奏，个个都成了容器人，触屏感知世界。用麦克卢汉的话来说："我们塑造了工具，此后工具又塑造了我们。"媒介这个客体逻辑越来越越俎代庖，取代了人

---

① 潘知常、林玮:《大众传媒与大众文化》，上海人民出版社 2002 年版，第 140 页。

的主体逻辑，并可能发生逆转，加速对主体的驯服和说教。新的传播媒介在审美效果的追求上体现了无与伦比的完美、透明和精准化效果。在波德里亚看来这种完美的"拟像"化生成效果，会让艺术走向失真。电影艺术作为大众文化的杰出代表，以一种冷酷的方式实现对现实平庸的补偿，心灵深处的情感追问变迁为肤浅的感官享乐。由于意义的缺失，自我嬉戏成为娱乐的主体，禁忌和敬畏都迷失在过度娱乐的表层。2013年8月2日，筹备3年之久的土家风情歌舞表演《天上黄水》，正式在石柱黄水"天上黄水"大剧院上演。《天上黄水》分为序幕、石柱传说、风情土家、巾帼擎天、西兰卡普、天上黄水6个篇章。同时还穿插了土家的"摆手舞"等表演，用舞台表演全面刻画土家族的日常生活，全面展示土家族丰富的民俗文化。无独有偶，2014年3月，《黄连有点甜》作为重庆唯一的优秀影片获邀参加了第1届香港国际影视展，并在香港国际影视展设立了专门的展台进行影片宣传，效果俱佳。同年9月，《黄连有点甜》受邀参加了在兰州举办的第23届中国金鸡百花电影节，荣膺中国金鸡百花电影节国产优秀新片表彰殊荣。电影叙述的是一名韩国服装设计师朴太桓与土家族女孩黄莲的爱情故事，设计师从土家族优美的服饰中汲取灵感并最终斩获国际大奖。影片不但在重庆市区的南山、两江交汇之处等地进行了取景和拍摄，更将镜头聚焦到石柱县境内。依次展现了黄水国家森林公园、千野草场、月亮湖、银杏堂、大风堡、西沱古镇、悦来镇枫香坪碉楼群等人文自然景观。并且穿插有土家族摆手舞、著名民歌啰儿调代表作《太阳出来喜洋洋》、土家族菜系、色彩艳丽的民族服饰等各种极具土家族风情的文化元素。电影通过镜头语言将画面、音响、色彩等因素构成视听效果，将不同的场面、镜头和段落通过蒙太奇手法，根据艺术构思加以拼接组合，将视听艺术、时空艺术和传播艺术完美地结合，形成了具有震惊效果的语言，灵韵在消失，但却达到了令人惊讶的"震惊"效果。集科技性与艺术性于一身的电影，将土家族文化带出国门，使之走向世界。在21世纪，影视人类学家开始采用机械复制手段来进行民间艺术的搜集、记录和保存，大多采用了纯客观纪实的方法，保存了很多民间艺术非物质文化遗产中有价值的材料。纪录片中遵循"完整的身体、完整的人物、完整的行为"的原则，以求在完整的文化背景上再现人物、环境、事件的完整性，真实揭示人物、艺术、环境三者之间的微妙联系，以及其与整体文化背景之间的内在关系。经过现代传播复制技术进行精雕细琢打磨的艺术作品，艺术与真实尽量巧妙融合，如《靛房溜子乡》、《梯玛》、《哭嫁歌》等系列，在进行艺术拍摄时，"真实性"意味着详细、完整地记录当地生活的原貌，尽可能地保持原生态的模样，民间艺术的灵韵之光以"震惊"的效果，表现出超强的艺术生命力和感染力。

一个民族的审美既有比较稳定的传承性，又由于时代和社会等多种原因有其不同的变异性，从土家族民间艺术的发展历史可以看出这种民族审美习惯的传承性即相对的稳定性和不同历史时期、不同社会状况的变化即变异性。在那些社会分工不发达的社会，艺术与日常生活、社会生产以及宗教活动密不可分，与仪式、祭祀、节庆交织在一起。在传统文化当中，人类的仪式、节日、制度等集体行为与个体行为等生存方式是自然本体论的。从某种意义上来说，可以称为一种直接的生存方式、一种技术含量非常低的生存方式，可谓一种与大自然和谐相处、最为返璞归真的"诗意地栖居"，少数民族艺术的生境都体现出"最富于孕育性的瞬间"（莱辛语）。少数民族艺术所诞生的场域还是以声音为载体的口语媒介阶段，口传心授是艺术传承的基本方式，由言语和特定的语境（手势、姿态、行为）等言外之物、象外之象共同构成。存在吉登斯所谓的"本地生活在场的有效性"，以及哈贝马斯所谓的"对称性关系"。强调依附族群、血缘和地域，是封闭的、单一的、整体的、排他的。文化的稳定和均衡是相对的，变化发展则是永恒绝对的。

应当更新传统，让灵韵再现。本雅明试图在传统经验和现实经验之间找到和解和妥协的方式。一方面，我们要继续让技术为人的艺术服务；另一方面，我们在传统记忆当中找到关于未来的启示，将灵韵重新根植在艺术之中。正如韦伯所言，传统权威的合法化必将通过灵韵来完成。灵韵在传统和现代之间经历了否定之否定的过程，作为传统艺术的标志，在机械复制时代重新回归后的灵韵，内涵更丰富。"在历史转折时期，人类感知机制所面临的任务以单纯的视觉方式，即以单纯的沉思冥想是根本无法完成的，它渐渐地根据触觉接受的引导，即通过适应去完成。"民族民间艺术作为文化变迁中的一部分，必然会遭遇类似的尴尬，偏离最初的审美初心，大众传媒是造梦、圆梦的工具，它会让美梦成真，也会让噩梦接踵而至，这是人类进入 21 世纪以来需要面对的共同的社会、文化难题。我们无法再回到那个"饥者歌其食、劳者歌其事"的纯真具象年代，这是一个以符号交流取代实体交流的时代，科学技术成为现代人的历史命运，一方面为人类带来极度丰盈的物质生活，另一方面又为人类带来空前的精神危机。①

结　语

进入 20 世纪后，人类的生存方式转而成为技术本体论，这是一种间接的生存方式，一种技术含量占据主导地位的生存方式。本雅明的理论对现代机械复制文明的反思给艺术人类学的审美带来了新的启迪意义，第一个将影视人类学（Visual Anthropology）的概念介绍到中国的是著名的埃森·巴列克西（Asen Balikci），自 20 世纪 50 年代以来，他陆续有计划地拍摄了一系列中国有关少数民族地区的纪录影片，例如《满春曼的春天》、《苦聪人》、《独龙族》、《凉山彝族》、《鄂伦春族》等，还有记录瑶族生活的一系列生动的纪录片，如《瑶族盘王节》、《度戒》、《过山瑶》、《远山的

---

① ［德］本雅明：《机械复制时代的艺术品》，王才勇译，中国城市出版社 2002 年版，第127 页。

瑶歌》、《中国瑶族》、《蜕变》，音乐纪录片《森林的回忆》等，艺术人类学对传统艺术的保护和传承，使用新的技术手段使其保持完整性和可延续性。进入大众狂欢化的年代，大众欢呼的正是以电影等现代传播媒介为代表的复制技术对传统等级制度森严的解构和颠覆。一方面我们惋惜传统艺术充满"灵韵"的审美情景不再，它脱离了传统的巫术礼仪，从高高的神坛被解救出来，远离了膜拜价值；另一方面我们又庆幸机械复制技术摧毁了等级特权，真正地让艺术惠临民间，无数复制的艺术品唤醒了大众沉睡的激情，让艺术的展示价值产生了让人"震惊"的效果。艺术人类学的审美需要面对不断发展的历史现实，推陈出新，让充满真善美的"灵韵"艺术不断融入我们的日常生活，"电影银幕的画面既不能像一幅画那样，也不能像有些事物那样被固定住。观照这些画面的人所要进行的联想活动立即被这些画面的变动打乱了，基于此，就产生了电影的惊颤效果，这种效果像所有惊颤效果一样也都得由被升华的镇定来把握"。如拍摄的有关土家族非物质音乐文化的纪录片：《哭嫁歌》、《上梁歌》、《摆手舞》、《打溜子》等，从一系列动态影像的拍摄中可以看出，土家族的音乐艺术与土家族的日常生活紧密相连，土家族音乐文化的传承与发展离不开生养它的土地，影像的记录既有音乐世界表象的变迁，又有审美内涵深刻的变化，纪录片展示了土家人生活中音乐的重要性，也折射出土家族精神世界里的情感需要，也反映出在商品化时代土家人日益淡薄的情理，所表现的迷茫和困惑。①

　　面对大众传媒这个"雅努斯"（两面神），人类必须走出自我的局限，升华自己的情感，视通万里、思接千载，完成自身的文化身份认同和文化心态的转换，在这个不断大同的世界进程中，对传统美学、文化观念要不

---

① ［德］本雅明：《机械复制时代的艺术品》，王才勇译，中国城市出版社 2002 年版，第53 页。

断思索、不断扬弃，机械复制时代的文化符号——电影、电视、网络等提供了一套新的价值系统和意义结构，它展示了传承中代表的"集体记忆"和"家属归属感"等意义，并赋予它们以切实的意义。本雅明理论对艺术人类学而言体现了一种具有时代辩证精神的审美追求和文化宗旨。

人类学的田野调查与少数民族
题材美术创作

彭修银　梁　宏

（中南民族大学　中南少数民族审美文化研究中心）

　　摘要：少数民族题材美术因自身不可避免的"地方性"与"边缘性"，相比其他美术题材而言，更需要"田野"的前期实践，这也是其在新的历史语境下蔚然成型并迅猛发展的终极归因。基于艺术人类学的视阈发现：少数民族题材美术不断拓展其内涵与外延，"田野"也将走向"艺术的感知"与"理性的剖析"双重向度的融合。

　　"少数民族题材美术"是指"由汉族或少数民族美术家创作的以少数民族为题材的美术作品。它既包括汉族美术家创作的以表现少数民族现实生活为主题的美术作品，也包括少数民族美术家创作的以本民族为题材的美术作品，同时还应该包括少数民族美术家创作的以其他少数民族为题材的美术作品"①。如果我们翻开人类学史就会发现，艺术是与人类的发展相伴而生的。无论是泰勒、马林诺夫斯基、博厄斯、列维-斯特劳斯还是格尔茨等，几乎没有一位人类学家不在自己的著作中讨论过艺术，包括美术、

---

　　① 蔡青：《"十七年"时期少数民族题材美术的发展轨迹》，《艺术探索》2011年第8期。

音乐、舞蹈、戏剧等作品。而作为门类之一的美术，则兼有文化记录与艺术创作的双重性。尤其是民族题材的美术作品，主要以少数民族生活、文化、服饰作为描述元素或物象符号，对少数民族的社会文化、审美精神具有主观性、间接性的展示传播作用。少数民族审美元素或物象符号往往会给观者带来视觉的新鲜感，而美术文本本身就是其传递信息、表达文化和认知世界的重要方式，是民族文化符号的重要载体。少数民族题材美术的创作过程，按照美国人类学家阿兰·P. 马里安（Alan P. Merrian）所界定的艺术四重组织模式（观念、观念导致的行为、行为的结果——作品、对观念的反馈）来讲。① 少数民族题材美术的组成模式应该是：艺术家去"田野"，即去体验少数民族地区的生活，从而激发出创作的灵感，艺术创作的原初想法与观念由此而形成。当画家的心灵邂逅少数民族人民的"诗意生活"时，往往会内心受到冲击，并在"情感勃发"的感召下，采用合适的绘画语言、形式、色彩将内在的情感凝定为艺术的文本，这对应着"观念—观念导致的行为—作品"的组成模式；而"作品的展示"即是受众或读者反馈的一种形式。

如果我们以艺术人类学的田野研究视阈，来看少数民族题材美术创作及理论研究，那么艺术家对少数民族地区的考察丝毫不逊色于人类学工作者。画家远赴少数民族地区，通过观察、访问、体验等方式获取第一手创作及研究资料。从这个意义上说，艺术家也同样在做着民族学家的工作。他们以一个或多个少数民族为审美对象，结合自身的审美趣味及情感判断，将审美意象物化为具体的文本作品，以有形有色的语言诉说少数民族的审美思想与文化，线条与色彩的"无声话语"却更具情感冲击力。田野的成果虽然以绘画作品的形式呈现，但其田野所获取的资料、作品展现的内容都可以成为民族学有力的第一手资料，甚至超出了创作主体预想的

① 周宪等：《当代西方艺术文化学》，北京大学出版社 1998 年版，第 294—305 页。

功能。而少数民族题材的美术创作担负着挖掘民族审美特色，弘扬少数民族艺术魅力的重任。民族题材的美术创作力行回归本土文化，其客体性文本的存在蕴含着广泛的社会性与鲜明的民族性。

一 艺术的田野："介入"与"创作"

运用科学合理的方法是研究进行的基础和保障，在少数民族题材的美术创作及研究中，方法论的探索应和它的本体研究一样，属于核心问题。马克思曾经说过："不仅探讨的结果应当是合乎真理的，而且引向结果的途径也应当是合乎真理的。真理探讨本身应当是合乎真理的，合乎真理的探讨就是拓展了的真理。这种真理的各个分散环节最终都相互结合在一起。"① 从艺术人类学的角度对少数民族题材美术做整体性、系统性的把握，从而深入研究作为一种社会历史现象、文化现象而存在的人类艺术活动，则为民族文化与审美思想的挖掘提供了新的可能性。将人类学的田野调查法（Anthropological Field Work）运用于少数民族题材创作是必要的研究途径。田野调查指经过专门训练的艺术人类学工作者亲自进入民族地区（包括都市与边远地区），通过参与观察、调查访问、同居同劳等方式获取第一手研究资料的过程。田野调查是人类学中普遍使用的方法，也是其研究的基础，因此田野工作自马林诺夫斯基以来，就被称为"现代人类学的基石"。

实际上，只要我们做一些深入的分析，就可以清楚地看到，一些卓有建树的艺术家都极为重视田野工作。元代画家、书法家赵孟頫在其《红衣西域僧图（卷）》（现藏辽宁省博物馆）题："余尝见卢楞伽《罗汉像》，最得西域人情态，故优入圣域。盖唐时京师多有西域人，耳目所接，语言相

---

① ［德］马克思：《评普鲁士最近的书报检查令》，《马克思恩格斯全集》（第 1 卷），人民出版社 1956 年版，第 8 页。

通故也。……粗有古意，未知观者以为如何也。庚申岁四月一日孟頫书。"① 认为卢楞伽画的罗汉最有西域人情态，是因为当时卢楞伽所居住的京城有许多西域人，耳濡目染、相互交流，再深邃体察才完成了该作品，这种经历即是一种潜移默化的"田野"。

回顾少数民族题材美术的历程，自新中国成立后就取得了长足的发展，同时也出现了新的问题。这些问题主要有：第一，创作程式化、概念化，比如在表现维吾尔族、藏族等民族题材绘画中千篇一律的面目，人物形象如同不停更换服装和道具频繁上场的木偶，见得多了不免让人厌倦。第二，所表现民族有局限；画面中多数是维吾尔族、藏族、蒙古族、苗族等少数民族，缺乏对其他的少数民族的关注与表现。第三，大量作品浮躁且缺乏思想深度，作品仅仅停留在表象的艺术外壳，而失去了它本应该具有的文化内涵。

究其原因，是因为少数民族题材创作过程极其艰苦，需要到少数民族居住区搜集素材，感受当地的民俗风情。因此，一些创作者来到民族地区拍几张照片就匆匆而去，甚至通过网络或其他途径搜集几张照片。照葫芦画瓢再拼接组合就成了一幅作品。这样的作品怎能打动人心？

因此，"田野"对于少数民族题材美术的意义不仅仅是理论的深化，更是解决创作过程中现实问题的有效途径，是突破瓶颈的现实需求。少数民族题材美术应该在"田野"方法的基础上，不断创新绘画形式语言和表现方法。一方面根据需要不断拓展"田野"广度和深度；另一方面查阅文献资料，不断深化和完备关于少数民族的"地方性知识"（local knowledge），并进行其他少数民族的文化比较研究。少数民族题材美术创作的开展如人类学对于地方性知识的寻求一样，要通过严谨的、深入的、全面的田野工作才能得到。

---

① 赵孟頫：《红衣西域僧图（卷）（题跋）》，辽宁省博物馆藏。

中国的第一个现代派绘画团体是 1932 年在上海成立的"决澜社"。庞薰琹作为"决澜社"的创始者,在抗日战争爆发后到了云南,考察当时人民生活的实际情况,也体验到民族地区的淳朴民风,完成了《中国图案集》的整理。1939 年至 1940 年再次去贵阳的花溪、龙里、安顺等十多个苗族村寨做田野考察,收集了大量的服饰、工艺、民谣等民俗资料,为其创作《贵州山民图》做前期准备,《贵州山民图》约计 20 幅,描绘了山民恋爱、婚姻、劳作、离世等生活场景。画面清丽细致、充满民族气息。作品中的人物有着忧虑的神思,生动地传达出时代背景下压抑的情绪。色调柔和、淡雅,色彩层次丰富,再现了贵州民族地区的自然之美,是那一时期少数民族题材美术的代表作品。

从 20 世纪 40 年代开始,尤其是毛泽东《在延安文艺座谈会上的讲话》后,强调文艺为工农兵大众服务的宗旨成为党的文艺工作方针。[①] 在这种方针政策号召下,致力于少数民族题材创作的艺术家们陆陆续续奔赴西部,到少数民族生活的空间中去寻找、去发现、去感受、去创作,如司徒乔、韩乐然、叶浅予、吴作人、黄胄等。他们作为一个文化创造的"参与者"深入少数民族地区,与少数民族人民同吃、同住、同劳动。从少数民族的日常生活中提炼具有民族文化的代表性因子,以生动的笔墨、鲜活的艺术语言言说着这一民族的整体文化形态。其中少数民族地域风情、少数民族文化艺术(舞蹈、音乐等)以及少数民族人民朴实和顽强的生命力是艺术家们普遍观照的课题。这一时期的代表作品有叶浅予的《中华民族大团结》,还有以回族、维吾尔族等少数民族舞蹈为主题的作品。弘扬了民族团结精神。对少数民族音乐、舞蹈艺术的传播起到了推动作用。黄胄作品《选良种》、《洪荒风雪》、《丰乐图》、《载歌行》等以新疆少数民族生活为主题的系列作品也感人至深。从画面中可以感受到艺术家对少数民族人

---

① 《毛泽东选集》(第 3 卷),人民出版社 2009 年版,第 847—879 页。

民的深厚情感，黄胄的创作宗旨是"到生活中起草稿"，在他对新疆舞蹈题材的作品中我们可以发现，他对表演者所使用的乐器，以及每个舞蹈动作都进行了详细的考证。因为黄胄曾先后 6 次去新疆考察，用大量的速写做记录，从某方面讲，黄胄成为新疆少数民族美术的代言人，新疆的风土人情因黄胄而被大家知晓。董希文的《春到西藏》、《哈萨克牧羊女》被认为是油画民族化的典范。综上所述，少数民族题材美术在这一时期进行了初步的探索与实践，开启了崭新的一页，促成了少数民族题材美术创作的勃兴。

20 世纪 70 年代末，中央重审了"百花齐放，百家争鸣"的文艺方针，"单一的、束缚自由的创作模式被打破，渴望回归真实、重塑人性开始成为这一时期艺术的主旋律"①。1977 年 4 月第 4 期的《美术》上也开始号召"积极发展少数民族美术"，艺术家们看到了新的曙光。中国的美术界相继出现了"西域热"、"藏族热"、"丝路热"等热潮。一批批的艺术家带着喜悦而激动的心情去少数民族地区"寻根"，在作品的风格、表现手法上都有了新的突破。靳尚谊的《塔吉克新娘》最具代表性，画面中的新娘面露微笑，腼腆又羞涩，如同蒙娜丽莎的微笑一样被画家永远地凝固在画面上。

高更曾对南太平洋的塔希提岛进行考察并且在岛上长期居住，在其手稿《诺阿·诺阿》中有生动描绘："生命在每日清晨觉醒，大地复苏，阳光明媚，充满温馨，内心感到无比的快乐，全力以赴地投入到忘我境界的艺术创作中去。我觉得思维敏捷，灵感与我为伴。远处是蓝色的大海，独木舟在海上缓缓而行，使人心旷神怡。年轻人一会儿荡起双桨奋力划水，一会儿又让小船任意地漂流。他们身上穿着蓝色和白色的海边裙裤，与他们褐色的胸膛在阳光的照耀下显得色彩缤纷，他们洁白的牙齿也在欢笑声

---

① 陈畏：《从风情描绘到精神探寻——少数民族题材绘画创作浅谈》，《美术观察》2014 年第 4 期。

中闪烁光芒……"① 自由平和的土著风情感染了高更，他的灵魂在这原始静谧的自然中得到洗礼和净化。高更得以创作出《我们是谁？我们从哪里来？我们到哪儿去？》这样的经典作品。这幅画以近乎平面的并置手法用纯色块绘制，富有东方神秘气息。画中的婴儿、采摘果子的年轻人以及老人，象征着整个人类从生到死的生命过程。单纯、厚朴、深沉又不乏绚丽唯美的绘画语言，映射着塔希提岛社会神秘古老的审美取向，隐喻着画家对宗教、对宇宙、对生命意义富有哲理性的思考。塔希提岛的"田野"浸淫熏陶造就了高更的审美观念，影响并改变着他的艺术表现手法，这是一种长期的、潜移默化的作用。

汉族艺术家刘大为曾长期生活在内蒙古，对内蒙古少数民族地区进行了无数次的田野调查，后又连续去新疆考察，创作以维吾尔族民族为主题的作品，作品生动感人。如果作家对少数民族文化没有深刻的认识，对民族性格、宗教特点没有前期的积淀，那么，在"田野"时就不会有艺术家情感的激发，只是照搬书本或者按照片拷贝，很难创作出震撼人心、引起共鸣的杰作。

综上所言，"田野"并不仅仅是走马观花似的"采风"，更不是休闲散心似的游览，而是以一种艺术的态度去感知、以科学的方法去分析的艺术前期实践。阿恩海姆曾提出，人的眼睛有一种类似"思维"的功能，对于普通人的眼睛来说精彩的瞬间留在视网膜时只能带来一种短暂的愉悦，然后在记忆中不复存在，而艺术家所具有的"发现美的眼睛"则有一系列类似思维的功能，比如抽象、分离、整合、推理等，在观察的过程中眼睛在不停地"构造形状"，运行着类似理性思考的功能，艺术家将视觉思维的能力提高到了炉火纯青的境界。具有这种功能的"眼睛"则是"发现美的眼睛"。正如罗丹所说的："所谓大师，就是这样的人：他们用自己的眼睛

---

① 紫都、刘慕：《印象派绘画大师全传》，远方出版社2004年版，第128—131页。

去看别人见过的东西，在别人司空见惯的东西上能够发现出美来。"① "发现美的眼睛"的主要特征还在于它审美的主观性。当艺术家深入少数民族的生活地区，每时每刻都在不可避免地接受着这个民族多种多样的信息，对这些所见所闻不可能只是机械地接收和记录，同时也有积极主动地搜索和吸收。借助于"发现美的眼睛"发现并确定他作品的最初生命，强烈地感受并敏捷巧妙地捕捉到他要表现的"主题"，对不同事物的美的部分进行提炼，并根据自己的创作需求进行改造，使之服从于他自己的发现、创造和纯化过的秩序和结构，整合为一个关于整体性文化的美学表述。

二 "方法"与"视域"：作为艺术的文化美学

科学分析强调的是一种逻辑推理能力，对少数民族地区的"田野"不能仅仅局限于表象，而应该透过现象分析其内在本质结构，并阐明其内部规律和外部表征。同时深入了解所调查民族的历史，只有了解这个民族的缘起、历史以及现状，才能为美术创作夯实基础。而这种历史的溯源，仅仅有艺术的感知是不足够的，需要科学的分析归纳；另外，在这急剧的社会变迁中，各种文化艺术的相互影响、相互渗透，正不断解构又不断重组着以往的各种传统。因此在"田野"中应重视跨民族的比较研究方法。"跨民族"就意味着研究不能囿于一个民族，而把两种或多种民族进行比较，当然是对有审美及艺术价值的方面进行有益的比较研究。关心各个民族审美之间所结成的相互关系，以及审美与艺术在整个社会网络空间中所占据的位置及作用等，这些都需要"田野"中科学的分析方法。对民族审美的汲取借鉴，以心灵和情感为对象的特殊精神活动，具体的文化心理产生作用时还将经由特殊的内容过滤和媒介选择。透析哪些因素以何种样态进入艺术创作或隐含在作品中，要用科学的方法使之服从于艺术表现的自

---

① 〔法〕罗丹：《罗丹艺术论》，人民美术出版社 1978 年版，第 5 页。

身规则。现如今，各个学科仅用传统的研究方法已远远不能解决许多实际的问题，仅用美术学的方法指导美术创作已略显局促，而采用人类学的"田野"方法寻求新的支撑，正是美术学所极力探索拓展的道路。

正如诗中所描述的："敕勒川，阴山下。天似穹庐，笼盖四野。天苍苍，野茫茫。风吹草低见牛羊。""大漠孤烟直，长河落日圆。"少数民族地区或恢宏壮丽、或雄奇磅礴、或秀丽旖旎的自然景观吸引着一批又一批的艺术家。而少数民族的扎花、蜡染、刺绣、木雕等各种精美工艺技术以及像那达慕大会、泼水节等民族特色文化资源也深受艺术家的青睐。自然资源和文化资源组合为一个整体的生活语境，为艺术家提供不尽的创作源泉。诚如 2015 年中国百家金陵画展金奖作品获得者陆庆龙在谈到他的作品《望果节》时谈道："……曾走过一段古老的天路，亲吻天空与大地最近处那清澈澄净的湖水，在静谧的雪域高原上，凝视人们虔诚而纯净的眼睛，在梵文的诵经声中，聆听自己心灵的声音……"①

"生活是艺术取之不尽用之不竭的源泉。画家要向生活索取美丽的画卷。"② 维吾尔族画家哈孜·艾买提坚守着这一创作准则，创作了《罪恶的审判》、《木卡姆》等炉火纯青的油画作品。因此，生活是少数民族题材创作的活水源头和现实依据，致力于少数民族题材美术的艺术家应该迈开双脚，到少数民族切身生活的广阔天地中，以生活为参照系，去感受、去体验、去调查。

艺术家陈坚说："作为一个画家，我常常思考，在人日益被'物化'的今天，也许我们该思考借用艺术的途径，将景与物'人化'、'精神化'，将人'还原'为最本真的人。我的创作往往与宏大主题无关，吸引我创作

---

① 陆庆龙：《望果节创作感言》，http：//www. caanet. org. cn/News/news Detail. aspx? id＝MM 201511191128396325/2015-11-19。

② 王峰：《向生活索取美丽画卷——记当代著名美术家哈孜·艾买提》，http：//arts. cntv. cn/art/special/hl/20120413/119609 _ 1. shtm2012-04-13。

灵感和热情的或者是高原上的塔吉克人、或者是令我眷念的故乡大海。我
称之为'人性的高原'与'大海的情怀'。"① "那是我的精神性的追求，对
生命和自然的敬畏之情在我的画笔之下倾泻而出。"②

　　从研究方法上来讲，走出形而上的抽象思辨，将"历时性"与"共时
性"双重维度的研究方法结合运用于少数民族题材美术创作及研究。历时
性分析用来纵向解释溯源及发展变化，共时性研究用来横向比较某一时间
段里可供选择表现及阐释的内容。将历时性分析与共时性研究相结合，有
助于我们对研究对象进行整体的、深刻的把握。"历时性"研究主要是从
时间的维度来展开叙述，在这种叙述方式下，视野就不会局限在当下，而
是要扩展至其过去的历史。许多少数民族题材创作者已经意识到，有必要
对所表现民族的历史进行溯源，这种做法的依据首先是因为任何审美主体
都是社会的、历史的存在，它的重要性是由它们在绘画创作的文化和历史
文明先前沉淀的位置中建立。其次，对于少数民族题材美术的创作者来
说，具有洞察历史的深邃力同样重要。只有将对象融入"历史"，作品才
能积聚文化价值。正如抽象绘画的创始人之一瓦西里·康定斯基所说：
"任何艺术作品都是其时代的产儿，同时也是孕育我们情感的母亲。每个
时代的文明必然产生它特有的艺术而且是无法重复的。"③ 借助文献资料的
查阅（对于无文字资料的民族不可行），知情老人的深入访谈等艺术人类学
的研究方式，可以了解当地人是怎样看待自己的传统和艺术的，又是怎样来
生产和消费以及再生产的，即格尔茨所说的针对"他者阐释的阐释"。

　　与"历时性"相对，"共时性"研究所强调的是对特定时间内的社会
文化特点和社会生活表现做横切面式的分析研究。其中最主要是比较研
究，比较研究是艺术人类学以及美术研究中比较常用的一种方法，通过比

---

① 陈坚：《以反哺之心关照生命》，《人民日报》2015 年 11 月 22 日。
② 同上。
③ ［法］丹纳：《艺术哲学》，傅雷译，安徽文艺出版社 1998 年版，第 11 页。

较，寻找其相互的联系、影响及异同，使彼此的特征更加鲜明。在比较的过程中，双方或多方彼此互为参照，最后再回到自身上来。因此，世界上没有任何事物是孤立存在的，都与其他事物发生着种种联系。诚如海森堡所说："这个世界是由各种事件交织成的网络，其中，事件间的关系不停地变化、重叠、组合，共同决定了整个网络结构。"① 通过联系及比较，才能熟知传统民族审美的发展脉络及变化转换。在此基础上深入把握少数民族审美特征，在创作中才能更为自如地借用或者转化民族审美元素。另外，将少数民族题材美术的研究纳入一种跨文化、超越历史语境的范畴中，重视各民族间的关系以及与整个社会的关系。近年来有人强调民族绘画的符号性，将这种符号局限于服装的特色以及某些舞蹈动作中，而这种文化的符号只是民族文化整体中很小的一部分，对其符号的考察不能过于狭隘。艺术家于小冬对此深有体悟："西藏给我最重要的东西是灵魂深处的净化。如果只把注意力放在西藏人的服装、饰物、面部特征等外在表现上，必然会阻挡我们去发现生命的内在本质。这样的出发点要以真实作为它坚实的支撑。在面对真实的时刻，自己的想象力活起来。发掘一张张真实的面孔背后所蕴含的一切，发现表象背后的意味。"② 民族的各个部分组成整体，应该注意到大关系下各种细微的关系，并有分寸地把握，使各个局部和下属关系在大关系中有机协调起来。

结　语

随着全球性经济结构的调整，文化产业在国民经济产值中所占比例不断上升，文化关系对社会影响力也不断扩大，少数民族文化的审美价值和社会作用也在不断地提高。少数民族题材美术因直接或者间接地促进少数

---

① 转引自方李莉、李修建《艺术人类学》，生活·读书·新知三联书店 2013 年版，第 16 页。
② 于小东：《我的藏族同胞肖像画谈》，http://www.chinawriter.com.cn/bk/2015-11-13。

民族文化的保护、研究和展示，也日益成为当代社会生活中的重要内容。费孝通在晚年非常注重艺术的发展，他说："中国的经济高潮已经逐步出来了"，但还需要一个"感情的高潮、文化的高潮①。"要有明显的风格，要为群众所接受，这个风格必须从民众（民间）里面出来。"②

中国有了越来越好的艺术创作环境，从艺术观念到表现形式，呈现出不断突破和开拓的趋势，这种趋势也促使少数民族题材美术在新的历史语境下运用传统美术学方法的同时借鉴艺术人类学研究方法。其中最重要的是将生活语境作为参照系，激发创作主体的灵感，深化理论研究；同时注重田野调查的实证方法，将历时性与共时性相结合的研究方法贯穿于少数民族题材美术创作及研究中，运用跨民族、跨文化的比较研究法。从某种意义上说，人类学的经验研究，为艺术家的创作实践指引了方向；而少数民族题材美术艺术家们的创作实践，深化了艺术人类学"田野"工作的实践内涵和理论深度。

借用习近平总书记的话："文艺是时代前进的号角"，"文艺创作方法有一百条、一千条，但最根本、最关键、最牢靠的办法是扎根人民、扎根生活、应该用现实主义精神和浪漫主义情怀关照现实生活，用光明驱散黑暗，用美战胜丑恶，让人们看到美好、看到希望、看到梦想就在前方"③。少数民族题材美术创作者及研究者通过艺术人类学的方法，从现存的民族文化中得到启示，对优秀内核进行现代性转换。通过人类学田野调查而深入民族文化资源内部，从中汲取养分，经过提炼和升华，在时代的变化中创造出新的艺术样式和艺术语言，让它成为表现地方性视觉经验的方法论支持点。

---

① 方李莉：《费孝通晚年思想录》，岳麓书社 2005 年版，第 129 页。
② 同上书，第 126 页。
③ 习近平：《中共中央总书记、国家主席、中央军委主席习近平在北京主持召开文艺工作座谈会并发表重要讲话》，《人民日报》2015 年 10 月 15 日。

口头诗学

口头诗学

朝戈金

(中国社会科学院民族文学研究所)

　　"口头诗学"(oral poetry)起源于 20 世纪六七十年代,由一位研究民间文艺、从民俗学出发、意在讲述民族志的美国学者提出。早在 1960 年,美国学者洛德(Albert Bates Lord)的《故事的歌手》面世,这本书主要讨论了洛德和他的导师在 20 世纪 30 年代对巴尔扎克半岛英雄歌的收集与整理,并结合现今民间演唱,来理解或试图复原古希腊时代荷马史诗的言说及唱编方式。到了 20 世纪中叶,西方知识界不约而同地在讨论一个问题:书写技术对于对于人类文明的进步,特别对于抽象思维的发展发挥了什么作用?史称"大分野"的激烈讨论,吸引了西方众多学者的讨论,如传播学家麦克卢汉、结构主义人类学家列维-斯特劳斯、社会人类学家杰克·古迪,以及古典学者艾瑞克·哈夫洛克等,并分为两大理论派系:"连续派"与"大分野"理论。持"大分野"理论的学者认为,人类有了书写以后才能展开高次方的数学计算,才出现了三段论和逻辑推理;而持"连续论"的学者如列维-斯特劳斯认为,那些处在无文字社会的人,即便是不借助书写,他们也知道推理,知道因果,并且发展出许多灿烂的文明。两派持续争论一年之后,引发了另一个主题——讨论了书写对于人类文明的进步作用,但实际上,根据调查发现许多民族没有文字书写,那么如何看待无文字民族的文明与文化?当时一些学者从信息技术传播角度来

101

看待口传与书写，并认为世界上绝大多数地区只有语言，没有书写符号。由此推断出语言是第一性的，文字是从语言发展出来的第二性的，语言的历史长，文字的历史短。剑桥大学研究小组通过对动物与人类某种特定基因的分析发现，这种特定基因在人类身上产生变化，使人类具有言说能力，同时根据进一步分析研究显示，人类言说历史从现在往前推大约 12 万年，而文字符号最早出现在约 1 万年以前。从信息一般交流情况来看，有人说欧洲直到文艺复兴，工业革命之前多数人基本不懂书写与文字。古代封建城邦，写诗和行文识字主要存在于僧侣和贵族阶级之中，大部分人民不识字。文字的使用长期以来为一小部分人的专利，今天人类的主要文明成果大多数为口耳相传。

按笔者理解，诗学是谱系型结构，完整诗学体系应包括西方和东方、古代和现代、口头文学和书面文学，也可能包括与文学相关的其他艺术门类，比如造型艺术、表演性艺术与语辞艺术。西方文论具有很长的历史传统，从亚里士多德到 20 世纪各种文论的兴起。同样，东方文论也具有悠久的历史，比如中国从《文心雕龙》到《沧浪诗话》，印度更复杂的文论传统如黄宝生《印度古典诗学》——探讨印度古典诗学体系，其对中国文论特别是中国藏、蒙受佛教影响的这些族群文论体系影响之大，这些民族的美学精神、文学规则中含有大量印度梵文文论印迹，对东南亚、南亚语系的文化具有非常深刻的影响。这种对照同样适用于口头文学与书面文学。

为什么要发展口头诗学？有人说文学是梯级发展的，民间文学是早期阶段，是一种低级形态，书面文学是高级形态。20 世纪 60 年代，西方文论主流主要是采用书面学术规则来建构文学理论与文学批评。有学者认为，用书面文学规则去总结诸如福楼拜、巴尔扎克等的创作技巧的美学规则，即用书面文学理论来研究民间诗歌无异于"隔靴搔痒"，俗话说"工具不凑手"，不能很好地解释与阐发民间口传文艺的特点与规律，所以要倡导口头的诗学理论。

　　口头诗学与书面诗学的不同之处在于：书面诗学的研究对象为文字符号以及通过文字符号之间的关系如何营造美和美感；口头诗学主要是研究声音的美学，即讨论声音的规律。从创作论、传播论、接受论角度来看，口头文学与书面文学具有很大差别，这就导致用书面文学美学规则去研究民间诗歌不能很好地适用。如今我们应该深刻意识到，如果拿阅读书面规则比如《战争与和平》的经验来看《小二黑结婚》、藏族史诗《格萨尔》或者蒙古族史诗《江格尔》，我们会发觉力不从心。结合笔者自身学术经历，从创作角度来看，作家需要积累素材，经过消化、提炼、裁剪、整编，需要学习前人经验，甚至要知晓国内外的文学及其他艺术，一般写作过程花费时间很长。而民间歌手直接进行现场唱编，一个伟大的歌手面对观众演唱某史诗的诗章，在演说这个主题的同时脑海中已经有相关文本的记忆，芬兰学者称为大脑文本。人类学家经过反复比较和记录民间歌手的演唱发现，大型叙事故事每次讲述都不相同，没有两次一模一样的讲述，即说明每次为现场的唱编。所以产生了一个理念：民间叙事文本每次都是这一个（the song）。同时学者在研究民间文学时必须指定具体文本（如某时某地的演说），而研究书面文学则不用特定交代。民间文学需要框定和指定文本，这是同书面文学又一不同之处。口头文学创作现场表演，表现为诗人演唱、观众聆听，两者处于同一个时空场合，创作传播和接受也同时完成；文学阅读可以跨越遥远的地域和时间，文学文本可以批量复制。同时，文学是用眼睛来阅读的，口头文学用耳朵听，耳听和目知之间是器官转移，也是规则转移。书面文学讲求创新，口头文学则重模式、重范式、重惯例，民间艺术也是如此。口头文学具有鲜明的主题和风格，有一定的规范和特定的含义，故事结构简单，比如《荷马史诗》、《贝奥武甫》有鲜明的规律可循，又比如蒙古史诗如今已经收集了上百种，其中典范主题主要涉及婚姻征战，少数为兄弟结拜。有德国学者总结出蒙古史诗十四个母题系列，第一个为英雄出生，到第四个战胜回来，母题的排列方式具有特定规律。具有一定经验的观众听到故事的开头就能够知晓演唱者想要演说的内容，这也是民间文学与作家文学的不同之处。民间叙事有许多规矩和规范与社会口头传播习性相关。总的来说，不是民间演说家讲的故事和一个作家写的有巨大的差别，而是在于认识与信息传播渠道方式的不同。长久以来我们被头脑中的概念牵着走，比如在蒙古史诗中没有生气、高兴、遥远等抽象表述，在描写"生气"这种状态时采用"我的三十三颗洁白的牙齿咬的吱吱作响，黑色的大眼睛一眨一眨"，而表达"快"："我跨上马背，把我的袍子前襟捏起来的工夫马已经翻过了三十三座山"，表现"远"："这个地方骑着最好的马走一年都走不到"，同样在描述时间的久远则用具体可感物体的大小来表述，如描绘事情发生在很久以前："当火红的太阳才有星星那么大的时候，当巍峨的昆仑山才有土丘那么大的时候，当滚滚的恒河水还是小溪流的时候，伟大的格萨尔降临，到了人间"。这是口头传承的特殊方式，即用自身亲身能体验到的和熟悉的概念方式来把握世界，书本上定义的东西对他们没有效果，甚至很少出现"你"、"我"、"他"这类代词，采用直呼人名的方式，诸如此类的规则有很多。而书面规则不能容忍眼睛里有太多冗赘和重复，民间规则则相反，不是看的是听的，而听的时候并不觉得重复。总之，从口头诗学的角度出发，我们总结书面文学的一类东西能对口头诗学形成很好的对照。可以理解为一种谱系关系和过渡形态，从纯粹的书面文学过渡到口头文学，只有我们看清书面文学的一端，再返回解决口头文学这一端时，我们才会有更准确的定位，以及更准确、更好理解事物的范式。

人类文明和信息的更续由口头与书写两种方式构成，人们对口头文化的关注不够，对书写文化过于关注。以往东西方多关注书面传承，在现代大学教育体系中，中文系的课程设置仍以书面文学历史为主，并且占据了八九成，其中大量的口传文化未进入教育体系。联合国教科文组织为了纠正重书面、轻口传这个倾向，建立了人类非物质文化遗产保护机制。口头文化是人类文明前进中的两个轮子之一，忽略口传文化，对于人类文明进步是有害的。

（宗菡根据湖北省十一届文艺学学会大会演讲整理）

价值判断背景的口头传统与文学史学结合

颜水生

（贵州民族大学文学院）

摘要：口头文学作为口头传统的重要组成部分，在历史传承与发展过程中具有重要意义。口头文学进入文学史叙述经历了持久的讨论，至今仍然没有得到应有的重视，实证主义和形式主义等各种文学史学彼此之间存在分歧。20 世纪中国文学史学在西学东渐的大潮中产生，在口头文学与文学史学结合的过程中，积累了丰富的经验，形成了独具特色的中国少数民族文学史学理论体系。口头文学与文学史学的关系是复杂的，也是不可分割的，口头传统研究虽然挑战了知识分子的文学史观、文学史上的既定结论以及文学史叙述方法，但是口头文学与文学史学的结合仍然是学科发展的必然趋势。文学史学或许应该在价值判断、真实性、艺术性等方面进行创新和变革，才能真正揭示出口头文学作为历史存在物的价值、意义和特征。

口头传统包括神话、传说、史诗、歌谣、民间故事、说唱文学等多种口头艺术种类，它是民族文化的结晶，是全人类共同的文化遗产，因此口头传统研究具有十分重要的意义。1986 年，一个名为《口头传统》（*Oral-tradition*）的刊物在美国创办。"这个刊物的出现，标志着一个新的人文学术领域——口头传统研究——正式走上前台。"2003 年，中国社会科学院民族文学研究所成立"口头传统研究中心"，标志着中国的口头传统研究开始走向科学化、系统化的道路。口头传统作为一个新的学术研究领域，在全球范围内得到了广泛而又深入的开展，时至今天，已经建构了丰富的理论，形成了诸多学派。综观口头传统研究的历史与现状，口头传统的文学史学研究有着明显的不足。本文从口头文学与文学史学的关系角度，分析文学史学中口头传统研究的历史与现状，探讨口头传统研究给文学史学带来的挑战，探讨口头文学与文学史学的结合应该解决的问题。

一 口头传统作为文学史学的"问题"

口头传统一直是文学史学中最难以解决的问题之一。长期以来，文学史学领域围绕口头传统进行了持久的讨论，讨论的话题主要涉及三个方面。

首先，口头文学是否具有进入文学史叙述的合法性与合理性。虽然 19 世纪的实证主义文学史学家的观点存在一些差异，但是他们对于口头文学进入文学史叙述却一致地持漠视态度。实证主义文学史学从客观主义的历史哲学出发，认为文学史是基于真实可靠的材料，主张以科学方法研究文学史。法国学者朗松系统总结了实证主义文学史学的方法论，他认为文学史应该"努力探索一般的事实"，强调文学史的研究对象是"放在我们面前的作品"，而且是"印刷出来的文本"。口头文学由于没有确切可靠的史料支撑，尤其是口头文学的作者和创作时期等都很难界定，这些与实证主义文学史学所重视的版本、编年史要求截然不同。以维谢洛夫斯基等为代表的俄罗斯学派批评了实证主义文学史学的缺陷，认为文学史应该研究文学类型的起源、演变与发展，维谢洛夫斯基在《文学史作为一门学科的方法与任务》中论述了民间抒情诗、短歌、歌谣、史诗、神话、传说作为现代文学的源头，以此证明了口头文学进入文学史叙述的合法性和合理性，在文章结尾，他借用瓦尔特·司各特的话，再次强调了民间诗歌、传说、神话等口头文学进入文学史叙述的必要性。形式主义文学史学从历史的进化观念出发，认为口头文学作为文学发展的源头，具有进入文学史叙述的合法性与合理性。韦勒克和沃伦在《文学理论》中提出，"文学类型史无疑是文学史研究中最有前途的领域"，因此，他们认为民间传说的类型研究"一样有意义"，高度称赞了口头文学类型史著作，认为《德国颂诗史》和《德国歌谣史》是"两本非常好的书"，但是他们也批评综合的文学史的著作"过多地注意了固定的口头文学诸类型的问题"。与西方文学史学不同的是，在 20 世纪初期，中国文学史学就认识到了口头文学进入文学史叙述的合法性与合理性。"五四"时期，"文学革命"先驱设置了贵族文学与平民文学（或庙堂文学与民间文学）的二元对立，在这种思维方式的指导下，"五四"先驱十分重视民间文学，鲁迅认为："旧文学衰颓时，因为摄取民间文学或外国文学而起一个新的转变，这例子是常见于文学史的。"胡适在分析汉朝的民歌时提出，"一切新文学的来源都在民间"。鲁迅、胡适、梁启超等文学史家都十分重视口头文学的文学史意义，并自觉承认口头文学进入文学史叙述的合法性与合理性，鲁迅的《中国小说史略》、胡适的《白话文学史》和梁启超的《中国之美文及其历史》把古代民间的神话、传说、民歌、歌谣等口头文学作品纳入了文学史写作范围。1930 年代，郑振铎在雅俗并峙的文学史观念指导下，高度评价俗文学（包括口头文学）的文学史意义，他认为"'俗文学'不仅成了中国文学史的主要成分，且也成了中国文学史的中心"，因此郑振铎在《中国俗文学史》中给予中国古代的口头文学以较多篇幅，尤其是浓墨重彩地描述了古代民歌的发展历史。新中国成立以后，在政治意识形态的指导下，中国少数民族文学史学迅速崛起，由于中国少数民族文学大多是以口头形式存在和保留，因此中国少数民族文学史学十分重视口头文学的文学史意义，甚至有个别民族的文学史其实就是口头文学史，中国少数民族文学史学认为口头文学具有不可置疑的进入文学史叙述的合法性与合理性。

其次，口头文学如何进入文学史叙述。维谢洛夫斯基认为历史比较方法是文学史研究的核心方法论，他强调文学史上“任何一种以往的发展都必然会体现在”“必然的形式中去”，他通过瓦尔特·司各特的话，主张编写民间诗歌的起源和演变的历史，从而发现“生活的新内容，怎样渗透到各种旧的形象”。韦勒克主张书写民间传说的类型史，反对书写综合性的文学史，在文学史分期上，他反对“依据政治变化进行分期”，主张“文学分期应该纯粹按照文学的标准来制定”。在中国文学史学中，口头文学的文学史叙述方法大致有三种：其一是把口头文学作为文学发展的源头进行叙述，如鲁迅、胡适等人的文学史著作；其二是编写口头文学的类型史，如郑振铎的《中国俗文学史》基本可以视作一部中国民歌的文学类型史；其三是编写综合性的口头文学史专著，这主要体现在中国少数民族文学史的编写中。1961年，何其芳在《少数民族文学史编写中的问题》中探讨了两个至关重要的问题：其一，“对口头的材料加以忠实可靠的记录和整理”。何其芳强调材料的真实与可靠是文学史写作的基础，认为根据不可靠的材料写出的文学史并非“信史”。其二，“口头文学的断代是一个困难的问题”，何其芳认为口头文学无法断代就难以进行文学史写作。何其芳提出口头文学的材料与断代问题是文学史学中一个非常重要的问题，这两个问题其实都涉及口头文学的真实性，前一问题主要涉及作品内容的真实性，后一问题主要涉及创作时间的真实性。在中国少数民族文学史学领域，口头文学的材料与断代问题一直是人们探讨的焦点，翦伯赞、马学良、刘澍德、邓敏文等人都对此提出了自己的意见。刘澍德在《编写少数民族文学史的几个问题》中，以白族文学史的编写为例，探讨了口头文学材料界定与断代方法，提出了一些重要的观点：“以作品反映的社会生活内容的性质为主要依据”、“根据一些史料”、“从作品中所反映的生产方式、生产工具的应用情况”、“从作品所反映的道德伦理观念”、“根据地名、人名”、“根据民间流传的说法”。邓敏文在《中国多民族文学史论》

中也专门探讨了民间口头文学生存年代的判断问题。总之，在中国文学史学中，口头文学的文学史叙述方法有着比较丰富的经验；在文学史的分期上，鲁迅、胡适、郑振铎等人基本是依据文学的标准，但在中国少数民族文学史的编写中，大都是依据政治历史的变化来分期，这与韦勒克强调的观点截然不同。

最后，口头文学与书面文学的关系问题。在西方文学史学中，从实证主义文学史学到形式主义的文学史学，他们都强调了书面文学在文学史叙述中的统治地位，口头文学大多作为书面文学的"史前史"而叙述。丹麦学者勃兰兑斯是实证主义文学史学在实践中的重要代表，他强调以"杰出人物"来贯串文学史，"杰出人物"是文学史的中心，是文学史的纽带。然而口头文学是一种民间形式，往往是民间集体创作，很难确定具体的作家，因此，在勃兰兑斯的文学史学中，口头文学不可能具有与作家文学同等的地位。五四时期建构的中国文学史学，开始就把口头文学置于与书面文学同等重要的位置，鲁迅、胡适、郑振铎等人都有过类似的看法。1961年，额尔敦陶克陶在《关于〈蒙古文学史〉编写中的几个问题》中提出把口头文学"放在文学史的正统地位上"的观点。1994年，刘魁立在《中国多民族文学史论》的序言"回顾与展望"中，提出了一个值得深入探讨的问题，他说："口头文学……在文学范畴里占据什么位置？和书面文学什么关系？"刘魁立强调，"口头与书面文学是属于同一范畴的"。总之，在中国文学史学中，有部分学者强调了口头文学与书面文学具有同等重要的位置，与西方文学史学的部分观点大不相同。

二 口头传统作为文学史学的"挑战"

对上述三个问题的解答，切中了文学史的研究对象，也决定了文学史编写的内容。文学史学讨论口头文学，本身就意味着口头文学是文学史学不可缺少的研究对象。在 20 世纪，由于人类学和民俗学的兴起，口头文学研究得到了一定程度的重视和研究，文学史学领域也开始逐渐重视口头文学。20 世纪下半叶的文学史学中的口头文学研究（尤其是中国少数民族文学史学中的口头文学研究），给传统文学史学带来了不少挑战。

其一，口头传统研究挑战了知识分子文学史观。19 世纪后期以来，有不少文学史家认为文学史是知识分子的精神史。勃兰兑斯提出文学史"是灵魂的历史"，他认为研究文学史就应该分析作者的思想特点，"不对它有所了解，就不可能理解这一本书"。勃兰兑斯的《十九世纪文学主流》基本就是为"杰出人物"做的家谱，突出了"杰出人物"对文学发展的影响与作用。勃兰兑斯的观点在文学史学中有着比较广泛的影响，圣伯夫"通过作家身世与心理来分析作品的方法"就与他异曲同工。在中国文学史学中，也有不少学者认同上述观点，杨义认为："一切有价值的文学史都可以看作具有现代人主体意识的心灵史。"陈思和在《中国当代文学的源流、分期与发展状况》中，把文学史视作知识分子的精神史，他主编的《中国当代文学史教程》就体现了这种文学史观。知识分子文学史观在理论上排除了口头文学进入文学史叙述的合法性与合理性。然而，晚近的口头传统研究抬高口头文学在文学史发展中的作用与影响，强调口头文学与作家文学都是文学史发展的不可缺少的组成部分，把口头文学纳入文学史写作范围，尤其是在中国少数民族文学史写作中，口头文学被提高到与作家文学同等重要的地位，甚至有个别民族文学史其实就是一部口头文学史。由此可见，口头传统研究挑战了知识分子文学史的霸主地位，使文学史书写出现了口头文学与书面文学双线并进的局面。

其二，口头传统研究挑战了文学史上的既定结论。一方面，在主流文学研究中，口头文学长期处于被忽视的处境，在口头文学研究得到重视以后，作家文学独霸历史的文学史写作方式成为口诛笔伐的对象，口头文学进入文学史研究范围挑战了作家文学独占历史的文学史定论。晚近提出的中华多民族文学史和全球化一体化文学史观，在一定程度上可以说是对作家文学独霸历史的文学史写作方式的反抗。另一方面，口头文学在传承过程中，仍有不少口头文学处于淹没状态中，还没有进入文学史研究的范围。因此，新的文学史料的发现对于文学史写作必然带来冲击，比如新近发现的苗族史诗《亚鲁王》，这部口传史诗以其丰富的内容、独特的形式，不但对已有的苗族文学史成果是一种挑战，使重写苗族文学史成为历史的必然，而且对中国少数民族文学史成果也是一种挑战，它颠覆了中国南方民族没有长篇史诗的文学史定论。

其三，晚近的口头传统研究的新趋势挑战了文学史叙述方法。20 世纪30 年代以后，美国学者帕里和洛德共同创立了口头传统的比较研究。20 世纪 70 年代以后，口头传统开始向口头传统的诗学研究转向。口头诗学借用现代语言学、人类学、民俗学的方法，注重对口头文学的程式、句法、叙事模式、演唱方式等方面的研究，形成了系统的口头诗学理论体系。中国学者借用西方口头诗学理论，结合中国口头文学研究的实践，形成了口头诗学的中国学派，比如朝戈金的《口传史诗诗学》和尹虎彬的《古代经典与口头传统》就是这方面的代表成果。口头诗学研究充分挖掘了口头文学的艺术性，比如朝戈金运用口头诗学理论对《亚鲁王》的分析，揭示了《亚鲁王》作为"复合型史诗"具有的叙述特征。总之，口头诗学的兴起挑战了重口头文学的内容分析而轻艺术分析的文学史学。

从上述分析中可以看出，口头文学在文学史叙述中占到了一席之地，并且给文学史学的发展带来了一些挑战。然而，只是在少数民族文学史叙述中，口头文学才真正具有与作家文学同等重要的位置，在整体的中国文学史叙述中，口头文学并没有得到应有的地位。鲁迅和郑振铎十分重视口头文学的文学史意义，但是鲁迅在《中国小说史略》中只是把神话与传说作为小说发展的源头进行叙述，在书面文学出现以后，鲁迅就很少论及口头文学作品了。这种状况在 20 世纪二三十年代文学史写作中是很常见的，1932 年，郑振铎在《插图本中国文学史》中批评了当时这种现象："这二三十年间所刊布的不下数十部的中国文学史，几乎没有几部不是肢体残废，或患着贫症的。"郑振铎认为当时的中国文学史著作都患有一个"不可原谅的绝大缺憾"，这就是忽略了唐、五代的变文，金、元的诸宫调，宋、明的平话，明、清的宝卷和弹词。变文和弹词在历史上其实就属于口头传统，郑振铎对文学史写作的批评，体现了他对口头传统的重视，后来他在《中国俗文学史》中对口头文学的叙述，就是为了弥补《插图本中国文学史》的不足。也许在郑振铎看来，只有把《插图本中国文学史》和《中国俗文学史》合并起来，才能算是一部比较完整的中国文学史。1994年，刘魁立仍然批评中国和外国的文学史著作对口头文学"点到为止"。郑振铎和刘魁立的观点说明了口头文学在文学史叙述中仍然有较大的发展空间，口头文学与文学史学的结合仍然是任重而道远。

三 口头传统作为文学史学的"出路"

口头传统与文学史学的结合具有重要的意义，无论是对于口头文学，还是对于文学史学来说，都是如此。在韦勒克的文学研究体系中，文学理论、文学批评、文学史是三位一体的，因此口头文学只有进入文学史学范畴，才能真正显示出口头文学作为一门系统学科的价值和意义，缺乏史学支撑的文学研究，或者是不全面、不系统的文学研究，或者是只属于文学批评的范畴。文学史学为口头文学铺垫了历史坐标与历史脉络，充分展示了口头文学作为历史存在物的价值与意义。口头文学与书面文学长期以来就是推动文学发展的两个轮子，二者缺一不可，文学史学遗漏口头文学，至少也是不全面、不系统的文学史学。然而，由于口头文学本身具有的独特性，口头文学与文学史学的结合总是矛盾重重。为了促进口头文学与文学史学的结合，笔者提出几个问题，期待能引发进一步的思考与讨论。

在文学史学中，价值判断是一个至关重要的问题。韦勒克在《文学理论》中认为价值判断是文学史的必要环节，朱德发甚至认为："没有判断就没有文学史文本，没有深刻的判断就没有深度的文学史，没有公正的判断就没有公正的文学史，而主体的深刻或公正的判断须臾离不开深刻而公正的价值尺度。"由此可见，价值判断在文学史学中的必要性，甚至可以说，不作价值判断的文学史写作不是真正的文学史写作，而只是文学史料的堆积或汇编。在文学史的价值判断过程中，价值评判标准（或价值尺度）是一个核心的问题，因为评判标准决定了价值判断的结果。马克思主义文学史学强调美学标准与历史标准的统一，然而形式主义文学史学却特别强调了美学标准，从俄国形式主义到英美"新批评"派的学者，他们都认为"文学性"是价值判断的唯一标准。在文学史学中，"文学性"虽然不能说是唯一的标准，但也是一个非常重要的标准。由于口头文学大都是民间口头创作，其"文学性"逊色于文人创作是一个不争的事实，比如远古的神话与史诗，它们作为文学发展的源头，"文学性"的逊色是历史的必然；以活态形式保留至今的史诗作品，如果单纯以"文学性"来界定，其意义也要大打折扣。因此，从"文学性"这个角度来说，口头文学与作家文学处于不对等的地位，因此，文学史学单纯以"文学性"作为价值判断标准，对口头文学显然是不公平的。长期以来，口头文学在文学史中一直处于被忽视的处境，与文学史家的根深蒂固的"文学性"观念密切相关，这种现象在中国文学史学中尤其明显，中国古代的口头文学大都成为文学史中被压抑的对象，如郑振铎所说的俗文学，以及中国少数民族的三大史诗，等等。由此可见，文学史学应该打破某种单一的价值判断标准，创立一种多维的价值判断标准，从多角度、多层面对口头文学进行价值判断，给予口头文学应有的文学史地位。

真实性也是文学史学一个重要问题。文学史作为一种历史科学，真实性毫无疑问是文学史学的内在追求，虽然自克罗齐以降，一直到晚近的后现代历史叙事学，历史叙事的真实性遭到了质疑，但是在文学史学中，真实性一直是文学史家长期捍卫的观点，19 世纪的实证主义文学史学把文学史的客观真实性发展到了极致，虽然形式主义文学史学和接受美学文学史学反对实证主义，但是它们并不反对文学史叙事的真实性。在文学史学的理论体系中，口头文学遭遇的质疑比较特殊，口头文学由于其传承方式的特殊性决定了其史料的不完全可靠性。这种不可靠性主要表现在两个方面：其一，个别口头文学在最初产生时，是对历史事实或历史人物的真实表现，比如英雄史诗，但是在传承过程中，口传形式容易使口头文学的内容发生改变，因此，口头文学内容的真实性是不完全可靠的。其二，一部口头文学作品流传至今大都会出现不同内容、不同艺人表述或演述的内容也是各有差异，甚至可能出现相互矛盾的内容，这种不同或者矛盾的口头文学作品，体现了口头文学史料的不完全可靠性。因此，文学史学应该突破客观主义历史哲学的束缚，在文学史叙述中不应过度纠缠于口头文学的断代以及史料方面的问题。

口头文学向书面形式的转化也有可能产生两个方面的问题：其一，书面形式改变了口头文学的本来面目。无论是在古代社会，还是在当代社会，口头文学往往是在民间以口头形式流传，然而在一定时期都有可能出现文人收集或者采录口头文学作品的情况。这些口头文学作品在经过文人的收集或采录以后，实际上这些口头文学大都转向书面形式进行流传，更值得注意的是，文人的收集或者采录口头文学作品，往往会对口头文学进行删削、剪裁、加工，比如"孔子删诗"就是文学史上的经典事件，又如屈原对《九歌》的创作和加工，毫无疑问，孔子和屈原对远古口头文学的流传有过巨大作用，但是他们也改变了远古口头文学的本来面目。其二，书面形式也有可能改变了口头文学的艺术形式，其中以口传史诗最为明显。口传史诗大都是演唱体，通过民间艺人的说唱或者演述展现出来，并且经常还是某种仪式的组成部分，在史诗演述的过程中，还可能掺杂着仪式。史诗《亚鲁王》本是送灵仪式的一部分，民间歌师在演述《亚鲁王》的过程中，还掺杂有"砍马"仪式。口头史诗在演述和流传的过程中还有许多的规则和禁忌，也正是这种仪式、规则和禁忌增添了口传史诗的神秘性和艺术性。口传史诗经过文人的整理以后，开始以书面形式进行流传，然而书面形式很难真实地保留口传史诗的仪式、规则、禁忌，以及诸如音乐、动作等方面的内容，即使能部分保存，也很难真实地展现口传史诗的原生态特征。对于口传史诗来说，原生态特征可以说是它最重要的艺术价值之一，书面形式无法展现原生态特征，也就降低了口传史诗的艺术性。因此，文学史学应该摒弃过度重视口头文学的内容分析，追求内容分析与艺术分析的统一，尽可能地展现口头文学的艺术价值和原生态特征。

论民族神话天文学的发掘与
民族文学理论的建设*

代云红

（曲靖师范学院　人文学院）

摘要：从文学研究的方向性变化来看，民族文学理论的建设应具有文学人类学的视野。它应考虑两个问题：一是口头文化与书面文化的连续性与反差性问题，二是应在中国历史文化大语境中理解和认识中国多民族历史文化及文学传统特质。从本土文化自觉的立场来看，神话天文学是中国文化之源，也是孕育中国多民族文学的母胎。中国神话天文学知识体系可为中国民族文学理论建设提供重要的理论话语与批评模式。

一

彝族诗人罗庆春在分析彝族当代文学研究时指出："在彝族当代文学研究领域，过去的研究成果更多地集中在对具体文本内容的时代性和形式的民族特色的分析、阐述层面上，偶有论及外来艺术思潮对当代彝族文学

＊　本文为国家社科基金重大招标项目"中国文学人类学理论与方法研究"（10ZD100）阶段性成果。云南省哲学社会科学创新团队"云南民族文化与文艺理论研究"建设项目资助阶段性成果。

创作的影响方面的论述。但研究界不知是故意悬置，还是无暇顾及，对当代彝族文学的研讨一直以来有一个理论盲点：忽略彝族口头传统对当代彝、汉双语文学创作应该和必须产生的深层影响，对民间口头文学与作家书面文学的比较研究十分缺乏。"① 罗庆春所指出的问题，不仅存在于当代彝族文学研究中，也存在于其他民族文学研究中。也就是说，这是当代中国民族文学研究中普遍存在的问题。

如何进行民间口头文学和作家书面文学的比较研究呢？这首先关乎到对民族口头文学与作家书面文学反差性与连续性的认识。

从口头文化与书面文化反差性的心理、思想及表述特征来看，民族口头文学创作与作家书面文学创作有着显著的差异。首先，所谓"口头文学"的恰切含义是指"表演中的口头创作"。在民族口头文学创作中，"吟诵、表演和创作是同一行为的几个不同侧面"②。在口头文化传统中，"原创"并不是口头文学追求的原则，相反，"程式化"（或"模式化"）是其创作特点，而且其情感表达也具有族群类特性或人类特性。其次，口头文学不是出于审美或娱乐目的而创作的。如阿尔伯特·贝茨·洛德就指出，口头史诗的"程式的象征意义，其声音、其模式，是为了魔术般的创作效率而诞生的，而不是为美学上的成功。如果程式后来具有了这样的成效，那也只能对那些已经忘掉了程式的真实意义的几代人而言的"③。沃尔特·翁也说："在口语文化里，（诗歌）的目的和结果很难算是纯粹审美的活动。"④ 在口传社会里，不仅"诗歌"不是出于审美或娱乐目的而创作的，就是被现代社会称为"艺术"的绘画、雕塑、陶器、音乐、舞蹈等也不是出于审美或娱

---

① 罗庆春：《穿越母语：论彝族口头传统对当代彝族文学的深层影响》，《民族文学研究》2004 年第 4 期。

② ［美］阿尔伯特·贝茨·洛德：《故事的歌手》，尹虎彬译，中华书局 2004 年版，第 18 页。

③ 同上书，第 146 页。

④ ［美］沃尔特·翁：《口语文化与书面文化——语词的技术化》，何道宽译，北京大学出版社 2008 年版，第 124 页。

乐目的而创作的，这是口头传统的显著特点。弗莱指出："历史上的几乎每一件艺术品，在它所属的时代里都具有一种社会功能，这种功能在当时往往主要不属审美的方面。在分类时把所有的图画、雕塑、诗歌以及乐曲归为'艺术品'的整个观念是个比较近代的观念。"① 艾伦·迪萨纳亚克说道："在 18 世纪之后的西方逐渐被称为艺术的那些东西——绘画、雕塑、陶器、音乐、舞蹈、诗歌等——是被做出来以体现或强化宗教的或市民的价值的，即使有也极少是为了纯粹的审美目的。"② 民族口头文学是在一定的祭祀、宗教礼仪或民俗活动的场域中被讲唱的，也就是说，民族口头文学是服务于一定的祭祀、宗教礼仪或民俗活动目的的。简言之，民族口头文学的根在宗教。正是如此，米歇尔·福舍指出："文学批评十分经常地忽视宗教社会学的贡献。但是，它最好还是应该懂得，一切文化无不发源于人同世界的某种宗教关系，产生于可见物和不可见物的某种平衡配置。"③ 相比较而言，作家书面文学强调首创精神，张扬作者的独立个性，它是以追求审美目的为旨归的。

从西方历史来看，西方口头文学与作家书面文学的分水岭是从浪漫主义时期开始的。特里·伊格尔顿说："事实上，我们关于文学的解释正是随着我们现在所说的'浪漫主义时期'而开始发展的。关于'文学'这个词的现代看法只有在 19 世纪才真正流行。就这个词的这种意义而言，文学是历史上最近的现象：它是大约 18 世纪末某个时间发明的……最初出现的是把文学范畴缩小到所谓的'创造性的'或者'想象性的'作品。……'想象的'这个词包含着说明这种看法的双重解释；它有描写性用词'假

---

① ［加拿大］诺斯罗普·弗莱：《批评的解剖》，陈慧、袁宪军等译，百花文艺出版社 2006 年版，第 510 页。

② ［美］艾伦·迪萨纳亚克：《审美的人》，户晓辉译，商务印书馆 2005 年版，第 70 页。

③ ［法］米歇尔·福舍：《文学与丧失魔力的世界》，陆象淦《死的世界，活的人心》，社会科学文献出版社 2006 年版，第 120 页。

想虚构的'意思，指的是'确实不真实'，但它肯定也是一个评价性的用词，指的是'想象力'或'创造力'。"① 浪漫主义时期的精神指向是强调天赋人权思想，赋予个体以至高无上的权力，自浪漫主义时期之后，"文学"成了"创造性""想象性""虚构性"的同义词。浪漫主义时期作为西方口头文化与书面文化的分水岭，奠定了西方现代文学观念：一是"文学"脱离了宗教之根。德里达指出："文学作为现代建制乃是一种非宗教的、世俗化的制度，也就是说一种摆脱了神学与教会的建制。"② 二是贬低口头社会的"程式化"创作机制。弗莱指出，贬低"程式"的偏向是由浪漫主义引起的，并且就是浪漫主义的部分倾向。③ 三是西方现代文学观的内核是"审美无利害性"。所谓"'无利害'意味着一个人能够超越时间、空间和气质的局限，从而对远离自己时代的艺术作品作出反应——无论他是否懂得这些作品对其最初的制作者和使用者所具有的意义。在这个意义上，艺术是'普遍的'"。而"这种史无前例的观念导致了另一个观念，即艺术作品是一个自足的世界，只是或主要是作为这种超然的审美体验的一个契机而被创造出来，而这种体验被认为是精神活动的最高级形式之一"④。四是强调"唯文字至上"的书面文学观念。希利斯·米勒指出："西方文学属于印刷书籍以及其他印刷形式（如报纸、杂志、各种报刊）的时代。西方逐渐实现了几乎人人识字的局面。文学与此有关。没有广泛的识字率，就没有文学。"⑤ 上述四个方面奠定了西方现代文学观的精神要义。

众所周知，自"五四"新文化运动后，西方现代文学观就取代了中国

---

① ［英］特里·伊格尔顿：《现象学，阐释学，接受理论——当代西方文艺理论》，王逢振译，江苏教育出版社 2006 年版，第 17 页。

② ［法］德里达：《书写与差异》（上册），生活·读书·新知三联书店 2001 年版，第 20—21 页。

③ ［加拿大］诺斯罗普·弗莱：《批评的解剖》，陈慧、袁宪军等译，百花文艺出版社 2006 年版，第 138 页。

④ ［美］艾伦·迪萨纳亚克：《审美的人》，户晓辉译，商务印书馆 2005 年版，第 274 页。

⑤ ［美］希利斯·米勒：《文学死了吗》，秦立彦译，广西师范大学出版社 2007 年版，第 9 页。

传统文学观，占据了中国学界的中心地位并影响至今。中国 55 个少数民族，有些没有本民族的作家书面文学，这是否意味着这些少数民族没有自己的文学呢？"假如我们把'文学'的定义界定是要用文字书写出来的，那么世界上确是有许多民族是没有文学的。但是从人类学的立场看，文学的定义实在不能限定于用文字书写出来，而应该扩大范围包括用语言或行动表达出来的作品。这种用语言而不用文字表达出来的作品，一般称之为'口语文学'（Oral literature）。"① 这说明，"文学"至少应包括口头文学与作家书面文学两个范畴。另据刘俐俐对当前中国少数民族语言文字状况的统计来看：一直有语言有文字的民族有 13 个；曾有语言无文字新中国成立后才有文字的民族有 16 个；曾经有语言也有文字，现在则仅有语言而无文字的民族有 2 个；曾经有语言无文字，现在既无语言也无文字的民族有 1 个。② 这说明，用西方现代文学观来统摄中国的多民族文学，必然会造成对中国多民族文学的族群多样性、语言复杂性，以及文化差异性的忽视。事实上，在中国多民族口头文学的收集、翻译与整理过程中，就出现了不恰当的处理，也就是用西方现代文学观、美学观对其进行编辑、解释和评价，而没有用它们自己的尺度来衡量它们。③

围绕口头文学创作与作家书面文学创作的反差性产生了文学理论的两种基本形态：一类可称为"口头诗学"，其内核是"表演"与"程式"；另一类可称为"文本诗学"，其内核是"审美"与"文字"。粗略的描述，反映了当今文学理论的基本格局，也说明了当今文学理论探索上的不足，即缺少能够解释和说明"口头文学/书面文学"的反差性与连续性思想的

---

① 李亦园：《从文化看文学》，《中国比较文学》1998 年第 2 期。
② 刘俐俐：《汉语写作如何造就了少数民族的优秀作品——以鄂温克族作家乌热尔图的作品为例》，《学术研究》2009 年第 4 期。
③ 详情可参阅巴莫曲布嫫研究彝族史诗的论文《叙事语境与演述场域——以诺苏彝族的口头论辩和史诗传统为例》和《"民间叙事传统的格式化之批评"——以彝族史诗〈勒俄特依〉的"文本逢录"为例》（上、中、下）等。

"大文学理论"。

在解释和说明"口头文学/书面文学"的反差性与连续性思想的"大文学理论"方面，弗莱的文学理论是比较特殊的，也是被误解最多的文学理论。首先，弗莱的文学理论的内核是口头文化传统。[①] 他认为，从口头文化与书面文化的历史变迁来看，发生变化的是文学的社会语境或社会功能，而口头文化时代产生的程式化模式、主题、意象、隐喻、象征、创作手法等却对书面文学创作影响至深。其次，弗莱十分强调"程式"。他认为，不仅口头艺术是程式化的，一切艺术也都是程式化的。文学批评的目的之一就是探索那些在文学中仍然发挥作用的原始程式。最后，弗莱认为，文学创作的结构原理来自于口头文化时代的神话传统与隐喻，文学的个别形式与文学的普遍形式是同一的。总之，弗莱认为，文学理论在本质上应属于两个更大的、还未完全发展成熟的学科——一个是关于所有艺术形式的整体的批评，另一个是被称为神话的口头表达领域——的重要组成部分，并且后者比前者更有前途。[②]

弗莱对文学理论的思考，为我们提供的经验与启示在于：一是对口头文化与书写文化反差性与连续性的研究应成为中国民族文学理论建设的历史视界。二是在多样性与新颖性中发现"同一性"，在"同一性"中发现多样性与新颖性，应成为中国民族文学理论建设的一个重要的思想原则。三是对中国民族文学理论的建设不能忽视神话、原型、仪式、程式、结构、隐喻、象征、母题、意象等内容。

二

如今，有越来越多的研究者开始运用民俗学、文化人类学、文化研

---

① 代云红：《论弗莱文学理论的口语文化内涵与启示》，《文艺理论研究》2009年第5期。

② ［加拿大］弗莱：《批评之路》，王逢振、秦明利译，北京大学出版社1998年版，第2页。

究、文学人类学等理论及方法来探究中国少数民族文学创作的文化多样性和文化差异性，这一方面是有感于中国少数民族文学理论与批评的陈旧与匮乏，另一方面也反映了当今学术研究的方向性变化——人类学转向，尽管大多数研究者并未明确意识到这个问题。我们这里择其要者，讲三个方面：一是西方人类学历史的变迁，二是文艺学的人类学转向，三是对"文学人类学"的理解。

20世纪60年代是西方人类学理论变迁的分水岭。20世纪60年代以前的西方人类学可称为现代人类学，其理论范式是由马林诺夫斯基等人所奠定的科学人类学；20世纪60年代以后的西方人类学可称为后现代人类学，其理论范式始于克利福德·格尔兹的解释人类学，20世纪80年代西方人类学界对"表述危机"和"写文化"的大讨论则起到了推波助澜的作用。其实，从西方人类学历史来看，一直存在一股人类学"诗学化"的潜流，即从弗雷泽到格尔兹的"心理人类学—解释人类学—人类学诗学"的学术脉络。这股潜流长期被忽视、被遮蔽，乃在于弗雷泽在人类学领域颇受争议，他被称为"坐在摇椅上的人类学家"。当代的"表述危机"和"写文化"的大讨论实际上重启了反思与重新认识这股潜流的价值及意义的通道。①

后现代人类学的思想主要体现在四个方面：一是重释了人类学的学科性质，认为人类学是一门探索文化意义的阐释性科学。二是关注"人观"、"情绪与文化"问题，认为"人观"、"情绪与文化"是最能反映文化差异性、文化主体性，以及人性问题的。② 三是质疑了科学与文学艺术绝然对立的看法。四是认为民族志是阐释，对民族志的阐释应像文学批评解读文本一样。总之，后现代人类学十分关注人类社会的主观性意义世界，重视对仪式、象征符号、意义和人类思维的研究。人类学内部发生的变革催生

---

① 代云红：《〈金枝〉与人类学转向》，《淮北师范大学学报》2011年第4期。
② ［美］马尔库斯、费彻尔：《作为文化批评的人类学：一个人文学科的实验时代》，王铭铭等译，生活·读书·新知三联书店1998年版，第73页。

出了"民族志诗学"或"人类学诗学",它推动了人类学与文学理论的汇通与整合性研究。

文艺学领域出现的人类学转向,反映了当代文艺学研究的方向性思考。文艺学的人类学转向是针对文学研究和文学理论的危机提出来的。从中国文艺学的人类学转向来看,它肇始于 20 世纪 80 年代的文艺本体论讨论,经历了三个阶段的文学观念变革:一是在 1996 年以前,它强调的是(书面的)文学研究的"单一整体性"或普遍性原则,关注的是以文字为中心的书面文学;二是在 1996 年之后,它强调多元文化对话和文化相对主义原则,关注的是少数族裔以及边缘的、弱势族群的文化及文学;三是在 2005 年之后,它探讨了中国"多民族文学史观"的问题,重审了中国文化的多源性构成,认为中国文学观应当包括活态文学/固态文学、口传文学/书写文学、多民族文学/单一民族文学等范畴。① 中国文艺学领域出现的人类学转向,不仅催生出了文艺学和人类学的新兴交叉学科——"文学人类学"在中国的发展,而且还推动着中国文学理论的建设,它在理论建设上的新探索,就是提出了"N 级编码理论"的初步构想。② 总体来看,当代中国文艺学的人类学转向,反映了中国学者站在本土文化自觉立场上对西方现代文学观的批判性反思,以及对中国历史文化传统及文学的多族群性和多源性构成的重新估量与认识。

从人类学和文艺学的方向性变化来看,中国民族文学理论的建设,首先应具有文学人类学的跨学科理论视野,体现出"人类学—文学"的认知框架。其次,我们不能仅仅把"文学人类学"视为一种研究文学的新方法,而应视其为研究文学的新理念或新理论,正如叶舒宪说的,"我

---

① 代云红:《文艺学的人类学转向——来自中国视角与经验的理论探索及反省》,《杭州师范大学学报》2012 年第 1 期。

② 详情请参阅叶舒宪等主编《文化符号学:大小传统新释》,陕西师范大学出版社 2013年版。

们过去侧重从研究方法上看待文学人类学，甚至将其定义为用人类学方法研究文学，现在看起来这是很不够的，还需要将文学人类学看成一种理论、一种理念，而且要把它名正言顺地作为一门新兴交叉学科的发展方向"①。

从文学人类学的视野来探索中国民族文学理论建设的问题，首先，要考虑的是民族文学理论建设的理论基础是什么；其次，要考虑的是以什么样的人类学理论进入文学研究，而且在什么样的文学层面上进行文学研究。这是很多研究者在运用民俗学、文化人类学、文化研究、文学人类学等理论及方法来研究中国少数民族文学时几乎没有考虑的理论问题。我们先来看前一问题，后一问题容后面再说。

人类学家克利福德·格尔兹指出："表面上看来，人类学只是对习俗、信仰或风俗的研究，从根本上说，它是对思维的研究。"② 从文学人类学的研究理念及视野来看，民族文学理论建设的理论基础首先是民族思维模式。人类学、民俗学的田野调查表明，人类文化的差异性是由思维模式的差异性所决定的，思维模式的差异性生发出人类文化的多样性。这里暗示着"文化"的两种形态：显性文化与隐性文化。相对来说，人类习俗文化是显性文化；人类思维模式是隐性文化。而最能展示民族文化特质的是隐性文化。正因如此，邓启耀指出："如果我们不探究潜藏于民族文化深层的心理或思维结构，就不可能准确地理解那看上去千奇百怪、不可思议而又拥有众多的种种社会文化现象，更谈不上在继承的基础上如何改变民族的思维定式及传统文化精神了。"③ 中西方文学人类学研究的经验及成果表明，文化人类学揭示显性文化，思维人类学揭示隐性文化。为什么民族文

---

① 叶舒宪：《文学人类学的学术伦理》，《百色学院学报》2010 年第 4 期。

② ［美］克利福德·格尔茨：《文化的解释》，纳日碧力戈等译，上海人民出版社 1999 年版，第 403 页。

③ 邓启耀：《中国神话的思维结构》，重庆出版社 2004 年版，第 25 页。

学理论建设的理论基础应是民族思维模式呢？这是因为，"思维模式是一切文化及文明的基础"①。这里要指出的是，人类"思维"不是中性化的，也不是只与想象力密切相关，而与社会现实生活无涉的"心智"活动有关，"从根本上，思维是一种公共活动——它的自然栖息地是宅院、集市和街心广场"②。不同民族的思维模式是怎么形成并定型的呢？这就涉及对人类思维模式的三个构成要素——空间、时间及其数理关系的认识。人类最初对空间、时间、数理及其关系的认识是如何产生的呢？这就是神话天文学。其一，辨方正位，是确立天文历法的基础。陈久金等人指出："可能有人并没有意识到地面上方向的辨别是一个天文问题。但事实上，方向的划分，是建立在天文观测的基础之上的，是天文观测上的一个最基本的问题。人们短距离的活动可以凭地面上的山坡树木河流来辨别，但作长途旅行时，就必须依靠识别方向的知识来帮助了。"③ 其二，空间决定时间，而且在神话思维中时空观念是同一的。其三，1、2、3、4、5、6、7、8、9、10 都是宇宙生成之数，其宇宙论的含义远远大于现代数字的含义。

三

当代中国文学人类学界对"神话"的重释，就是将"神话"从文学、历史、哲学等范畴中解放出来，认为"神话"是人类历史文化基因、原型编码形式，也是文史哲等学科共同的研究基础，它是引领人们进入所有文明传统之本源和根脉的一个有效途径。这一见解是相当精辟的，也是相当深刻的。"神话"为什么是人类历史文化基因、原型编码形式和文史哲等学科共同的研究基础？"神话"为什么能够引领人们进入所有文明传统之

---

① 季羡林：《东方文化与东方文学》，《文艺争鸣》1992 年第 4 期。

② ［美］克利福德·格尔茨：《文化的解释》，纳日碧力戈等译，上海人民出版社 1999 年版，第 415 页。

③ 陈久金、卢央、刘尧汉：《彝族天文学史》，云南人民出版社 1984 年版，第 109 页。

本源和根脉呢？要"知其所以然"，须从"神话"说起。

神话学和天文学的最新研究成果表明，在古代社会，神话与天文学是交织融合在一起的——我们可以称之为"神话天文学"。古代天文历法知识为神话叙事提供了知识依据、思想原则和原型编码方式，而神话则是对天文历法的神幻表述。亚力桑德拉·布鲁斯说："神话已经被世人误解了多个世纪，因为学者们并没有把神话当作一种古代祭司用于描述他们观察到的天文现象的加密的语言。"[①] 刘宗迪指出："真正的神话渊薮是原始天文学和历法知识传统。"[②] 由于神话与天文学在古代社会是交织在一起的，因此"研究原始时代的神话，也是了解萌芽状态的天文学的另一条途径"[③]，反之亦然。

在口传社会里，人们传授的主要知识是神话天文学知识。"上古时代，没有文字，天文学知识主要凭借口耳相传，正像天文气象谚语是现代民间谚语中的重要组成部分一样，天文学知识也一定是史前口头传统的大宗。"[④] 神话天文学在人类社会发展中的重要性是不言而喻的，首先，获取食物、维系种族生存是它最直接的目的。正是如此，恩格斯指出："必须研究自然科学各个部门的顺序的发展。首先是天文学——游牧民族和农业民族为了定季节就已经绝对需要它。"[⑤] 其次，神话天文学也是最早的宗教，它是最直接的通天通神的手段。江晓原指出，通天与通神，两者实为一义，而且通天与祭祖紧密相连。[⑥] 这就将天文学、神话、祭祀联系起来了。总之，"中国上古及古代的全部基本哲学和宗教观念，均与天文观念

---

① ［美］亚力桑德拉·布鲁斯：《科学还是迷信?》，冯澜、吴晓路译，光明日报出版社 2010 年版，第 26、33 页。

② 刘宗迪：《失落的天书:〈山海经〉与古代华夏世界观》，商务印书馆 2006 年版，第 236 页。

③ 邵望平、卢央：《天文学起源初探》，《中国天文学史文集》编辑组《中国天文学史文集》（第二集），科学出版社 1981 年版，第 12 页。

④ 刘宗迪：《失落的天书:〈山海经〉与古代华夏世界观》，商务印书馆 2006 年版，第 237 页。

⑤ ［德］恩格斯：《自然辩证法》，人民出版社 1971 年版，第 162 页。

⑥ 江晓原：《天学真原》，辽宁教育出版社 1995 年版，第 105 页。

密切关联"①。

中国是世界上保留天文学观测记录最丰富、最详尽的国家。考古发掘及研究证明，中国史前期就产生了高度发达的天文学知识。一是在距今7000年前的"河姆渡文化"时期，就出现了"盖天说"的萌芽。② 二是"中国天文学的主要部分似乎在黄帝时代就已完成了"③。三是"考古学的仰韶文化大约跨越了公元前 5000 年至前 3000 年的漫长时间，在中国天文学史上，这一时期正处于一个承上启下的重要阶段，旧体系的雏形在这时已经形成，新体系的萌芽也已开始产生"④。看来，顾炎武说的"三代以上，人人皆知天文"是有历史依据的。中国史前期高度发达的神话天文学，对于中国历史及中国文化传统来说意味着什么呢？首先，它催生了"中国"观念的形成，"中国"观念远在文献记载的夏商周之前就已形成了。⑤ 其次，它推动了华夏文明的形成。中国天文学历史是连绵不绝的，在进入文明社会之后，中国各种传世文献记录的主要内容也是天文历法知识。中国天文学的发展奠定了中国历史文化传统的主干，它包括两个方面：人文主义文化和数术方技文化。⑥ 正因如此，有学者指出："不懂天文历法，无法理解中华文明的起源与演化。"⑦ 由此来说，神话天文学是中国文化之源，也是中国文化之核。

众所周知，中国没有"神话"一词，这是一个晚清时期经日本转译过来的西方外来词语。中国尽管没有"神话"一词，但却有"神"字。在中国历史文化语境中，"神"的含义是相当丰富的，其基本义是指天地

---

① 何新：《诸神的起源：中国远古太阳神崇拜》新版序，光明日报出版社 1996 年版，第 5 页。

② 陆思贤、李迪：《天文考古通论》，紫禁城出版社 2005 年版，第 33 页。

③ 冯时：《中国天文考古学》，社会科学文献出版社 2001 年版，第 51 页。

④ 冯时：《星汉流年：中国天文考古录》，四川教育出版社 1996 年版，第 128 页。

⑤ 王齐洲：《观乎天文：中国古代文学观念的滥觞》，《文艺研究》2007 年第 9 期。

⑥ 李零：《中国方术考》（修订本），东方出版社 2001 年版，第 15 页。

⑦ 刘明武：《不懂天文历法 读不懂中华文化》，《南方日报》2010 年 10 月 17 日第 9 版。

万物的神妙、变幻莫测，即"神异"；相关义则有神圣、神奇、神怪、神灵、神秘、怪异、灾异等。总之，中国的"神"字蕴含着相当丰富的天文历法思想，它是对天地人变化之极、神妙莫测的表述及其规律的认识。

相比西方的"神话"一词，"神异"一词作为中国本土词汇，它更能说明中国古代对天、地、人关系的思考，也能体现出中国历史的神异性、传奇性的特点。因为"神异"现象乃是"天"的神显，"君子察物之异，以求天意"（《天地之行》）。中国历史著作的显著特点之一就是"记灾志异"。为什么中国历史著作特别强调"记灾志异"呢？这与中国史官源于天官密切相关。"究天人之际，通古今之变"，是中国历史书写的首要目的。西方"神话"概念对中国历史文化特质的遮蔽性是众所周知的，有鉴于此，我们不妨把中国的"神话学"称为"神异学"。

对中国少数民族历史文化传统的理解和认识，不能脱离中国历史文化的大语境，这是由中华民族"多元一体"的历史及社会结构特征所决定的。

从人类学田野调查的情况来看，中国55个少数民族几乎都有自己的天文历法知识，但中国55个少数民族掌握天文历法知识的程度很不一样，这主要与这些民族的生产方式、所处地理环境、社会结构形态，以及民族迁徙等有较大关系。如鄂伦春族、赫哲族在近代以来仍处于渔猎生产时期，他们主要是根据物候来安排生产的。① 此外，一些少数民族掌握了较为系统的天文历法知识，如彝族、苗族、纳西族、白族、傣族、壮族、藏族、回族等。中国55个少数民族所掌握的天文历法知识或来源于史前期的天文历法传统，或吸收了汉族或域外其他文化区域的天文历法知识。如田合禄

---

① 邓文宽：《鄂伦春族、赫哲族的物候和天文知识说明了什么——关于天文学萌芽的几个问题？》，《中国天文学史文集》（第二集），科学出版社1981年版，第47—49页。

等人通过对中国古代天文历法系统的研究，认为彝族与夏人、殷人有着密切关系。"彝族分为黑彝和白彝两部分，白彝大概是殷人的后裔，黑彝大概是夏人的后裔，因为殷人尚白、夏人尚黑。"① 田合禄等人是在比较了彝族的天文历法系统与夏人和殷人的天文历法系统后做出这一判断的。此外，遍布西南少数民族的八角纹饰，也在一定程度上反映出西南少数民族天文历法知识来源甚远。考古发掘表明，在大汶口文化陶器，凌家滩玉器，江苏青墩、潘家塘，上海崧泽等考古遗址出土器物上就有八角纹饰。这一方面说明，八角纹饰起源甚早；另一方面也说明古代文化交流的复杂性远远超出我们的想象。总之，中国55个少数民族的天文历法体系是比较多元的，其来源也较为复杂。从文化传播的角度来看，中国少数民族传播神话天文学知识的途径有四：一是口述神话与史诗，二是祭祀礼仪与节日民俗，三是古代岩画与建筑，四是流传下来的经籍文献。

历史地看，人类最早出现的神话天文学知识是物候历知识。物候历知识受到了生产方式、地理环境，以及社会结构形态等因素的影响，因而它主要是一种"地方性知识"。也就是说，因生产方式、地理环境，以及社会结构形态等因素的影响，中国55个少数民族的物候历知识存在一定的差异。如前所述，原始天文学产生的直接动机是获取食物和维系种族的繁衍，古人在获取食物的过程中逐渐形成了他们对季节周期的时间意识。哈里森指出："人类先民之所以对季节特别关切，仅仅是因为季节和他们的食物供应休戚相关，这一点是他们不难发现的。……季节现象中首先引起他们注意的是，那些作为他们食物来源的动物和植物，在特定的时候出现，又在特定的时候消失，正是这些特定的时候引起他们的密切关注，成为他们时间意识的焦点，也成为他们举行宗教节日的日子。"而"人们

---

① 田合禄、田峰：《中国古代天文历法解密——周易真原》，山西科学技术出版社1999年版，第23页。

所注意的是植物的周期性还是动物的周期性，取决于他所处的社会和地理条件"①。哈里森在这里点出了物候历来源于人们对食物供应的密切关注，而且也暗示了物候历为何是一种"地方性知识"的原因。我们这里要补充说明的是，物候历还奠定了中国古代的比兴思维传统、"感物"思想及季节性情感——这是从文学角度来说的，关于这一点，我们后面再说。比物候历更精确、更严密、更具有普适性的"授时"意义的是天文历，它来自天象观测。中国古代天文历法体系的特点是物候历与天文历是合为一体的。"直到现在，我们使用的农历（夏历），仍有物候历的特点，这典型体现在二十四节气的命名，除八个分、至、启、闭节气外，都是以物候命名的。'惊蛰'、'小满'、'芒种'等就是根据动植物的活动命名的节气，而'雨水'、'清明'、'谷雨'、'小暑'、'大暑'、'处暑'、'白露'、'寒露'、'霜降'、'小雪'、'大雪'、'小寒'、'大寒'等则是根据气象状况命名的节气，在古代，气象也属于广义的物候。"② 中国古代天文历法体系的特点，实际上反映了中国各民族对"天—地—人"变化规律及其关系的复杂认识。民族思维模式就扎根其中、孕育其中，民族文化特性也由此而生。

四

刘俐俐说："我国是多民族为一体的国度，汉族和其他55个少数民族的历史文化各有自己的特点，在中华文化整体中的位置也有所区别，普适性文学理论不能充分表述和解释多民族文学共存的现象。在我国有必要建设民族文学理论与方法。所谓民族文学理论与方法，不是指区别于一般普适性文学理论与方法，区别于民族作家作品研究，区别于少数民族文学史，区别于区域性民族文学研究，而是体现出与民族民间文学、

---

① ［英］简·艾伦·哈里森：《古代艺术与仪式》，刘宗迪译，生活·读书·新知三联书店2008年版，第28、30页。
② 刘宗迪：《失落的天书：〈山海经〉与古代华夏世界观》，商务印书馆2006年版，第50页。

与少数民族文学史、与区域性民族文学的深刻联系，关于我国少数民族作家文学的创作、艺术追求、文本特性及特征的理论及批评方法。"① 如何建设这样一种民族文学理论与方法呢？民族神话天文学为我们提供了理论上的探索。

神话怎样影响文学，弗莱已做了富有洞见和启示的理论探索，此处不赘述。但人们没有注意的是，神话天文学是中国文化之源，也是中国文化之根，是孕育中国文学的母胎。这种关系可用下图表示：

宗教信仰、礼仪、民俗活动

↗   ↑   ↘

神话天文学→ 仪式历法   →生产与生活   →文学活动（口语文学/书面文学）

↘   ↓   ↗

社会政治制度

根据图的内容，有三个方面需简要说明：一是中国民族文学理论的建设，离不开对中国多民族历史文化传统或文学传统的认识和理解。二是神话天文学是孕育中国文学的母胎，这是中国原初"文学"具有"通天"、"通神"或"通灵"功能的首要原因。如《文心雕龙·宗经》就说："象天地、效鬼神，参物序，制人纪，洞性灵之奥区，极文章之骨髓者也。"《毛诗序》云："正得失，动天地，感鬼神，莫近于诗。先王是以经夫妇，成孝敬，厚人伦，美教化，移风俗。"钟嵘《诗品》也说："动天地，感鬼神，莫近于诗。"三是中国早期的"文学"与生产、生活有着密切的关系，体现了与宗教信仰、礼仪、民俗活动和社会政治制度的复杂联系。

---

① 刘俐俐：《建设当代意义的民族文学理论——我国民族文学理论与方法的历史、现状与前瞻》，《社会科学报》2009 年 8 月 6 日第 5 版。

中国神话天文学对中国多民族文学的影响是相当广泛和深远的。我们这里仅讲三点：一是中国古代"文学"观念的起源与演化就肇始于"天文"，内含着天文历法的含义。① 二是中国神话天文学深刻影响了中国叙事文类和抒情文类的表意方式和思想意蕴等。② 三是中国古代天文历法体系的特点是物候历与天文历是合为一体的，它奠定了中国古代的比兴思维传统、"感物"思想及季节性情感。如《庄子·天地》云："喜怒通四时，与物有宜而莫知其极。"贾至《沔州秋兴亭记》说："诗人之兴，常在四时。四时之兴，秋兴最高。"为何"秋兴最高"呢？朱熹说："秋者，一岁之运盛极而衰，肃杀寒凉，阴阳用事，草木零落而百物凋悴之时，有似叔世危邦，主昏政乱，贤智屏细，奸凶得志，民贫财遗，不复振起之象。是以忠臣义士，遭谗放逐者，感事兴怀，尤切悲叹也。"（《楚辞集注》）《文心雕龙·物色》云："春秋代序，阴阳惨舒，物色之动，心亦摇焉。盖阳气萌而玄驹步，阴律凝而丹鸟羞；微虫犹或入感，四时之动物深矣。……岁有其物，物有其容；情以物迁，辞以情发。……是以诗人感物，联袂不穷，流连万象之际，沈吟视听之区。写气图貌，既随物以宛转；属采附声，亦与心而徘徊。"陆机《文赋》："遵四时以叹逝，瞻万物而思纷；悲落叶于劲秋，喜柔条于芳春。"钟嵘《诗品序》云："气之动物，物之感人，故摇荡性情，形诸舞咏。……若乃春风春鸟，秋月秋蝉，夏云暑雨，冬月祁寒，斯四候之感诸诗者也。"从这些论述可以看出，中国古代的天文历法思想对古人的思维模式、情感类特性的产生有着不容忽视的深远影响。"物"由于具有指示天文历法的作用，如《释名·释天》说的，"物之生死，各应节期而止也"，因而"物"也常常成为中国古人抒情言志的媒介。

---

① 王齐洲：《观乎天文：中国古代文学观念的滥觞》，《文艺研究》2007年第9期。

② 详情请参阅以下四部著作的研究成果：浦安迪《中国叙事学》，北京大学出版社1998年版；杨义《中国叙事学》，人民出版社1997年版；葛兰言《古代中国的节庆与歌谣》，广西师范大学出版社2005年版；松浦友久《中国诗歌原理》，辽宁教育出版社1990年版。

日本学者松浦友久指出："在中国古典诗里，季节与季节感作为题材与意象，几乎构成了不可或缺的要素。"① 中国文学为何具有"季节叙事""阴阳叙事"或"季语"特征呢？这是因为神话天文学决定着中国人生活的时间意识，影响着中国人对自身生命节律的感悟与体验。总之，神话天文学是孕育中国多民族文学的母胎，它决定着中国文学的思维模式、文化心理、表意方式、情感类特性、表达技巧等。

我们在前面曾指出，在中国民族文学研究方面，出现的方向性变化就是"人类学转向"。然而，以什么样的人类学理论进入文学研究，并且在什么样的文学层面上进行文学研究？这是大多数研究者在运用民俗学、文化人类学、文化研究、文学人类学等理论及方法来研究中国少数民族文学时基本上没有考虑的理论问题。下面我们结合西方学者的文本层次论，对这一问题做简要说明（见下表）。

	茵伽登	韦勒克、沃伦	弗莱	
文本层次				批评方式
1	声音层面（语音层）	声音层面	字面意义层	修辞批评
2	意义单元的组合层	意义单元	描述象征系统层	社会批评
3	再现的客体层	意象和隐喻	形式象征系统层	意象批评
4	图式化观相层	存在于象征和象征系统中的诗的特殊"世界"——"神话"	原型意义层	神话原型批评
5	形而上学层面		总体释义层	文化批评

需要说明的是，对于此表中的内容，西方文艺理论家尽管使用的术语、划分的层次有一定的差异，但他们对文本层次的论述表明了：第一，"文学批评不可能是一种单一的或仅在一个层面开展的活动"②。第二，贯

---

① ［日］松浦友久：《中国诗歌原理》，孙昌武、郑天刚译，辽宁教育出版社 1990 年版，第 4 页。

② ［加拿大］诺斯罗普·弗莱：《批评的解剖》，陈慧、袁宪军等译，百花文艺出版社 2006 年版，第 102 页。

穿文本层次的主要内容是神话、隐喻、象征、母题、意象、结构、情节等。在此表中，最值得注意的是弗莱的思想：一是他的文学理论是以口头文化为内核的。二是他的"五层面批评"的理论基础是人类思维模式。三是他认为，"文学的结构原理应得自原型批评和总体释义批评，唯有这两种批评才为整个文学提供一个更为广阔的语境。……文学的结构原理与神话和比较宗教学关系十分密切"①。四是他提出了与文本层次相对应的文学批评模式。西方文艺理论家提出的文本层次论有助于解释我们提出的问题：以什么样的人类学理论进入文学研究，并且在什么样的文学层面上进行文学研究？如果从本土文化自觉的立场上来说，首先，中国神话天文学思维应作为中国民族文学理论建设的主要的理论基础。其次，我们可以从思维模式、结构、情节、（神话或宗教）意象、情感方式、文学地理景观等文学层面进行文学研究。概言之，中国神话天文学提供的知识体系应成为中国民族文学理论建设的主要理论话语。

结　语

我们上面从民族文学研究的历史维度、研究视野、研究理念、研究基础、研究途径、理论话语、研究意义等方面对中国民族文学理论建设的问题做了初步的思考与预期。中国神话天文学知识体系应成为中国民族文学理论建设的主要的理论话语，这是我们的基本看法。

在中国民族文学理论建设方面，强调文化相对主义和多元文化及文学的对话，主张文化多样性、文化差异性，重视民族文化主体多元性等，对于警惕西方中心主义、汉族中心主义、中原中心主义的霸权话语，重新估量和认识边缘的、弱势地位的边缘文化及文学的价值是有积极意义的。不

---

① ［加拿大］诺斯罗普·弗莱：《批评的解剖》，陈慧、袁宪军等译，百花文艺出版社 2006 年版，第 190 页。

过，正如人类学家马尔库斯、费彻尔指出的："虽然我们可以承认文化差异，但是如果文化差异观构成对至高无上的普遍人性的威胁，那么就犯了自由主义曾拼命力图去克服的那些错误。不过，人类学并没有把文化差异观推向极端。"① 过度强调"民族性"，乃是无视中国多民族国家历史及文化传统是在什么样的社会文化环境中形成的。

民族文学理论建设是一个跨学科的问题，它现在还有如下问题亟须解决：一是在现代文理分科形势下，一般文学研究者很少关注神话天文学的问题，也就是说，对神话天文学的研究还仅限于一些专业领域，而不被广大的文学研究者所接受。二是大多数民族文学研究者很少关注考古学的成果，这导致我们对中国历史文化传统特质、族群来源、文化交流、民族文化特性等问题的认识还比较模糊。三是对少数民族天文历法知识的调查、研究还比较薄弱，这影响了我们对少数民族天文历法知识的全面、深入的认识。因此发掘、整理和研究中国 55 个少数民族的天文历法知识，对于中国民族文学理论建设来说，尤显迫切和必要。

---

① ［美］马尔库斯、费彻尔：《作为文化批评的人类学》，王铭铭等译，生活·读书·新知三联书店 1998 年版，第 63 页。

双面枭雄:乌江流域土司传说与民族记忆研究[*]

王　剑

（长江师范学院　乌江流域社会经济文化研究中心）

摘要：民族记忆，是一个民族对其历史上重大事件及活动的一种选择性纪念和记录，民族记忆既是传统文化精神经验的存储器、民族文化的来源，又是一个民族走向未来的起点和基础。民间传说是民族记忆的形式之一，在社会中有着深刻的根基，是一段时期内民族地区政治、经济、文化生活的集中反映，无论对于中国的传统文化还是对民众的生活都产生了深刻的影响，其积极作用和消极作用至今在民众的生活中仍十分突出。在类型上，乌江流域的土司传说可分为战争传说、爱情传说、地方风物传说等；在情节单元上，乌江流域的土司传说包含开天辟地、牛和土地神、主人公和英雄、智斗等；在人物设置上，乌江流域的土司传说可分为以土司为主要人物和以土司为人物背景。乌江流域的土司传说是区域内民族起源、迁徙、战争、发展等重大历史事件的诗性记录，是广大民族群众对他们认为重要的历史事件

* 本文系国家社科基金民族问题研究一般项目"乌江流域民族间信任和谐与社会稳定发展研究"（12BMZ023）；重庆市社会科学规划培育项目"武陵山区民间神话传说与民族记忆研究"（2013PYZW01）；重庆市人文社会科学重点研究基地开放项目"重庆民族地区族群互动与社会和谐稳定关系研究"（2013Y10）阶段性成果。

的集体记忆，也是民族文化和民族精神的凝聚点所在，具有民族记忆的一般特征和乌江流域特有的文化印记。

一 研究背景

民族记忆，是一个民族对其历史上重大事件及活动的一种选择性纪念和记录，民族记忆既是传统文化精神经验的存储器、民族文化的来源，又是一个民族走向未来的起点和基础。关于民间传说的民族记忆研究，国外学者大多集中在记忆的场域、记忆的性质和文化体系的结构方面。如法国历史学家皮埃尔・诺哈在《新史学》（1978）中认为历史遗留的地方空间对于地域文化认同的建构有重要意义，主张通过研究碎化的记忆场所来拯救残存的民族记忆与集体记忆，找回群体的认同感和归属感；德国心理学家哈拉尔德・韦尔策在其主编的《社会记忆：历史、回忆、传承》（2007）中指出，讲故事是支持记忆、保存过去，激活以往体验乃至建构集体认同的一个根本要素；美国学者保罗・康纳顿在《社会是如何记忆的》（2000）中探讨了在口述史事件中把从属群体的历史和文化从沉默里解救出来的可能性；德国学者扬・阿斯曼则总结出每个文化体系在时间和社会这两个层面的"凝聚性结构"，并探讨了这一结构与记忆的关系。国外学者的相关成果，多倾向于从大的学科领域——如历史学、心理学、文化学等角度——对民族记忆进行整体性的研究，这与国外人文学科重视理论性、系统性和科学性的传统密切相关，有利于站在相当的高度研究民族记忆的总体性质和基本规律，但与其他研究对象一样，存在具体分析不够、忽视不同国家地区特殊的社会、历史、文化状况的通病，需要进一步深入和细致，以适应中国民族的特殊状况。

国内方面，近年来有不少学者的论著谈到民间文学对民族历史文化记忆的保存。论文方面有唐启翠的《歌谣与族群记忆——黎族情歌的文化人类学阐释》、平锋的《壮族歌咏文化与壮民族的族群认同》、李建宗的《口头文本的意义:民族相像、族群记忆与民俗"书写"》、刘亚虎的《从族源神话到平民传说——从南诏文学的发展看"族群记忆"的嬗变》等,著作方面还有陈建宪的《口头文学与集体记忆》等。上述成果都着力于从民歌、神话、传说或故事等各类民间文学作品中发掘其中保留的历史记忆,往往流于零散和碎片化,缺乏对民族记忆的性质、特征和传承机制的整体探讨,理论深度有待进一步加强。

综合国内外的研究现状可见,关于民间文学,特别是民间传说的民族记忆研究虽然取得了很大的进展,但有些方面还存在一些问题:一是过多地强调从传说文本中提取历史片段,并将其与史实进行比照研究,这既忽视了民间传说的基本性质,也是对历史真实性、严肃性的片面认识;二是研究对象多拘泥于单个"民族",对同一地域范围内可能存在的跨民族现象研究不够,忽视了对社会和文化的普遍意义的探索,缺乏可运用在更大范围内的解释力;三是多是静态、平面的描述分析,对民族记忆的动态特点,尤其是民间传说口头性带来的特殊影响研究不够;四是受固有理论模式的影响,多强调民族记忆整体的同一性、延续性,对记忆内部的差异性及其对民间传说不同讲述文本之间的影响研究不够;五是研究地域多集中于边疆、边地,研究对象多集中于规模较小、社会结构和文化相对单纯民族的集体记忆,对世居于我国内陆腹地、历史悠久、人口众多民族的传说少有涉及等。

二 乌江流域土司传说

传说在民间社会有着深刻的根基,无论对中国的传统文化还是对民众的生活都产生了深刻的影响,其积极作用和消极作用至今在民众的生活中仍十分突出。但是时至今日,关于传说的研究,尤其是关于民间传说与民族记忆关系的系统的、理论与实际相结合的研究尚不多见。民间传说作为一种民族的记忆方式,不仅具有一般记忆共有的能够遗传、可能变异、分段存储、能被唤起等性质，还有口头性、地域性、集体性、选择性、感性性等特有的性质，这些共性和特性形成了民间传说独特的存在和传承方式，为民族的主体记忆历史上的重大事件服务，体现了不同民族的历史观念和民族核心价值，是研究民族精神特质的重要切入点。

土司制度是元明清三代统治者，根据当时的国家民族状况，针对少数民族地区制定的一种特殊的地方行政建制。土司制度源于历代中央王朝的"羁縻制度"，在元代始纳入国家正式统治体系，经历了明代的发展、兴盛和高峰后，于清初逐渐废辍，是我国民族地区历史上主要的政治形态。乌江流域作为西南少数民族的主要聚居区之一，土司制度具有悠久的历史渊源、深厚的民族基础和广泛的社会影响。关于乌江流域土司的政治、经济、社会状况等方面，前人已有大量的论文和专著进行系统、深入、细致的研究，取得了令人瞩目的成果。本文不揣浅陋，仅从围绕在乌江流域历代土司身边的民间传说的角度，尝试探讨"小传统"场域内民族记忆的形成、传承和传播方式，以供学界争鸣。

1. 乌江流域土司传说的类型

传说作为民间文学的主要形式之一，有各种类型，从记载时间上，可分为远古传说、古代传说、近代传说和现当代传说；从表现题材上，可分为人物传说、史事传说、地方传说、动植物传说、景物传说、民俗传说等；还可从情节类型上，分为爱情传说、生活传说、神圣物传说、斗争传说、诙谐传说等。根据上述不同标准的分类体系，在时间上，乌江流域土司传说属于古代传说；在表现题材上，乌江流域土司传说包含人物传说、史事传说和地方传说等；在情节类型上，乌江流域土司传说主要包括爱情传说和斗争传说。

如广泛流传于乌江流域少数民族群众中关于奢香、杨应龙、秦良玉、彭翼南等土司的人物传说；关于开路修桥、凿石筑城、援辽抗倭等的史事传说；关于绣花崖、水西城、海龙屯、万寿寨、老司城等的地方传说；关于奢香与霭翠、杨二小姐、秦良玉与马千乘等的爱情传说；关于土司之间、土民与土司以及中央王朝与土司之间的战争传说等。民间传说的意象丰富、情节曲折、内涵多元、特色显著，代表了区域内少数民族集体记忆的核心内容。

2. 乌江流域土司传说的情节单元

情节单元分析法是由芬兰的阿尔奈（Antti Aarne）和美国的汤普森（Stith Thompson）综合前人的研究成果，创制的一种国际通用的故事分类方法，这套以二者名字首字母命名的"AT分类法"经过德国学者艾伯华、美籍华人学者丁乃通、中国台湾学者金荣华等人的进一步"中国化"，现在也常被用来分析中国民间传说的情节。

在乌江流域土司传说中，有很多可以套用艾伯华《中国民间故事类型》（以下简称"艾氏类型"）和金荣华《中国民间故事集成类型索引》（以下简称"金氏类型"）的情节单元。如在"白鼻子土王扩建老司城"的传说中出现的"千年犀牛"，可对应"艾氏类型"中"物种和人类起源"之"牛和土地神"情节单元，以及"金氏类型"中"神奇的帮助者"之"动物的帮助"情节单元；在"杨应龙罩土地神"的传说中出现的"赶山鞭"，可对应"艾氏类型"中"巫师、神秘的宝藏和奇迹"之"奇迹"情节单元，以及"金氏类型"中"神奇的宝物"之"煮海宝"情节单元；同一传说中出现的"土地公公和土地婆婆"可对应"艾氏类型"中"巫师、神秘的宝藏和奇迹"之"神奇的追逐"情节单元，以及"金氏类型"中"神奇的对手"之"计败阎王"情节单元等。

3. 乌江流域土司传说的人物设置

在民间口承叙事范畴内，无论是神话、史诗、传说，还是故事、戏剧，若不考虑体裁形式，人物的设置是民间文学分类的主要依据之一，如神话的主人公一般是神或者有神力的幻想人物，史诗和传说的人物设置一般是本民族或者本区域内的氏族祖先或有重大影响力的统治者，而故事和戏剧的人物更倾向于民间的才子佳人、农民起义领袖和机智人物等。

在乌江流域土司传说中，土司作为一种人物形象，有两种设置方式：一是以土司及其家人作为传说的主角，传说故事围绕他们的事迹展开，在这类传说中，土司往往是以正面角色出现的，如"奢香夫人"、"飞越马"、"领女兵学刺绣"、"领玉龙筑石城"、"奢香济火庙训子"、"杨应龙的赶山鞭"、"杨应龙罩土地神"、"杨应龙的藏金洞"、"杨应龙与田雌凤同归于尽"、"秦良玉与皇帝斗智"、"彭翼南调兵"等；二是将土司作为传说主要人物的配角或者时代背景出现，在这类传说中，土司往往扮演的是反面角色，如"诸葛亮擒王山的传说"、"天灵相公"、"憨驸马的传说"、"田二根"等。

三　双面的土司形象与民族集体历史记忆

民族记忆一种是社会集体记忆，具有特殊的性质，对不同历史社会情况的民族记忆不可一概而论，要根据其不同的表现形式确定其概念范畴。乌江流域的土司传说是该区域内聚居的西南少数民族关于其族源、迁徙、战争、发展等历史上重大事件的主要记忆形式，是民族文化和民族精神的唤起点与刺激点。

通过对乌江流域土司传说的梳理，可以看出，在民间文学作品中出现的土司是存在两面性的：一方面，他们是当地最广大民族群众的统治者，代表了地方统治阶级的利益和诉求，这也是他们所做的架桥修路、开山筑城、抢人抢地的主观行为契合了底层被统治者的客观需求，因此流传在民间的口承叙事被记录了下来并传承至今；另一方面，土司作为代表中央政府行使国家权力的地方代表，享有国家承认的各项自治权利，通俗地说，就是统领一方的"土皇帝"，他们为了维护自身的统治，对地方民众强取豪夺、任意生杀，也是底层民众日常生活中的"敌人"，土司的种种劣迹当然在民间传说中也多有反映，并在流传的过程中添油加醋，往往和"神迹"、"善恶有报"、"恶人的下场"等情节单元产生了敷衍的联系。

通过土司传说在民族集体的历史记忆中的形成过程、存在形式和传播方式,我们可以一窥民族记忆的几项基本特征。一方面,民族记忆作为一种集体的历史记忆,具有一般记忆共有的性质,从土司传说由元明清土司时期流传到现在,证明其具有能够遗传的记忆性质;将土司传说与史书和典籍上记载的土司历史事迹相对比,证明其存在民间的再创作和流传过程中的变异;由不同土司传说对土司形象的不同描述,证明其存储方式是按照土司不同时期的行为分段进行存储的;保留到现代的土司遗迹、土司战场和土司后裔,还能使附着于其上的土司传说产生影响,证明其能被唤起的记忆性质。另一方面,土司传说还反映了民族集体历史记忆的一些特有的性质。首先,民族集体历史记忆具有口头性,乌江流域土司传说作为一种少数民族地区的口头存在形式,是以口耳相传、口头表演作为传承载体的,它与宗教仪式、宗族祭祀和家族祭祖等信仰活动相辅相成、互为表里,是活态的民族传统"百科全书",既是一些写入历史文献的传说,又是仪式活动中表演的记录文本,将其记录下来的目的也是再次在仪式中的演述①。其次,民族集体历史记忆具有地域性,乌江流域土司传说反映的是本区域内土司或者土司时期人们的生产、生活以及重大的历史事件和活动,特定的区域造就了与众不同的文化生态,成为土司传说发生的原因和文化背景,此外,还有大量的土司传说就是附着在当地特色的景物和建筑之上的,是地域文化的直接产物。再次,民族历史记忆具有集体性,乌江流域土司传说作为一种已经形成了的历史记忆,同时也构成了当地民族群众的集体记忆,当进入某种特定的时空场域。需要"复述"回忆时,个体

---

① 关于民间口承叙事的文本,弗里、杭柯等学者将其划分为三个主要层面:一是口头文本(或口传文本),二是来源于口头传统的文本(或半口传文本),三是以传统为导向的口头文本。

以当下为起点，经过反思和推论去铺排和重构过去（或称主体将事件"现在化"），这个反思和推论的逻辑和框架依赖于社会和集体记忆的演变方向①，乌江流域土司传说在进行这种"现在化"时，土司战争、勤王荡寇、改土归流等重大历史事件往往成为传说发生的历史背景，在传说的讲述中实现了大规模的历史叙述与本民族的生活经历相结合；此外，民族集体历史记忆还有选择性，乌江流域土司传说作为一个相对独立区域内的民族记忆，有着自身的特点，和其他地区的民间传说有所区别，即使是在本区域内，不同的口述版本或者不同的讲述者（代表不同姓氏）讲述的同一传说故事，对事件和人物的描述也多有矛盾之处，这是因为传说作为一种民族历史记忆，其选择性使不同的人站在自身的立场上对自己接受到的传说情节进行了筛选，今天的传说版本是经过了许多代人的选择、组织和重述的，它可能是扭曲、错误和不符合历史真实的，但却是在现有的社会经济条件下，最有利于族群的认同和发展、最有助于处理本民族和其他民族之间关系的版本。最后，民族集体历史记忆具有感性性，乌江流域土司传说是根据一定的历史事实反映的社会生活的本质，却又不是严格意义的历史，因为它在反映生活本质时，经过了感性的取舍、剪裁、虚构、夸张、渲染、幻想等艺术加工②，因此它对历史的反映不是直接的，需要进行理论分析，而这种理论分析，需要遵循民间文学的规律，而不能以历史学和社会学的规则生搬硬套，否则会对其解读造成障碍和困扰。

结 语

乌江流域土司传说历史悠久、内涵丰富、脉络清晰、倾向明显，是研究民间口承叙事与民族记忆的深层关系的突破口，为从全新的视角阐释区

① ［法］莫里斯·哈布瓦赫：《论集体记忆》，毕然、郭金华译，上海人民出版社 2002 年版。
② 钟敬文：《民间文学概论》，上海文艺出版社 1980 年版，第 183 页。

域民族文化提供了可行的路径。对乌江流域土司传说的民族记忆性质的研究，能够重新梳理和解答有关民族历史的民间文学重构、民众心理的感性与理性向度、民间文学传承中的不变内核与流动边缘等各方面的实际问题，并通过民族记忆理论和乌江流域土司传说的实证相结合，开辟综合运用心理学、民族学、民俗学学科方法，为客观回应中华民族多元一体格局形成的过程和原因提供鲜活的区域标本。

此外，在社会经济文化激烈转型发展的今天，研究乌江流域土司传说这一民族记忆的主要形式，具有深远的民族文化保存和文化遗产保护意义，能够为各级政府的文化政策提供有益的参考。

少数民族文学研究

试论韦勒克的民族文学观

刘为钦

（中南民族大学　中南少数民族审美文化研究中心）

摘要：本文在学术界第一次比较系统地阐释韦勒克的民族文学观。韦勒克的民族文学观主要包括以下三个方面的内容：第一，韦勒克试图书写全球的总体文学史，但他并不排斥各民族的文学。韦勒克认为，恰恰是文学的民族性及各民族文学对总体文学的独特贡献才是文学史写作的核心问题。第二，识别某一种文学隶属于哪一个民族的族属问题是书写世界总体文学史的关键。为此，韦勒克还设置了判断民族文学的几条标准：文学的民族意识、文学的民族题材和文学的民族风格等。第三，民族文学在世界总体文学史的书写中固然重要，但民族文学一旦被狭隘的民族主义情绪所裹挟，也会表现出民族文学所特有的片面性和狭隘性。我们研究民族文学，要抑制乡土和地方的情感，要警惕民族文学的狭隘性，要清醒地意识到民族情绪既是推动人类进步的良药，也是制造社会动荡的毒瘤。

勒内·韦勒克（René Wellek）的文学理论主张对世界文学、世界文学理论、中国文学、中国文学理论的影响之巨大，是无须赘述的。但是，如果从民族文学（national literature）的角度来审视他与奥斯汀·沃伦（Austin Warren）合著的《文学理论》（1949），以及他的其他相关论文和著作，不难发现，韦勒克的文学理论体系中还蕴含着丰富的民族文学思想，而且，这些民族文学思想对我们从事文学研究、文学史写作及准确阐释少数民族文学都具有十分重要的借鉴意义。

一 民族文学是文学史写作的基础

韦勒克于文学研究的第一大贡献是他将文学研究划分为文学的外部研究和文学的内部研究。他于文学研究的第二大贡献是他将文学研究划分为文学理论、文学批评和文学史。韦勒克在文学理论、文学批评和文学史这三个方面都卓有建树：在文学理论方面，他著有《文学理论》、《布拉格学派的文学理论和美学思想》等；在文学批评方面，他著有《20世纪批评主流》、《批评的概念》等；在文学史方面，他著有《近代文学批评史》、《文学史的没落》、《英国文学史的兴起》等。不仅如此，韦勒克在《文学理论》中还雄心勃勃地呐喊："一部综合的文学史，一部超越民族界限的文学史，必须重新书写。"①

那么，韦勒克所要重新书写的综合的、超越民族界限的文学史到底是一部怎样的文学史呢？从韦勒克发声的语境来看，他要重新书写的文学史是一部全球性的具有整体效应的总体文学史。为此，韦勒克在《文学理论》中列专章"总体文学、比较文学和民族文学"② 讨论"总体文学"、"比较文学"、"民族文学"及其相关问题。韦勒克在这一章开宗明义地说："我们已将文学研究分为文学理论、文学史和文学批评三方面加以阐述。现在，我们将采用另外一种划分原则，以便给比较文学、总体文学和民族

---

① ［美］勒内·韦勒克、奥斯汀·沃伦：《文学理论》，刘象愚等译，江苏教育出版社2005年版，第45—46页。

② 《文学理论》著作尽管是韦勒克、沃伦"在共同兴趣的基础上完成的"，但"总体文学、比较文学和民族文学"一章由韦勒克执笔，这一章关于"比较文学"、"总体文学"和"民族文学"的论述应该代表着韦勒克关于"比较文学"、"总体文学"和"民族文学"的观点。

文学下一个系统的定义。"①

诚然，把文学研究划分为"总体文学"、"比较文学"和"民族文学"不是韦勒克的专利，更不是他的什么"第三个贡献"②。早在 1931 年，比较文学法国学派代表人物保罗·梵·第根（Paul Van Tieghem）在他的著作《比较文学论》中就说过："le mot synthétique n'est pas non plus assez clair. Histoire littéraire interationale serait bon，quoique encore bien vague，si ce terme ne convenait pas tout aussi bien à la littérature comparée. On peut sérier ainsi les trios disciplines，en empruntant au même demaine un exemple de chacune d'elles：A. Littérature nationale：place de La Novelle Héloïse dans le roman français du XⅧ siècle. —B. literature internationale. a）littérature compare：influence de Richardson sur Rousseau romancier. b）Littérature générale：le roman sentimental en Europe sous l'influence de Richardson et de Rousseau."③ 梵·第根的《比较文学论》1937 年被著名诗人戴望舒翻译成中文，由商务印书馆出版。这段法文，戴望舒译为："如果'国际文学史'这几个字并不也同样可以合用于比较文学，那么用这几个字倒也不错——虽则这几个字还是很空泛。可以这样地把这三种学问区分开来，而同时从同一个领域中给它们各举一例：甲、【本国文学】：《新爱洛伊思》在 18 世纪法国小说中的位置。乙、【国际文学】：（a）'比较文学'：李却德生对于小说家卢骚的影响；（b）'一般文学'：在李却德生和卢骚影响之下的欧洲言情小说。"④ 梵·第根在这段文字中

---

① ［美］勒内·韦勒克、奥斯汀·沃伦：《文学理论》，刘象愚等译，江苏教育出版社 2005 年版，第 40 页。

② 刘象愚：《韦勒克与他的文学理论》，《文学理论》，江苏教育出版社 2005 年版，第 12 页。

③ ［France］Paul Van Tieghem, *La Littérature Comparée*, Revue belge de philologie et d'histoire, 1931，p. 175.

④ ［法］保罗·梵·第根：《比较文学论》，戴望舒译，吉林出版集团有限责任公司 2010 年版，第 141 页。

就已经提出了"本国文学（民族文学）"、"国际文学"、"比较文学"和
"一般文学（总体文学）"这样一组概念。他将"本国文学"与"国际文
学"并置，将"比较文学"、"一般文学"归属在"国际文学"的名义
之下。只不过与梵·第根有所不同的是，韦勒克是把"民族文学（本
国文学）"当作与"总体文学（一般文学）"、"比较文学"平行的范畴
而已。

作为比较文学美国学派的代表人物，韦勒克考察学术界对"比较文
学"内涵认知的历史，认为比较文学"首先是关于口头文学的研究"①。尽
管韦勒克不是十分赞成"用'比较文学'这个名称来指口头文学的研
究"②，但他还是认为，口头文学的研究"可以归入民俗学"，而民俗学
"所研究的是一个民族的全部文化"③。概言之，在韦勒克看来，作为口头文
学研究的"比较文学"与民族文化、民族文学有着很大的关联性。比较文学
其次"是指对两种或更多种文学之间的关系的研究"④，这也就是法国学派
的"比较文学"。以斐南·巴登斯贝格、让·玛丽·伽列和保罗·梵·第
根为代表的法国学派从孔德实证主义哲学出发，强调不同民族文学的事实
联系、强调不同民族文学的影响和假借、强调不同民族文学的双边贸易。
梵·第根甚至说："'比较'这两个字应该摆脱全部美学的涵义，而取得一
个科学的涵义。"⑤ 韦勒克一针见血地指出：法国学派尽管"发展了一套方
法学"，但他们"无法形成一个清晰的体系"⑥，因为"比较是所有的批评

① ［美］勒内·韦勒克、奥斯汀·沃伦：《文学理论》，刘象愚等译，江苏教育出版社 2005
年版，第 41 页。
② 同上书，第 42 页。
③ 同上书，第 41 页。
④ 同上书，第 42 页。
⑤ ［法］保罗·梵·第根：《比较文学论》，戴望舒译，干永昌等选编《比较文学研究译文
集》，上海译文出版社 1985 年版，第 57 页。
⑥ ［美］勒内·韦勒克、奥斯汀·沃伦：《文学理论》，刘象愚等译，江苏教育出版社 2005
年版，第 43 页。

和科学都使用的方法"①，在研究"莎士比亚在法国"和研究"莎士比亚在18世纪的英国"之间"没有方法论上的区别"。比较文学最后是"与文学总体的研究等同起来，与'世界文学'或'总体文学'等同起来"②。韦勒克认为，梵·第根的文学划分方式无法确定研究对象的风格是总体文学的内容还是比较文学的内容，无法区分司各特在他国的影响和历史小说在世界上的风行，因此，"'比较文学'和'总体文学'不可避免地会合而为一"③。

"总体文学"和"世界文学"这两个看起来相似的概念，韦勒克将它们严格地区分着。在这两个概念之间，韦勒克认为，"'总体文学'这个名称可能比较好些"④。

"世界文学"（德文：Weltliteratur）范畴为歌德所"首创"⑤。歌德的"世界文学"范畴到底有着怎样的内涵？韦勒克认为：世界文学的第一层含义是指从新西兰到冰岛的五大洲文学——韦勒克转而又说："其实歌德并没有这样想"⑥；第二层含义是各国文学的合而为一；第三层含义是文豪巨匠们的伟大作品，是文学杰作的同义词，是一种优秀文学作品选集。韦勒克的解释并不一定符合歌德的原意。歌德说得很清楚："我们大胆宣布有一种欧洲的，甚至是全球的世界文学，这并不是说，各种民族应当彼此了解，应彼此了解它们的产品，因为在这个意义上的世界文学早已存在，而且现在还在继续，并且在不断更新。不，不是指这样的世界文学！我们所说的世界

---

① [美] 勒内·韦勒克、奥斯汀·沃伦：《文学理论》，刘象愚等译，江苏教育出版社2005年版，第40页。

② 同上书，第43页。

③ 同上书，第44页。

④ 同上。

⑤ [美] 韦勒克：《近代文学批评史》（第1卷），杨自伍译，上海译文出版社2009年版，第304页。

⑥ [美] 勒内·韦勒克、奥斯汀·沃伦：《文学理论》，刘象愚等译，江苏教育出版社2005年版，第43页。

文学是指，充满朝气并努力奋进的文学家们彼此间十分了解，并且由于爱好和集体感而觉得自己的活动应具有社会性质。"① 在歌德看来，世界文学不是民族之间简单地相互了解的文学，而是充满活力的文学家们出于爱好和集体荣誉感创造出来的以"民族文学"为他者的具有社会性质、世界水平、世界品格的为全世界读者所喜爱的文学。歌德的"世界文学"概念并不等同于优秀的文学作品，充其量只能算是接近于优秀的文学作品。

但是，韦勒克也形象地比喻："如果要了解整个山脉，当然就不能仅仅局限于那些高大的山峰。"② 因此，他更倾向于采用"总体文学"这个概念。关于建立全球"总体文学"的设想，韦勒克总结，在他之前经历过三个时期：第一个时期是歌德提出"世界文学"概念的时期，第二个时期是早期从事比较文学研究的学者们在斯宾塞的影响下研究文学的起源、诗歌的形式的时期，第三个时期是略早于韦勒克撰写《文学理论》著作的时期。韦勒克说："可喜的是近年来有许多迹象预示要复活总体文学史编纂工作的雄图。"③ 他列举库提乌斯的《欧洲文学和拉丁中世纪》、奥尔巴赫的《论模仿》等著作，说："这些学术上的成就冲破了已经确立的民族主义的樊笼，令人信服地证明：西方文化是一个统一体，它继承了古典文化与中世纪基督教义丰富的遗产。"④ 现在看来，在韦勒克之后的 21 世纪初期，随着世界经济贸易的融合，人员往来的频繁，网络技术的兴起，全球范围内还掀起了一场"总体文学"的运动，即文学的"全球化"浪潮。

韦勒克坚信：文学"是一个整体"⑤，"至少西方文学是一个统一的

---

① ［德］歌德：《关于"世界文学"的重要论述》，范大灿译，《歌德文集》（第 10 卷），人民文学出版社 1999 年版，第 410 页。

② ［美］勒内·韦勒克、奥斯汀·沃伦：《文学理论》，刘象愚等译，江苏教育出版社 2005 年版，第 44 页。

③ 同上书，第 45 页。

④ 同上。

⑤ 韦勒克在《比较文学的危机》一文中说："通过自由想象孕育而成的艺术作品是一个整体。"见干永昌等选编《比较文学研究译文集》，上海译文出版社 1985 年版，第 125 页。

整体"①。所以，他从事比较文学研究，撰写文学史的目标就是要建立一个具有世界性质的"总体文学"。韦勒克指出，这种把文学作为一个整体的研究方法是施莱格尔兄弟等人设想出来的，他们用这种方式研究文学进行了大量的实践，并且取得了令人瞩目的成绩。其实，把研究对象当作一个整体的研究方法，在古希腊就已经存在。柏拉图说："只要把一门技艺当作一个整体来对待，那么对它进行考察的方法就是相同的。"② 古希腊的techne（技艺）本来就包含有技艺、手艺、技能和艺术的含义。但是，韦勒克在强调整体性文学的研究，强调比较文学的研究，强调世界总体文学史的撰写时，并没有忽视"民族文学"的存在。韦勒克说："这里推荐比较文学当然并不含有忽视研究各民族文学的意思。事实上，恰恰就是'文学的民族性'以及各个民族对这个总的文学进程所做出的独特贡献应当被理解为比较文学的核心问题。"③

可见，韦勒克的"总体文学"并不是没有源头的河流、没有根本的树木、悬置在空中的楼阁，而是一个以民族文学为基础，在民族文学基础上建构起来的文学体系。他把"民族文学"视作了"比较文学"的逻辑起点，把"文学的民族性"视作了"总的文学"、"总体文学"和文学史写作的基石。

韦勒克在他的论著中践行了他的这一关于总体文学的设想。他的《近代文学批评史》、《二十世纪西方文学批评》就是按照民族—国家的分类论述欧洲文坛自 18 世纪末期以来文学批评理念与文学批评实践的历史。在中国，有学者考察，在 1949 年之前，"是看不到文学史叙述的民族

---

① ［美］勒内·韦勒克、奥斯汀·沃伦：《文学理论》，刘象愚等译，江苏教育出版社 2005年版，第 44 页。

② ［古希腊］柏拉图：《伊安篇》，王晓朝译，《柏拉图全集》（第 1 卷），人民出版社 2002 年版，第 302—303 页。

③ ［美］勒内·韦勒克、奥斯汀·沃伦：《文学理论》，刘象愚等译，江苏教育出版社 2005年版，第 48 页。

视野的"①；在 1949 年之后，除个别文学史著作外，大多数文学史对少数民族文学是"一律采取'取消'的手法"②。中国文学史应该有少数民族文学的存在，因为中国是一个统一的多民族国家。王庆生等人 1959 年 4 月编著的最初以内部发行形式出版的《中国当代文学》，共 70 万字，不仅是中国第一部"当代文学史"，也是中国最早将少数民族文学纳入文学史编纂的文学史。

是著在《绪论》中将"中国当代文学"明确界定为："是在党的领导下统一的，多民族的，社会主义的文学。"③ 全书共分三编（即三个时段），每编的"创作成就"章都列有"兄弟民族文学"节，分别介绍了玛拉沁夫的长篇小说《科尔沁草原的人们》、李乔的长篇小说《欢笑的金沙江》、乌兰巴干的长篇小说《草原烽火》、超克图纳仁的话剧《金鹰》、蒙古族叙事诗《达梅林》、撒尼族叙事诗《阿诗玛》等。孙康宜、宇文所安主编的《剑桥中国文学史》（2013）在"金末至明初文学"章中即列有"外族作家"④ 节，介绍契丹族作家耶律楚材、雍古族作家马祖常的文学成就。中国文学史不能简单地写成汉民族文学史，世界文学史也不能简单地写成欧洲文学史。文学史的书写，无论是总体的文学通史，还是断代的文学史，都应该正视世界上不同民族文学的审美特质以及它们对世界总体文学的贡献。

---

① 席扬：《"民族文学"的价值叙述与可能——以"中国现当代文学史"为考察对象》，陈国恩、王德威主编《武大·哈佛"现当代中国文学史书写的反思与重构"国际高端学术论坛论文集》，中国社会科学出版社 2014 年版，第 314 页。

② 席扬：《关于中国当代文学史中"少数民族"的"历史叙述"问题》，《民族文学研究》2011 年第 2 期。

③ 华中师范学院（现华中师范大学）中文系师生：《中国当代文学》，1959 年 4 月内部发行，上册，第 14 页。是著经修改后，易名为《中国当代文学史稿》，1962 年 4 月由科学出版社出版；1980 年以来多次修订再版。此套《中国当代文学史》一直关注和述说着中国少数民族文学的发展状况。

④ ［美］孙康宜、宇文所安：《剑桥中国文学史》，刘倩等译，生活·读书·新知三联书店 2013 年版，第 639 页。

二　族属问题是文学史写作的关键

韦勒克曾经批评法国学派没有把"民族文学"上升到理论的高度加以研究。他说："文学之间的比较，如果与总的民族文学相脱节，就会倾向于把'比较'局限于来源和影响、威望和声音等一些外部问题上。"① 也就是说，比较文学中的影响、假借的研究只是文学的外部研究，没有进入文学内部的实质的研究；对文学进行实质性的研究，要研究文学内部的规律，要充分考虑文学之中的民族性问题。他以英国文学为例，认为如果不能认识英国文学对总体文学的确切贡献，很有可能会导致对一些文学观念的改变，对一些主要作家的误判。韦勒克还深情地赞扬格林（F. C. Green）的《小舞步》对法国与英国 18 世纪文学的比较："不但说明一个民族与另一个民族在文学发展方面的共同点和类似之处，而且指出其差异的方面。"② 如果我们在民族文学的基础之上书写出一部超越民族界限的文学史，韦勒克形象地描绘，"这是一种要把各民族文学统一起来成为一个伟大的综合体的理想，而每个民族都将在这样一个全球性的大合奏中演奏自己的声部"③。

每个民族在总体文学中演奏自己的声部，这里关涉着对"民族文学"及文学的民族性如何理解的问题。"民族文学"概念，从目前占有的文献来看，至少在歌德的那个时代就已经出现。歌德 1827 年 1 月 23 日在评价自己的诗剧《塔索》的法文译本时说："现在，民族文学已经不是十分重要，世界文学的时代已经开始，每个人都必须为加速这一时代而努力。"④

---

① ［美］勒内·韦勒克、奥斯汀·沃伦：《文学理论》，刘象愚等译，江苏教育出版社 2005 年版，第 43 页。

② 同上书，第 41 页。

③ 同上书，第 43 页。

④ ［德］歌德：《关于"世界文学"的重要论述》，范大灿译，《歌德文集》（第 10 卷），人民文学出版社 1999 年版，第 409 页。

歌德为了呼唤"世界文学"的早日到来,在这里就使用了"民族文学"概念。但是,"民族文学"这一概念也不会出现得太早,因为现代意义上的文学观念形成于 18 世纪末期①,literature(文学)一词 1812 年才首次出现在《牛津英语词典》中②。

尽管"民族文学"一词出现得比较晚近,但并不意味着站在"民族"的立场思考问题的思维方式是近代的事情。在苏格拉底即将赴刑的时候,西米亚斯问苏格拉底:"我们现在该上哪儿去找到一名懂得这些咒语的巫师,因为你就要离开我们了?"苏格拉底回答:"希腊是一个很大的国家","一定有很多好人,外族人(即其他民族——引者注)中间也有许多好人。你们必须彻底搜查,把这样的巫师找出来,不要害怕花冤枉钱,也不要怕麻烦,把钱花在这个方面比花在其他方面要适宜得多。"③ 这段对话说明,古希腊已存在初步的民族意识;不仅如此,充满智慧的希腊人对不同的民族还有着一种包容的精神。

"民族文学"一词,在 19 世纪已经被法国学派广泛地使用。梵·第根关于本国文学、国际文学、比较文学和一般文学的那段论述,干永昌时隔近半个世纪后对戴望舒的译文作过如是的调整:"如果'国际文学史'也并不同样可以合用于比较文学,那么用这几个字倒也不错——虽则还是很空泛。我们可以这样地把这三种学问区分开来,而同时从同一个领域中给它们各举一例:甲、'国别文学':《新爱洛绮思》在 18 世纪法国小说中的位置。乙、'国际文学':a. '比较文学':理查逊对于小说家卢梭的影响;b. '总体文学':在理查逊和卢梭影响之下的欧洲言

① 伊格尔顿说:"它是大约 18 世纪末的发明。"见伊格尔顿《二十世纪西方文学理论》,伍晓明译,北京大学出版社 2007 年版,第 17 页。

② [美]韦勒克:《比较文学的定义与性质》,黄源深译,干永昌等选编《比较文学研究译文集》,上海译文出版社 1985 年版,第 138 页。

③ 转引自柏拉图《斐多篇》,王晓朝译,《柏拉图全集》(第 1 卷),人民出版社 2002 年版,第 80 页。

情小说。"① 试比较一下干永昌对戴望舒"旧译"的"改动"②，比较明显，干永昌按照当下约定俗成的译法除将"李却德生"改为"理查逊"，"卢骚"改为"卢梭"外，还将 Littérature nationale 的译文"本国文学"改为"国别文学"，将 Littérature générale 的译文"一般文学"改为"总体文学"。关于 Littérature nationale 一词，对法国学派颇有研究的学者吕超、孟昭毅认为，它除可译为"本国文学"、"国别文学"外，"据原文也可翻译为'民族文学'"③。

与 Littérature nationale 的歧译有些类似的是，韦勒克、沃伦版《文学理论》中的 national literature，周纯翻译为"国别文学"④，刘象愚则翻译为"民族文学"⑤。造成这种歧译的原因，大抵与 nation 一词既具有"国家"的含义，又具有"民族"的含义有关。其实，nation 一词来源于拉丁文 natio，拉丁文 natio 原初的含义是"出生地"的意思，后来才引申出"民族"和"国家"两个意思。形成 natio 同时具有"民族"和"国家"双重内涵的原因，大抵与欧洲社会一个有着共同区域、语言、习俗、文化心理的民族就是一个有着一定独立政府组织结构的实体国家，"民族"和"国家"的所指几乎完全一致，"民族"和"国家"不过是一个稳定政治实体的不同能指有密切的关联。所以，法语中的 Littérature nationale，英语中的 national literature，既可以翻译成"本国文学"、"国别文学"，也可以翻译成"民族文学"。

而在中国，在汉语中，"民族是民族，国族是国族，这两者是不容混

① ［法］保罗·梵·第根：《比较文学论》，戴望舒译，干永昌等选编《比较文学研究译文集》，上海译文出版社 1985 年版，第 68 页。

② 干永昌等选编：《比较文学研究译文集》，上海译文出版社 1985 年版，第 74 页。

③ 乐黛云、陈惇主编：《中外比较文学名著导读》，浙江大学出版社 2006 年版，第 293 页。

④ ［美］韦勒克、沃伦：《总体文学、比较文学、国别文学》，周纯译，干永昌等选编《比较文学研究译文集》，上海译文出版社 1985 年版，第 175 页。

⑤ ［美］勒内·韦勒克、奥斯汀·沃伦：《文学理论》，刘象愚等译，江苏教育出版社 2005 年版，第 40 页。

淆的"①。从目前已经掌握的文献来看，"民族"一词在中国古代典籍中尽管出现的频率不高，但它作为一个规整的词汇产生于西晋永嘉元年，即公元 307 年。北京市文物工作队 1965 年在北京西郊发掘一座墓葬，其墓主人是幽州刺史王浚的夫人华芳。墓志有言："夫人华氏，平原高唐人也。其民族繁茂，中外隆盛，列爵显号，已具之铭表。"② 落款"永嘉元年四月十九日己亥造"。后来，南朝道士顾欢（顾欢卒于齐永明年间，即 483—493 年）的《夷夏论》云："今诸华士女，民族弗革，而露首偏踞，乱用夷礼，云于翦落之徒，全是胡人，国有旧风，法不可变。"③ 唐代李筌的《神机制敌太白阴经·序》（撰于唐乾元二年，即 759 年）亦云："夫心术者，上尊三皇，成五帝。贤人得之以霸四海，王九洲；智人得之以守封疆，挫强敌；愚人得之以倾宗社，灭民族。"④ 概括起来，"民族"在中国古代汉语中，是一个与"皇族"相对应的语词，大抵是"平民家族"的意思。

时序近代，德国来华传教士郭实腊等人主编的《东西洋考每月统记传》道光十七年（1837）九月刊之《约书亚降迦南国》篇言"昔以色列民族如行陆路渡约耳但河也"，给中国古汉语"民族"一词注入了西方现代民族观念的元素。⑤ "民族"一词的现代含义缓慢地为东方学者所接受。晚清文人王韬在《洋务在用其所长》（1874）一文中言："夫我中国乃天下至大之国也，幅员辽阔，民族殷繁，物产饶富，苟能一旦奋发自雄，其坐致富强，天下当莫与颉颃。"⑥ 王韬在这里使用的"民族"概念已经不是"平

① 吕思勉：《中华民族源流史》，九州出版社 2009 年版，第 7 页。
② 北京市文物工作队：《北京西郊西晋王浚妻华芳墓清理简报》，《文物》1965 年第 12 期。
③ （梁）萧子显：《南齐书》，中华书局 1972 年版，第 934 页。
④ （唐）李筌：《神机制敌太白阴经·序》，《神机制敌太白阴经》，清咸丰四年（1854）长恩书室丛书本，第 1 页。
⑤ 参见方维规《论近代思想史上的"民族"、"Nation"与"中国"》，《二十一世纪》（香港）2002 年 4 月号。
⑥ 王韬：《弢园文录外编》，中华书局 1959 年版，第 83 页。

民家族"的意思，而是一个超越"族群"层面的范畴。有学者考证：日本人久米邦武1878年首次将"民族"概念引入日文，言"在地球上形成各种国家，有种种民族居住"；井上哲次郎1891年撰写《敕语衍意》，首次使用"日本民族"；穗绩八束1897年撰写《国民教育：爱国心》，首次使用"大和民族"①。其时的"民族"概念大抵是指有着共同区域、语言、习俗和文化心理的群体。后来，梁启超在《论中国学术思想变迁之大势》中说："齐，海国也。上古时代，我中华民族之有海思想者厥惟齐。故于其间产生出两种观念焉：一曰国家观，二曰世界观。"②梁启超在这里首次使用"中华民族"概念指称中国领土上的所有民族，其内涵已经大于一般意义上的"民族"概念，其实质完全可以等同于"中国"的国家概念。由此推断，今当在中国范围言"国别文学"，是指一个实体国家的文学，是指中国文学，是指中华民族大民族概念之下的文学；而"民族文学"则是指中国56个民族的文学。一个有意思的现象是，当下中国的"民族文学"，不是指56个民族的文学，而是指55个少数民族的文学，"民族文学"只能相当于"少数民族文学"。关于类似的问题，杨圣敏无不感叹地说："一个将占中国人口90％以上的汉族剥离出去的民族学，也很难对少数民族社会和文化有很全面和深入的理解。"③

不管中西方社会对"民族文学"的认知有着怎样的不同，韦勒克关于民族文学的论述是可以为我们研究民族文学所借鉴的，因为研究一个群体文学的内部结构和外部关联的规律是一致的。开展民族文学的研究，还牵涉到一个非常具体的问题，即某一文学作品、某一作家、某一作家群体在总体文学中究竟隶属于哪一个民族的文学的族属问题。叶芝、乔伊斯，哥

① 郝明远：《中文"民族"一词源流考辨》，《民族研究》2004年第6期。
② 梁启超：《论中国学术思想变迁之大势》，上海古籍出版社2006年版，第23页。
③ 杨圣敏：《当前民族学人类学研究中的几个问题》，苏发祥主编《中国民族学论坛》（第1辑），学苑出版社2013年版，第9页。

尔斯密、斯恩特、谢立丹都出生在爱尔兰，为什么叶芝、乔伊斯属于爱尔兰文学，而哥尔斯密、斯恩特、谢立丹不属于爱尔兰文学而属于英国文学？比利时通用的语言是荷兰语、法语和德语，瑞士通用的语言是德语、法语、意大利语和罗曼语，奥地利通用的语言是德语，在这个世界上究竟有没有独立的比利时文学、瑞士文学、奥地利文学？1607 年，英国人在北美建立第一个定居点——詹姆士镇；1776 年 7 月 4 日，北美来自英国的移民颁布《独立宣言》，宣布脱离英国的统治，成为一个独立的实体国家——美国。那么，在美国撰写的文学作品从什么时候开始不再是英国殖民地文学，而是独立的美国文学呢？韦勒克认为："像这种问题就需要作出回答。"① 怎样回答这些问题，怎样确定一种文学的民族归属？韦勒克设置了这样几条标准："政治上的独立"、"作家本身的民族意识"、"民族题材和具有地方色彩"、"明确的民族文学风格"。尽管韦勒克没有旗帜鲜明地说要用哪条标准来确定某一文学现象属于哪一个民族，但他的字里行间还是隐含着不能"仅仅根据政治上的独立这个事实"。韦勒克指出："只有当我们对这些问题作出了明确的回答时，我们才能写出不单单是从地理上或语言上区分的各民族文学史，才能确切地分析出每一个民族文学是怎样成为欧洲传统的一部分的。……能够描写这种传统或那种传统的确切贡献就等于懂得许多在全部文学史上值得懂得的东西。"② 韦勒克就是这样把文学的族属问题以及由族属问题引发的民族元素、文学传统视作了文学史写作的基准和关键。

　　一种文学应该属于哪个民族的文学，反之，一个民族的文学应该包含哪些作家的作品，这也是一个一直困扰中国民族文学研究者的问题。单超说："既然少数民族文学和一切文学一样，都是社会生活的反映，就可以

---

　　① ［美］勒内·韦勒克、奥斯汀·沃伦：《文学理论》，刘象愚等译，江苏教育出版社 2005 年版，第 48 页。

　　② 同上书，第 49 页。

说，凡反映了某一民族生活的作品，不管是出身于什么民族，使用何种文字，采用什么体裁，都应该是某民族的文学。"① 是为民族文学"作品题材决定论"。玛拉沁夫则说："少数民族文学，顾名思义，是少数民族人民创作的文学。由此我们得出这样一点理解，即作者的族别（作者是少数民族出身）是我们确定少数民族文学的基本依据。"② 何联华也主张，要"以作家的民族出身作为划分民族文学归属的主要标准"。他认为："凡是少数民族出身的作家所创作的作品，就将其归属到少数民族文学（亦即'民族文学'）的范畴。"③ 是为民族文学"作家身份决定论"。玛拉沁夫、何联华明确反对单超"作品题材决定论"的看法。何联华说："这种将'反映了某一民族生活'作为划分作品民族归属的唯一标准的看法，显然是不妥当的。"④ 他们以莎士比亚为例，认为莎士比亚的作品很多是取材于丹麦和意大利，如《哈姆雷特》、《威尼斯商人》、《罗米欧与朱丽叶》、《奥赛罗》，但这些作品是英国文学而不是丹麦文学和意大利文学。在"题材论"和"身份论"的基础上，王炜烨对民族文学进行了"拓深"和"扩展"。他说：民族文学"所指的就是少数民族作家和少数民族文学题材的作品"⑤。显然，王炜烨的观点是"作品题材决定论"和"作家身份决定论"的综合。是为民族文学"题材—身份综合论"。近期，杨彬对民族文学概念也进行了一定的界定。杨彬说："少数民族文学，应该是少数民族作家创作的具有少数民族意识和少数民族特质的作品。"⑥

究竟应该如何定义民族文学？民族文学究竟应该有多大的域场？结合

① 单超：《略论民族文学及其归属问题》，《中央民族学院学报》1983 年第 2 期。

② 玛拉沁夫：《中国新文艺大系（1976—1982）少数民族文学集》，玛拉沁夫、吉狄马加主编《中国少数民族文学经典文库·理论评论卷》，云南人民出版社 1999 年版，第 30 页。

③ 何联华：《民族文学的腾飞——中国少数民族文学史论丛》（上），四川民族出版社 1996 年版，第 13 页。

④ 同上书，第 9 页。

⑤ 王炜烨：《拓深与扩展：少数民族文学评论对策》，《内蒙古社会科学》1997 年第 2 期。

⑥ 杨彬：《少数民族文学入史现状及入史策略》，《湖北大学学报》2013 年第 3 期。

韦勒克判断民族文学的标准和我国少数民族文学的具体情况，我们认为，民族文学有狭义和广义之分。狭义的民族文学是指少数民族作家创作的反映作家本民族生活的含有作家本民族价值观念和审美情趣的文学。这种文学无论作家是用本民族语言写作还是用他民族语言写作都能彰显作家所属民族的文学精神，是民族文学的"标本"，是民族文学研究的主要对象，是民族文学史写作的核心内容。广义的民族文学是指一切包含有民族题材、民族风格、民族意识和民族审美特质的文学，它包括少数民族作家用本民族语言书写他民族的生活，用他民族的语言书写第三民族的生活，汉族作家用汉语书写少数民族的生活等几种形态。广义的民族文学以狭义的民族文学为核心，是对狭义民族文学的扩展，也包含着丰富的民族文学元素，也应该纳入民族文学研究和民族文学史写作的范围。吴子林说："面对生活世界的大是大非，文学作品在'元政治'的层面通过审美与伦理的统一拥有了一种艺术的张力。"[1] 广义的民族文学作品所包含的文学交流事实，还隐含着不同民族之间"元政治"的相互体认，为民族文学的研究与文学史写作提供了另外一种话语与阐释的空间。

三 民族文学也有其明显的狭隘性

韦勒克如此看重文学的族属问题、文学的民族情愫、民族文学的审美传统，这与韦勒克的身世和经历不无关系。韦勒克1903年8月22日出生于奥地利的维也纳，父亲勃洛尼斯拉夫·韦勒克祖籍捷克，母亲加波莉尔出生于一个有着波兰血统的西普鲁士贵族家庭，外祖母是瑞士新教徒。"他就是在这样一个充溢着多元化语言、审美与宗教气氛的家庭氛围中逐渐成长起来的。"[2] 他幼年学习德语、捷克语、拉丁语和希腊语，后来又研

---

① 吴子林：《"样板戏"再评价》，陈国恩、王德威主编《武大·哈佛"现当代中国文学史书写的反思与重构"国际高端学术论坛论文集》，中国社会科学出版社2014年版，第553页。

② 胡燕春：《比较文学视域中的雷勒·韦勒克》，社会科学文献出版社2007年版，第10页。

习英语、法语和意大利语，阅读过大量不同语种的经典文献和文学作品。奥匈帝国垮台后，他随父亲迁往捷克的布拉格；1922 年进入查理大学学习，师从布拉格语言学派奠基人马蒂修斯研究英国文学，之后获得博士学位。为了研究英国文学，他三次游历英国；1927 年由牛津大学推荐获得国际教育研究所资助，赴美国普林斯顿大学学习；1930 年回查理大学任教，参加布拉格语言学派的研究活动，受到俄国形式主义和捷克结构主义语言学派的影响。

此后，他先后执教于英国伦敦大学，美国衣阿华州立大学和耶鲁大学。1945 年在美国马萨诸塞州开始与沃伦合作，研究商讨《文学理论》的提纲和主要内容。这样一位有着捷克、波兰、德意志和瑞士血统，懂得德语、捷克语、拉丁语、希腊语、英语、法语和意大利语，游历过奥地利、捷克、英国和美国的文学研究者，韦勒克很自然会对文学创作与文学理论中的民族元素有一种特殊的敏感，会把文学的文学性和民族性有机地结合起来开展他的研究，会把民族性作为他研究文学的一个突出的视角。

文学的主题、手法、形式和类型是有着国际共性的文学问题。即便诗歌的格律与不同民族的语言黏合在一起，它也具有国际化的特性。这些有着国际共性的文学问题，虽然产生于远古的年代，但它们在后来漫长的岁月中，在不同的民族中，却有着不同的呈现。比如，文艺复兴时期的风格传播到了乌克兰，却没有传播到俄罗斯、波西米亚；巴罗克艺术风格几乎传遍了欧洲东部，但没有渗透到俄罗斯。

17 至 18 世纪，欧洲社会经历着一场启蒙运动，而巴罗克艺术风格在欧洲东部却持续到 18 世纪末期。韦勒克对这些文学风尚在欧洲不同民族中运动的脉象，真可谓把握得相当精准。因此，他断言："如果我们必须断定同一种语言的文学都是不同的民族文学（像美国文学和现代爱尔兰文学就肯定是那样），那么，'民族的界限'问题就显得特别复杂了。"① 假如韦勒克对民族文化、民族语言、民族文学、民族情感不是有着独到的领悟，对世界文学特别是欧洲文学没有深切的洞悉，很难想象他能作出如此入木三分、切中肯綮的结论。

韦勒克在充分肯定民族文学在总体文学、世界文学中的地位和作用的同时，也十分明确地指出了民族文学自身的问题和不足。他在《文学理论》中彰明较著地说："自成一体的民族文学这个概念有明显的谬误。"②。他批评一些人，由于受民族主义情绪的影响，研究民族文学带有"日益狭隘的地方性观点"③ 他倡导，我们研究民族文学要"抑止乡土和地方感情"④。

韦勒克对民族文学狭隘性的批判不仅存在于他和沃伦合著的《文学理论》中，还存在于他的其他论述中。他在《比较文学的危机》（1958）一文中说："比较文学的兴起是对 19 世纪学术界的狭隘民族主义的反动，是对法、德、意、英等国很多文学史家的孤立主义所表示的异议。"⑤ 他无不惋惜地列举路易斯·贝兹、巴登斯贝格、欧内斯特·罗伯特·科修斯、阿托罗·法里纳利等文化（文学）人，说他们的两国之间的中间人和调停者的真诚的愿望被"当时当地狂热的民族主义所淹没和歪曲"⑥。他在《二十世纪西方文学批评》（1962）一文中说："人们也不会不注意到根深蒂固和不可克服的民族特征：无论西方思想的范围如何广泛，从苏联到美国，从西班牙到斯堪的纳维亚，存在着相反的倾向，而每个民族都顽固地保留着各自的文学批评传统。"⑦ 他在《比较文学的定义与实质》（1968）一文中

---

① ［美］勒内·韦勒克、奥斯汀·沃伦：《文学理论》，刘象愚等译，江苏教育出版社 2005 年版，第 48 页。

② 同上书，第 44 页。

③ 同上书，第 45 页。

④ 同上书，第 46 页。

⑤ ［美］勒内·韦勒克：《比较文学的危机》，黄源深译，干永昌等选编《比较文学研究译文集》，上海译文出版社 1985 年版，第 127 页。

⑥ 同上。

⑦ ［美］韦勒克：《二十世纪西方文学批评》，程介未译，伍蠡甫、胡经之主编《西方文艺理论名著选编》（下卷），北京大学出版社 1987 年版，第 664 页。

也说:"在这些研究中关于文学的所有概念都是外在的,并且常常被狭隘的种族主义所破坏,在思想领域里被文化资源的计算、借贷双方的统计所破坏。"① 韦勒克还曾借用他人的口吻作过如是的自我评价:"一位评论我的人说得中肯,我对比较文学公认的方法论提出异议——反对研究内容上的人为的划分;反对渊源和影响的机械主义概念;反对文化民族主义的动机——发端于本世纪二十年代的欧洲。"②

针对韦勒克对民族文学狭隘性的批判,学术界,特别是苏联的学术界,也提出过不少反批判的意见。苏联 1960 年在莫斯科召开比较文学会议,萨马林、聂乌帕科耶娃和巴甫洛娃在会上无一不谴责韦勒克的观点。聂乌帕科耶娃 1962 年在于布达佩斯召开的东欧国家比较文学讨论会上再次指摘韦勒克把文学"非民族化",并且把韦勒克的民族文学观与汤因比的历史哲学观联系起来。聂乌帕科耶娃说:"他把法国比较文学的研究方法称为一潭死水,他还提出摆脱这一危机的两条出路。其一,是克服'狭隘的民族主义'和文学研究的社会学方法,并用一种'普遍的观点'来替代它,按照这种观点,艺术作品将被视作'普遍的人'、'任何地方、任何时候,以千差万别的形式出现的人……'某种'普遍的'本质的表现。其二,为了达到比较文学研究的上述目的,提出一种艺术作品'本身'的狭隘的形式主义的分析方法。不难看出,摆在我们面前的是解决文学研究的任务所采取的唯心主义观点的两个方面:把民族性溶合于普遍性的世界主义和露骨的形式主义。"③ 解冻之后的苏联文学界就是这样将美国学派斥为"没有发现真理之光的可怜的迷途羊",对韦勒克冠以"世界主义"和"形

---

① [美] 韦勒克:《比较文学的定义与实质》,乐黛云等主编《中外比较文学名著导读》,浙江大学出版社 2006 年版,第 366 页。

② [美] 韦勒克:《今日之比较文学》,黄源深译,干永昌等选编《比较文学研究译文集》,上海译文出版社 1985 年版,第 160 页。

③ [俄] 聂乌帕科耶娃:《美国比较文学的方法论及其与反动社会学和反动美学的联系》,童宪刚译,干永昌等选编《比较文学研究译文集》,上海译文出版社 1985 年版,第 346 页。

式主义"的罪名。当然,批判韦勒克的不是只有苏联学者,美国韦斯理安大学的哈森就把韦勒克等人视为"抱残守缺的人"、"前一时代的遗老"[①]。但是,为韦勒克辨正名分和说公道话的也大有人在。巴黎大学的艾金伯勒认为韦勒克不是汤因比的追随者。波兰学者贾尼恩认为韦勒克并未"非民族化",并未排斥一切历史。德国学者克劳斯即使曾经一度批判过韦勒克的学术观点,批判过韦勒克所办的刊物,但他也公然承认韦勒克及其他美国比较文学研究者是潜心于国与国、民族与民族之间的"和解"[②]。

对民族文学中的狭隘的民族主义情绪的警惕与批判不是自韦勒克始,在韦勒克之前歌德就批评民族文学常常"把自己封闭起来"[③],马克思也指陈民族文学存在"片面性和局限性"[④],只不过是韦勒克说得直白一些罢了。如前所述,拉丁文 natio 一词同时兼有"民族"和"国家"双重含义。因而,在一些具体问题上,孰是"民族"的,孰是"国家"的,常常缠夹不清,于是形成了"民族国家"大一统的政治学范式。而事实上,就全球范围而言,"民族"与"国家"无非构成以下三种关系。其一是单一民族的国家,如大和民族之于日本,犹太民族之于以色列,京族之于越南等。当下,随着国际交往的频繁与加速,一个民族的公民加入另外一个民族国家,甚至一个民族的公民与另一个民族的公民通婚生产出跨民族的第二代之类的事时有发生,因此,一个国家只有一个民族的可能性几乎不会存在。所以,有学者将"一个国家内部同一族裔成员数量在 94% 以

---

① 转引自韦勒克《今日之比较文学》,黄源深译,干永昌等选编《比较文学研究译文集》,上海译文出版社 1985 年版,第 168 页。

② 同上书,第 167 页。

③ [德] 歌德:《关于"世界文学"的重要论述》,范大灿译,《歌德文集》(第 10 卷),人民文学出版社 1999 年版,第 411 页。

④ [德] 马克思、恩格斯:《共产党宣言》,《马克思恩格斯选集》(第 1 卷),人民出版社 1995 年版,第 278 页。

上"的国家命名为"族裔同质国家",将与之对应的国家命名为"族裔异质国家"①。其二是多民族的国家,如中国有56个民族,俄罗斯有150多个民族等。全世界80%以上的国家是多民族国家。其三是一个民族分散于不同的国家,如高丽民族之于当下的朝鲜和韩国,斯拉夫民族之于当下的俄罗斯、乌克兰、波兰、保加利亚、捷克、斯洛伐克、塞尔维亚等国。

形成这种民族—国家关系的格局有其民族生存的历史原因。诚如康德所说:"有时其结果就是国家的分裂,变成更小的国家,而有时其结果就是一个国家并吞小的国家而企图建成一个较大的整体。"② 一些人口较少,军事、经济、文化实力相对薄弱的民族,常常被由一个或几个民族组建的政权所征服;一些人口较多,军事、经济、文化实力相对强大的民族,他们组建的政权常常兼并若干个弱小民族;一些人口较少,军事、经济、文化实力相对独立的民族,或者因为它们所处生存空间的独特性,往往独立地组建一个政权,成为一个独立的国家;一些人口较多,民族成分相对复杂的民族,往往因为其内部不同族群利益的驱使而肢解成若干个国家。如果对一个国家之内的民族作进一步的划分,不难发现,一个民族之内还存在若干个支系;如果对其中的某一支系作更精细的划分,那就有可能触及以血缘关系为基础的"族群"。据民族学家统计,目前世界上有4000—5000个族群,5000多种语言。③ 以俄罗斯民族为例,他们是斯拉夫民族之内的一个支系民族;同时,在俄罗斯民族之内还包含不少相对较小的民族,如哥萨克族、车臣族等,而且这些民族以民族为单位成立了若干加盟共和国。我们可以把斯拉夫人视为一个民族,也可以把俄罗斯人视为一个

---

① 李占荣、唐勇:《论主权民族在"族裔异质国家"的构建》,《中南民族大学学报》2014年第6期。

② [德]康德:《判断力批判》(下册),韦卓民译,商务印书馆1964年版,第97页。

③ [俄]季什科夫:《俄罗斯民族文化的多样性》,苏发祥主编《中国民族学论坛》(第1辑),学苑出版社2013年版,第84页。

民族，还可以把车臣人、哥萨克人视为一个民族。就识别一个民族的标准而言，俄罗斯学者尼基什科夫认为"民族是在国家层面上人们的聚合体"[①]，不一定与血缘有关；而孙中山在特定历史时期撰写的《三民主义》认为，造成民族"最大的力是血统"[②]。如此看来，"民族"是一个游离的范畴。

既然"民族"是一个游离的范畴，"民族"一词的内涵随着历史的发展而不断变化，那么，要想形成一个统一的民族文学观念也是极其困难的。一般而言，"民族文学"与国别文学的关系存在三种不同的形式：其一是融入在某一国别文学之中的民族文学，如中国 55 个少数民族的文学、俄罗斯的哥萨克族文学、新西兰的毛利族文学；其二是等同于某一国别文学的民族文学，如大和民族文学之于日本文学、德意志民族文学之于德国文学、法兰西民族文学之于法国文学；其三是包容着诸多民族文学的泛民族文学，如中华民族文学、俄罗斯民族文学、美利坚民族文学等。民族学家吕思勉说："文学是民族的灵魂。"[③] 一个民族的文学常常蕴含着一个民族的情感、风俗和个性。韦勒克认为："没有任何一个民族愿意放弃其个性"，因此，我们也不要指望"各个民族文学之间的差异消失"[④]。

然而，如果我们过分地站在本民族的立场上去思考问题，将这种思考问题的方式灌注到处理民族事务的工作中，将这种思考问题的情绪宣泄到描写民族生活的作品中，那么，我们也极有可能走向片面、走到极端，以至于煽动起民族情绪，制造出民族矛盾和社会动荡。关于苏联的解体，学术界一般认为有这样四个原因：第一，中央集权力量的减弱；第二，政权

---

① ［俄］尼基什科夫：《俄罗斯民族学发展历程》，乔小河译，苏发祥主编《中国民族学论坛》（第 1 辑），学苑出版社 2013 年版，第 78 页。

② 孙中山：《三民主义》，《孙中山选集》，人民出版社 1956 年版，第 619 页。

③ 吕思勉：《中华民族源流史》，九州出版社 2009 年版，第 7 页。

④ ［美］勒内·韦勒克、奥斯汀·沃伦：《文学理论》，刘象愚等译，江苏教育出版社 2005 年版，第 43 页。

内部的斗争；第三，民族分离主义的产生；第四，外部势力的干预。① 他们把苏联民族分离主义的产生归咎于"叶利钦上台后推动的俄罗斯民族主义运动"："在这个背景下，各个少数民族为自己打算的行动是一种回应。"② 笔者以为，解体之前的苏联早就埋下了国家分裂的祸根：其一，苏联的民族联邦体制给国外势力在苏联制造国家分裂，国内反政府主义者掀起民族分裂浪潮留下了可以乘虚而入的缝隙；其二，苏联将少数民族、少数族裔视为无产阶级的一部分，对少数民族、少数族裔的民间故事、文学作品中的民族特性作过度的诠释，潜滋暗长了少数民族、少数族裔狭隘的民族主义情绪，为后来日益高涨的民族分裂运动制造了不大不小的温床。韦勒克正是对这种民族文学中的狭隘的民族情绪持严肃的批判态度。我们研究民族文学应该清醒地意识到，民族情绪既是维护民族团结推动人类进步的良药，也是破坏民族团结制造社会动荡的毒瘤。

---

① ［俄］季什科夫：《俄罗斯民族文化的多样性》，苏发祥主编《中国民族学论坛》（第1辑），学苑出版社 2013 年版，第 86 页。

② ［加拿大］沙伯力：《关于中国民族政策的新争论》，严海蓉译，苏发祥主编《中国民族学论坛》（第1辑），学苑出版社 2013 年版，第 15 页。

新世纪台湾原住民文学的发展

古远清

（中南财经政法大学 台港文学所）

摘要：如果说，20世纪80年代的台湾原住民族文化振兴运动重点是"还我土地"、"还我姓氏"，那到了21世纪，则进一步深化到"还我话语权力"、"还我书写主体"。这阶段原住民文学创作特色是：不再是由汉族作家代言，而是由土生土长的原住民作家用独特的族群发声，摆脱了以往"代言"的被动局面。浦忠成的专著《台湾原住民族文学史纲》，则是21世纪台湾原住民文学研究最重要的收获。

所谓原住民，是六千年至一千年前先后来到台湾定居的南岛民族，其中最重要的是高山族，包括泰雅、赛夏、布农、曹族、排湾、鲁凯、卑南、阿美、雅美九个民族，是中国多民族大家庭的有机组成部分。

一 打造原住民文学的舞台

原住民族文学受到重视是在20世纪80年代：1983年创办了《高山青》杂志，1984年原住民权力委员会成立，1987年提出17条《台湾原住民族权力宣言》，1994年"原住民"一词正式载入"宪法"。从日据时代到光复后国民党接收台湾，原住民均受到排挤。正是这种社会现实的压迫，催生了第一批以笔做武器反抗当局歧视原住民的作家。虽然迟至1988年原住民现代汉语文学才进入"主体建构时期"，但随着原住民运动的展开，毕竟有原住民文学作品的出版、原住民文学奖的设置以及原住民媒体的出现，大专院校也紧紧跟上开设了原住民文学课程。这些措施说明原住民的历史文化地位不再被埋没，而原住民文学独特的形式与风格，在汉语文学之外形成另一景观，其中莫那能诗集《美丽的稻穗》、夏曼·蓝波安《冷海情深》的经典重刊，是一种漂亮的展示。吴锦发选编出版的第一本山地小说集《悲情的山林》，则标志着原住民生活已由过去被汉族作家所书写到发展为原住民自己"书写的主体"。到21世纪降临的第三年，第一套原住民文学选集《台湾原住民族汉语文学选集》问世，使台湾原住民文学进入新的历史阶段。

正是在原住民与汉民族的互动中，调剂了整体文化、丰富了台湾文学的内容，为台湾文学研究家提供了新的驰骋领域。这是一块瑰奇动人又亟待开垦的处女地。21世纪原住民文学创作在开垦这片处女地时，解构了汉人中心论及充满意识形态偏见的文学史叙述。原住民文学不再是由汉族作家代言，而是由土生土长的原住民作家用独特的族群发声，摆脱了以往"代言"的被动局面。在这方面，老一代的汉语书写者达悟族的夏曼·蓝波安新作《老海人》，极具代表性。在自序中，作者回顾了成长过程中"野蛮"与"文明"的冲突，其中亲人希望他不要拥抱台湾的"文明"，尤其是不要认同他们，而学校老师和教会神父则希望他由"野蛮"转向"文明"。这两种愿望均未实现，原因是带有原始性的"野蛮"与现代性的"文明"属不同的层次，是两种不同的境界，夹在中间的夏曼·蓝波安无法判断哪个对哪个错。于是他"给自己寻找一个宁静的空间，在海上欣赏天空的眼睛……用达悟族的视野思考月亮的出没"。就这样，夏曼·蓝波安在"野蛮"与"文明"，在陆地与海洋，还有中心与边陲中寻求"宁静"之所在,"试图在'老海人'的身影中,萃取'宁静'的境界"①。

在艺术技巧上,《老海人》节奏缓慢。夏曼·蓝波安用悠然的语速讲述故事,去描述被边缘化的野蛮人或文明人的命运。作品很少用华丽的辞藻,用质朴的语言表现部落生活,去建构生命史,去体现民族的坚强意志。

原住民文学之所以能成为台湾文学一朵鲜艳的花,在于它反映了不同于汉族的生活,在艺术上,则有不同汉族作家的表现手法。

具体来说,原住民作家的作品,多写原始森林的辽阔、大海洋的汹涌澎湃,和赖于生存的狩猎生活。在原住民作家笔下,大自然神奇中带点狰狞,富于野性的同时又显得浑朴。汉族文学所写的高楼大厦和闪烁的霓虹灯,在他们笔下甚少出现。后现代作品所充斥的人欲横流,在原住民作家笔下被庶民生活所取代。原住民作家喜欢拥抱大自然,其中有不少荒山历险和原始森林中的奇遇,还有人神的感通。与现代主义作品写人的孤独、颓废,以及人与人之间的疏离,大异其趣。此外,原住民作家很少使用魔幻手法,多用有真意、去粉饰的白描手法。卑族作家巴代在 2009 年出版的作品,则充满了"巫术"因素,如《槟榔·陶珠·小女巫:斯卡罗人》作者用文学想象的彩笔描写巫术文化,是一篇不可多得的历史小说。

原住民文学离不开神话传说,2003 年由孙大川主编、供少年中英对照阅读《台湾原住民之神话与传说》系列共 10 册,便为广大读者提供了丰富的精神食粮。在 21 世纪除神话传说外,更多表现为集体记忆,如谢永泉的《追浪的老人:达悟老者夏本·树榕的生命史》,它通过"我说书写"的自

---

① 黄玲华编:《21 世纪台湾原住民文学》,(台北)台湾原住民文教基金会 1999 年版,第 37 页。

传性质即写父亲及自己的经历，在西方基督信仰与传统文化身份之间找出平衡点。巴代的《走过——一个台籍原住民老兵的故事》，写陈清山即大巴六九部落族人屈纳诗在第二次世界大战时，被骗奔赴前线参加国军向共产党作战，后成了俘虏，再变为解放军干部，在大陆成家立业后又回台湾。陈清山的经历，使人联想到龙应台《大江大海一九四九》中的主角，"巴代以第一人称叙事，揣摩当事人心境，将真实故事改编呈现，提供同一历史人物的原住民书写观点"，不妨看作是原住民版的《大江大海一九四九》。这部作品正如刘智睿所说："是巴代近年来《笛鹳：大巴六九部落之大正年间》写史实格局叙事的延续，如同《自序：跟随走过这一回》所说：此书试图'具象台湾原住民族不可避免的陷入时代的纷乱，在异乡乱世中如何自处的调适与挣扎'。"① 这样的作品，还有记录 20 世纪 70—90 年代台湾社会巨变下一位原住民生命历程的《一个台湾原住民的经历》。此作品由莫那能口述、刘孟宜整理。口述者的个人的遭遇及其从觉醒到挫折的历程，是台湾原住民族整体的缩影。

2009 年 7 月，由卑南族学者孙大川出任文学组织筹备处召集人的"台湾原住民文学作家笔会"正式成立，这是原住民文学史上的一件大事。此会成立的宗旨和目的为：

> 介入书写是这 20 年来台湾原住民文化最令人惊艳的发展，越来越多的原住民朋友终于能以第一人称主体身份说话，用笔来唱歌，打造原住民文学的舞台。……经过几年的酝酿，我们决定现在就筹组"台湾原住民文学作家笔会"，藉由创作、评论、研究论文等……为台湾文学注入一股异质、优越、深耕本土的文学奇脉。

---

① 浦忠成：《台湾原住民族文学概说》，（台北）台湾原住民数位博物馆 2012 年版。本节吸收了此文的研究成果。

关于此会的组织形态与会员构成，《火塘约定》中云：

> 我们绕在火塘边，想象历代族老聊天、说笑、吟诵、沟通、议事、决断之种种情形，渴望建立一个基于互信、友爱、慷慨、共享却又简单、素朴的组织，以结合台湾原住民作家、台湾原住民文学研究者以及关怀原住民文学发展之各领域伙伴，共同营造有利于台湾原住民文学永续发展的环境。称之为"火塘约定"，是因为我们相信传统部落组织的方式、共识的形成、权利义务的规范，较诸以自利为先、处处设防、密不透风的现代法治社会，更能反映人性的真实与需求。

这种观点系孙大川1993年发表的"家族相似论"理论的活学活用。[①]"笔会"的建立，为台湾文学注入了一股异质性的新鲜血液。

"台湾原住民文学作家笔会"成立时，曾有如下决定：每年出版文学选集，分创作与评论两大项，原汉族群作家、文化工作者、学者在内的成员，在选集中都是当然代表。2011年初，便首次出版了"笔会"文选，其中新诗作者有阿道·巴辣夫·冉而山、卜衮·伊斯马哈单·伊斯立端、林志兴、董恕明、沙力浪·达凯斯弗莱兰，另还有不同族群的林梵（林瑞明）、羊子乔等。其中文学新人沙力浪·达凯斯弗莱兰包括《迁村同意书》、《我在图书馆找一本酒》"在内的几首诗，展演一种透过后设语言铺陈、带着思辨力道的诗风，宣告一个与瓦历斯·诺干同样'强悍'的诗人的成熟，选集便是以他的作品命名，相信这也是所有看过选集全貌的读者都会同意的选择。"[②]

---

① 浦忠成：《台湾原住民小说写作状况的分析》，《台湾现代小说史综论》，（台北）联经出版公司1998年版。

② 巴苏亚·博伊哲努：《台湾原住民族运动与文学的启蒙》，《台湾原住民族研究季刊》第一卷第1期，春季号。

　　除"笔会"文选外，原住民文学奖得奖作品也很值得重视。还在 1995 年至 2007 年间，原住民族文化发展协会与中华汽车原住民文教基金会、《山海文化》杂志等单位举办过多次文学奖。这些奖项发掘出 Lekal、撒可努、根阿盛等当下知名作家。到了 2010 年，孙大川出任原住民族主任委员后，原先的民间文学奖转为官办。由台湾最高行政机构设立的"台湾原住民文学奖"，在于突出原住民文学的特色，改变其长期以来从属汉文学的位置。

　　如果说，20 世纪 80 年代的原住民族文化振兴运动的重点是"还我土地"、"还我姓氏"，到了 21 世纪，则"进一步深化到'还我话语权力'、'还我书写主体'，唯其不同的是，过去采取街头抗争，而今则是沉潜为'任谁也剥夺不走'的文学创作累积；这层意义比任何单一得奖作品写了什么内容都来得重大"①。《用文字酿酒：99 年台湾原住民族文学奖得奖作品集》，就是这方面最好的证明。

二　浦忠成：探讨原住民族文学发展史

　　二十年来，台湾的原住民文学研究成果丰硕，如吴家君《台湾原住民文学研究》、陈昭瑛《文学的原住民与原住民文学》的论述，吕慧珍的专著《书写部落记忆：九十年代台湾原住民小说研究》。孙大川的《夹缝中的族群建构：台湾原住民的语言、文化与政治》、《山海世界：台湾原住民心灵世界的摹写》，以及《台湾原住民族汉语学选集——评论卷》、《世纪台湾原住民文学》和《东台湾原住民民族生态学论文集》等评论集，也不可忽视。它说明原住民作家有了自己的知音。比起外族人评论原住民作品来，孙大川的评论不但不会出现"隔"的情况，而且还将建构出令人期待的原住民文学的批评史。

　　在台湾，最著名的文学史家叶石涛虽然没有原住民文学研究的专著，

---

　　① 　彭瑞金总编辑：《2008 台湾文学年鉴》，（台南）台湾文学馆 2009 年版，第 110 页。

但他从作者身份、文学审美、语言文字、意识形态和未来走向几个方面详加阐述原住民文学，很值得参考：

第一、原住民文学包括山地九族、平埔九族所写的文学，皆包括在台湾文学里面，但原住民文学不包括日本人、汉人所写的原住民题材作品。

第二、原住民文学是台湾文学里面最具特异性的文学，因为它反映了原住民特殊的文化背景、历史传统和家族观念，与汉人不同，所以原住民文学应当发扬原住民文化的特色，并应兼顾语言的特色，磨炼文学表达的技巧，提高其文学品质。

第三、原住民文学是原住民提高其族群地位、抗争手段的一部分，反映原住民所受的伤害、压迫，争取汉人的合作，以达成其目标。

第四、现阶段的原住民文学保留汉文创作有其必要，便于对外沟通，至于母语文学则需加强努力和奋斗。

第五、原住民文学是最有希望的文学，应可尝试结合全世界之弱小民族文学，站在同一阵线一起奋斗。①

无论是叶石涛还是别的学者的研究，论到原住民族的文学历史时未能由文学的源头去逐一整理、引用、转述、融汇。即使以原住民族神话传说为剖析对象、由田哲益主持的《原住民神话大系》丛书，也未以发展史观进行数据的重构。浦忠成与他们不同。这位富有雄心壮志的学者，力图整合含平埔族群在内的原住民文学史料，以呈现整体文学发展历程的脉络，这集中体现在其专著《台湾原住民族文学史纲》中。该书以文学史的概

① 刘智睿：《台湾原住民文学概述》，载李瑞腾总编辑《2009 台湾文学年鉴》，（台南）台湾文学馆 2010 年出版，第 67、69 页。

念，串起台湾原住民族各族群的重要的文学形式与内涵，即建构原住民文学从古自今发展的脉络及其相关的细节。在笔者看来，民族文学由口传文学和作家文学组成——前者为神话、传说、民间故事以及民间歌谣、祷辞等较早的表现方式，而后者为民族拥有或能运用书面语言，即文字之后所创作的文学。在口传文学的部分，"史纲"以混沌的年代、洪水肆虐时期、家族部落时期、接触的时代分期，其中《浑沌的年代》，共分六节：

第一节　史前的台湾住民

第二节　天地始现与调整

第三节　祖先起源

第四节　天象与人类的故事

第五节　黄金岁月

第六节　原住民族早期叙事文学的功能与风格

可见，浦忠成探讨原住民族文学发展的历史，没有停留在作家的文学上。他认为，神话与古老的歌谣才是原住民族文学的源头。无须追究原住民族文学与汉族的"台湾文学"究竟存在什么关系，也无须探索它究竟是文学"特区"或是"边缘"，重要的是自古以来，在不断变动的时空脉络中，它自己拥有漫长的发展历程与丰富的内涵。它能够和台湾任何族群的文学进行互动，也可以跟"第四世界"产生联结。由于牵涉的空间广大，也需要跟其有关的人群社会对话。原住民文学史的论述与建构，其假设条件在于有没有文学传统，有没有建构的主观意识，有没有建构文学史的工具即语言文字。现阶段需要处理的课题则是文献的全面整理，这里牵涉到文化属性联结与传承，文学史主体性的澄清。原住民文学史呈现的特性则表现在神话文学阶段时间的混沌，土地与文学密切联结，独有的文学母题，如本土历史文化核心呈现和捍卫生存权益。大陆学者编写少数民族文学史，通常依据汉族历史发展的脉络建立其对应的体系，而未能像浦忠成那样依据民族本身原有的历史发展意识建构民族文学的历史。本来，要建构具主体意识的民族文学史，固然不能忽视其与世界历史系统的联结，但是民族自身可能拥有或存在的历史发展逻辑或概念，必须作为依循与串联的纲目，这样民族或部落原有的文学思维与素材方能在没有违离历史文化的情境中被重新安排。①

原住民文学是台湾文学的瑰宝，其明显的特色为"多为自传式的小说，语法上常见与一般汉语语法迥异者、意象与节奏常是属于族群生活经验的凝炼、融入族群文化的精髓等"②。浦忠成充分注意原住民文学的特点，如其文字常因作家尚能掌握部分的南岛语言语法及语序，在书写过程中不经意或刻意运用该族群的词汇句法，形成特殊效果：借由此种文辞语法的错综变化，澄清族群文化之间部分确实存在的疏离与差异，而尊重族群本身原有的语言表达模式，往往会在文章内造成特殊的修辞效果。此种特殊的修辞效果，不管是站在何种评论角度阅读文本时，都能感受与汉人殊异的语言习惯、生活模式。浦忠成还指出原住民文学作品中仍难免有一些并非源于族群文化的差异，而纯粹是基本语法和修辞上的错误，可能和原住民作家对汉语表达的能力有关。因此，读者所感受到的"奇异修辞"，存在重层面向。

以往关于原住民文学的讨论，多半围绕已出版的作品展开，而忽略了 20 世纪 80 年代初期结合正名、还我土地、反雏妓等议题之原住民运动人士的文字书写。事实上这一批原住民知识分子是率先看清民族处境与外在恶质环境的先觉者，如胡德夫、夷将·拔路儿等人的书写行动，不仅对后来的原住民社会发展影响深远，也是原住民族运动冲撞保守势力的强大武

---

① 刘智睿：《台湾原住民文学概述》，载李瑞腾总编辑《2010 台湾文学年鉴》，（台南）台湾文学馆 2011 年版，第 57、59、58 页。

② 同上书，第 67、69 页。

器。浦忠成强调，这些文字充满如刀剑弹药般的力量，表达原住民族数百年来遭受压迫的特质，人们应该重新省思其文学价值与地位。[①] 这一观点，回应了吴锦发的诠释，将原运时期的原住民书写文字重新纳入文学观察范畴，除了使其再次历史化、脉络化外，更重要的是提醒大家，建构台湾原住民文学史时，不应忽视原运时期原住民书写文字对日后原住民文学的启蒙价值。[②]

总之，有了浦忠成的《台湾原住民族文学史纲》，过去始终在台湾文学史缺席或草草掠过的原住民文学，终于可以得到弥补和纠正。

---

① 刘智睿：《台湾原住民文学概述》，载李瑞腾总编辑《2010台湾文学年鉴》，（台南）台湾文学馆2011年版，第57、59、58页。

② 同上。

新中国少数民族文学总体研究的话语范型

龚举善

（中南民族大学　中南少数民族审美文化研究中心）

摘要：新中国少数民族文学总体性研究在其 60 余年的探索、聚合过程中，逐步形成一套既兼顾社会历史语境又源自民族文学本体的行之有效的话语系统，其中诸如国家意识形态、爱国主义、民族身份、民间精神、现代性等话语方式，已经凝练成为使用频率极高的话语范型。依据马克思主义唯物史观的指导对之进行逻辑梳理、类型阐释和语境分析，既是系统总结当代少数民族文学理论研究话语形态的内在规定，也是持续推进 21 世纪少数民族文学创作及其学理阐发的必然要求。

按照现在通行的解释，所谓"话语"（discourse），就是人们说出来或写出来的语言。话语方式就是说话或叙述的基本特征，通常体现为某一相对独立叙述系统中重要关键词的生成方式和表达效果。因为话语是在人与人的互动过程中生成并显现的，所以具有社会性、范式性、权威性和有效性。我们一方面强调少数民族文学研究中话语方式的重要性，同时也承认中国特别是新中国成立以来少数民族文学研究话语的客观存在性。新中国少数民族文学研究实践表明，在事关我国少数民族文学发生发展、学科转型的诸多重要概念、基本术语、基础原理和学术规范等方面，已经取得某些实质性进展。现有的少数民族文学研究成果虽然不够系统，甚至有欠深刻，但确已较为广泛地涉猎了诸如民族根性、原乡记忆、历史想象、宗教情怀、生态智慧、女性叙事、母语蕴含、双语写作、多语叙事、结构方式、文体选择、修辞技巧、语际交往、翻译策略、外来影响、文学地位、比较研究、入史观念、知识框架、批评话语、理论品格等重要层面，客观上初步形成了自身特点。当务之急，是对这些话语方式及其潜在体系进行理论提炼、宏观整合和科学定位。

刘大先在批评当代少数民族文学批评范式总体陈旧的同时，突出了重构话语体系的重要性和紧迫性。他说："当代少数民族文学批评范式的陈旧已经是有目共睹的事情，随着社会文化的发展，这种状况在逐渐得到改变，有的论者已经注意到批评的转向的问题。而问题的关键在于要有自己的话语体系。我们的批评目前最主要的有两种形式。一种可以将之命名为'教材讲义型'，这种评论贪多务得，细大不捐，对于一个作家从籍贯、生辰、文学历程的简介到重要作品的概述、评价，一应俱全却点到为止，如同一般文学史教材中对于一个作家的定位和评介。这对于了解一个作家全面的风貌固然有好处，然而总是停留于浅层次的介绍和评论，无法更进一步深入。如果仅仅满足于平淡无奇、寡然无味的表层描摹，那么我们的批评就会踟蹰不前，要被主流（汉语）文学界嘲笑为粗鄙无文。另外一种常见的批评可将之称为'文本鉴赏型'，这种批评一叶障目，不见泰山，抓住某一个文学文本作孤立的关照，罔顾它与历时的整体文学流程的关系，也无视它与平行的其他的文学文化之间可能的联系。批评家没有深入探究的欲望，也没有生发扩展的企图，只如同一个被蒙住眼睛的驴子围绕着文本的小磨打转。"① 为了总结新中国少数民族文学及其研究

---

① 刘大先：《当代少数民族文学批评：反思与重建》，《文艺理论研究》2005 年第 2 期。

的基本经验，进而为构建少数民族文学理论研究体系提供必要参照，本文试从类型学角度切入，初步归结出几类代表性的少数民族文学及其研究的宏观话语范型，以便更为清晰地观察新中国少数民族文学总体研究的核心言说方式。

一　主流意识形态与国家权力话语

尊重国家总体文学的基本话语模式，追求少数民族文学研究的自主话语方式，最终形成相对独立并行之有效的民族文学研究的话语体系，这是新中国少数民族文学总体研究价值目标的有机内涵。基于此，在新中国少数民族文学总体研究的话语方式中，国家主流意识形态话语常常被研究者们优先考虑，因而拥有无可争辩的权力地位。

支撑这种权力话语范型的核心概念主要有：国家利益、政党意识、社会主义（或后社会主义）等。

吕微的观点很有代表性。他在对当代少数民族文学史进行研究后得出结论："中国各个少数民族文学史（以下简称'民族文学史'）的当代著述在多数情况下是反映国家意识形态的政党、政府规划与反映民族自我意识的集体幻想，以及反映学者个人见解的具体写作相结合的产物。其中，国家意识形态、民族自我意识与学者个人见解所占的比重以及三者之间的结合方式在不同时期有不同的表现。造成此种差异的主要原因是国家意识形态对于学术领域的介入方式及其力度前后发生了变化，随之而来的则是民族性表达空间的扩展，以及学术作为自律性、合理化生活领域的生长。但值得注意的是，无论民族文学史自主的或半自主的生产方式在近数十年中发生了多少变化，具体由学者操作的写作过程本身却始终与国家意识形态保持了或显或隐的内在联系。这是由于，当代国家的意识形态作为一种本土化的现代性方案与民族性的现代性冲动，甚至与学者对于现代性的个人化理解在深层思想方法上的一致，也就是说，现代性的思想方法是三者共同深层规定。"① 基于此种判断，他将新中国少数民族文学研究总体地归于国家学术和现代民族国家方案之列。欧阳可惺在论及少数民族文学中的民族主义意识形态时，从另一向度印证了中华民族意识对于少数民族作家和有关研究者的深刻影响。他说："通过把少数民族文学中的民族主义意识形态表现看成是一个动态的多民族国家的社会文化建构过程的产物，力求影响、改变部分少数民族文学作家、批评家把追求简单的'纯粹'的民族主义作为自己终极价值目标的理念。而通过对这种民族主义意识形态话语的分析、梳理，可以使我们的少数族裔作家、批评者和主流文学批评者在进行关于'少数族裔性'的表达或阐释时，能够有更多的'协商'意识、'重塑'意识，从而远离与中华民族的民族主体性、国家认同发生直接碰撞的临界点，在深层次的认识理解中认同和确立中华多民族大家庭的团结、和谐。"② 显然，无论是社会主义政党意识形态、国家意识形态，还是社会主义民族意识形态，它们更多的时候在价值取向上趋向一致，并作为主流意识形态的形式左右着新中国少数民族文学及其研究方式，渗透在各种具体的少数民族文学以及文学研究的文本中。

回族学者李鸿然在总结新中国少数民族文学创作成就时，明确指出："纵观三十五年来的少数民族文学，不难发现它的性质、特点和发展线索。在当代中国的社会历史条件下产生、发展的当代少数民族文学，具有鲜明的社会主义性质，是以共产主义思想为核心的社会主义文学。从诞生之日起，它就同我国各族人民的伟大革命斗争和创造性劳动相联系，担负着为民族地区社会主义事业服务、用共产主义思想教育和鼓舞少数民族人民的崇高使命。作为中国共产党领导的社会主义事业的一个组成

---

① 吕微：《中国少数民族文学史研究：国家学术与现代民族国家方案》，《民族文学研究》2000 年第 4 期。

② 欧阳可惺：《民族主义意识形态与当代少数民族文学批评的介入理念》，《新疆大学学报》（哲学·人文社会科学版）2011 年第 3 期。

部分,当代少数民族文学三十五年来的起伏消长是同社会主义事业的起伏消长大体一致的。它在发展过程中曾出现过这样或那样的一些失误,但就其文学主流看,它的社会主义性质和方向一直没有根本性的改变。正因为这样,十年动乱中它才受到林彪、江青反革命集团那么严重的摧残。到了新时期,当我们党提出了文艺为人民服务、为社会主义服务的口号之后,少数民族文学的性质更纯正、方向更明确了。所以,随着社会主义事业的迅速发展,它也很快出现了日益繁荣的趋势。总之,始终沿着社会主义方向前进,新时期加速走向繁荣,形成了三十五年来少数民族文学发展的历史轨迹。这是我国当代多民族社会主义文学的共同特点,也是当代少数民族文学区别于历代少数民族文学的主要标志。"① 上述评价符合我国当代少数民族文学发展的实际。

刘大先不仅对社会主义国家意志之于少数民族文学的权威导向有清晰的论述,而且注意到市场经济时代"后社会主义"意识形态对于少数民族文学的显著影响。他认为,"少数民族文学"从其发生、建构和发展来看,是真正的社会主义文学的组成部分,从根本上说它本身就是社会主义革命和建设的产物。"中国文学从 1940 年代具有多种可能性的文学生态,到新中国成立后逐渐趋于一致性,'少数民族文学'正是在中国革命的社会主义历史进程中诞生。新民主主义革命到社会主义改造,不仅是政治意识形态的诉求,同时也是少数民族自觉的历史选择,在这个充满辩证的过程中,少数民族文学遗产得以继承发扬、新型作家作品得以出现,并且在'十七年'间形成了具有社会主义现实主义美学风格和少数民族独特文化意味的少数民族文学传统。重新认识这一段文学历史,可以让我们在梦想和实践、理想主义和现实语境的张力中间,找到'人民文学'这一未完成

---

① 李鸿然:《三十五年来的少数民族文学创作》,《民族文学研究》1984 年第 4 期。

的规划的历史原因，也为'文学共和'探索进一步前行的基础与动力源泉。"① 稍前，刘大先曾论述过少数民族文学社会主义性质的客观性与法理性。在他看来，新中国多民族文学的历史生成，主要基于两大原因——"一方面是在冷战格局中，团结凝聚各民族对抗敌对势力，联合盟友的需要；另一方面，也是社会主义新中国内部文化重塑与发展的需要。这两种需要得到了法理性的支撑，其前提则是社会主义的文化领导权。对于文化的重视，既是马克思主义政党以不占有生产资料的处于劣势地位的无产阶级夺取政权的利器与传统，同时，也显示出中国共产党的理想并不仅限于民族独立，而是要缔造全新的国家、人民及其文化与文学。"② 正如蔡翔所述，在建立多民族的现代国家的过程中，中华民族必须被打造为一个"政治/文化民族"，因此重述"革命历史"正是为了重新创造一个"现代神话"，在这样的创造过程中，"革命历史"不仅被浪漫化、寓言化，而且也被高度地意识形态化。这一"神话"不仅是现代的，也是"国家"的，或者说，就是一种"国家神话"。这一"神话"表现了某种民族"真理"，或者"国家"真理。而在这一"神话"的叙述过程中，不仅国家权力从中获得了自身的合法性依据，同时，它也有效地重新结构了一个民族的政治共同体。这一"神话"的现代的意识形态含义，包括它对制度的现代性想象，都在不同程度上努力结构一个政治民族，这个时候无分族别，即使是少数民族文学，也不同程度地留下了这一叙事痕迹。③

刘大先同时创造性地阐明了"后社会主义"时代少数民族文学的文化处境。所谓"后社会主义"，本质上仍然是社会主义，它是传统经典型社会主义在全球化时代的发展形态。刘大先认为，由于 20 世纪 90 年代中国

① 刘大先：《文学共和：作为社会主义文学的少数民族文学》，《民族文学研究》2014 年第 1 期。
② 刘大先：《革命中国和声与少数民族"人民"话语》，《中外文化与文论》2013 年第 2 期。
③ 参见蔡翔《革命/叙述：中国社会主义文学—文化想象》一著的相关论述，北京大学出版社 2010 年版。

市场经济的大规模转轨，在新自由主义式的文化竞争中，造成了主导性意识形态代表性的断裂，之前革命时代和新启蒙时代所具有的一体化的共识发生了破碎，各种原先从属于大传统的小传统，或者被遮蔽的边缘角色纷纷获得文化的飞地与自治。"但是，这并不代表了多元化的必然诞生，尽管从表面上观察确乎如此，但根底里资本的逻辑和消费主义是实际上的话语统治者，它们只是制造了多元的表象而已。与主导意识形态强调不纠缠于政治理论的论辩、'发展是硬道理'相映成趣的是，一些文学论者开始将 1989 年之后的中国文学称为'后新时期文学'，这种提法隐含的内在理路是：现代性依然是个未完成的规划，'后新时期'只是在形式上不同于'新时期'的走向完成现代性的发展途径中的另一个阶段。"[①] 刘大先希望引发研究者们这样的思考——当传统社会主义意识形态在全球化的进程中自身面临危机和自我刷新时，少数民族文学的生存态势以及它的作为我们面临的问题是：启蒙话语"瓦解"所带来的众声喧哗之于少数民族文学来说意味着什么？它不可避免要面对的是市场化和科学技术与统治技术更新的后果，而它们带来了什么样的契机？主流国家话语的继续作用究竟如何与日渐多样的少数民族文学书写发生互动？在思潮分化的格局之下，有没有进一步塑造共识的可能？他认为，藏族作家阿来 1988 年出版的《尘埃落定》在 2000 年获得了来自官方的中国本土文学最高奖项茅盾文学奖，这个具有象征意义的事件标志了新时期文学的终结。他说："如果要给后社会主义以来的少数民族文学勾勒一幅地图，那它一定会呈现出色彩斑斓、式样驳杂、线条交织、构图迷离的景象。不同的民族、地域、性别、阶层、认同，交错并置在一起，融合在全球化、地方性、族群性的环境中，又因作家各自个性特点、美学理想、写作追求、创作风格、文化趣味的不同，这幅少数民族文学地图必然呈现出难以辨识的风貌。不过在这种地景中，仍然会有一些大的走势和趋

---

① 刘大先：《从差异性到再融合：后社会主义时代的各民族文学》，《南方文坛》2013 年第 3 期。

向，如同地表的山脉与河流，为我们标示一个转型时代的文化风向。"① 在他眼中，后社会主义时代的少数民族文学虽然仍是传统社会主义文学的发展形态，但观念更加前卫，写作更为灵活，表现更为多元，少数民族文学的生产力得到了一定程度的解放。

事实上，无论我们对新中国、新时期、后新时期的少数民族文学作出何种层面的描述，少数民族文学以及由此而来的少数民族文学研究的"社会主义"性质和"中华民族"的归属都无可怀疑，国家主流意识形态的强力作用也无法否认。正是在这种意义上，我们承认其权力话语地位。

二 爱国主义话语

爱国主义是中华民族伟大民族精神的集中体现和不断走向民族伟大复兴的鲜红旗帜。新中国少数民族文学及其研究过程中的爱国主义话语，直接缘于国家主流意识形态。一个显而易见的事实是，中华人民共和国成立以来，56 个民族"一家亲"的局面逐步形成，爱党、爱国、爱民、爱家成为此时期包括少数民族文学在内的中国当代文学的基本主题。正是在爱国主义这面大旗的召唤之下，研究者们常常自觉或不自觉地运用爱国主义的思维来分析少数民族作家作品，并以此作为判断作家作品先进与否的重要尺度。

"爱国主义在不同的历史时期有不同的内涵和要求。中国现代文学（指从五四运动至新中国成立这一时期的文学）所反映的民族精神的核心就是爱国主义。现代少数民族文学作为中国文学不可或缺的一部分也随着时代的洪流表现了这一主题。"② 这种爱国主义主题，在抗战时期的少数民族文学中集中体现为对日本法西斯暴行的控诉和对中华民族英勇御敌精神

---

① 刘大先：《从差异性到再融合：后社会主义时代的各民族文学》，《南方文坛》2013 年第 3 期。
② 徐振、高阳：《现代少数民族文学中的爱国主义精神》，《辽宁省社会主义学院学报》2005 年第 2 期。

的歌颂两个基本层面。

吴重阳、苏光文等老一辈学者尤为关注抗战文学大潮中少数民族文学的爱国主义表现。吴重阳在论及少数民族抗日题材的文学创作时认为，既然少数民族作家以歌颂抗日斗争为明确目的，因此，揭露日本帝国主义的侵略罪行与残暴特性，讴歌中国人民的英勇反抗斗争及英雄精神，便构成现代少数民族作家创作的中心主题。这一主题，贯穿于小说、诗歌、报告文学和戏剧的创作中。"由于大部分少数民族生活和居住在边境地区，如东北的满族、朝鲜族、蒙古族等，最先遭受到日本帝国主义的侵略和欺凌，最先尝到亡国亡家的痛苦，因此，他们也最先开展了反日抗战的斗争，而当少数民族作家拿起笔来创作时，自然便把全部的关切倾注于家乡的那块多难的土地，用作品反映日本侵略者的暴行及所带来的灾难，表现人民的觉醒和反抗。伟大的抗日战争，使一大批各民族青年知识分子走上了抗日救亡的道路，同时也造就了一大批少数民族作家，这些作家如：满族的李辉英、舒群、马加、端木蕻良、金剑啸、关沫南，回族的沙蕾、穆青、白平阶，彝族的李乔，壮族的陆地、华山，侗族的苗延秀，维吾尔族的穆塔里甫、赛福鼎，蒙古族的萧乾、萨空了，白族的马耀、张子斋等等。"① 他举例说，舒群的《没有祖国的孩子》写了几个民族的少年的遭遇。小说《沙漠中的火花》描写的是蒙古族工人冲破重重阻力和干扰，走上抗日救国道路的过程。《蒙古之夜》的主人公是一个年轻的蒙古族姑娘，战争扰乱了她家乡的和平和宁静，许多年轻的姑娘、媳妇已经惨死在敌人的刺刀之下，她自己也面临死亡的危险，但她毅然把受伤的抗日战士转移到自己的蒙古包，当敌人的刺刀再度临近，受伤战士将被发现时，她又掩护战士脱逃，而自己迎向了死亡，用年轻的生命谱写了一曲英雄不屈的壮歌！作品激情满怀地颂扬了少数民族人民美好的心灵和

① 吴重阳：《反帝抗日的呐喊——抗战与少数民族文学》，《民族文学》1995 年第 8 期。

崇高的精神世界。

老舍在抗战期间写了不少以抗日为题材的作品，如长篇小说《火葬》、《四世同堂》的前两部等，剧本《张自忠》、《国家至上》等。在《四世同堂》等作品中，都描写了少数民族的人物及他们的生活、性格。《国家至上》则以少数民族人物为主人公，在中国现代文学史上最早以戏剧形式成功地表现民族间的关系，表达民族团结、共同抗日的主题，并刻画了具有独特性格和心理特点的少数民族人物的。剧本的鲜明的民族特点，在于它对具有独特的民族心理素质的回族拳师张老师的刻画，他对民族和宗教信仰的特殊的虔诚，决定着他的性格的优点和弱点；他的富于正义感，疾恶如仇，宁折不屈和勇于服从真理的性格特点，都体现了回族人民的典型性格，这就使他虽经曲折终于走上坚决抗日道路的内在思想根源。同时，剧本对于回族的生活情调、人际关系和语言行为的描写，都带有明显的民族特色。

苏光文在阐述少数民族抗战文学时，将爱国主义主题视为其"中心话语"。他说："抗日救亡呼声响彻山海关内外之时，一批东北籍作家中的少数民族作家端木蕻良、舒群、金剑啸等人步入中国文坛。'七七'事变以后，华北、华中、华南、西南、西北等地区的少数民族作家老舍、沈从文、萧乾、华山、陆地、郭基南等人相继投入抗战文学的大潮。他们与东北籍的少数民族作家，或留守本土或流亡异地，笔耕不止，力作频频推出。他们的文学作品言说的中心话语，有着十分繁富的爱国主义内涵，其中既有大智大勇和血洒沙场的献身行为，更有属于较深层次的苦难意识、生命意识、批判意识与自省意识。"① 论者以萧乾、端木蕻良、老舍、沈从文、华山、黄青等少数民族作家抗战题材的创作为例，认为他们的作品以

---

① 苏光文：《爱国主义：1937—1945 年中国少数民族文学的中心话语》，《民族文学研究》2000 年第 1 期。

新的姿态汇入抗战文学大潮，成为支撑中国抗日救亡的重要精神力量和支撑中国抗战文学大厦的一根支柱。其中，言说的爱国主义中心话语，从历史积淀中走出而穿越20世纪后半期50年的时空隧道，必将迈向新世纪，融入建设有中国特色社会主义文化的浩大工程之中，成为人的理想与精神建构的重要质素。可以肯定，在国难当头的特殊历史时期，少数民族作家创作确实表现出鲜明乃至强烈的爱国情感，并以此丰富了中国抗战文学的爱国主义色彩。

晓雪在评价新时期少数民族文学创作时，同样突出了爱国主义的基本主题。他说："新时期的少数民族文学创作，一方面继承和发扬了建国以来我国新文学紧扣时代脉搏、反映历史巨变、高唱爱国主义和社会主义赞歌的优良传统，另一方面又摆脱了'阶级斗争工具论'的束缚，避免了文艺简单地'从属于政治'的弊病，不同程度地防止了过去曾一度出现过的单调刻板、机械划一的'假、大、高'的流风和公式化、概念化倾向，不断突破禁区，拓宽题材领域，开阔思维空间，从而得到了健康的日益丰富多彩、蓬勃兴旺的发展。"[①] 他的观点表明，爱国主义旋律是新中国少数民族文学的"优良传统"，只能继承，不可丢弃。

有的学者重点论述了新疆、西藏、内蒙古地区少数民族文学中所包含的爱国主义精神。艾光辉、艾美华认为："新疆多民族文学在当代进程中彼此影响、相互促进，共同传承与发展了新疆优秀文化传统，形成了以爱国主义为精神内核、以民族团结为核心主题、以开拓进取为独特风骨、以历艰不屈为生命意志、以除旧布新为重要内涵、以追求壮美为美学个性、以多元一体为发展趋势的总体格局与显著特征。"[②] 晁正蓉认为，爱国主义是维吾尔文学重要的组成部分，是维吾尔文学创作的中心话语。文

---

① 晓雪：《走向新世纪的中国少数民族文学》，《民族团结》1995年第3期。
② 艾光辉、艾美华：《新疆多民族文学的传承与发展》，《新闻爱好者》2012年第5期。

章从爱国主义诗歌及其他题材的爱国主义作品两方面，回顾了近年来文学评论界对维吾尔文学中爱国主义题材作品研究状况，并指出了研究中所存在的方法单一、视域狭小、不够深入、不成体系等缺陷。① 艾比布拉·阿布都沙拉木详细梳理了新疆民间文学、古代文学和现当代文学诗作中的爱国主义脉络。他认为，新疆各族人民创作的民间文学不仅反映了社会概貌，而且把维护祖国的统一、安定和强烈的爱国主义精神贯穿于主题思想之中。"新疆少数民族史诗在千百年以来的流传和完善过程中，不仅汇聚了丰富的文化沉积，而且主题思想始终闪耀着广大劳动人民强烈的爱国主义、英雄主义和乐观主义的精神光芒。如《乌古斯可汗的传说》是流传在古代维吾尔族民间的一部英雄史诗，记述了古代维吾尔族英雄乌古斯可汗的英雄事迹。其内容涉及维吾尔族的宗教、文化、历史、民俗、文学、语言等各领域。在维吾尔、哈萨克、乌孜别克族中广泛流传的《阿勒帕米斯》描述了主人公阿勒帕米斯在部落生灵涂炭、生死存亡之际，挺身而出保卫家园和人民的英雄业绩；柯尔克孜族的《玛纳斯》歌颂了英雄玛纳斯及其7代子孙前仆后继，率领柯尔克孜人民与外来侵略者、各种邪恶势力进行斗争的事迹，体现了柯尔克孜民族勇敢善战、百折不挠的民族精神与民族性格；蒙古族的《江格尔》描述了宝木巴国以江格尔汗为首的12名雄师大将和6000名勇士，为保卫家乡和人民，同形形色色的掠夺者和奴役者进行英勇顽强的斗争，终于取得胜利的故事，深刻地反映了蒙古族人民的历史、现实生活、思想愿望和崇高理想，是一部不朽的、富有理想主义精神和爱国主义思想的英雄史诗。这些史诗中的主人公都具有大义凛然、嫉恶如仇、百折不挠的品格，劳动人民对故乡（祖国）都倾注着特殊的深厚而炽热的感情。"② 新疆少数民族的民间文学如此，新疆少数民族古代文学和现

---

① 晁正蓉：《新疆维吾尔文学爱国主义作品研究述评》，《喀什师范学院学报》2014年第4期。

② 艾比布拉·阿布都沙拉木：《论新疆少数民族文学传统中的爱国主义》，《新疆社会科学》2007年第5期。

代文学也是如此。论者以维吾尔族散曲家贯云石以及诗人翟黎里、阿布都热衣木·纳扎尔、尼米希依提、唐加勒克等为例,分析了他们创作中爱国主义主题的传承性。随着共和国的诞生,爱国主义文学在中国当代文学史上获得了新的表现形式,各民族作家开始通过本民族历史命运的转变和自己的切身感受,高扬爱国主义旗帜,以大量生动感人的艺术创作来歌颂祖国、歌颂民族团结、维护祖国统一。"进入新时期,新疆少数民族长篇小说创作在题材和领域上有了极大的扩展。各民族作家创作的《滔滔的伊犁河》、《母亲大地》、《足迹》、《苏醒的大地》、《祖哈巴特尔》、《奔腾的开都河》、《流芳》、《黎明前》等长篇巨著以宏伟的气势、精湛的艺术再现了新疆少数民族古代、近现代历史风云中可歌可泣的故事与人物,给爱国主义这一传统题材赋予更加丰富的内容。"① 这种分析,具有很强的历史感,对我们全面把握新疆少数民族文学的爱国主义蕴含很有帮助。

罗艳在《当代少数民族文学中的"群"范畴研究》一文中,以维吾尔族文学为个案,对少数民族文学中的"群"范畴进行了探讨,认为民族团结是"群"范畴的"主题外延",爱国主义是"群"范畴的"精神内核",二者成为文学在扬弃传统文化的过程中自然形成的文化维系力。这种文化维系力对整合各民族形成建设具有中国特色的中华文化合力具有重要意义。论者指出:

> 维吾尔族是新疆这一古老地域的世居民族之一,也是开发建设新疆的主力军之一,因此维吾尔族优秀作家时常饱含民族自豪感,坚持高扬新疆各族人民共同创造的伟大成就,以表达崇高的爱国主义情感。其中,赛福鼎·艾则孜的日记体散文《农民的喜事》,歌颂了政

---

① 艾比布拉·阿布都沙拉木:《论新疆少数民族文学传统中的爱国主义》,《新疆社会科学》2007年第5期。

治上土地改革所取得丰硕成果。尼米希依提创作了《当欢乐的日子来到的时候》、《卡额里克之歌》、《昨天和今天》等诗篇，借助新旧对比展现了新社会维吾尔人民和各族人民共同美好生活。阿米提·沙吾提创作了短篇小说《第一次领工资》，通过新旧社会维吾尔族农民生活的对比，抒发了以节力里为代表的维吾尔族农民第一次领到工资的喜悦与幸福，也体现了新社会农民用存钱到银行的方式支援社会主义建设这一朴素而又崇高的思想觉悟。阿·米吉特夫的短篇小说《悲欢离合》，通过描写旧社会使农民特莱艾特变成鬼、变成残废，共产党又使特莱艾特由鬼变成人的一生坎坷经历，写尽了特莱艾特一家的悲欢离合，歌颂了新社会与新制度。这些创作无不表达了新中国成立17年维吾尔族作家对新疆发生的历史巨变与伟大成就的赞誉之情。进入新时期，有相当一部分作家把"文革"十年浩劫结束看作是党力挽狂澜的伟大政治胜利与成就……铁依甫江·艾里耶夫创作了《我梦见夜莺》(1973)和《父亲的叮咛》(1976)，用幽默和诙谐的诗笔嘲讽了"四人帮"变本加厉的迫害，代表人民叮咛干部"不要当老爷"要做人民的公仆，展现了诗人面对劫难的乐观主义精神和忠诚于人民的赤子之情。阿不列孜·纳孜尔在《花开时节》用花开比喻新时期的到来，表达了对美好未来的憧憬。还有一类作家时常将故乡情愫与爱国主义情感加以编织，将对国家、对民族、对人民的自豪感逐步升华，情感凝重而深沉。如典型代表诗人阿尔斯兰创作了《骄傲的大海》、《迷人的故乡》、《大山之恋》、《阿图什画卷》、《眷恋的土地》、《群星的故乡》、《生养我的故乡》、《故乡喀什》等大量优秀爱国主义诗作，强烈的爱国主义精神和深沉的历史感是贯穿这些诗作的主线，始终以一个"爱"字为结点，深刻表达了爱祖国、爱故乡、爱人民、爱生活、爱本民族的历史文化，这种爱热烈充盈，民族气息浓厚。达斯坦(长诗)《群星的故乡》是阿尔斯兰的重要代表作，全诗把具有象征意义的天山与维吾尔族联系在一起加以描述，以深厚的感情赞美了维吾尔人民创造历史的功绩和为祖国及人类文明做出的不朽贡献。克里木·霍加的《故乡的黎明》，是描绘自然风光的山水诗，表达了对故乡的眷恋之情。博格达·阿布都拉的《顶陶罐的姑娘》、《骆驼》、《古城拉合尔》，书写了身在异地（拉合尔，巴基斯坦古代城市）魂归故里，对天山母亲的遥念。瓦依提江·乌斯曼的《我是牧羊娃手中的笛》，其中"我是牧羊娃手中的笛，荒漠的狂风吹不散我的声音。此刻，我只想在这里纵情放声，因为我独有的个性，奏不出他乡的诗意"，表达了对故乡的执着与眷恋。值得一提的是，阿吉·艾合买提·库尔特肯创作的《木卡姆》一诗，饱含了对"是魔术还是艺术"这项伟大艺术成就——木卡姆的强烈民族自豪感，仿佛是一种历史的述说，肯定地指出"百姓不绝的和声配唱，让它经久不息"的历史性、人民性及艺术性，对民族优秀文化持有凝重而强烈的认同感和成就感。祖尔东·沙比尔的报告文学作品题材，主要以表现改革开放给新疆各族人民带来的巨大变化为主，热情歌颂了党的改革开放政策和丰硕成果。由此可见，各时期维吾尔族作家时常以敏锐的观察力洞察出国家、民族及人民在政治、经济、文化等诸多方面取得的成就与进展，并运用笔端加以高扬，以优秀的作品鼓舞激励各族人民，不断深化爱国主义内容，不断升华爱国主义精神。

当代少数民族文学研究专家李鸿然在接受《海南日报》记者魏如松关于西藏文化状况的采访时强调："一个非常可贵的事实是，新中国成立以来，少数民族作家一直高举爱国主义旗帜，歌唱民族团结，这是他们文学创作的核心价值之一。少数民族作家通过本民族的历史命运和自己的切身体验，以有血有肉的人物刻画和丝丝入扣的情节编排，揭示了一条真理：如果没有国家的统一和富强，没有各族人民的团结与奋斗，就不会实现中华民族的全面振兴。因此，以爱国主义为光辉旗帜，以民族团结为宏伟主题的作品，便成为少数民族文学的主旋律。"① 他认为，阿来等人的作品充分代表了当代藏族作家的创作水准，有很强的爱国主义色彩。艾美华在《少数民族文学中爱国精神的弘扬》一文中，总结了蒙古族文学创作中爱国主义精神的表现形态：蒙古族文学中爱国主义文化的最初基调是讴歌新生活，赞颂伟大的党；英雄精神是蒙古族文学的爱国精神的最为基本的具体表现；蒙古族爱国主义的基本思想是家乡之爱。② 实际上，人们在涉及诸如萧乾、老舍、穆青、华山、玛拉沁夫等少数民族作家创作时，大都充分肯定其将爱国主义、民族情怀高度统一的艺术境界。王柏青在题为《论清代满族文学中的爱国主义精神》一文中就明确指出："满族是一个有强烈爱国主义精神的民族，这种爱国主义在满族的文学作品中也有鲜明的表露。主要表现在三个方面：其一，维护与歌颂'大一统'局面，这是爱国主义产生与发展的基础；其二，热情赞扬中国历代爱国主义代表人物，坚持与发扬了这种传统精神；其三，在国家、民族危难之际，抒发了爱国主义的抗争思想与忧患意识。另外，在其他方面如表现英雄主义、关心社会现实、抨击腐败现象等，也都是爱国主义的反映。清代满族的爱国主义已成为这个民族思想精神的重要组成部分，并对中华民族爱国主义的丰富发展做出了贡献。"③

此外，还有一些评论作品也值得一提，如李国珍的《爱国的颂歌与民族的悲歌》、吴雨霖的《继承和弘扬爱国主义的民族精神》、炳尧的《发扬中国古典文学的爱国主义传统提高民族自尊心》、马宏柏的《忧患意识与爱国情怀——端木蕻良小说与爱国主义文学传统论略》、张同吾的《情思

---

① 参见魏如松《著名少数民族文学研究中专家李鸿然教授接受本报独家专访时畅谈——民族文学中的爱国主义情愫》，《海南日报》2008年3月29日。

② 艾美华：《少数民族文学中爱国精神的弘扬》，《新闻爱好者》2012年第4期。

③ 王柏青：《论清代满族文学中的爱国主义精神》，《满族研究》2006年第4期。

浑厚的爱国主义交响诗——评铁木尔·达瓦买提的〈生命的足迹〉》等，它们对新中国文学史上相关爱国主义文学书写给予了充分肯定。

需要指出的是，少数民族文学及其研究中的爱国话语常常与中华意识以及由此而来的的民族融合紧密相关。正如曹顺庆所说："历史上任何一次文学的繁荣都是多民族融合的结果，魏晋南北朝时期民族交融诞生了文学的自觉并由此诞生了多种新文体，成为'美的成就最高的时代'（宗白华语），盛唐的民族融合带来了唐代经济文化、文学的大繁荣，这些都是民族融合杂交的结果。而且汉民族文学的繁荣是在吸取了少数民族文学养分的基础上诞生出来的，元代戏曲的繁荣就是明证。因此，破除西方和汉民族文化霸权以及由此带来的精英文化霸权话语是少数民族文学研究的必经之路。少数民族文学研究的繁荣不仅可以丰富、完善我们残缺的'中国'文学史，而且对于繁荣我们的文化事业，使中国文学走向世界，对于我们走出失语的泥沼、重建中国文论话语都具有不可忽视的理论意义和现实意义。"[1] 与此同时，我们也应该认识到，与爱国主义话语相伴而行的，还有所谓的"人民"话语，它同样受到社会主义国家意识形态的总体规定。刘大先说得好，在社会主义阶段，"人民、大众、无产阶级在革命中国被提高到前所未有的高度，而文艺工作者需要加强各方面的学习，尤其是对政策和社会的学习。这个社会中，少数民族具有大众、民间、底层等多重叠加的形象，周扬、茅盾、老舍、何其芳等人特意强调长期以来少数民族文化为中国历史作出的贡献同其所受到的重视相比不够的问题，年轻的蒙古族作家玛拉沁夫写信给中央领导申请'少数民族文学'提法和学科的建立，几方面因素综合起来，少数民族文学从法理、学理和建制上都获得了实际性的进展"[2]。正是在这种意义上，爱国、爱民、爱族、爱家在社

---

① 曹顺庆：《三重话语霸权下的少数民族文学研究》，《民族文学研究》2005年第3期。
② 刘大先：《革命中国和剩余少数民族"人民"话语》，《中外文化与文论》2013年第2期。

会主义中国民族大团结的政治语境下被有机统一起来。

三　民族身份话语

这里所说的民族身份主要有两重含义：一是少数民族文学自含的民族意识；二是少数民族文学研究者所持的评价标准。前者是后者的基础，后者是对前者的评判与强调，二者紧密相关。就新中国少数民族文学研究的总体状况来看，学者们普遍关注少数民族文学的民族身份问题，并一度对其民族性弱化的态势表示忧虑，希望少数民族文学能够在民族性与中华性之间寻找到最佳平衡点。

王亚斌认为，全球化的文化同质化走向正在把全球各地的民族文化纳入一个更大的话语权力结构中，使越来越多的民族的文化特性、民族意识受到了压制，导致民族文化原质失真。因此，寻找国家（民族或是个体）的文化身份、重建文化认同成了一个无法回避的课题。对于中国少数民族文学而言，除了面对西方文化的认同问题外，还要面对国内少数民族文学与汉族文学之间的认同问题。"在这样的背景下，引发了少数民族文学身份认同的问题，如何消除'影响的焦虑'，给予少数民族文学的合法性地位，建构少数民族文学与汉族文学的良好生态环境，努力探索多民族文学共同繁荣的道路，积极面对西方文化的挑战已成当务之急。"[1] 阿牛木支也有类似看法，他认为，在全球化语境下，我国少数民族文学要想坚守纯洁性和个性化相对艰难。少数民族文学怎样才能凸显本质特色和担当时代责任，怎样才能走近大众视野满足人们的精神诉求和审美情趣，已经成为不容回避的现实课题。从发展的眼光来看，少数民族文学不应该只追求一种模式化的表达方式和价值趋向，而是要把民族性与普适性、文学性与现代性结合起来，用宽广的视野和丰瞻的思想体现厚重的文化底蕴和独特的民

---

① 　王亚斌：《论少数民族文学的身份建构》，《滁州学院学报》2008 年第 4 期。

俗风情。他说："民族性、地域性并不是阻碍少数民族文学发展的绊脚石，而应该是屹立于文学之林的航标。我们关注的是少数民族文学创作中如何把握差异性的密度和尺度，也就是差异性和普适性的关系。差异性的表现中可以引发普适性的人类共性话题，而普适性是由一个个差异性来加以体现的。差异性和普适性仅是相对而言，没有绝对化的差异性和普适性。"①事实上，文学的民族性也是变动不居的，亦即具有流动性。乌热尔图说得好："任何一民族的生活都是一条流动的河流，无论创作者位于什么时空方位，他都要观察和思考一个运动着的生存现象，任何僵死的、固定的眼光都会给创作者带来不利的影响。所谓一个民族'初始的本真的生存状态'给人的感觉是一种文字上的假想，使人想到一条冰冻的河流。"②

在刘大先看来，少数民族文学和文学批评既要坚持其民族性在场身份，又不应拒绝现代化、全球化进程所带来的多民族文化交流交融的发展契机。他认为，少数民族作家应主动迎接社会挑战，自觉融入时代主潮之中，以自己的民族色彩装扮中华文学的大舞台。"在向现代民族国家道路前行时期的少数民族作家们，如果日后能够被共和国的文学史所记载，都不免要融入到时代的主潮之中。不能简单推想这种融入是某种独断话语的抑制之功，如果刻意强调少数民族文学的差异性，那倒是另一种权力话语的图谋。"③他认为，少数民族文学写作实际上是该民族的文学精英在介于两种或两种以上的民族文化之间的运作，他们的民族和文化身份认同不可能很单一，而往往是分裂的和多重的。他们既可以用自己受到的主流文化或西方文化熏陶出来的文化身份与原民族的本土文化和文学进行对话，也可以在与主流话语的交流中彰显其少数民族的身份与特征。这

---

① 阿牛木支：《对新世纪民族文学表现形式的思考》，《文艺报》2010年10月20日。
② 乌热尔图等：《关于少数民族文学的问答》，《南方文坛》1999年第1期。
③ 刘大先：《中国现当代少数民族文学的语言与表述问题》，《中国社会科学院研究生院学报》2008年第5期。

也是冲突中反思、夹缝中涅槃的策略性选择。他特别指出："在考察少数民族文学批评时，我们需要认识到一个前提，那就是少数民族文学同它本民族社会结构、体制、文化等各相关方面实际上是被主流/汉族社会的发展进程挟裹着被迫进入国家现代性的，它们是脱离自身既有发展运行的模式和速度被硬性拉入'中华民族'总体历史进程中的。整个中华民族在现代历史发展中其实都面临的是这种由分立的单个发展史被强行拉入统一的世界史的情况，而少数民族尤甚。这种均质化时间的出现，空间的无限延展，对于少数民族文化情感来说，可能存在着历史潮流的正面价值，同时未尝不是一种挫伤，实际的政治、制度、经济等方面的变革与民族的心理沉淀下来的文化传统不可能同步。由此，现代性的知识观念形成了彼此依存的悖论：既是普遍性的转型，又伴随着民族精神的觉醒、自身价值的确立。"① 也就是说，伴随着现代化、全球化而来的市场经济和商品大潮一方面不可避免地侵蚀着少数民族文学固有的民族性，另一方面，它所造成的趋同性、均质化趣味又反过来促使研究者们追求文学表达的民族性、区域性和独特性，从而倒逼少数民族文学对于民族身份的重审和追忆。

杨春风也赞同少数民族作家向现代社会主潮靠拢的姿态。他真诚呼吁："优秀的少数民族作家，应当既能深入于自己所熟悉的民族生活之中，又能超越狭隘的民族观的束缚，克服单纯从民族学、文化学的角度来观照文学的思维定式和对强势文学、主流思潮的依附、趋同心理；不要让'文化自恋'情结和'民族自卑'意识禁锢头脑、限制视野、动摇胆魄，用清醒的头脑、现代的思想观念、先进的哲学理念来提升作品的品味。优秀的当代少数民族文学作品应该是不但能够生动地表现一个民族在某一时代的文化传统和文化心理，是这一民族某一时期国民性格的生动写照，而且能

---

① 刘大先：《当代少数民族文学批评：反思与重建》，《文艺理论研究》2005 年第 2 期。

够从中能折射出某一时代的人类文化的某一普遍历史规律，能够挖掘出人性、人道或哲理的深刻内涵。"① 只有这样，才能将传统与现代、个性与共性、存异与趋同、守正与创新有机结合起来，以创造少数民族文学及其理论批评更具阐释性的未来。藏族学者严英秀也认为："相比主流文学，少数民族文学在许多时候依然是面目模糊的缺少主体独立性的存在。这一方面缘于少数民族自身处在地理和文化的双重边缘，另一方面更因为少数民族作家在社会转型时期无法处理民族性与现代性的关系，无法融入真正的表现现代社会生活的主流层面，使得少数民族文学一直处于被文化他者观赏、期待、误读，但被同族疏离、漠视、遗忘的尴尬境遇，因而难以担当审视民族特性在全球化背景中的精神走向并完成民族文化转型和精神重建的任务。"② 从这个层面上看，现代化、全球化对于少数民族文学及其理论研究来说其实是一柄双刃剑。

尽管机遇与挑战并存，但我们确实无法忽视少数民族文学研究所遭遇的多重挤压。曹顺庆用"三重话语霸权"来形容少数民族文学研究面临的严峻挑战。他说："中国少数民族文学研究处于西方话语、汉族话语、精英话语三重霸权压迫之下，我们有必要清醒地认识到这一现状，加强多民族文学研究，批判话语霸权，倡导多元共生，恢复历史原貌，形成多民族文化互补互融，促进民族文学生态的正常化，进一步发挥多民族文学杂交优势，迎来中国文学之新生。"③ 如何从上述三重话语霸权中突围，成为摆在我们面前的现实课题。

廖奔认为，文字是一个文明能够傲视其他文明的最大支撑力，也是话语霸权的基础。谁有史前文字，谁就有了史前文明的记载和铁证。中华文明如果不是有甲骨文证实的历史，我们就无法与其他悠久文明对抗。"在

---

① 杨春风：《中国当代少数民族文学的民族性辨析》，《社会科学战线》2008 年第 11 期。
② 严英秀：《论当下少数民族文学的民族性和现代性》，《民族文学研究》2010 年第 1 期。
③ 曹顺庆：《三重话语霸权下的少数民族文学研究》，《民族文学研究》2005 年第 3 期。

话语理论中，话语权被用来指称言说者的权力，话语权的获得与失去，直接关系到言说是否可以继续，所说是否为真实，交往的对象是否处在平等的势位上。推而广之，一个民族的话语权，也就是该民族在现代语境中具备怎样的知识地位，在话语的运动中是纯然被动还是有所输出和贡献。确立文化现代化中的民族话语权，不是暂时的意气之争，而是保证民族文化持续发展的必要条件。所要达到的目标不是分享话语霸权，以代表普遍价值自居，而是保存民族文化的完整性和持续发展的培养基，使理论的多元倡导物化成存在的多样形态。"① 正因为如此，简单的争论往往于事无补，当务之急是大力加强对于中国少数民族的翻译推介工作，借以增加其在国内乃至国际上发言的份额。

毫无疑问，民族身份的识别关乎母语理解问题，因此少数民族文学的翻译不可轻视。这种翻译主要体现在三个层面：少少翻译（不同少数民族语言间的翻译）、民汉翻译（少数民族语言与汉语间的翻译）、民外翻译（少数民族语言与外语间的翻译）。从某种意义上说，翻译本身就是一种文化对话和民族交流，其间显现着翻译者的民族认同，潜含着相应的民族立场和民族精神。正如郭延礼所说："中国翻译活动起源很早，大规模的翻译活动应当溯源于东汉开始的佛经翻译，而严格意义上的文学翻译则始于近代。在近代文学翻译活动中，民族情结是突出的一点，内容上的关注民族精神、形式上的本土化选择是其主要的两个侧面。挥之不去的民族情结不仅制约着翻译主体的文本选择，而且它也强化了翻译文本中主体文化的渗透力度。"②

在全球化时代，包括少数民族文学在内的中国文学的外译工作更加重要和紧迫。"但在由谁翻译、怎样译介和如何'走出去'的具体问题上，

---

① 廖奔：《文化视野中的民族话语》，《文艺报》2014 年 7 月 4 日。
② 郭延礼：《近代外国文学译介中的民族情结》，《文史哲》2002 年第 2 期。

误解依然存在。翻译的本质是跨文化传播，译语的意识形态、诗学、赞助人等因素决定了译本的接受或拒斥，成功或失败。因此，中国文学若要依凭翻译走向世界，扩大自己的文学影响，必须改变现有的文学译介模式，积极吸引国外译者及出版社参与译介中国文学，这样才能使译本符合异域的诗学标准、意识形态及阅读习惯，保证译本的广泛传播和接受，真正使中国文学'走出去'。"① 在外译方面，中国社科院、中国作协、对外友协等单位或部门均大有可为，但也有必要借用国外翻译力量。据学者考察，"目前，能在海外产生影响力的中国当代文学作品几乎都是通过英美出版机构策划发行、由外国翻译家进行译介的。葛浩文（Howard Goldblatt）、杜博妮（Bonnie Mc Dougall）、蓝诗玲（Julia Lovell）、白睿文（Michael Berry）等汉学家积极译介中国文学，甚至一度出现了'中国小说翻译的繁荣景象'（Heller，2000）。尤其是被夏志清誉为'中国现当代文学首席翻译家'的葛浩文，更是译著等身：迄今为止，他翻译了包括莫言、萧红、老舍、巴金、苏童、毕飞宇、冯骥才、贾平凹、李锐、刘恒、马波、王朔、虹影等约25位作家的40余本小说，美国著名作家约翰·厄普代克（John Updike）曾以'接生婆'、'差不多成了一个人（葛浩文）的天下'评价其在译坛的贡献"②。另据报道，截至2011年的晚近三年，在美国出书最多的中国作家当数莫言和毕飞宇，各出英译小说两种。亚马逊北美店销售榜2011年1月11日的排名显示，毕飞宇的《青衣》排在第288502位，《玉米》排在第325242位，而莫言的《生死疲劳》和《变》，排位均在60万名之外。以小说类的三年内新书计，10万位之后的排名，表明其销量是非常非常低的。余华的《兄弟》（纸皮平装本）也排在第206596位，姜戎的《狼图腾》（硬皮精装本）则排到了第84187位，相对同胞们的其他

① 耿强：《文学译介与中国文学"走出去"》，《解放军外国语学院学报》2010年第3期。
② 吴赟、顾忆青：《困境与出路：中国当代文学译介探讨》，《中国外语》2012年第5期。

作品而言，已属非常可观。统计还显示，三年之间，美国出版英译汉语文学作品分别为12种、8种和9种，共计29种，其中，当代中国内地作家的长短篇小说仅19种，可谓一少二低三无名：品种少，销量低，且没有什么名气，几乎无一进入大众视野。① 另俄罗斯圣彼得堡国立大学东方系常务副主任罗季奥诺夫统计，1990年到2005年这15年间，中国当代文学在俄罗斯一共只出版了8本书，平均两年一本，"简直是沙漠"，2005年到2008年因为有合作项目，出版了几本书，2008年金融危机后到2010年的3年间，一本书也没有，2011年出版了1本，才卖出去1000册，2012年好一点，出版了2本，一共卖出8300册。土耳其安卡拉大学中文系主任欧凯认为翻译力量严重欠缺，西方很多年轻译者根本不了解中国文化背景，有人竟然将莫言作品中的"八路"翻译为"第八大道"②。与汉族作家的汉语文学外译情况相比，少数民族文学的外译工作无疑更显尴尬。

朝戈金、刘大先、李晓峰等对全球化时代少数民族文学民族性减弱的趋向表示忧虑。朝戈金强调："民族性是文学的身份标识。凭借这种标识，不同民族间的文学彼此区别，呈现出各自的鲜明特征。一个民族的文学，丧失了民族独特性，就意味着沉没和消亡。也许，在现实层面，它依然存在，依然有作品不断问世。但在真正意义上，民族的文学已经被淹没，民族的差异也会不可遏制地趋向消散。"③ 就少数民族文学创作的现实情况来看，他的忧虑不无道理。刘大先分析认为："少数民族作家文学的边缘化可以说是先天不足与后天失调的双重结果。所谓先天不足，体现在少数民族作家文学起步较晚、起点较低，尽管我们不同的少数民族大多有着丰富的口头文学传统（oral tradition），但书面文学大多还是近代以来的事情。对

---

① 参见 http：//www.zsnews.cn/Backup/2011/01/22/1620604.shtml。

② 陈梦溪：《外国翻译家：中国当代文学在西方的处境如同沙漠》，参见 http：//culture.if-eng.com/a/20141030/42335352_0.shtml。

③ 参见《重建文学的民族性》，《人民日报》2014年4月29日。

于那些没有本民族文学的民族来说，就不得不借助于汉语来进行创作，经历母语向汉语的转化，它的民族特性或多或少会受到一定程度的伤害。……所谓后天失调，体现在少数民族作家文学在发展中所不可避免遭遇的重重困厄。尽管几乎每个少数民族自治区、州都有相应的文学刊物，但是在重商主义思潮的影响下，大多数事实上处于风雨飘摇的境地。这是文学期刊在当代的常见命运，不值得我们惊讶，而少数民族作家文学要进入汉语主流文学期刊却显然要花费比熟练操持母语的汉族作家要多得多的力气。同时，对于一门语言的掌握有可能导致对语言主人价值观产生内化，而一种文化的魅力不仅在于其对于世界独特的感悟，而且在于他们独特的表述。这就使得少数民族文学的创作在表述上必然呈现扑朔迷离的状况，使得仔细辨明那融合了多重光谱的文本变得极为艰难。"① 李晓峰也有类似看法。他说："在当下的文学批评中，我们很少听见来自少数民族自己的声音，很少看见那种鲜明的民族文化立场和民族身份。如，在新时期涌现出来的一大批作家中，张承志、乌热尔图、扎西达娃、阿来、鲍尔吉·原野、梅卓、向本贵等作家可以说是少数民族的骄傲，但是有意味的是，对他们的评价大都是来自于主流的。或者说，对这些作家出现的文学和文化意义上的界定，不是来自于作为主体的少数民族文学批评，而是来自于非少数民族文学的主流文化。特别是，在这些批评中，我们不但可以感受到主流文化对边缘文化居高临下的阐释，而且还可以感受到主流强势话语对这些作家作品民族文化意义的漠视。"② 面对如此局面，他建议最大限度地消除对边缘文化的误读，认为这不仅是弱势文化对强势文化的自觉抵抗，而且也是扩大少数民族文学的影响和繁荣少数民族文学的必然要求。他主张，中国当代少数民族文学批评在承担对民族文化的正确解读时，应该构建自己

---

① 刘大先：《当代少数民族文学批评：反思与重建》，《文艺理论研究》2005 年第 2 期。
② 李晓峰：《中国当代少数民族文学创作与批评现状的思考》，《民族文学研究》2003 年第 1 期。

独立的批评话语，应该具有一种人文精神和现代学术品格，应该追求自己独立的学理精神。

用发展的眼光看，在少数民族文学研究有关身份话语的建构中，确有必要进一步打开新视野，吸纳新方法。这方面，结构主义、文化主义的"后民族"理论对我们具有启示意义。后民族的内涵可以在结构主义—文化主义分类的基础上进行界定。"结构主义的后民族主要指民族国家的主体性地位正在受到动摇，而文化主义的后民族则指称民族认同的弱化和民族想象的消解。欧洲的后民族结构已经具备一定规模，但欧洲的后民族认同才初现雏形。哈贝马斯的宪政爱国主义是一种对后民族欧洲的结构主义和文化主义理解的调和。从外观上看，宪政爱国主义更多展现了文化主义的特征，即强调共同的政治文化以及共享的欧洲观念，但从实质来看，宪政爱国主义则更多暗藏了结构主义的要素，如对欧洲宪政、公民权和公共领域的强调。宪政爱国主义的提出与当代民族主义的自由主义转向趋势相一致，但与其他的自由民族主义者相比，哈贝马斯更为彰显自由主义结构的作用。宪政爱国主义的强自由主义结构容易产生'一致性的帝国'，而对这一问题的补救则需要回到文化主义，特别是需要在多元文化主义的思想中寻求调和的元素。"① 特别是在全球化、网络化背景下，少数民族文学的身份焦虑比以往任何时候都更为强烈，少数民族文学的族属意识、国家认同和世界向往之间的紧张关系正以日渐扩大的现实张力考验着当今学者的理解力、阐释力和调解力。

四　民间精神话语

"民间精神"一般是指与国家意志相对应的民众精神，通常隐含现实性、自在性、大众性、底层性、通俗性的基本价值蕴涵。据此而来，这里

---

① 高奇琦：《后民族欧洲与宪政爱国主义：结构主义与文化主义的二元分析》，《民族研究》2010年第5期。

所说的所谓民间精神话语亦即少数民族文学研究过程中研究主体对于研究对象——少数民族文学现象所蕴含的现实性、自在性、大众性、底层性、通俗性等诸因素的发现、彰显和呼唤。

回溯中国文学的发展历史，对于民间现实立场的持守和民间自由精神的追求已经成为"文学传统"。正如有的学者所说："民间创作立场和民间精神历来就是中国文学创作的传统。在贯穿中国数千年的文学史上，一直不乏'下里巴人'的经典：我国现实主义创作的发端、诗歌的总源头《诗经·国风》即是由民间采风而得，此风一直沿袭至汉唐。无论是汉代乐府还是唐代歌行，都带有典型的民歌风味；唐宋词虽由文人骚客'依声填词'而成，但与五代以降的民间歌曲有直接的渊源关系；元杂剧（元曲）最先也是书会文人的勾栏瓦肆之作，却在不经意间引领一代风骚；最为典型的是，从民间神话传说和历史故事中演绎而成的'志怪'、'传奇'和'话本'，可谓明清小说的滥觞，之后的'四大奇书'——《三国演义》、《水浒传》、《西游记》和《金瓶梅》相继问世，学界开始意识到文学创作的民间精神并自觉和不自觉地进行理论探索。"① 汉族文学如此，少数民族文学更是如此。李长中在谈及少数民族文学与民间话语问题时认为，全面分析当代民族文学与其民间话语的内在关联，关注其过渡性文本形态的成因及艺术特征，并以此审视民族文学批评盲点，是确立批评的价值取向和理论视域的前提。他说："在我国55个少数民族中，有语言而无文字的民族占据大部分，这就决定了民间口传文学成为民族文学的直接叙事资源。例如，赫哲族民间文学中的伊玛堪、特仑固等大多是叙述古代氏族社会时期部落与部落之间的征战与联盟、氏族之间的血亲复仇、民族兴衰、维护民族尊严和疆域完整的英雄故事，也有一些讲述萨满求神、渔猎生活及风

---

① 杨汉瑜：《论网络文学的民间性创作立场》，《西南民族大学学报》（人文社会科学版）2013年第4期。

土人情等，是一部再现赫哲族英雄人物、历史变迁与民俗风情的大型古典交响诗；鄂伦春族口头文学摩苏昆也是反映民族历史与文化等方面的百科全书；裕固族在穿越历史长河的过程中积累了大量本民族的优秀神话和民间故事，在裕固族民间流传的口头文本《西志哈至》作为裕固族民族深深的历史情结的载体，为民族精神的自我表述提供了丰富的资源。直到新中国成立伊始，55 个少数民族有一半以上没有自己的书面文学，相当一些少数民族的第一代书面文学作家就是从搜集、整理、改编民间文学侧身于书面文学的，一些民族作家甚至终身以民间文学的题材、体裁为创作对象，民间文学如神话、史诗、民间故事、传说、谚语等作为重要的文化载体，其蕴含的价值取向、实用功能、艺术思维方式、族群记忆、哲学意识、审美传统、伦理道德、价值观念等形塑着民族文学鲜明的族群意识和集体记忆。"[1] 他同时强调，出于文化寻根和民族精神张扬的需要，民间话语资源又作为民族性或民族特色的象征性符码，成为民族文学建构自我认同的根基，民间文学中的故事、人物、题材、文体、语言等都参与到了民族文学的身份建构过程。特别在人口较少民族文学中，民族精神言说和文化寻根书写成了民族文学重要的价值维度和精神向度，民族作家开始重新考量和追溯本民族长期流传的民间口头文本。

陈思和在其主编的《中国当代文学史教程》"多民族文学的民间精神"、"理想主义与民间立场"等章中，涉及包括少数民族文学在内的当代文学的民间精神问题。该教程特别强调，"在实际的文学创作中，'民间'不是专指传统农村自然经济为基础的宗法社会，其意义也不在具体的创作题材和创作方法，'民间'所涵盖的意义要广泛得多，它是指一种非权力形态也非知识分子的精英文化形态的文化视界和空间，渗透在作家的写作立场、价值取向、审美风格等方面。知识分子把自己隐藏在民间，用'讲

---

① 李长中：《当代少数民族文学批评如何面对民间话语》，《学术论坛》2011 年第 2 期。

述老百姓的故事’作为认知世界的出发点，来表达原先难以表述的对时代的认识。本教材在分析各个文学史阶段的创作时，曾多次涉及对‘民间’一词的使用，但在不同的时间范畴中‘民间’的文学功能也不相同。五六十年代的‘民间’，主要表现为某种艺术因素渗透在创作中，稀释了当时对创作干预过多的国家意志和政治宣传功能；文化大革命后的 80 年代的创作中，‘民间’常常作为新的审美空间，并以‘文化’为特征来取代文学创作中过于强大的政治意识；而 90 年代以来，作家们从‘共名’的宏大叙事模式中游离出来以后，一部分在 80 年代就有相当成就的作家都纷纷转向民间的叙事立场，他们深深地立足于民间社会生活，并从中确认理想的存在方式和价值取向”①。陈思和等人还着重分析了老舍创作中的民间精神及其表现。他们认为，“老舍从 60 年代初开始创作的带有自传性的小说《正红旗下》属于其最为成熟的作品之列，在艺术造诣上几乎超过了他以前的任何小说，从已完成的篇章我们可以看出老舍在这部作品中的追求：即以自传为线索，表现社会风习与历史的变迁，与他过去的写作不同的是，他在这部作品中对本民族——满洲旗人的生活习气作了出色的表现。对这一目的来说，自传性提供了一个很好的观察、进入历史与审视民族风习的视角。老舍一方面又回到他以前创作的审视国民性的角度，另一方面，在不违背时代共名的前提下，他以个人所见所闻的民族风习及其变迁为叙述的中心，与本民族的历史保持一种亲熟的反省态度。这种态度与《茶馆》类似，是采取了一种把重大的历史事件与思想主题化入对日常生活的描绘之中的叙事策略，从而由时代共名走向对民族民间风习的诗意描绘”②。

这种共名在“自名”的过程中，并非总是和谐愉快的，而是常常充满着矛盾的抉择和分裂的痛苦。为此，老舍常常以幽默的方式乃至侠义精神

---

① 陈思和主编：《中国当代文学史教程》，复旦大学出版社 1999 年版，第 363 页。
② 陈思和、刘志荣：《多民族文学的民间精神》，《中国文学研究》2000 年第 2 期。

来缓解艺术表现的矛盾和痛苦。马海认为，老舍的幽默不仅受到西方幽默思想的影响，也有着本土性因素。它以中国民间社会的现实土壤作为文化背景，与北京民间的大众心态，以及民间对苦难的超强忍耐力紧密联系在一起，从而形成了其幽默中特有的民间精神内涵。"老舍式的幽默是与民间对苦难的超强忍耐力联系在一起的。应该说，北京民间艺术的喜剧风格，或多或少地缘于清末以来的的历史生活，或多或少地也缘于当时的民间社会生活。京城所历风云变幻的戏剧性、喜剧性，京都民间小民的苦中作乐，冷眼看世相的传统，以及自嘲自讽的倾向，都是老舍幽默的形成因素。透过民间的残酷现实，我们能发现，幽默作为一种大众的心态，通常正是一种非激情状态，其功能正是对于激情、冲动和高压下的苦难的化解。"① 而在高翠英看来，老舍自小深受侠文化的影响，在其人物身上也体现出古道热肠的侠义精神，在他们身上寄寓了老舍试图从民间精神重塑民族性格的企望。"老舍是一位自童年起就从传统曲艺和小说中深受侠文化影响的作家。他的小说虽然幽默，但字里行间却浸透着民间气息，充溢着一个'义'字。他的长篇小说中每每活跃着一两个侠客的影子。自唐传奇、话本小说以及至今的武侠小说中，'侠'作为超越正统公理而独立存在于民间的自由精神而为众多读者所熟知。处于社会底层的人们，他们的人身安全和生活都没有固定的保障，面临随时而至的天灾人祸，其本身的自卫和抵御能力极其有限。当逆来顺受也难以摆脱人生的苦难时，除了寄托于神灵的保佑外，便是祈盼现实中能有人挺身而出，行侠仗义，排危解难。因此，崇侠心理是在长期的历史发展中积淀的弱者心态的典型呈示。中国古代侠义小说中表现的除暴安良、劫富济贫、铲奸除害，正是民众理想的正义观念。就老舍自身而言，他曾在急剧变化的社会和纷扰的时代思

---

① 马海：《幽默的民间精神内涵——从民间的角度看老舍幽默风格的形成》，《安康学院学报》2007 年第 6 期。

潮面前保持心态的平和及谨慎，与当时的政治意识形态和文坛论争都冷静地保持距离，但当整个民族陷于生死存亡的关键时刻，他毅然将妻子抛在后方而加入到抗战的洪流中，这本身即是一种'侠'的精神。老舍小说中许多人物也暗合着这种侠义精神。"① 这种以中国传统民间文化视角来探视老舍等少数民族作家作品中民间精神的尝试，一定程度上细化了少数民族文学的解析方法。

王光东从文学史的角度，重新确立了"民间"概念的基本内涵，提出中国现代文学中存在的三种主要民间理念，即启蒙文化视角下的民间观，与政治意识形态密切相关的民间观，从民间立场理解"民间"的民间观。这三种民间理念在不同历史情境和不同作家创作中又有不同的表现。中国现代作家走向"民间"有着不可忽略的价值意义：一是丰富了文学创作主体的精神、情感，带来富有本土内涵的个性化艺术世界；二是意识到"民间"是新文学生成、发展的重要的精神资源和审美资源；三是为知识分子精神提供了现实的文化土壤和发展的多种可能性。"沈从文、老舍和赵树理是来自民间，并从民间立场理解民间文化的三位作家。这是中国现代知识分子与民间关系的第四种类型。如果说胡适等人在体现民间文化的民歌中，从启蒙——民间立场发现了民间的语言形式及情感表达方式的现代审美意义；那么，沈从文则以知识分子的民间立场，在美丽、纯朴的湘西，描绘着那种'自由——自在'、相对活泼、体现着下层人生活情趣和态度的民间世界，他把一种人性的理想融于民间文化形态中，或者说他在民间中发现了这种人性的理想，一种更合理、更严谨的伦理道德标准，他倾心描绘着这种民间形态及其意义的庄严。民族文化形态里出现了另外一种特征——纯朴、善良、富有生命的自由活力，这

---

① 高翠英：《趋向世俗的道德伦理叙事——老舍小说论》，《胜利油田师范专科学校学报》2005年第4期。

种活力鼓舞着他以自己的天赋赞颂家乡的神话、习俗及原始的仪式，而不是对他们进行贬斥。老舍与沈从文虽然都从知识分子的民间立场去理解民间，但他关心的是民间自在的生存逻辑和自由生活渴望在社会动荡、变化中的呈现形态……祥子的毁灭既是对社会、市民文化、甚至也包括着对民间文化的批判，但他又在民间立场上体现了中国现代作家的现实战斗精神传统。这样一种写作与知识分子启蒙立场或政治立场的写作不同，它从民间的视角为中国现代文学带来了富有本土内涵的艺术世界，也直接启示我们从这一视角重新理解民间文化形态在中国现代文学中的意义和价值。"① 显然，在他所关注的三位作家中，沈从文和老舍都是少数民族作家。这似乎间接表明，少数民族文学与民间精神有着天然的关联。

作为少数民族代表性作家之一，沈从文一向受到评论界热议。有关学者重点探讨了他的代表作、"20世纪中文小说100强"排名第二的《边城》所体现的民间精神。如宋卓森认为，"《边城》是一个多维的复杂构成，文体结构与意味具有多层次性，体现了对《边城》形态的整体性艺术关照。它在写实层面上相当逼真地展示了边城中的世态人情和不可避免的悲欢离合，洋溢着浓郁的生活气息。当然，其中也确实存在着对现实悲剧人生的描写。如翠翠的父母之死、祖父之死，以及天保之死和爱情悲剧等。然而在深层的本源于原始无意识的艺术象征，《边城》内蕴的求仙意象却占有着十分重要的地位，并决定了《边城》的艺术意象在主导方面必然是对民间原型的重构。其中贯穿文本首尾的一个核心意象就是对民族集体无意识中的求仙情结的置换再造出来的拟仙意象。从原型批评的观点来看，这正是作家在想象世界中成了民族无意识的代言人的具体表现"②。在杨汉瑜眼中，《边城》通过龙舟赛、对歌、丧葬等习俗的描写，烘托了湘西苗族人

---

① 王光东：《"民间"的现代价值——中国现代文学与民间文化形态》，《中国社会科学》2003年第6期。

② 宋卓森：《〈边城〉的"仙境"构拟及意义》，《泰山学院学报》2005年第5期。

民对爱与美亘古不变的热忱以及对生命的持续敬重，并一定程度上印证了沈从文的民俗记忆，回应了他对湘西人性美的守望。"民俗的内涵本来就是多元而含混的。任何一个民族、一个地区的民俗都是善恶兼具、美丑杂陈的，湘西也不例外。但是沈从文的《边城》却给了我们一个唯美的民间世界，涌动其中的良俗美情成为无数城市人追慕的生命理想，这也许就是沈从文创作《边城》的初衷，他希望用湘西那健康、优美的人性疗救都市人的'文明病'。"① 而彭建成则认为，世家大族的光荣历史，与两代血亲的长期共同生活与紧密联系以及与生俱来的传统文化精神的浸润，酝酿和激发了沈从文大量的血缘亲情叙事，成为沈从文执着于民间精神立场书写的主要动力源。② 上述对于沈从文作品民间精神的合围式研究，无疑强化了少数民族文学研究的集束效应。

除老舍、沈从文等老一辈经典作家外，学者们对张承志、栗原小荻、蔡测海等少数民族作家民间情怀的阐释也值得关注。杨秀明以张承志的散文为研究对象，以其与鲁迅的精神契合为切入点，认为张承志的《致先生书》、《再致先生》、《鲁迅路口》和《文学的"惜别"》等作品通过个人阅读经验即"把握"对鲁迅文化理念的精神阐释，在日本情结、批判民族主义和世界主义、捍卫民间精神信仰等方面都与鲁迅产生了强烈共鸣。这种民族历史观照的"交集"，既包括张承志试图从鲁迅身上寻求知识分子立身的精神资源，延续之后的"再阐释"也表达了全球化过程中保存文化多样性的当代话语。③ 王菊等指出，栗原小荻有白族的族裔身份和传奇的人生经历，这些构成了他自己的生存哲学——对个体生命、民族历史、人类

---

① 杨汉瑜：《〈边城〉的苗族民俗记忆与生命意识》，《贵州民族研究》2013年第2期。
② 彭建成：《守望传统文化的精神家园——沈从文小说与散文中血缘亲情书写解读》，《中国石油大学胜利学院学报》2012年第4期。
③ 杨秀明：《民族历史观照中知识分子的"交集"——从张承志的散文看其对鲁迅的再阐释》，《沈阳师范大学学报》（社会科学版）2011年第5期。

进程、文学艺术的密切关注和独立思考以及独特表述。他以文学创作的符号，在想象与现实之间寻求着自己来自草根社会的身影；以文学评论的语词，在现象与理想之间圈点着自己不羁的心路历程。在文学创作与文学评论重叠的视界里，栗原小荻站在民间立场，运用民族之思，展演着对文学艺术的不懈追求。特别是，在文学创作基础上积累起来的他对文学现象、文学事件、文学作品、作家诗人、文学发展等进行的动态的、宏观的敏感思考和多维观照，无不体现出自己独具特色的文学观。"在栗原小荻的民间立场中，我们能看到的是在艺术上追求一种自由的表达，和保持个人写作的独立性。相对于50年代作家赵树理的与启蒙精神和国家意志相统一的民间立场而言，栗原小荻的文学创作和文学评论采取的是与先锋精神和个人独立意志相契合的真正的民间立场，追求一种自在地探询和自为地表述的生存方式。"[1]万莲子在分析蔡测海的《三世界》时，认为民间立场的思考可提供与当时当地主流文化意识截然不同的景象，能使民众精神自在地显现。特别是在21世纪后半叶的中国，民众的体验更能突出历史形形色色、琐琐碎碎的细节，进而突出这些细节的真实性对于历史的重大意义。站在时间长河的坐标点上，《三世界》尽管有意掩盖现实的真实性，把真实化入古歌的睿智中，把逼真的生活场景遁入亘古不变的时间之流里，但亚细亚、叉木架屋这些不无象征意味的地名，又无形中拉近了小说与读者之间的距离。论者同时提出批评，"现时的作家，由于传统的'人类灵魂工程师'岗位意识因时代的变化而被逐出，因此愈发拥有了以个人化的方式理解和叙写时代现实的自由。《三世界》的作者就是这样以民间立场解构了个人记忆中的世界的。作者似乎是极随心地将荒诞变形与写实叙事相纠合，但由于荒诞变形在该作品中不过是一种行文技巧，还远未达到娴熟

---

① 王菊、罗庆春：《从本能到自觉：民间立场坚守与批判精神高扬——栗原小荻文学评论思想探析》，《当代文坛》2007年第5期。

运用的地步,因此,反倒冲淡了作品中俯拾即是的深层哲思,与中国历史文化背景不吻合"①。这些关于少数民族作家作品的个案研究,表面上看与我们所设定的"总体研究"有一定距离,但因其选择对象与研究方法具有相当程度的理论参考价值,故而对少数民族文学研究来说具有一定的普适性。

此外,纳张元对云南少数民族作家创作所体现出来的边地意识与民间精神的提炼,李国平等对"卫拉特蒙古"民间文化精神空间的开掘等,对我们把握区域性少数民族文学的民间精神有启示作用。特别是美籍学者郁丹对史诗《格萨尔》民间精神的阐释尤具新意。论者认为,"从个体发生来说,《格萨尔》史诗中投射出一个人从婴儿成长为成年人的理想之路,四种基本美德频繁地出现在格萨尔的行为中,诸如高尚、勇敢和智慧等。这种投射的效果体现在游牧文化道德结构的基础中,其中,个体牧民的成熟被认为是格萨尔英雄性格的体现,或是对格萨尔王和其他在牧民中广为流传的著名人物的模仿。从系统发生来说,格萨尔不仅仅是一个英雄个体,而且是一个集体意义的人,体现了他的人民和民族的全部整体性。在这点上,《格萨尔》史诗投射的结果,是岭国的民间灵魂、民间精神和民间高贵品质,是向其周边民族的宣言,它清楚地向由其他族群带来的战争表达了其防御机制。同时,系统发生的社会文化结果或格萨尔集体人格的个性化有启发式的价值,这使实际生活中的西藏游牧人群的文化和宗教差异凸显在周围非藏族的环境中。在这个意义上,格萨尔王作为一个英雄,标志着藏族(特别是藏族牧民)的民间文化认同。"②

同时,少数民族网络文学的新民间精神也应引起我们的注意。"网络

---

① 万莲子:《寻找人的定位的精神守望者——评说几部湖南长篇小说》,《湘潭大学学报》(哲学社会科学版)1997年第3期。

② [美]郁丹:《英雄、神话和隐喻:格萨尔王作为藏族民间认同和佛教原型》,《西北民族研究》2009年第2期。

文学写作主体的匿名性、情感书写的自我性、表达立场的民间性、价值诉求的平民性、呈现方式的灵活性显然较传统纸质文学更为显著和充分，以致某些研究者将其归类为'新民间文学'或'泛民间文学'。作为区域化、族群化的个体写作方式，少数民族网络文学的自我性主要表现为创作主体的个体创作、私人情感的率性抒发和接受过程中的个体认同。因为网络文学创作的互动性，导致读者主体、人物主体和读者主体三者间的高度间性特征。其间，三种主体不仅具有不确定性，而且角度可以切换，身份便于互置。从这种意义上讲，貌似高度个人化的网络文学写作同时具有了某种集体创作、民间流传、大众塑型的平民文学意味。"① 不难预期，随着网络时代少数民族文学以及少数民族文学研究中民间意识的觉醒与新民间精神的倡导，少数民族文学事业的民族性与现代性将同时得到别样的强化。

五　现代性话语

"现代性"似乎永远处在成长的路上，"进行时"成为其永不倦怠的时态选择，发展性、开放性、未来性、世界性是其关键指标。一般认为，现代性开端于启蒙时代以来新的世界体系生成时期，是指一种持续进步的、既合规律又合目的的、不可逆转的关于发展的时间观念。现代性推进了民族国家的历史实践，并且形成了民族国家的政治、经济、法制与文化观念，建立了高效率的社会组织机制，创建了一整套以自由、民主、平等为核心的价值理念。据此推论，对于"中华民族"、"中华人民共和国"、"中国人民"等现代民族国家观念的价值认同以及由此而来的相关话语系统，是新中国少数民族文学及其研究活动现代性的突出表征。

毫无疑问，"现代性"对于包括少数民族文学在内的新中国文学事业

---

① 龚举善：《少数民族网络文学对于当代文学史的建构功能》，《当代作家评论》2014年第5期。

极其重要，并明显成为新时期以来学术界阐释各种中国文学现象的关键词。"一个众所周知的事实便是：'现代性'概念及其知识体系的出现使得我们对于 20 世纪中国文学的理解找到了一个更具有整合能力的阐释平台，改变了以前那种单凭'走向世界'的激情而从不同知识概念体系中任意支取话语的状况。从'现代'而到'现代性'，虽然是一字之差，却包含着对于一种知识话语的自觉的追问和清理。通过知识的清理，我们过去关于'现代'、'现代性'、'现代化'的或零散或随意或飘忽的认识都第一次被纳入到了一个完整清晰的系统当中，并且寻找到了在人类精神发展流程里的准确的位置。"① 正因为如此，学者们不仅以现代性的眼光重审中国当代文学，而且常常从现代性的角度打量近代以降特别是五四以来的近现代文学道路。在王晓初看来，"中国现代文学的研究中，虽然'现代性'的过度阐释造成它的钝化与泛化，但它却是中国现代文学学科之所以成立的合法性基础，因而亟须对造成这一概念混乱与歧义丛生的逻辑前提及其思维方式加以清理与厘定。在探讨中国现代文学之现代性问题上始终存在着两种思路：一是立足于中国现代（性）文学发展实际的探索；二是来自于西方后现代（现代）性理论的启迪与应用。事实上，现代性文学首先根源于一种历史现代性——现代文明的创造，因而具有普适性的人类价值，也具有萌芽、生长、发展、衰亡的过程；当它扩展和弥散到不同国家、地区、民族之后，又形成更加丰富多样的具体的特殊的现代性，同时由于'现代性'本身便孕育了自身否定自身的内在张力，因而又是一种充满内在矛盾与张力的悖论性结构。历史与辩证的态度是我们探讨现代性问题的一个基本立场"② 。基于此，在我国少数民族文学研究中，"不管是有意或无意，都无法回避现代性的话语，而且这种批评中的现代性话语言说目前已不仅

---

① 李怡：《多重概念的歧义与中国文学"现代性"阐释的艰难》，《社会科学研究》2005 年第 5 期。

② 王晓初：《中国现代文学研究之"现代性"话语批判》，《理论学刊》2012 年第 11 期。

仅局限于少数民族文学的现当代作家和作品。现代性作为一种少数民族文学批评的价值取向或作为批评的逻辑起点，已被较普遍地使用。现代性的话语意义使得我们的少数民族文学创作和批评赋予了较之传统的美学分析更丰富的内蕴，从而进一步地推动了作家的创作，繁荣了我国的少数民族文学事业"[1]。

相关学者就五四以来现代民族国家及其文学的现代生成发表了看法。李扬认为，"将五四文学仅仅理解为'个人性'的'启蒙'文学，将其与同时兴起的'民族国家文学'以及随后产生的'左翼文学'乃至'延安文学'、'十七年文学'、'文革文学'对立起来，将'启蒙'与'救亡'对立起来，实际上过于狭隘地理解了'五四文学'乃至'启蒙'的真正意义。事实上，20世纪中国现代性的'启蒙'并不仅仅是指'个人'的觉醒，它同时还是作为'想象的共同体'——民族国家的觉醒，'救亡'不但不是'启蒙'的对立面，而且是'启蒙'的一个基本环节。正因为这一原因，中国现代文学中的'个人'就始终是民族国家中的'个人'，或者是作为民族国家变体的另一个'想象的共同体'——'阶级'中的'个人'。正是在这个意义上，我们有充分的理由将'左翼文学'、'延安文学'、'十七年文学'乃至'文革文学'视为'二十世纪中国文学'这一现代性范畴不可或缺的组成部分"[2]。杨春时等从现代性视域论述了中国现代民族文学的发生机制："在现代性发生前，还没有自觉的、现代意义的民族和民族文学。在传统社会，民族还只是一个自然的族类，还没有成为自觉的人们共同体，没有形成民族国家。民族国家是现代性的政治载体。传统的国家是王朝国家，而不是民族国家，它不是以民族为主体，也不是作为民族利益的代表获得合法性，而是以所谓神意来获得合法性。这个时期还没有形成

---

① 欧阳可惺：《现代性意义与中国少数民族文学批评》，《民族文学研究》2003年第3期。

② 李扬：《中国当代文学史史学观念笔谈——没有"十七年文学"与"文革文学"，何来"新时期文学"？》，《文学评论》2001年第2期。

民族意识，民族的'想象'还没有发生。在欧洲文艺复兴以后，现代性发生，民族意识觉醒，开始了对民族国家的'想象'，从而导致现代民族国家产生。"① 他们这里所指涉的民族和民族文学固然是广义上的民族及其文学形态，但其中显然包含了构成"中华民族"的各具体民族及其文学方式。正是在这种意义上，论者认为，民族文学与世界文学是现代性的双生子，民族主义与世界主义冲突所引起的双重变奏，构成了中国现代文学的主旋律。汤晓青明确指出："少数民族文学研究是中国文学研究的有机组成部分。20世纪中国文学研究的现代化进程，在学术理念、研究方法、治学手段等方面都有所突破，研究成果极为丰富。在文学研究界思想极为活跃的20世纪80年代，少数民族文学的研究工作开始起步，很快就步入了科学化、规范化的轨道，显示了自己的独特的学术价值。"② 上述有关中国现代文学及其研究现代性发生的总体概括，大体符合实际情况。

关于新中国少数民族文学的现代性表征，有关学者进行了必要的研讨。刘大先在研究中发现，"在特定意义上来说，'少数民族'与'少数民族文学'都是'现代中国'的产物（这当然并不是说它们在前现代中国作为自在物不存在，这是两个问题），与人类社会历史中一切观念性现实一样，当少数民族及其文学成为某种话语性、结构性的力量，它就具有主动性，与它从中诞生的那个母体交相映应互动。而在这样的讨论中，现代性的理论话语会作为一种隐伏的背景伏藏在本书叙述的始终"③。李胜清认为，"随着现代性规划的日益展开，当下中国从总体性上已经呈现出现代性的状态或现代性的发展诉求。作为总体社会生活不可或缺的有机部分，少数民族生活也相应地调整着自己的价值身份与姿态，以便生成一种契合

---

① 杨春时、肖建华：《中国现代文学民族主义与世界主义的双重变奏》，《学习与探索》2007年第4期。

② 汤晓青：《民族文学研究的发展机遇》，《中国社会科学院院报》2003年11月13日。

③ 刘大先：《现代中国与少数民族文学》，中国社会科学出版社2013年版，第2页。

于现代性的物质生活方式与社会基础。而作为这种现实生活的审美镜像，少数民族文学自然责无旁贷。就此而言，当下少数民族文学的公共性表意主要就是从文化观念的层面来言说少数民族生活的现代性性状，提出事关这种现代性生活的问题意识或者为这些问题提供观念性的解决方案。其核心意向包括：少数民族现代性生活是否具有历史的必然性与可能性？其现代性的独特内涵与社会地位是什么？在其现实性上，它是如何遭遇和面对现代性的？在这样的语境中，它又是怎样处理民族化传统与世俗化、商品化的关系以及自我与他者的关系？很显然，当代少数民族文学的公共性命意正是基于这样一系列问题意识而生成的，它的根本目的也旨在澄明和阐发这些问题及其所引申的深层义理"①。陈祖君则将当代少数民族文学的现代性表征称为"现代转型"。他认为，这一转型可以从现代文体的产生、作家队伍的形成、现代思想意识在少数民族文学作品中的弥漫、在不同历史时期和不同民族的不同表现、跃过中国现代文学发展所经历的各个阶段而直接汇入当代文学发展的潮流等多个方面加以认识。他强调，不应片面地判断这种转型是进步抑或后退，而应注意到少数民族整体生活的变化和文学变化的事实。②罗义华在回顾 20 世纪中国文学发展历程时得出结论——中国文学现代性的未完成形态决定了在总体格局中处于相对弱势的各少数民族文学更需要加速建构或重建真正的现代品格。这种品格的核心就是忧患意识、进取意识、整体意识、自由意识、开放心态。新时期以来的各民族文学走的正是这样一条重建现代品格的道路，鉴于中国文学整体格局中依然存在的不平衡性，这条重建之路还很漫长。③

少数民族文学及其研究中的现代性观察，还突出地表现在新中国成

---

① 李胜清：《当代少数民族文学的公共性意向发微》，《民族文学研究》2012 年第 6 期。

② 陈祖君：《论中国少数民族文学的现代转型》，《宁夏社会科学》2009 年第 6 期。

③ 罗义华：《文化的乖离与重构——全球化语境中的民族文学创作主体性批判》，《民族文学研究》2004 年第 3 期。

立以来若干少数民族文学史的建构过程之中。对此，吕微发表了他的看法："民族文学史的编写在短时间内（对于学术积累而言，二十年不算漫长）的集中繁荣反映了建构中国现代民族国家这一特定现代性诉求，并且反映了中国现代性方案的独特思路。至于特别选取文学史这一学术样式来整合多元民族的自我意识，则与'五四'以来文学史所承载的为中国现代性发展提供文化依据的历史、社会功能直接相关。中国现代性的发展不仅需要政治性的表达，同时也需要文化性表达（文学无疑是文化最集中的表达方式）的援助，而且更需要来自历史理性（从历史规律而不是神圣源泉中引伸出现代价值）的支持，由此，文学史就成为中国现代性的推动者们最为属意的学术样式之一。"[①] 在此期众多少数民族文学史的编写过程中，"革命现代性"成为基本话语策略。吕微认为，我国大规模地编写中国少数民族文学史始于 20 世纪 50 年代末，并形成了 60 年代初和 80 年代至 90 年代两次写作高潮。中国少数民族文学史的写作主要是一种以本土化的"启蒙现代性"即"革命现代性"意识形态和话语形式为主导的政府官方学术行为，但这并未彻底排除民族群体和学者个人在其中的意愿表达。"写作"在象征的层面转述了"中华民族"这一民族国家现代性方案的实质内容，其中包括：如何实现民族传统与现代国家意识形态的理性整合，以及国家、民族、个人之间的权力关系。他强调指出，"这是一次用现代思想对民族遗产所作的空前规模的整理，也就是将民族遗产纳入到一个现代方案的历史框架中重新予以定位和解说（批判地继承），使之成为现代民族国家所能理解和接受的历史前提，其成绩是可观的。尽管有人可以批评据以整理、阐释民族文学传统的现代历史框架不乏一定的虚构成分，但是如果我们确信任何历史记忆都有人

---

① 吕微：《中国少数民族文学史研究：国家学术与现代民族国家方案》，《民族文学研究》2000 年第 4 期。

们当下意识的主观选择在内（克罗齐不是说过，一切历史都是当代史），我们就会对这段写作历史持较为宽容的理解态度"①。辩证地看，通过文学史的编写来"规范"少数民族文学的现代性只是问题的一个方面，我们还应注意到少数民族文学对于当代主流文学史建构的现代性意义。

此外，杨玉梅的《世纪初少数民族母语写作的时代性与民族性特色》（《北方民族大学学报》2012 年第 1 期）、胡康华的《现代性与新疆当代多民族文学》（《新疆财经大学学报》2012 年第 3 期）、丁琪的《蒙古族生态小说中的科技想象》（《黑龙江民族丛刊》2011 年第 4 期）、李晓峰和李华戎的《现代性诉求、文化认同与文学资源的当代转换——以蒙古族长篇叙事诗〈巴林怒火〉为个案》（《大连民族学院学报》2008 年第 4 期）等论文分别论述了 21 世纪少数民族文学创作的时代趋同性以及新疆各少数民族文学、蒙古族生态小说和长篇叙事诗《巴林怒火》的现代性蕴涵。蒋芝芸、田美丽等专文分析了满族代表作家老舍作品中的现代性追求②，吕微、杨毅等则分别探究了现代中国民间文学的现代性方案以及消费时代少数民族文学遗产的审美再生产问题。③ 限于篇幅，此处不再详加介绍。

关于新中国少数民族文学如何达成民族国家现代化的路径，叶舒宪从人类学与后现代知识观的立场，批判了文野二分的中国文化观及西方现代性文学观。他依据中国文化内部多样性与多源性的构成特征，根据中原汉民族的建构过程离不开周边少数民族的文化迁移、传播与融合运动的事实，要求改变那种以汉族汉字为中心叙事的历史观和文学史观，突破那种

---

① 吕微：《中国少数民族文学史编写中的学科问题与现代性意识形态》，《民族文学研究》2001 年第 1 期。

② 分别参见蒋芝芸《略论中国现代少数民族文学的现代性》，《湖北民族学院学报》（哲学社会科学版）2002 年第 3 期；蒋芝芸《从老舍创作看中国现代少数民族文学的现代性》，《河海大学学报》（哲学社会科学版）2003 年第 1 期；田美丽《潜隐和张扬：老舍民族意识的独特表达方式》，《中央民族大学学报》（哲学社会科学版）2006 年第 5 期。

③ 分别参见吕微《现代性论争中的民间文学》，《文学评论》2000 年第 2 期；杨毅《少数民族文化遗产：消费时代的审美再生产》，《洛阳师范学院学报》2013 年第 4 期。

划分多数与少数、主流和支流、正统和附属的二元对立窠臼,进而提出重建文学人类学意义上的"通识"性中国文学观,倡导从族群关系相互作用的建构过程入手,在中原王朝叙事的正统历史观之外,探寻重新进入历史的新门径。他说:"民族国家作为现代性的话语建构,其所具有的'想象的共同体'性质,是在文化人类学反思性的后现代语境中才逐渐被认可和接受的。文化人类学作为以研究原始民族而起家的一门新兴学问,其认知的性质和知识结构本身都带有非西方中心的、非主流的、非贵族化的倾向。这种认知倾向,对于解构西方现代性知识/学科之合法性和普适性,重构以少数族裔和弱势话语为特色的、另类视角的全球新知识系统,发挥着重要推动作用。因此之故,人类学的文化相对主义原则、文化多样性原则和地方向性知识范式,都成为后现代知识观得以确立,并挑战和取代现代性知识观的学理基础。"① 在李长中看来,"民族文学在初生之时便以阶级认同重构他者,在强调各兄弟民族情谊基础上巩固中华民族共同体,构建同质化中国;其二,当代少数民族作家由于各种原因而缺乏系统的知识储备和良好的文学修养,民间文化尽管可以给他们丰厚的创作资源,但基本写作技巧和基本创作常识的匮乏必然制约他们观察生活、书写生活的广度和深度,难以担负起新时代民族国家对少数民族文学的话语想象。所以,主流话语常常通过作协、研讨班、改稿会等形式对少数民族作家进行思想和艺术层面的引导,促进其尽快转变到民族国家的文学想象之中"②。新时期之后,改革开放过程中民族政策的调整、相对宽松自由的宗教信仰环境、迅速拓展的社会生活领域以及人文思潮中寻根文学的倡导、传统文学观念的解体、西方理论的引入等多因素综合作用,启蒙现代性得以"复

① 叶舒宪:《中国文化的构成与"少数民族文学":人类学视角的后现代观照》,《民族文学研究》2009年第2期。
② 李长中:《当代民族文学启蒙叙事的现代性迷思——从新时期到新世纪的一个考察》,《北方民族大学学报》(哲学社会科学版)2011年第2期。

兴"，并自觉升华为一种理性诉求参与了新时期民族文学的历史建构和品格营造，为民族文学的发展提供了价值判断的维度和不同于传统的文化生态语境。特别是后殖民理论的引入，民族作家的文化身份问题跃出历史地表，民族自身的文化痼疾和民族劣根性自然成为民族作家理性审视和激烈批判的对象，民族作家开始摆脱意识形态话语的单一视角，以一种现代性意识重新审视本民族的生存状态和精神风貌，当代民族文学开始颠覆前一阶段的认同式启蒙书写，体现出一种强烈的批判性启蒙精神，诸如落后的婚姻制度、非人道的复仇习俗、不合时宜的伦理道德、缺乏继续生长动力的传统文化等。雷锐的专著《壮族文学现代化的历程》（民族出版社2008年版）从远古时期开始介绍，力图揭示壮族文学诞生以来一直蕴藏于其中的特点及其进入近代后的新发展。著者认为，五四新文化运动使壮族文学受到冲击并开始了现代化的进程，中华人民共和国成立后有了重大推进，新时期以来壮族文学终于出现了现代化的质的飞跃，追上了中国文学现代化的脚步。该著虽是关于壮族文学现代性诉求的个案追踪，但它对于新中国少数民族文学现代步履的历时性分析方法具有普遍适用价值。

少数民族文学的现代性追求带给当代文坛以怎样的影响，亦即少数民族文学现代性阐释的功能性问题，也是学者们关注的话题。张永刚以西南少数民族文学为例，正面肯定了这种现代性的积极功能。他说："在新中国成立初期大放异彩的西南边疆少数民族文学，为新中国这个统一的多民族国家形象的丰满起到了巨大的促进作用。这一时期西南边疆少数民族文学虽然继续保持着中国现代性阶级斗争叙事的基本思路，其二元对立的思想特点还得到进一步突出，但不可否认的是，在它的主体意识中大大加强了民族的自我意识，所写的题材往往来自本民族的现实生活和历史之中，所塑造的形象则是本民族（或者民族作家所了解的其他少数民族）的人物形象，用以负载对新生活美好向往之情的自然风光、民俗民风无不充满了特殊的民族韵味，民族的与时代的因素被较多结合在一起。中国当代西南边疆少数民族文学就这样翻开了它亮丽的第一页。"① 他还在其独撰的《全球化时代西南边疆少数民族作家的文化认同与文学表达》与合撰的《现当代云南少数民族文学的历史演进》等文中，阐述了西南少数民族文学的现代性、后现代性以及云南少数民族文学的现代化进程问题。刘大先在承认"现代性"本身较为复杂的前提下认为，"20 世纪 80 年代以来的中国文学在思想解放的潮流中，普遍接受启蒙现代性的指引。随着不同文学潮流的出现，少数民族文学逐渐获得主体性言说的自觉，构成了与主流文学话语对话的多元化成分，它的意义在于在通过自我表述，而成为西方式现代性话语的他者对照，包含着反哺主流话语的潜力。"② 他同时指出，少数民族文学的再造文化记忆，显示了身份追求和特定认知合法化的尝试。其意义不仅仅在所叙述的内容本身，也不仅仅是其叙事形式的转变，更在于它们建立了与曾经的外来人的不同的感觉、知觉、情意基础上的概念认知工具。不仅是按照自己族群的修辞习惯、表述常态来发表主张，而且是把这种基于本族群的理解方式作为一种特别的知识方式，这实际上是从"全球化"、"现代性"、"消费主义"等范式中冲脱开来，它在推出主流叙事的同时也确立了另一种普遍性，丰富了人类认识世界的方式。③

当然，有些学者在研究过程中也表现出可贵的问题意识。藏族学者严英秀指出，褊狭静止的民族文化守护立场导致了少数民族文学现代性的缺失。她认为，仅仅有对本民族传统文化的守卫立场是远远不够的，文化是生长着的，没有亘古不变的传奇和神秘，千年的牧歌早已换上了新词，这就意味着我们必须得冲破本民族原生态文化的禁锢，走出对民族性一劳永逸的展示和歌颂，必须得沉潜于生活深处，敏锐地触及当下

---

① 张永刚：《当代西南边疆少数民族文学的主体倾向》，《文学评论》2012 年第 2 期。
② 刘大先：《新启蒙时代的少数民族文学：多元化与现代性》，《青海社会科学》2013 年第 1 期。
③ 刘大先：《叙事作为行动：少数民族文学的文化记忆问题》，《南方文坛》2013 年第 1 期。

人们精神生活的深处，关注本民族在社会进程中所经历的精神危机和蜕变，审视并回答民族特性、民族精神在全球化背景中的张扬、再造与重生的大课题。因此，"如何走出褊狭静止的民族文化守护立场，突破主流文化期待视野的制约，从而改变少数民族文学缺乏现代性、缺乏当下性的症候，从民族性走向更深刻、更广阔的人类性，这是摆在少数民族作家面前亟待解决的问题，也是具有长期性的一个话题"[①]。李长中也认为，作为多民族一体国家内的文学创作，少数民族文学无疑具有公共性身份特质。这种公共性主要体现在两个方面：一是少数民族文学表述着现代文化观念，这些观念对构建社会公共文化体系价值具有价值参与或引导功能；二是少数民族文学具有现代性审美价值，这些艺术或审美价值对中国文学史书写具有充实或完善功能。但学界多关注少数民族文学自身的独特性问题，对其公共性则缺乏应有的重视，因而制约了少数民族文学批评及文学史书写的现代性进程。[②] 牟泽雄指出了云南当代少数民族作家文学在对现代性的追寻中言说方式的迷误，认为这种迷误主要表现在没有找到自己的独特话题和没有能在话语转换中找到和创造出新的话语形式两个方面。只有真正构思出有效的言说方式，才能获得广泛的世界倾听，也才有可能以另类的姿态进入汉语主流文学，从而进一步与世界文学对话。[③] 何辉等学者则强调，"从中国的实际情况来看，新中国从成立后就在少数民族地区实施民主改革，制定一系列经济政策，帮助发展民族地区经济，取得巨大成就的同时，也大幅度输入了现代性和汉民族文化。现代性毋庸置疑符合人类历史的发展，也符合少数民族的发展，但

---

① 严英秀：《论当下少数民族文学的民族性和现代性》，《民族文学研究》2010 年第 1 期。

② 李长中：《少数民族文学的公共性与"多民族文学史观"之检讨》，《学术论坛》2013 年第 11 期。

③ 牟泽雄：《言说方式的迷误——以云南当代少数民族文学为例》，《昆明师范高等专科学校学报》2006 年第 3 期。

也对少数民族的传统文化带来了挑战，因为少数民族的传统文化是民族中的关键因素"①。上述研究者所持有的辩证眼光和忧患意识，一定程度上强化了少数民族文学现代性研究的理性色彩。

部分学者对现代性乃至后现代性本身进行了反思。范潇兮等认为，"以现代性价值为目标的主流文化正日益铺天盖地地向我们袭来，我们古老的传统文化正在被流行的现代文化替代，在中华文化面临严重失语和失落的今天，和汉族文化相比，我们历史悠久而形态丰富的少数民族文化还遭受着双重的挤压：一是西方的现代性文化，二是国家的主流性文化。于是，作为少数民族文化表征的民族文学……在这双重挤压下悲壮地突围，便是它唯一的选择"②。周景雷批判地辨析了现代性所造成的现实异化。在他看来，"现代性的诸种弊端并不在现代化或现代性本身，而在于现代性所带给人的现代体验改变了人与物的关系，改变了人与自然的关系，尤其是改变了人与自己的关系。一方面，人们懂得了如何追逐和如何占有、控制，如何无所顾忌地享受现代化所带来的身心愉悦和欲望的无限满足；另一方面，又不知身处何地，在充分享受之余，感到失落和不安"③。在此情境下，"后现代"应运而生。"后现代主义在对现代性的消解与拆除中，在批判现代性的'僭越'所带来的消极中，与现代性共同形成二元对立结构，后现代主义通过现代性获得合法性。'后现代主义在相当程度上是现代主义的延伸和发展，而不是现代主义精神的终结和衰落'"④。关于包括少数民族文学在内的中国文学现代性的未来前景，杨义作出了自己的判断。他预设，中国文学现代性在21世纪的发展，首先当追求平等和深入的

---

① 何辉、周晓琳：《少数民族文学与民族文化认同的构建》，《贵州民族研究》2013年第1期。
② 范潇兮等：《民族文学研究：在双重挤压下突围》，《西南民族大学学报》（人文社会科学版）2010年第2期。
③ 周景雷：《民族身份的超越与现代性的救赎》，《当代作家评论》2011年第6期。
④ 张园：《20世纪中国文学现代性反思》，《文艺评论》2003年第6期。

开放性,其次是对中国数千年灿烂辉煌的传统文化和文学的内在精神和智慧进行深度的现代性阐释和转化。①

事实上,秉持开放的、流动的、多元的现代化进程中的现代性观念,不仅符合现代性的内在本质规定,而且有助于推动少数民族文学及其理论研究的未来发展指向。黄万华论及百年华文文学现代性的思路值得借鉴。他说:"文学的现代化绝非一个普遍的统一的进程,20世纪的华文文学尤其是这样。文学的世俗化、通俗化是一种现代化进程。文学的精致化、'贵族'化也是一种现代化进程。五四时期个人主义的艺术追求构建了文学的现代性视野,随后无产阶级革命文学的'集团艺术'同样体现了现代性的追求。华文文学曾负荷了沉重的使命(不仅指政治使命,也指文化革命,如海外华文文学承担的传承文化、维系血脉的使命),也作过种种努力挣脱羁绊以重获自身,而正是这两种因素的互动,才构成百年华文文学的现代性概念。"② 朱德发等人也撰文指出:"文学的现代化和民族化,不仅仅是一种固定状态和固定时空的能指对象,而且是一个具有广泛发散性的所指过程,是一个具有丰富包孕性、形态多样性的审美意义开放系统。由于现代化作为一个普遍主义的理论、民族化作为一个文化种族主义理念,由于二者存在一个氤氲相生的转换过程,更由于它在世界范围内仍然是一个未完结的历史,所以很难形成一个理想的现代性和民族性相结合的真实典范。"③ 上述研究表明,少数民族文学及其研究中的现代性话语还将以更具包容性、前瞻性的姿态走向未来。

话语范型的生成及其系统化,标志着一门学科的成熟程度。新中国特

---

① 杨义:《关于中国文学现代性的世纪省思》,《文艺研究》1998年第1期。

② 黄万华:《共生、多元、互动——20世纪华文文学史的基本线索》,《东南学术》1999年第6期。

③ 朱德发、贾振勇:《现代的民族性与民族的现代性——论中国现代文学的的价值规范》,《福建论坛》(文史哲版)2000年第4期。

别是新时期以来，我国少数民族文学总体研究成果不断丰赡，话语范型渐次形成，为推动少数民族文学的持续繁荣和促进少数民族文学理论批评的纵深发展作出了无法忽视的贡献。但是，毋庸讳言，在这个过程中，少数民族文学总体研究的话语范型还不够丰富，民族特色还不够鲜亮，言说方式还有待创新，阐释力量还需要加强。凡此种种，预示着我国少数民族文学研究还有值得期许的拓展空间。

当代湘西少数民族文学中的
民族志特征初探

刘兴禄

（凯里学院贵州原生态民族文化研究中心）

　　摘要：当代湘西少数民族文学创作者用饱蘸民族情感的笔触，深入挖掘民族历史文化遗存，并予以当代观照。通过当代湘西少数民族文学作品，可以洞见其民族志书写特征，民族精神文化中的民族民间语言和民间文学艺术在作品中的传承与弘扬就是民族志特征之一。呈现在作品中的民族文化记述，不仅在某种程度上保护与传承着湘西非物质文化遗产，而且展示了别样民族志表征。

　　"民族志是民族学（文化人类学）家对于被研究的民族、部落、区域的人之生活（文化）的描述与解释。民族志是英文'Ethnography'的意译，词源出自希腊文'ethnos'（民族）和'graphein'（记述）。在古代，民族志曾经是各种身份和职业的人，根据自己的见闻，对其他地区、其他民族的一些记录。当民族学（文化人类学）作为一门学科建立以后，民族志就逐渐成为民族学家所作调查和研究报告的专称。"[1] 如果说民族

---

　　① 杨圣敏、丁宏：《中国民族志》，中央民族大学出版社2003年版，第1页。

学者、人类学者是分别带着民族学、人类学的理念通过田野调查来撰写民族志，那么，从小生于斯长于斯的民族作家描叙本土文化，带着情感和体验书写成长中的记忆，其作品自然也会彰显民族志特征，何况随着人们对田野作业概念的重新认识，田野的领域不断拓展，费孝通就指出："人文世界，无处不是田野。"① 同时，我们还看到，民族文学中的民族志书写是一种超越一般民族学科范畴的更自觉的追述回溯民族文化遗产的表述，它带着独特的体理表达出来，主观性会更强烈些，然而，无论如何，其民族志特征是显而易见的，我们通过梳理和透视，可以洞见另一种民族志表征。

湘西作为一方神秘土地，主要聚居着土家、苗等少数民族，湘西古老、丰富的民族文化遗存给湘西民族文学提供了厚实的文化与文学基础，哺育了一代又一代湘西籍作家，在新的历史条件下，湘西少数民族文学逐渐形成自沈从文之后的一个创作群体：彭学明（土家）、孙健忠（土家）、蔡测海（土家）、向本贵（苗）、侯自佳（苗）等。他们以冷静的眼光和平和的心性，追溯民族历史文化，创作了一系列具有民族志特征的作品，如彭学明的散文集《祖先歌舞》、《我的湘西》，孙健忠的长篇小说《醉乡》和小说集《娜珠》、蔡测海的长篇小说《非常良民陈次包》、向本贵的小说集《文艺湘军百家文库·小说方阵·向本贵卷》、侯自佳的长篇小说《荒村》等，从而留下民族历史文化的现当代记忆。民族志包括的内容和范围极其广泛②，本文仅就其中的三个方面予以探讨：民族民间语言的掘用；民族民间文学的生动承传；民族民间艺术的客观呈现。

---

① 费孝通：《继往开来，发展中国人类学》，荣仕星、徐杰舜《人类学本土化在中国》，广西人民出版社 1998 年版，第 12—14 页。

② 张有隽在《关于民族志若干问题的讨论》中，认为民族志研究内容和范围大致包括：1. 人类生态系统；2. 生物与人类；3. 文明起源与发展；4. 经济体系；5. 语言与传播；6. 社会组织与政治；7. 文学与艺术；8. 宗教与巫术等。见《广西民族学院学报》1987 年增刊。

一　民族民间语言的掘用

索绪尔认为:"语言是一种约定俗成的东西。"他还指出:"一个民族的风俗习惯常会在它的语言中有所反映,另一方面,在很大程度上,构成民族的也正是语言。"① 英国人类学者马林诺夫斯基也说过:"语言是文化整体中的一部分,但是它并不是一个工具的体系,而是一套发音的风俗及精神文化的一部分。"② 的确如此,作为文学形式最重要的构件——语言,尤其是民间语言,是一种活的立体的民间文化现象,是在特定的文化背景中发生的民众行为、民众活动,凝结着民众精神或民俗心理。本文中的民间语言主要是"指广大民众用来表达思想并承载着民间文化的口头习用语,其主要部分是民众集体传承的俗话套语"③。

当代湘西少数民族文学作品在语言的运用上与本土民间语言密切相关。一方面着力于吸取民族民间语言的营养,以更好地传达乡土挚情,展示民族文化;另一方面,致力于对民间语言的整合和掘用。少数民族作家们采用语言的民俗学视角,将民间语言看作民众习俗的一种,民间文化的一部分,将其置于民俗情境之中,使民间语言不再是孤立的词语形式,而是一种立体的文化现象。这些语言既表现在对各种称谓语、吉祥语、谚语等民间熟语的记述和运用上,也体现在经过"文化混血"后的作家书面叙述话语中。因此,具有民族志的意义。

首先,民间语言的掘用表现为对一系列在民众中普遍流传的常用型民间熟语的运用,包括对谚语(含俗语)、歇后语、流行语等的使用。运用这些带有地方色彩的民间熟语,使得作品具有浓郁的乡土气息。

---

① ［瑞士］费尔迪南·德·索绪尔:《普通语言学教程》,高名凯译,商务印书馆 1980 年版,第 37—43 页。

② ［英］马林诺夫斯基:《文化论》,费孝通译,中国民间文艺出版社 1987 年版,第 7 页。

③ 钟敬文:《民俗学概论》,上海文艺出版社 1998 年版,第 298 页。

就谚语来说，它被广泛用于民族文学作品中。例如，孙健忠的《醉乡》就不乏谚语："聚财犹如针挑土，败家好比水推沙。""嫁汉嫁汉，穿衣吃饭。"语言生动形象，浅显易懂，包含民间质朴的现实利益观念。向本贵作品中的一些谚语表达了民间的婚俗观念和日常生活观念。如，"鬼佬原来认为乖配乖，丑配丑，老狼婆子配野狗"（《蛊毒》）；"俗话说，生意买卖眼前花，锄头落地养全家"（《土地》）。彭学明用俗语"围猎赶仗，见者有份"（《雪地风景》），道出了湘西民间围猎习俗的群体性及其和谐分配规则。

歇后语作为民间熟语中的一块块砖瓦，凝结着民众生活与生产的知识与经验。向本贵短篇小说《蛊毒》中写道："只因为长得丑，至今还是筷子照镜，一条光棍。"孙健忠的《醉乡》也有描叙，如大头猫气鼓鼓地说："贵二哥，莫怪我说你，你这人太老实了。软泥插棍，越插越进。"（天九说：）"大狗算好看了，那是个绣花枕头，皮面好看，里头一包糠壳。"而流行语则折射着现实生活与时代气息。如侯自佳的《荒村》中记载了一些改革开放时代流行语："花酒"、"青春饭"、"胀死胆大的，饿死胆小的"等。

其次，民间语言的掘用表现在大量专用于某种特定的群体或场合的较为定型的特用型民间熟语的活用上，作为民间语言中很有特色的组成部分，它包括吉祥语、忌讳语、称谓语等。

吉祥语，又称"吉利话"、"口彩"，是被认为能给人带来好运的词语。在湘西民间广泛存在语言灵力信仰，认为吉祥语不仅仅能增加喜庆氛围，而且它具有给人带来幸福的实际效力。因此，在民间许多场所可以看到它的存在。小说《醉乡》中就有介绍，店老板在往日安放家仙的位置上，贴起一副对联："生意兴隆通四海，财源茂盛达三江。"横联："和气生财。"这些无不寄托着人们的美好祈愿。吉祥语尤其表现在一些喜庆或其他祈祷仪式中。例如，彭学明的散文《走滩》中记述了建房上梁喜庆中的吉祥语："他们及我们这些抢梁粑粑的，便真如掌墨师傅边抛边念的：今天抛了梁粑粑，男女老少笑哈哈，老的吃了添福寿，少的吃了增才华。"而祈祷仪式中的吉祥语在彭学明散文《庄稼地里的老母亲》里获得了很好的呈现：

> 一连二十多天了，不见风，不见雨，只见土地慢慢焦枯皲裂、庄稼慢慢失去绿意变得枯黄……母亲买来了个猪脑壳，又杀了一只鸡，摆上碗筷，用筛子端着来到地里，开始敬土地菩萨。……念："土地菩萨，你要显灵啦，我们好的让你吃，乖的给你穿，你要保佑我们风调雨顺、保佑庄稼丰收平安啦！"

在这里，作家不仅记述了吉祥语，而且描述了吉祥语使用语境，并通过仪式过程予以立体展示。

忌讳语作为一种充满灵力信仰的语言现象，在湘西民族文学作品中也有呈现。例如，《醉乡》里写道："大叔是旧时候的人，信鬼，信神，还信龙王；平时禁忌又多，过河人搭渡船，说话时，不准提到'龙、蛇、鬼、怪、翻、打、扑、沉'这类字眼。"对语言的禁忌体现了民众对美好生活的追求和对不愉快事件的排斥心理。

即使称谓语，也富有湘西地方特色，这从彭学明散文《打亲家》对小孩命名习俗的记述和解释中得到体现：

> 孩子多病体虚或其他什么原因不好养，父母就会想方设法把孩子寄拜给什么人或物的名下，以求孩子灾消病除，易养成人……有的把孩子寄拜给水井，水井就是干爹干妈，孩子的名字往往就叫"水生"或"井娃"；有的把孩子寄拜给岩头石山，岩头石山就是干爹干妈，孩子的名字往往就叫"岩头"、"岩山"。这是贱名贱姓，贱养贱得。更多的是为了贵名贵姓，贵养贵得，寄拜的对象往往是那些吃千家饭

的手艺人，为的是望子成龙成凤，走遍天下。

这种命名习俗及其地方性解释，展示了湘西民间质朴的崇尚信仰文化，为深层次探究湘西民间精神文化提供了线索。

再次，对一系列方言俗语的运用也表现出作家对民间语言掘用的努力。这一方面，表现在作品中出现许多具有民俗色彩的语词语汇，如"三月三"、"四月八"、"梯玛"、"坐堂戏"、"做阳春"等，而彭学明一些作品的篇名就直接运用民俗语汇，如《边边场》、《挑葱会》、《跳马》、《上刀梯》、《哭嫁》等。这些民俗色彩浓郁的语汇承载着丰厚的地方民俗文化信息。另一方面，表现在湘西民族文学作品的叙述语言里糅进了很多方言。孙健忠的《醉乡》就运用了大量方言习语。如："那满妹一手好勤快，有家教，懂礼，模样子又好，团转四十八寨，只怕找不到第二个了。"（老乔保对大狗说:）"你还回来做什么？这不是又从米箩箩跳回了糠箩箩吗？"这些方言俗语的运用，使得作品饱含着浓郁的乡土气息。

此外，湘西作家作品还追溯了民族民间语言的源头，展示湘西民间语言的某些初始形态及其特殊的表现形式。彭学明在散文《祖先歌舞》中写道："什么也不好表达，他们只有用这齐崭崭的喊声赞美丰收，歌唱土地。'呜呼呼!''呜呼呼!''呜呼呼!'"还有《秋收散板》篇中提道：人们唤风时发出一声"吆嗬嗬——"，风便丝丝而来。又一声"吆嗬嗬——"，风便呼呼而来。而《感恩祖先——代后记》则对此给予详细描叙：

我们最初的文字，是实物的文字……男方向女方求爱时，男方只要给女方吹吹木叶，女方就明白了。女方若喜欢男方，女方只要送男方一只鞋底，男方也就明白了。男方要求迎娶女方，只要在正月拜年时，在猪腿上留一只猪尾巴，女方就明白这是男方最后一次拜年，要迎女方过门了。女方若留下猪尾巴，表示同意过门，可以迎娶，若把猪尾巴砍下回给男方，意味着还不同意过门，不能迎娶，男方只能再等。

这些"实物的文字"作为可视事象的非言语系统的民俗指符，作为民俗符号世界中的一种重要方式，有条不紊地交流和传递着民俗信息。

最后，关于民族民间语言的掘用不仅体现在民俗语言的开掘上，还体现在作家将民族民间语言化在一种更为隐蔽的汉语书面语言表达之中。当然，这需要很深的功力，然而当代湘西少数民族作家正在进行着这方面的努力。

蔡测海在本土化的基础上追求着人物语言独特的言说方式。在长篇小说《非常良民陈次包》里，作家力求将方言词汇隐身于汉语表达之中，在简单而贴切的话语中表征着土家农民注重实际的思维方式，并以其特有的思维方式解构人们心中的语义。像陈次包对人的认识："粪臭，可以做肥料，人臭就什么也不是了。体面人臭点没关系，他面子上还体面，好比马粪，面子光亮里面是糠，起码也是马粪。粪也分等级，有贵粪贱粪，一个人又穷又臭是贱粪，菩萨抱的娃比爹娘生的娃值钱。"作者笔下的人物语言指向现实很平常的东西，但寄寓了主体赋予的象征或隐喻。

我们看看彭学明的文章，也可以窥见作家构建自己独特语言表述方式的努力。例如，"这黄黄的庄稼，似一层又一层黄黄的阳光，厚积着，铺排着，流过山坡，涌向山脚，再流过山坡，再涌向山脚。风吹起时，层峦尽染的秋色便是一山一山的翻滚起来，先是一波一迭地倒伏过去，再就一波一迭地挺立起来，浩浩荡荡的，有尽无尽"（《秋收散板》）。作家运用富有流动感的话语，构建出立体的鲜活情境，准确地表达了体验与感受，使语言特别具有张力和弹性。再看其纯朴情感下的纯朴话语："阳光出来了，阳光是暖和的。炊烟出来了，炊烟是暖和的。母亲出来了，母亲的叫声是暖和的。"（《雪地风景》）"天，软软地蓝着。水，软软地蓝着。温柔的音乐，软软地蓝着。"（《诗意的天空》）和缓的语调，切合着心跳的频率，似慈母轻拍着婴孩入睡，又似抚慰心理的琴音。民间语言的单纯质朴、清新明了、形象生动、活泼实在等特点都被作家吸收并糅合到其文学文本的字里行间。语句的清纯脱俗，活灵活现，不是用爽心悦目能说明的，只有那些真正用心去读，用心去体验的人才能领会其中的深意，享受到那股滋润心肺的甜美。这些诗性话语不仅打破了书面语言的呆板模式，还令人感到作品语言是那样的清新别致，那样的富有内涵和张力，从而产生一种鲜活空灵的美感。

总的来看，这些少数民族作家在掘用民族民间语言资源和张扬民族民间语言活力的同时，还对之进行了整合与提升，融合了少数民族文化与汉文化的某些诗性智慧，使文学语言更富张力与弹性，且打上了作家自己主体特征的烙印，带上了作家的性格气质、生活阅历、艺术修养。这些经过"文化混血"的作家，大多具有"局内人"和"局外人"双重身份，他们用鲜活的民间语言弥补了汉语某些表达上的"陈词滥调"，体现了对不同文化间的理解、包容、整合，以及对民族文化精神与人类普遍价值共享的认同，从而使民族民间语言作为一种极富生命力的语言文化遗产得以彰显并保护，为语言民族志研究提供了生动个案。

二　民族民间文学的承传

民间文学作为一个民族世代传承的文化遗产，与现实生活血肉相连，是一种活态的、始终具有鲜活生命力的文化现象，是民族传统文化的重要组成部分。我们通过少数民族作家的文学创作可以洞见各民族的民间文学遗存，这是其民族志特征的体现。

民间文学诸多定义中富有代表性的有："民间文学是人民大众（主要是劳动人民）口头创作、口耳相传的语言艺术。"① 民间文学是"人民灵魂

---

① 刘守华、巫瑞书：《民间文学导论》，长江文艺出版社 1997 年版，第 5 页。

的忠实、率直和自发的表现形式；是人民的知心朋友，人民向他倾吐悲欢苦乐的情怀；也是人民的科学、宗教和天文知识的备忘录"①。民间文学的体裁多样，大致可以分为三大类：民间散文作品（包括神话、民间传说、民间故事等）；民间韵文作品（包括民间歌谣、史诗、叙事诗、谚语、谜语等）；散韵相间的民间说唱作品（主要是民间说唱和民间小戏）。本文仅就神话、民间传说、民间故事、民间歌谣予以阐述。

首先，看看神话、民间传说、民间故事等散文体民间文学在当代湘西民族文学作品中的传承。产生于远古时期的神话是民间文学宝库中一宗重大的财富，是民间文学的源头之一，也是民间文学的主要体裁之一。神话一词源于古希腊语，原意为关于神话和英雄的传说和故事。我国的神话概念是现代从英语中引进的，英语中神话词形为"myth"，词意是想象的或虚构的故事。神话"是已经通过人民的幻想用一种不自觉的艺术方式加工过的自然和社会形式本身"②。神话"包括了人类最早的哲学、历史、宗教、习俗、伦理、文学艺术、自然科学等多方面的内容"③，因此，它必然出现在追叙民族文化的湘西少数民族文学创作中。彭学明的《感恩祖先——代后记》记载了至今仍流传于湘西各少数民族之中的关于人类起源的创世神话：卵生无极，无极生太极，太极生两仪，两仪分阴阳，阴名李古娘，阳名张古老。两人婚配生七男一女，为让母亲吃到雷公肉，七兄弟捉了雷公，可是让他逃脱了。结果玉帝发怒，涨起漫天大水，放跑雷公的补所和雍尼兄妹躲在雷公所给的一个空葫芦里，得以逃生。世上无人，兄妹只好结合，生下一血肉球，砍成条块抛出去，普天之下就有人了。肉块拌上沙，就有了客家人；拌上泥，就有了土家人；拌上树苗，从此有了苗家人。百家姓就这样有

---

① 转引自刘守华、陈建宪《民间文学教程》，华中师范大学出版社 2002 年版，第 4 页。

② ［德］马克思：《政治经济学批判·导言》，马克思、恩格斯《马克思恩格斯选集》（第二卷），人民出版社 1972 年版，第 113 页。

③ 徐万邦、祁庆富：《中国少数民族文化通论》，中央民族大学出版社 1996 年版，第 186 页。

了，世上人就这样发了。侯自佳的小说《荒村》也记述了一个流传于湘西的创世神话："相传，上古时代，高辛氏（帝喾）之闺女嫁给征战功臣盘瓠（神犬）为妻，迁来这里居住。他们生下六男六女，盘瓠死后，他们自相婚配，繁衍子孙。从古至今，我国南方的少数民族苗、瑶、畲等民族都虔诚地敬祀盘瓠与辛女，视其为始祖。"这两则神话既带有地方色彩，又深具各民族创世神话的共通性。

同样，各种民间传说也充斥在当代湘西少数民族文学创作中。侯自佳在其小说《荒村》的《引子》中，围绕坐落于湘西泸溪县的辛女祠、辛女桥、盘瓠山、盘瓠墓等地方古迹，对与苗族始祖辛女和盘瓠有关的一系列民间传说进行了简要追述。而许多关于民间节俗的动人传说，则像一颗颗璀璨的明珠闪现在湘西民族文学之中。如彭学明的散文《跳马》、《赶秋》、《挑葱会》通过动人的民间传说分别追溯了土家族"跳马"，苗族"赶秋"、"挑葱会"节俗的由来。还有穿插在习俗追溯中的英雄传说，如彭学明的散文《上刀梯》就讲述了一位苗族英雄张二郎的事迹：那年，为了上天取下能洗亮眼睛的月亮露，以解救被风沙吹瞎眼睛的乡亲，张二郎背一把黄伞，将刀一把一把的插进一棵高耸入云的古树树杆，然后沿着刀梯，艰难攀登。36天后，黄伞盛满露水飘落，乡亲就此看见天日，而张二郎再也没有回来。刀梯上，英雄的鲜血淙淙滴落。这些民间传说虽然是从神话脱胎而来，有幻想的成分和附会的情节，但它以客观的历史事件、历史人物或地方风物为依据，在本质上是真实的，它反映了民众的历史观和爱憎情感，彰显出地方性和民族性，有助于我们深刻理解乡土文化和民族精神，因此不失为民族历史文化的当代记忆。

另在少数民族小说创作中还可以发现一些民间故事，特别是其中的生活故事，别具一番意味。所谓生活故事，又称"世俗故事"、"写实故事"。这类故事生活气息浓，现实性强。小说《荒村》介绍了一个骇人听闻然而确实存在的故事：丈夫张正民想到人们常说医生遇到孕妇难产时，唯一的办法是动刀子，即剖腹取子。所以他也拿起菜刀为难产的妻子杨树枝剖腹取子，结果害了两条人命。笔者曾经从作家处获得证实，确有此事，只不过时间、地点、人物做一下更换而已。可见，作家以生活故事的形式毫不掩饰地揭出曾存在于乡村中的愚昧落后，表达了学习知识的重要性和紧迫性。

其次，谈谈民间歌谣在民族文学作品中的呈现。民间歌谣常简称为民歌，实际上是由"民歌"和"民谣"两部分构成。它以篇幅短小，抒情性强为主要特征。按内容和作用，可分为六类：劳动歌、仪礼歌、生活歌、时政歌、情歌、儿歌。[①] 湘西各少数民族都是好唱歌的民族，"要跨进苗家大门，得先唱歌"（彭学明《苗妹妹》），不但好唱，而且丰富多彩，几乎全部具备上述歌谣类别。

无论是土家族还是苗族，情歌在民间歌谣中占很大比重。试看作家作品对此的记述：

妹是胡葱长满山/哥是葱刀尖又尖/胡葱不长刀不挑/挑葱只挑妹心尖……

哥哥你是挑葱人/刀刀挑在妹的心/妹是葱叶哥是根/根不发芽叶不生。（彭学明《挑葱会》）

要得脱来不得脱/蚂蟥缠住鹭鸶脚/鹭鸶要往岸上走/蚂蟥要往水里拖。（孙健忠《醉乡》）

杨梅酸来枇杷甜，/请个媒人好讨嫌，/不如二人当面讲，/岩板搭桥万万年。（向本贵《蛊毒》）

形象生动、真挚热烈的表白，无不体现出苗族和土家族儿女大胆而浪漫的爱情追求。

① 钟敬文：《民俗学概论》，上海文艺出版社 1998 年版，第 273 页。

除了情歌，以活泼、上口、形象、通俗为主要特色的儿歌也得到了很好呈现。彭学明的散文《秋收散板》记载了儿时于炎热夏天重复呼唤凉风的儿歌："荫凉荫凉快过来，太阳太阳快过去。"蔡测海在《非常良民陈次包》中也记述了一些儿歌。例如，三川半的学生于上学途中唱的儿歌："小呀么小二郎/背着书包上学堂/不是为做官/不为面子光/只为穷人不受骗/不做牛和羊。"还有三川半唱新娘出嫁的儿歌："新嫁娘，你莫哭/转个弯弯是你屋/煮的大米饭/炒的小猪肉。"这些儿歌质朴生动，是湘西民众现实生活的真实反映。

与湘西民众生产与生活密切相关的劳动歌也不时出现在当代湘西民族文学中。彭学明散文《秋收散板》就记载着船夫号子："齐着力呀！哎着！/打谷米呀！哎着！/八月黄呀！哎着！粮进仓呀！哎着！/……/今年秋呀！哎着！醉个休呀！哎着！/明年秋呀！哎着！/北京溜呀！哎着！"船歌勾画出一幅生动谐和、热情洋溢、充满幻想、充满追求的画面，体现了民歌简洁明快、质朴生动、晓畅易懂、用语重复的特点。船歌的粗犷、强悍，使作品洋溢着湘西人民特有的生命活力。彭学明散文《田园抒情诗》则不仅记述了生产中的歌唱："夫妻双双去插田/影子印在水中间/一行一行往后退/看似倒退实向前。"还描述了唱歌的语境："我朴朴实实的母亲们则挑了秧来，背了秧来，开始栽种稻谷和春天。衣袖高高地挽着，裤脚高高地挽着，插秧的双手又快又轻……一行一行的秧苗出来了，一丘一丘的秧田插完了，一首一首的歌唱起来了。"在此，我们看到的不仅仅是劳动歌，还有歌谣产生的具体场景，不啻为一幅流动优美的生产风俗图画，从而展现出一个活态的立体的民间文学表演情境，构成一种立体的整体民族志书写。

仪礼歌常伴随民间宗教仪式、贺喜禳灾、节日庆典、婚丧礼仪和迎亲送友等习俗活动而吟唱，作为又一道风景，也呈现在湘西少数民族文学中。其中以礼俗歌在民间流传最广，如起屋上梁歌、哭嫁歌等。孙健忠在小说《醉乡》中对民间上梁仪式及其歌谣进行了描叙：

老木匠和副队长黑豆子，各端一张垒起米粑粑的茶盘，爬到梁头上坐起，依照老辈人传下来的方式，开口说梁木的来源，砌屋的根古和对主人的祝愿。"土王坐在老司城，一统乾坤，/修金殿，砌午门，凉洞热洞自生成，/内金殿，外罗城，四海都闻名。/老司城中风水好，万马归朝……"

作家在此展示了仪式过程，呈现了歌谣演唱的具体场景，表现了处于喜庆氛围中的民众的求吉纳福心理，为整体研究民间仪式歌提供了立体的活态资料。

哭嫁习俗及哭嫁歌作为湘西尤其是土家族传统文化的一个亮点，时常出现在作家作品的字里行间，彭学明的散文《哭嫁》中指出："哭嫁是土家族女儿自古就有的，是一种亦歌亦哭、亦哭亦歌的情感方式，有词有调有泪，是出嫁时泪随声下的哭歌。"同时，作品记述了几段哭嫁歌，如"骂"媒人的歌："婶啊，你吃人家一点嘛/肉渣渣啦/尽帮人家是/讲好话啦/你吃人家一点嘛/锅巴饭啦/你把人家是/吹上天啦……"又如哭娘的歌："娘啊，你是替人挑担嘛白费的劲，替人背草嘛干操的腥（心），画眉它抱错那阳雀的蛋……娘！女儿记得到娘的情嘛报不了的娘的恩。"可见，哭嫁歌，作为一种文化习俗，是出嫁女子在婚礼中表达与宣泄情感的一种特有方式，充满着对亲人的留恋和对未来美好生活的期盼，通过它，可以获得部分土家族婚俗信息：有媒人（多为女性）做中介，女子婚后落户夫家等。

在民间歌谣中，时政歌是最富有时代生活气息的歌谣，作为善于思考的湘西民族作家自然不会漠然置之。蔡测海的《非常良民陈次包》则通过主人公陈次包的快板予以呈现，他用粪扒子敲着粪筐子唱道："三川半的岳母娘，/一女要嫁七个郎。/嫁个大郎是乡长，/嫁个二郎是警长。/嫁个三郎是医生，/……/嫁个七郎是木匠。/要判官司找乡长。/伤风感冒有医生，/……"这种时政歌，通过对某一时期某一地域生活文化的描叙，表达着作家的深深思考。

以上民间歌谣作为历史文化和社会生活的一种折光，在湘西民族文学中留下厚重的记忆，彰显出富有地方特色的民族志特征。在当代民间歌谣日益丧失其表述语境的情况下，湘西民族文学中的民歌记述无疑具有某种传承与弘扬的意义。

三 民族民间艺术的呈现

民间艺术与民间文学一样，都是精神文化的重要内容，根据艺术表达思想情感的两种不同手段，通常将艺术分为造型艺术和表演艺术两大类。前者包括绘画、雕塑（包括雕、刻、塑三种形式）、装饰；后者包括音乐、舞蹈、戏剧等。① 下面，对几种主要的民间艺术在湘西民族文学作品中的呈现加以介绍。

就造型艺术中的雕塑而言，湘西少数民族的雕塑种类繁多，有石雕、砖雕、木雕、玉雕、竹雕、陶塑、金属塑、面塑等。彭学明在《感恩祖先——代后记》中记述着：公元 939 年，所立"溪州铜柱"，以黄铜铸成，铜柱上每一个深深镂刻的方块汉字，记载了土司彭士愁抵抗楚王马希范的经过及盟约。侯自佳的小说《荒村》也对湘西苗族的民间造型艺术进行了描述："（辛女村东侧一个）院子大门两边是两块青石板砌成，雕刻着一副对联……古联下面是一对威武的石狮。……这个大院子里面确实富丽堂皇，大约有千多个平方米面积，上下两层楼，几十间房子门窗壁上全系能工巧匠雕凿的各种花鸟、图文，以及《三国演义》、《水浒》、《红楼梦》中各种风流人物的形象，栩栩如生。""学堂里最显赫的是孔夫子的木雕像，摆置在堂屋正中的神龛上。"由此可知，许多造型艺术早就为湘西民众所掌握。

湘西民间造型艺术还表现在湘西少数民族男女服饰上。彭学明散文

---

① 林耀华：《民族学通论》（修订本），中央民族大学出版社 1997 年版，第 478 页。

《灵魂的村庄》对土家族服饰进行了描述：

> 女人服饰朴素而美观，衣服或左边开襟，袖大而短，无衣领，绣花边，或右边开襟，外托肩，滚衣边，衣襟口缀有宽青边，青边后有三条五色梅花朵，非常好看。头包青帕，发间插玉簪、金花、银凤，配有耳环、项圈、手圈及足圈，皆为银饰的，走起来，叮当作响，像无数玉器在碰撞。男人则穿对襟衣，袖小而大，布扣，腰缠绣花板带，带上挂着绣花荷包。裤短而大，镶白布条作裤头，也包丝帕，盘法与女人不一样，头顶挽成椎髻，俗称"螺丝髻"，颇有古道仙风。

而在《苗妹妹》中，彭学明对苗族男女服饰禁不住发出感慨："男的衣领很小，裤裆则大得出奇。女人的衣袖、裤脚、衣领和胸前绣了许多美丽的花鸟，走起来，像是蝴蝶在飞。帕子盘得很高，也盘得很美，即便不漂亮的妹子，盘起时，也很漂亮。"这道出了作家内心的真实审美感受，可见，作家作品中的民族志书写是带着独特体理的，不能简单地用实证的方法来解读。

作为造型艺术的湘西少数民族工艺美术主要有刺绣、挑花、编织、蜡染、扎染、地毯、漆器、制陶、佩饰物等。彭学明散文《唱歌的扎染》对民间扎染工艺进行了描述："木制的染房，灶火正旺，高大的染桶，轻烟蒸腾。几根长长的染杠上，悬晾着一缎缎染过的土布，靛水淅淅沥沥。……忙碌的男女，围着染桶，或搅或抖，或晒或染。……扎过染过后，他们还要把扎染放进最清洁的河里漂洗。"

以上造型艺术既是民族历史文化的记忆，也是湘西民众技艺与智慧的体现，展示了他们的审美观乃至崇拜信仰。

表演艺术主要包括音乐和舞蹈，那是湘西少数民族的拿手好戏。因此，在湘西少数民族文学创作中，音乐和舞蹈常成为其重要的题材内容。

湘西民间音乐可分为声乐和器乐,声乐主要表现在民间歌谣尤其是山歌演唱中。湘西苗族和土家族山歌多带即兴性,因此其节奏自由轻快,音调悠长动听,唱词简易明了、形象生动、大胆热烈。孙健忠《醉乡》写大头猫(对着香草)唱的一首山歌就具备上述特征:"天上乌云云赶云/地下狂风扰竹林/狂风扰断竹边笋/唱个山歌试姐心/我把山歌当媒人/姐若有意快回音。"至于器乐,一般认为,它与声乐同时或稍晚出现。湘西少数民族乐器的种类丰富,主要有唢呐、钹、锣、鼓等乐器,它们被广泛用于民众节庆和婚丧礼仪之中,成为民众日常生活的一部分。彭学明散文《秋天的声音》对此进行了较详细的动态描叙:

> 打镏子也称打挤钹,是土家族的一种民间打击乐,由钹、锣四件铜器组成。打击时,以绘声、摹神、写意等手法,模拟自然界各种生灵的音响、动作、神态,表达人们丰富的内心世界和生动的劳动生活。镏子,实际上是一种曲牌的名称。两片钹平面相碰时,发出的声音为"配",侧面相敲时,发出的声音为"呆",而锣声千古不变的为"当",所以"打镏子"又称"配配当"或"呆配当"。这不,在山的另一面,秋天的声音又在爬坡翻垄,往这面走来了:
>
> 配配 当/配配 当/配配 配配/配配 当/
>
> 呆配 当/呆配 当/呆配配配 呆配配配/呆配 呆配/当
>
> ……

一路敲打《仙女下凡》、《喜鹊闹秋》、……《庆请儿》等曲牌,把喜事迎进家门。

在此,作家不仅对器乐的表演方式、方法进行了详细的描述,还道出了其展演的具体语境,而且在叙述中贯穿着作家的地方性文化解释。

此外,湘西还拥有极富地方特色的器乐表演形式,孙健忠在短篇小说

《一只镶银的咚咚喹》中记述道："湘西是个好地方，那里土家族的人民很勤劳，又很好客，又会吹咚咚喹，会吹木叶叶，会打锣鼓……"作家还对此做出注释：咚咚喹是"土家族的一种乐器，五寸来长的小竹管，很像箫"；"吹木叶叶"是"把树叶放在唇边吹出乐曲"。这些记述和注释彰显着湘西民间多彩的娱乐文化，无疑为湘西民族文学增添了地方民间文化色彩，赋予了其丰厚的民族志表征。

舞蹈作为一种表达人们思想感情、反映社会生活的艺术形式，起源于劳动，并与诗歌、音乐结合在一起。湘西少数民族舞蹈多为节庆舞蹈，舞蹈动作比较自由、奔放，节奏感强，而且参加的人数多，有时全村寨男女老幼一起跳。彭学明在《感恩祖先——代后记》中介绍说："土家族的茅谷斯舞、摆手舞、铜铃舞，苗族的猴儿鼓、接龙舞，白族的仗鼓舞，都代代相续地传了下来。"其散文《跳舞的手》则记述了土家族摆手舞习俗："一个土家寨子甚至几百个土家寨子的百人、千人乃至万人，都这么围成一个圆圈，摆动双手，蹁跹进退。"另在散文《湘西男人》中再现了土家先民生活的原始舞蹈"茅谷斯"舞，并揭示其功能在于"充分显示了湘西男人对自我生命价值的崇敬、骄傲和自豪。"

作为有着特殊生活经历，身上流淌着土家族和苗族血液且成长于土家族和苗族地区的彭学明，其文章不但是土家族历史文化的当代记忆，同样也是苗族历史文化的当代记忆，其散文《鼓舞》就记述了苗族的一种特殊舞蹈——鼓舞，文中写道："一脸精气俊气的男鼓手和一脸青嫩明媚的女鼓手，都站在鼓的边缘，等待手起槌落，翩翩起舞。""鼓手不停地交换着双手，一手击鼓，一手跳舞，或者同时击鼓同时起跳。"苗族的鼓竟然与舞蹈紧密联系在一起，难怪作家感慨："真的，我从来没见到过这么巨大的鼓，也从来没有想过，鼓竟然能是一种舞蹈，让我们去跳。"

至于民间戏剧，在湘西各少数民族中流行着高腔，其表演形式灵活，既可登台表演，亦可坐于堂屋之中高唱，这种坐着唱的高腔俗称"坐堂戏"，多在农村红白喜事中演唱。侯自佳的《荒村》对此进行了记述：（张要莲葬礼期间）"三天三夜的'坐堂戏'唱的是辰河高腔，戏子都是民间'高腔'名角，那悠扬婉转的腔调，那拨动心弦的唢呐声，一步步把人们引进了久久向往的美好的天堂。"

综观当代湘西少数民族文学作品，它们有生动的场景描绘，常常展示出一个个立体的时空背景，展示出特定情境中的文化主体——人的种种表现及其感受和体验，能用具体情节展演民俗文化，包括民俗语言和民间文化与艺术，有时还描写人物的情绪和反应，如果说民族学、人类学的民族志书写有可能陷入静态单调的窠臼的话，那么作家作品中的民族志书写则表现出另一种活态的民族志书写形式，能让人在水中看见活鱼，尽管其中不乏主观性体验和感受因素存在，但只要细细考察，理性分析，还是可以洞见其民族志特征，领略到另一个角度呈现出的民族志风景。其实，国外文化人类学者早就指出："除了在田野工作中被研究者的口头叙述之外，来自于第三世界大部分地区的大量当代小说和文学作品，也正在成为民族志与文学批评综合分析的对象（例如 Fischer，1984）。这些文学作品不仅提供了任何其他形式所无法替代的土著经验表达，而且也像我们自己社会中类似的文学作品那样，构成了本土评论的自传体民族志（autoethnography），对于本土的经验表述十分重要。"① 可见，民族文学中的民族志特征是实实在在存在的。诚然，处于文学理念观照下的民族文学中的民族志书写尚不能与民族学、人类学理念指导下的民族志文本画等号，但是，它作为对民族民间文化描述的另一道风景，无疑将为民族志研究和非物质文化遗产保护提供可资借鉴的参考资料，因此，有待进一步探讨和研究。

---

① ［美］乔治·E. 马尔库斯、米开尔·M. J. 费彻尔：《作为文化批评的人类学》，王铭铭、蓝达居译，上海三联书店1998年版，第110—111页。

文献、考古、民族志

——多重证据阐释"巴"文化意蕴

柳倩月

（湖北民族学院　文学与传媒学院　湖北　恩施　445000）

摘要：多重证据立体释古，既是一种民族文化研究方法论的实践，也可以揭示文化传统所具有的独特性、稳定性与濡化性等重要特征。综合传世文献、出土文献的考据研究，20世纪以来的考古发现，人类学的民族志研究等，我们得以大体还原那个曾被视为神秘"消失"的巴文化传统，得以找到它史不绝书的基本脉络，得以发掘它在民族文化精神建构中的重要功能。

湖北西南山区，群峰绵亘，深峡水险，猛兽出入，不利耕种，生存环境十分凶险，就是在这样的环境中，土家先民——夷水巴人却世代繁衍，创造了他们自己的历史与文化。虽然古代巴国早已不复存在，但从古至今，武陵地区一直种族繁衍，从未断绝，人们对于"巴"的文化记忆也从来没有丧失过。夷水巴人及其后裔们——土家人创造的神奇瑰丽的文化，更是引起人们的无限追思，历代学人为之穷幽探微，直至今日仍然汲汲不舍。随着当代更为广泛深入的跨学科研究，我们可望在一定程度上逼近一个族群的古老历史。

一 三代前史：巴、巴方、巴国

在做民族志研究比较困难的情况下，由王国维先生开创的立足于传世文献和出土文献的二重证据的释古研究是有效的。

据《左传》、《山海经》、《华阳国志》所载，约在公元前 21 世纪至公元前 16 世纪的夏代，与"巴"有关的族群就已经存在。

晋人常璩著《华阳国志》，其中的《巴志》一篇最早系统地梳理了与"巴"有关的历史。《巴志》首先简略地追溯了巴人世系，认为巴人是"黄帝、高阳之支庶"，"世为侯伯"，然后由开始详述大禹之事，大禹治水命州，将巴、蜀之地归于梁州，功成之后，会诸侯于会稽，巴、蜀也前往集会。① 此事本于《左传·哀公七年》中所谓大禹"会诸侯于会稽，执玉帛者万国，巴蜀往焉。"《山海经·海内南经》中叙述了另一件与巴有关的事情，云："夏后启之臣曰孟涂，是司神于巴。人请讼于孟涂之所，其衣有血者乃执之，是请生。居山上；在丹山西。丹山在丹阳南，丹阳居属也。"说的是夏朝第二代君王夏后启的臣子孟涂，在巴主管神道，巴人向孟涂求神请讼，孟涂发现巴人衣上有血者，就逮捕起来用以祀神，并说明孟涂所居之地在丹山（据《路史·后纪十三》，丹山即今巫山）的西边，丹山位于丹阳之南。② 由《左传》、《山海经》及《华阳国志·巴志》所载，说明"巴"之得名在夏朝时期已经开始。

《华阳国志》之《巴志》在"禹会诸侯于会稽，执玉帛者万国，巴蜀往焉"之后，省略了商汤灭夏桀至商亡之前这段时期中与巴有关的史事，而是直接接上了"周武王伐纣，实得巴蜀之师，著乎《尚书》"。如果说《左传》、《山海经》、《华阳国志》中关于先商时代与巴有关的记载可视为

---

① 任乃强校注：《华阳国志校补图注》，上海古籍出版社 1987 年版，第 4 页。
② 参见袁珂《山海经校注》（最终修订版），北京联合出版公司 2014 年版，第 244—245 页。

稽考不易的神话历史，那么从殷墟发掘出来的甲骨上所刻记的殷商时期与巴有关的事迹，应属不可怀疑的史实。

"巴"字首见于殷墟甲骨。殷商王朝关于巴的记载，主要以"巴方"之名出现，最早见于商王武丁时期的甲骨卜辞。著名文字学家、金石学家唐兰先生首次将甲骨文中的""字识别为"巴"。据甲骨卜辞所记，约在公元前 13 世纪的殷商武丁时期，商王武丁及其夫人妇好曾经征讨过"巴方"。董其祥对相关卜辞进行考释，认为它说明"约在纪元前 13 世纪，巴方就与殷王朝有联系，而且发生战争，武丁曾南伐巴方"，"当时巴方在殷西南，与殷人为邻，在今江汉平原一带，故武丁、妇好等能御驾亲征，参加对巴战斗"①。殷墟甲骨的刻记，说明殷商时期，商民族与巴民族已经有了接触，虽然这种接触被记载下来的主要是战争的形式，但并不能排除还有社会文化的交流，因为 20 世纪 80 年代以来，在鄂西峡江地区的考古发现中，不仅发现了代表早期巴文化的高柄豆、鸟头形状的勺、尖底器等，也发现了少量具有中原商文化因素的陶器。

由于商王朝多次侵伐巴方，必然引起巴方的反抗。所以在商纣无道、殷商将亡之际，周武王率诸侯伐纣，巴方自然要响应、支持周武王的义举。据《尚书·牧誓》和《史记·周本纪》所载，周武王伐商时，在距商都朝歌二十里的牧野誓师，武王誓词中提及会师诸侯中有"庸、蜀、羌、髳、微、卢、濮人"，它们便属于所谓"巴师八国"②，可见，周武王伐纣，实赖巴师。史载周武王伐纣"实得巴蜀之师"，因为巴蜀之师特别神勇猛锐，大概这其中也包含着追随正义之师抗暴复仇的动力。《华阳国志·巴志》云："巴师勇锐，歌舞以凌殷人，殷人倒戈。故世称之曰：'武王伐纣，前歌后舞'也。"这里不仅形容了巴师之"勇锐"，还形象地刻画了巴

① 董其祥：《古代的巴与越》，《重庆师范学院学报》1980 年第 4 期。
② 张良皋：《巴师八国考》，《江汉考古》1960 年第 10 期。

师"前歌后舞"在战争中发挥的重要作用，巴人歌舞具有鼓舞士气、动人心魄的神奇力量，压倒了殷人气势，导致殷人阵前倒戈，而这是改朝换代的决定性的一战。

巴方有国应始于西周，即所谓"巴子国"。《山海经·大荒西经》云："有西周之国，姬姓，食谷。"《华阳国志·巴志》载："武王既克殷，以其宗姬于巴，爵之以子。"[①] 周灭商后，周天子分封天下，诸侯国林立，《荀子·儒效》云："周公兼制天下，立七十一国，姬姓独居五十三人"，可见，在西周子国中，姬姓子国占了大半，巴子国便是其中的一个。《巴志》云"古者，远国虽大，爵不过子。故吴楚及巴皆曰子。"[②] 王谟辑本《世本·氏姓篇》释"巴"云："巴，子国，子孙以国为氏。"[③] 王梓材撰本《世本辑览》"分封国"一条云："诸姬之国……巴……"，"诸姬之国"一条云："公族：巴。""诸姬之国：巴。"[④] 可见，周灭商后，在伐纣中立下赫赫战功的巴族，受周武王赐姬姓，成为西周王朝的子国，与吴、楚等子国的地位平等。

子国当向宗主国献礼。周人以凤为祥鸟，"有鸾鸟自歌，凤鸟自舞。凤鸟首文曰德，翼文曰顺，膺文曰仁，背文曰义，见则天下和。"（《山海经·大荒北经》）"有五采鸟三名：一曰皇鸟，一曰鸾鸟，一曰凤鸟。"（《山海经·大荒西经》）凤鸣岐山、武王建国集会，各子国献礼，《逸周书·王会》载："西申以凤鸟，凤鸟者，戴仁抱义掖信。氐羌以鸾鸟。巴人以比翼鸟。反炀以皇鸟，蜀人以文翰，文翰者，若皋鸡。"西申、氐羌、巴人、反炀、蜀人所献均为祥鸟，巴子国所献的礼物是比翼鸟，大致也与凤鸟属于同类，"其为鸟青、赤，两鸟比翼"（《山海经·海外南经》），此

---

① 任乃强校注：《华阳国志校补图注》，上海古籍出版社 1987 年版，第 4 页。
② 同上。
③ （汉）宋衷注，（清）秦嘉谟等辑：《世本八种》，中华书局 2008 年版，王谟辑本第 26 页。
④ 同上书，王梓材撰本第 22、31、42 页。

鸟产于巫山一带,《山海经·大荒西经》云:"有巫山者,有壑山者,有金门之山,有人名曰黄妣之尸。有比翼之鸟。"由此也可以知道,巴人以巫山一带的特产比翼鸟作为礼物献给周武王,表达了愿听号令,举族归附的意愿。

巴子国所在疆域,位于周之西南。《山海经·海内经》云:"西南有巴国。"此西南只是大致方位,郭璞注云:"今三巴是。"① 三代以前,"鲧功无成,圣禹嗣兴,导江疏河,百川蠲修;封殖天下,因古九囿以置九州。仰禀参伐,俯壤华阳,黑水、江、汉为梁州"。"禹治水命州,巴、蜀以属梁州。"(《华阳国志·巴志》)所以,夏禹置九州后,巴属于梁州。殷商时期,武丁伐巴方,唐兰《天壤阁甲骨文存考释》认为,武丁时兵力西连巴蜀,巴方应在殷墟西南。顾颉刚《史林杂识》及《中国历史地图集》把巴方置于汉水流域,并明确指出是在湖北光化、樊城间,方位也在殷墟西南。至西周时期,巴国成为西周子国后,其地望则在周之西南,《华阳国志·巴志》载其地望范围为"东至鱼腹,西至僰道,北接汉中,南极黔涪",当时其属民主要有"濮、賨、苴、共、獠、奴、夷、蜑之蛮"②。

二 神话历史:廪君神话的分析

著名的巴人祖先神话——廪君神话,主要流传于古夷水流域,即今长江中上游的一级支流清江河流域,从自然地理而言,清江流域介于巴山楚水之间,但在文化地理上,应归为巴文化的范围。谭其骧《中国历史地图集》标示的战国以前各代的夷水流域,夏时期为"三苗"活动的范围,商时期在"濮"的范围,位于商西南,西周时期仍然在"濮"的范围,位于周南。春秋战国时期,"七国称王,巴亦称王"(《华阳国志·巴志》),夷

---

① 参见袁珂《山海经校注》(最终修订版),北京联合出版公司 2014 年版,第 380 页。
② 任乃强校注:《华阳国志校补图注》,上海古籍出版社 1987 年版,第 5 页。

水流域在"百濮"活动的范围之中，其形势地望为西接巴蜀，东交楚界，北望秦魏，南通扬越。[①] 1956 年，清江考古发现了长阳人，距今年代不少于 19.5 万年，是"更新世中期的后期"古人类化石，被视为考古学意义上的巴人祖先。繁衍于清江流域的古代巴人，因为地理位置的特殊性，生存发展殊为不易，也产生了与之有关的神话叙述。

巴氏子务相率五姓族民开疆拓土，称君夷城的叙述具有浓厚的神话色彩，但却见载于史籍。学界的引述一般以范晔《后汉书·南蛮西南夷列传》所记为据，范史所记应出于《世本》。《世本》为先秦史官所修撰，至南宋末年时已全部散佚，今天所看到的传世《世本》为后世学者所辑补，比如清人秦嘉谟等所辑《世本八种》[②]，各种所记大体相近。在范晔《后汉书》成书之前，还有东汉应劭在《风俗通义》中提及廪君事。应劭之后 200 余年，才有范晔《后汉书》"南蛮西南夷列传"中的记载。兹以《世本》各种所记为据，参以《风俗通义》、《后汉书》所载，将廪君神话完整地叙述如下：

> 廪君之先，故出巫诞。巴郡南（郡）蛮，本有五姓，巴氏、樊氏、瞫氏、相氏、郑氏。皆出于武落钟离山，其山有赤、黑二穴。巴氏之子，生于赤穴。四姓之子，皆生黑穴。未有君长，俱事鬼神。及共掷剑于石穴，约能中者，奉以为君。巴氏子务相，乃独中之。众皆叹，又令各乘土船，约能浮者，当以为君。余姓悉沈，唯务相以土为船，雕文画之，而浮水中，其船浮，因共立之，是为廪君。（廪君）乃乘土船从夷水至盐阳，盐水有神女谓廪君曰："此地广大，鱼盐所出，愿留共居。"廪君不许，盐神暮辄来取宿，旦即化为虫，与诸虫群飞，掩蔽日光，天地晦冥，积十余日。廪君不知东西所向七日七夜。

---

① 谭其骧主编：《中国历史地图集》（第一册），中国地图出版社 1982 年版。
② （汉）宋衷注，（清）秦嘉谟等辑：《世本八种》，中华书局 2008 年版。

廪君思其便，使人操青缕以遗盐神曰："缨此即相宜。"云与女俱生，宜将去。盐神受而缨之。廪君即立阳石上，应青缕而射之，中盐神。天乃开明。廪君乘土船，下至夷城，石岸曲，水亦曲，廪君望之如穴状，曰："我既道穴中，又入此奈何。"石岸为崩，广三丈余，陛级之。廪君行至上岸，上岸有平石，广长五丈，休其上投算，投算处皆有石，因立城其旁。廪君于是君乎夷城。四姓皆臣之。廪君死，魂魄世为白虎。巴氏以虎饮人血，遂以人祠焉。

由于廪君是整个清江流域可以追溯到的有文献记载其名号事迹的最早的巴人祖先，所以对于这则神话的解读具有确认清江流域巴人族源的意义，甚至具有辨析今天生活在清江流域的多民族族源的意义。对该神话进行实证研究，引起了诸多争议。比如廪君的族源到底是怎样的？盐水、夷城在何处？武落钟离山又在何处？这些问题成为千古谜团。我们只有结合更为广泛和深入的文献考据、清江考古及实地调研，来渐渐逼近真相。

这里以廪君族源和称号的研究为例来说明之。

秦嘉谟辑补本《世本·氏姓篇》中所谓"廪君之先，故出巫诞"，指出廪君（古字为廪）的族源为"巫诞"。张澍粹云："《南蛮传》注引首句，巫蜒作巫诞。"① 任乃强释《巴志》所谓巴地属民"濮、賨、苴、共、奴、夷、蜑之蛮"之"蜑"云："《寰宇记·峡州》'长阳县'引，又作'巫蜑'。《山海经》有'载民之国'，称为'巫载'。载、蜑、诞、蜑皆夷语异译。巴族本出于载，今沿海水居之'蜑民'，亦出于此。"② 这里说今沿海水居之"蜑民"是出于"载"，比较武断，但将"巫诞"与"巫载"联系起来却颇有价值。《山海经·大荒南经》载所谓"载民之国"云："有

---

① （汉）宋衷注，（清）秦嘉谟等辑：《世本八种》，中华书局 2008 年版，张澍粹集补注本第 79 页。

② 任乃强校注：《华阳国志校补图注》，上海古籍出版社 1987 年版，第 10 页。

载民之国。帝舜生无淫，降载处，是谓巫载民。巫载民盼姓，食谷，不绩不经，服也；不稼不穑，食也。爰有歌舞之鸟，鸾鸟自歌，凤鸟自舞。爰有百兽，相群爰处。百谷所聚。"所谓"巫载民盼姓"，是说巫载民即"巫盼"的一支，而"巫盼"见载于《山海经·大荒西经》所谓"灵山十巫"之一，即"有灵山，巫咸、巫即、巫盼、巫彭、巫姑、巫真、巫礼、巫抵、巫谢、巫罗十巫，从此升降，百药爰在"。袁珂认为"盼"与"凡"音近，"巫盼"即是"巫凡"，也就是《山海经·海内西经》所谓："开明东有巫彭、巫抵、巫阳、巫履、巫凡、巫相，夹窫窳之尸，皆操不死之药以距之"中的"巫凡"[1]。进一步追问，巫氏又从何而来？《世本·氏姓篇》云："巫氏，伏羲氏之后，伏羲作卦始有筮，其后裔巫咸善古筮。"[2] 原来巴人始祖为太皞伏羲氏，巫氏为伏羲氏后裔，廪君先祖当在巫山（今三峡大巫山地区）一带的巫载国，为巫载中盼（凡）姓一支。"巫氏、凡氏于事，巫、卜、匠、陶也，殷有巫咸、巫贤"[3]，由于巫氏拥有神巫卜筮之术，其中的巫载一系又特别擅长行舟渔猎，故具有沿长江三峡水道上下，向周边地区开拓发展的能力与条件。

《水经》卷三十四"江水二"云："袁松山曰：自蜀至此（指长江至宜昌段），五千余里，下水五日，上水百日也。江水又东迳宜昌县北，分夷道佷山所立也。县治江之南岸，北枕大江，与夷陵对界。""又东南过夷道县北，夷水从佷山县南，东北注之。"三峡行舟，上行困难重重，下行相对便利，那么廪君先祖极有可能是从今巫县大宁河出，沿长江水道下行至今宜都，又于宜都古夷水（清江）入江口岸上溯，进入今清江流域，渐渐形成以巴氏、樊氏、曋氏、相氏、郑氏为代表的五姓族民，廪

---

① 参见袁珂《山海经校注》（最终修订版），北京联合出版公司2014年版，第263页。
② （汉）宋衷注，（清）秦嘉谟等辑：《世本八种》，中华书局2008年版，秦嘉谟辑补本第177页。
③ 王利器：《风俗通义校注》（第2版），中华书局2010年版，第506页。

君为其中的巴氏后代。至周天子分封巴子国，子孙以国为姓，五姓之中，巴姓为大，故廪君具有称君一方的"天命"条件。周赧王元年（前314）置巴郡（郡治江州），秦灭巴郡置县，又置南郡（郡治江陵，今荆州），时间上相距百年，地理上一西一东，秦汉以来便通称这一区域的族民为"巴郡南郡蛮"，而廪君所统治之族民，主要位于南郡，被统称为"廪君蛮"。

"天子，诸侯，及卿大夫有地者皆曰君。"① 巴氏子务相应该是在拥有一方之地后才被尊称为廪君。虽然今天的清江流域有关于"向王天子"的传说，其中一种说法认为向王天子就是廪君巴务相②，但"天子"之称显然只是在后代的民间传说中被神化的结果，巴务相的地位至多相当于周天子分封巴子国的侯或卿大夫。廪君之"廪"，本"廩"，古文为"㐭"，本意为"仓廪"，《说文解字》释为："㐭谷所振入。宗庙粢盛，仓黄㐭而取之，故谓之㐭。从入，回，象屋形，中有户牖。凡㐭之属皆从㐭。廩，㐭或从广从禾。力甚切。"③《康熙字典》引《尔雅释言》、《玉篇》、《释名》、《诗·周颂》、《礼明堂位》、《周语》、《荀子·富国篇》等，皆从此意。《康熙字典》又释以"给"（据《后汉章帝纪》）、星名"天廪星"（据《隋书天文志》）、官名"廪人"（据《周礼地官》）或"廪牺官"（据《后汉和帝纪》）之意，与"懔"通（据《汉书·食货志》"可以为富安天下而直为此廪廪也"）。④ 说明在人们心目中，巴务相可以给一方之民带来仓廪丰实，所以配享"廪君"这一尊称。

---

① 《康熙字典》（检索本），中华书局2010年版，第351页。

② 今清江北岸资丘《刘氏宗谱》中云："先主所立向王庙，向王者，古之廪君，有功夷水，故土人祀之。"道光《长阳县志》载："向王庙：向王者，言人殊。惟彭司马淑，据《世本》谓，即夷水之廪君，名务相者，尊曰君，即天子矣夫。"所谓彭司马淑，就是指清代彭淑，他有《长阳竹枝词》一首云："土船夷水射盐神，巴姓君王有旧闻。向王何许称天子，务相当年号廪君。"

③ （东汉）许慎原注，（清）段玉裁注：《说文解字注》，上海古籍出版社1988年版。

④ 《康熙字典》（检索本），中华书局2010年版，第351页。

廪君于夷城称君。夷城在哪里呢？目前倾向于认为它应位于香炉石遗址所在的长阳渔峡口镇。任乃强据文献考证，认为"'廪君'居夷城，当在周世，故《世本》有之，《范史》取焉。"[①] 1983年发现的香炉石遗址，位于长阳县渔峡口镇东南0.5公里的清江北岸，根据碳十四测定数据并结合地层关系和器物标型学的研究，香炉石文化上起夏时期，下至西周时期，前后长达千余年。在已发掘的400平方米之内，出土文物达9240件，其中有甲骨40件，文化堆积达7层，第7层和第6层出土的是早商以前的陶片、小型石器、骨器、部分兽骨和少量卜甲，第5层还出土了商中晚期的甲骨，第4层出土了西周时期的铜器，还出土了2枚陶印章，第3、2层为东周时期的文物，新增陶网坠、陶纺轮、铜瓦、板瓦、铁器，第1层还发掘有东周时期的铜剑、铁斧及汉代的铜镞。[②] 由于其地理位置与古籍中所载"夷城"相近，且其附近流传有廪君化为白虎的民间传说，用于解释"白虎垄"的来历，香炉石遗址被认定为是巴人最早定居的都城，甚至有学者认为它便是廪君所建之"夷城"[③]。如果它真的就是廪君所建的夷城，那么，廪君居夷城的时间，应还在周世之前。但是，笔者认为，它虽然是巴人定居的最早的都城之一，但目前还不能就直接断定廪君所建夷城就是它，因为在东汉应劭的《风俗通义》中才开始有廪君射杀盐神后"下及夷城"的说法，而据《世本》所载，廪君射杀盐神后，直接就是"君乎夷城"，也就是就地立城称君，那么夷城究竟在何处，还有待清江考古的进一步发现。

三 图腾之谜：巴蛇、白虎

今人乐于将白虎视为土家族的图腾，但事实上，在土家先民巴人的历

① 任乃强校注：《华阳国志校补图注》，上海古籍出版社1987年版，第10页。
② 王善才、张典维：《湖北清江香炉石遗址的发掘》，《文物》1995年第9期。
③ 罗家新：《浅谈夷城》，《湖北省考古学会论文选集》1991年。

史上，崇虎之前还有一个漫长的崇蛇的阶段。

《山海经》将巴人世系追至大皞（太皞）氏，罗泌《路史》以"伏羲"替代"大皞"，云："伏羲生咸鸟。咸鸟生乘厘，是司水土，生后照。后照生顾相，降处于巴，是生巴人。"太皞为巴人始祖，是上古"三皇"之一，其形象为人首蛇身。许慎《说文解字》亦释"巴"为"虫"，形出"𢀳"，又云："或曰食象它。凡巴之属皆从巴。"清人段玉裁采用《山海经》所谓"巴蛇食象。三岁而出其骨"来注释"食象它"①。可见许慎之释义及段注均有史料依据，视巴国为"蛇国"有一定道理。然而，为什么廪君神话提示夷水巴人有崇祠白虎的习俗，而并不以蛇为崇祠对象呢？此外，太皞伏羲氏的活动地域主要有三说，一说是西方夏羌说，认为伏羲生于成纪（今甘肃秦安县或天水县），徙治陈仓（今陕西宝鸡），二说是东方夷族说，三说是中原说，居于陈地（今河南淮阳县），他又是怎么与西南地区的夷水巴人发生联系的呢？将两个问题相关联，大致可以推论，虎与夷水巴人发生联系，应在蛇与巴发生联系之后，也就是说，在古中国大地上，西南地区崇蛇的观念先于崇虎、广于崇虎的观念。被视为人类始祖的伏羲、女娲这一对配偶神，形象都是人首蛇身。在《山海经》中，人首蛇身的神多于人首虎身的神，也说明崇蛇的观念发生得很早。而廪君死后魂魄化为白虎的说法，首见于范晔《后汉书》所记，且是缀补在廪君神话后面的，说明它属于范晔的补叙，所叙之巴人为夷水巴人，他们以人血祠白虎神，当是廪君身后之事，且必须是虎饮人血，所以需要人血祠虎的观念产生之后才可能有。

夷水巴人与虎发生关联，应在殷商之后，因为必须要有一个夷水巴人从崇蛇过渡到崇虎的时间和地理中介。这里不能不先提一提殷商时期的虎方。

---

① （汉）许慎原著，（清）段玉裁注：《说文解字注》，上海古籍出版社1988年版，第741页。

商王武丁伐巴方，亦伐虎方。武丁伐虎方，见载于殷墟出土的甲骨卜辞。《甲骨文合集》"6667"载曰："贞，令望乘暨举途虎方，十一月。□举其途虎方，告于大甲，十一月。□举其途虎方，告于丁，十一月。□举其途虎方，告于祖乙，十一月。"这条卜辞说的是商王武丁欲伐虎方，以"望"和"举"两个氏族的兵力为辅，告于大甲、祖丁、祖乙，希望能得到保佑。然而武丁的这一次伐虎方，以失败告终，说明虎方实力强大。巴方位于殷商西南已得到学界的论证，虎方在何处？学界主要有淮水上游说（郭沫若、丁山）、赣鄱地区说（张长寿等）、汉南荆楚故地说（吴其昌、项英杰、李学勤等），三说都可以在巴与虎之间建立联系。

淮水上游、赣鄱地区及汉南荆楚故地，构成了一大片区域，位于长江流域中游，在夏时期，属九夷之西南及三苗地区，商周时代便是虎方，在考古上可以统称为虎方文化区。这一文化区的西部，是秦时期所置南郡，为巴文化区，长江水道将虎方文化区和巴文化区紧密相连。考古发现，虎方文化区以虎形象作为装饰艺术的母题是特有的文化现象，醴陵出土的象尊，鼻、身躯、四足上饰有13只虎，衡阳出土的牛尊盖纽作立虎形，宁乡老粮仓北峰滩出土的兽面纹大铙器内有4只伏虎，都揭示，对于虎的崇拜，当以虎方最为典型。重庆市博物馆杨铭认为："巴人是先秦东夷中徐人的一个分支，巴氏最早居地在今淮水流域，后迁徙到山西南部与四姓结盟、形成巴族，商周之际南徙豫、陕、鄂之间，春秋战国之际辗转徙入今重庆地区。"[①] 此说将巴人迁徙线路的起点置于东夷，并将廪君五姓结盟之事置于晋南，仅可作为一说，但它提示了这样一个信息：虎方东北与东夷交界，形成虎夷，商周之际向西南迁徙，其中的一支形成了白虎复夷（即板楯蛮），一支则进入了夷水流域。因此，虎方之民的西迁，或许促成了巴

---

① 杨铭：《巴人源出东夷考》，《历史研究》1999年第6期。杨铭又有《晋南访古记：廪君传说的历史地理考察》、《巴子五姓晋南结盟考》等文，均持此观点。

人的崇虎观念。而早在 1986 年，学者何光岳就提出："周灭商后，（虎方）曾遭到周王朝的几次征伐。春秋末期，又受到楚国的征讨，便逐渐循着江淮之间，由东向西迁至大复山一带，再由汉水以东南渡长江，又循江南西上至宜都，沿清江缠三峡而至川东，形成了白虎复夷，其中有一支和巴人相结合，还有一部分则南迁于川鄂湘黔边境而成为土家族的一支主要的先民。"① 他大致上找到了殷商时代虎方与巴人白虎一支之间的联系，此时新干大洋洲商墓大批青铜器尚未出土，故其关于虎方迁徙的准确线路还应在参以赣鄱地区的虎方文化后，再加以考论。

"赣鄱地区说"认为在彭蠡以西、洞庭以东的平原地区，继"三苗"而起的就是以吴城类型和费家河类型为代表的虎方文化，其主要的依据是1989 年在江西新干县大洋洲商墓出土了 480 余件铸造精美的青铜器，青铜器上的虎形象具有浓厚的地方特色，人们据此提出赣鄱地区乃"虎方国"之说。江西新干和吴城先后出土了 4 件卧虎耳方鼎和 8 件卧虎耳圆腹鼎，新干大洋洲出土的圆腹鼎的扁足、曲内戈的内部也作变体的虎形，大洋洲出土的伏鸟双尾青铜虎，腹底有联、中空，两耳高耸，作半卧欲起势，张口咧嘴，凸目粗眉，背脊凸出，上伏一短尾鸟，尖喙圆睛，双尾后垂。这些器物上的虎形象多作行走状，以圆雕或高浮雕的形式出现，带有写实倾向，与中原地区以"饕餮"形式出现的富有夸张意味的虎形象明显不同，而更倾向于西南地区考古发掘的虎形象。

考古材料还表明，商王朝势力退出江汉平原后，虎方有可能乘机北进。湖北武汉市阳逻县香炉山遗址出土的早商段文物与中原殷商文化完全一致；晚商段文物则带有明显的南方的地方文化因素，譬如切绳纹粗且深，袋足鬲、几何形印纹硬陶和原始瓷等，与虎方出土的同类器物如

---

① 何光岳：《虎方、白虎夷的族源和迁徙——论土家族主要的一支先民》，《中南民族学院学报》1986 年第 1 期。

出一辙。

所以，由于虎方文化的西进，崇虎的观念影响甚至覆盖原本崇蛇的巴族的信仰，是完全有可能的。

同时，我们还要考虑到，巴人崇虎，还可能受到了西部文化地区崇虎观念的影响。《山海经·海内西经》云："昆仑南渊深三百仞。开明兽身大类虎而九首，皆人面，东向立昆仑上。"开明王朝为古蜀国，开明兽为护山护国神兽，其形象便是人面虎身，它东向而立，开明以东就是"灵山十巫"，"有巫彭、巫抵、巫阳、巫履、巫凡、巫相，夹窫窳之尸，皆操不死之药以距之。"（《山海经·海内西经》）与巴巫文化的接触十分密切。《大荒西经》云："西海之南，流沙之滨，赤水之后，黑水之前，有大山，名曰昆仑之丘。有神，人面虎身，有文有尾，皆白，处之。"开明西北为昆仑山，昆仑神山产美玉，有西王母处之，古来就是中原王朝觊觎之地，其神人面虎身[1]，色白，因其地位之特殊，显然具有统摄信仰的力量。

如此来看，介于"虎夷"和"昆仑"、"开明"之间的巴文化，由于东、西文化的冲突与交融，其图腾由蛇变成了虎也就在情理之中了。而且，这一崇虎的文化影响范围广至整个西南地区。1992 年，云南江川县江城镇早街村后李家山的考古发掘入选当年"中国十大考古新发现"，其多种器物上也有虎的形象，它们与巴人最具代表性的青铜器虎钮錞上面的虎钮形象极其类似。

由此也可以看出巴人的形成，乃是民族融合的结果。夏商周三代至春秋战国时期，今湘鄂川黔交界地带的土著民族先后为：夏时期的"三苗"，商周时期的"濮"（西周时其东部为扬越，东北部为淮夷），春秋为"百濮"（由于楚的渐渐强大，百濮、扬越范围均开始南移）。战国时期为"百

---

① 袁珂考其神为陆吾，亦即开明兽。袁珂：《山海经校注》（最终修订版），北京联合出版公司 2014 年版，第 261 页。

濮"、"九夷"（此时的"九夷"有两处，一为淮水流域的"九夷"，二为大巴山巫山一带的"九夷"，这里所指为后者，当为民族融合和分化过程中被进一步识别到的）。① 在夏商时期，巴方的核心区应在大巴山巫山大溪文化一带，受殷商侵伐，商亡以后依附周王朝，被封为子国，势力最为强大，辐射屈家岭文化、香炉石文化。据《古本竹书纪年》："三苗将亡，天雨血，夏有冰，地坼及泉，青龙生于庙，日夜出，昼日不出。"② 所谓"三苗将亡"，便是亡于商周时期，被强大的中原政权及其附庸国势力所驱逐杀伐而亡（其族群被迫向西南大山区迁徙）。春秋至战国，巴国先依附于楚③，后叛楚，"数相攻伐，故置扞关、阳关及沔关"④。"楚子灭巴，巴子兄弟五人，流入黔中。"（梁载言《十道志》）在先后与楚、秦的战争中⑤，也被迫向西南山区腹地迁徙，及秦惠王并巴中，巴国不存，但秦世仍然"以巴氏为蛮夷君长，世尚秦女，其民爵比不更，有罪得以爵除"，汉兴，"一依秦时故事"⑥。巴人通过民族融合得以繁衍。巴人在迁徙过程中与向西迁的虎夷（夷虎）相遇，通过民族融合形成了廪君蛮（白虎夷，居夷水流域，可称为夷水巴人），西与由西北向南方迁徙过程中的氐羌人相遇，通过民族融合，与原居阆中渝水流域的賨民融合成为板楯蛮（即白虎复夷，弜头虎子）。由于巴人在历史上也曾与中原政权联手驱逐过三苗之民，所以苗民与巴人之间具有对抗性，其文化差异也很明显。巴人在南迁和西

---

① 谭其骧：《中国历史地图集》（第一集），中国地图出版社 1982 年版。

② 范祥雍补订：《古本竹书纪年辑校补订》，上海古籍出版社 2011 年版，第 4 页。

③ 周之季世，巴国有乱，请师于楚，许以三城。巴国既宁，将军巴蔓子割头授楚使而拒让三城，楚王以上卿礼葬其头，巴国亦以上卿礼葬其身。事见任乃强校注《华阳国志校补图注》，上海古籍出版社 1987 年版，第 11 页。

④ 任乃强校注：《华阳国志校补图注》，上海古籍出版社 1987 年版，第 27 页。

⑤ 据《春秋左氏传》、《华阳国志·巴志》，鲁桓公九年，巴楚联合败邓（其事又载于《古本竹书纪年》晋武公十三年）；庄公十八年，楚文王联合巴师伐申，后巴人叛楚而伐那处（荆门县），十八年冬伐楚，胜；文公十六年，秦人、巴人从楚师灭庸；哀公十八年，巴人伐楚围鄾（襄阳县），败于鄾。此后，楚主夏盟，秦擅西土，巴国分远，及七国称王，巴亦称王。

⑥ 《后汉书·南蛮西南夷列传》。

迁的过程中，先后建都于夷城（湖北长阳、巴东境内）、平都（重庆丰都）、枳（重庆涪陵）、江州（重庆渝州区）、垫江（重庆合川）、阆中（四川阆中）。正是多次的战争和迁徙促进了民族的融合，进而导致了信仰的改变，巴人由远古的崇蛇观念变成了春秋以来的崇虎观念。

四　巴人后裔土家族民族性格的形成及其文化特征

巴人被视为今天生活在湘鄂川黔交界地带的土家族先祖，而先秦时代的巴人，就已经开始融合土著的三苗、百濮、氐羌、九夷族人了。巴人源于夔巫地区，最初是一个氏族，周设子国后，子孙以国为姓。在巴人因各种原因发生民族融合的过程中，包容了三苗、百濮、九夷、氐羌之众，所以巴人并非纯粹血统意义上的少数民族，而应是一个适用于古代巴国地望范围之民的通称。今天，在古代巴人生存相对集中的武陵山区，除了汉族之外，人口最多的是土家族（汉字记音为"毕兹卡"）。1956 年 10 月，国家民委通过民族识别，确定土家族为单一的民族。2010 年第六次全国人口普查显示，土家族人口数量约为 8353912 人。土家人应是由武陵地区的巴人后裔不断繁衍，融合更多土著族群形成的一个民族，在土家人身上，凝聚了古代巴人的民族性格，创造了独具特色的民族文化。

聪敏勇锐、质直好义、浪漫多情是巴人后裔最具代表性的民族性格。

土家先民聪敏勇锐。起源于产盐区的他们，很早就发现了盐对于生命的重要性，懂得了盐的医疗、防腐等重要功用，而且掌握了制盐的技术，这使得巫咸成为史载最早的巫医，也因为对盐资源的控制而得以聚落成群，发展成为三代时期赫赫有名的巴族、巴方、巴国。他们靠山而居，得山之利，沿水而聚，得水之便，长期采摘渔猎，又因民族迁徙与交融，还吸收了农耕文化，所以发展出了以渔猎为主、耕种为辅的混合型早期巴文化。他们在探山行水的过程中锻炼出了强健的体魄（史载巴人身形高大，体格健壮，与南方很多少数民族不一样，且在香炉石考古发现的一架人骨,他身高 1.76 米,其墓葬中有长达 42 厘米的卜骨和一个骨匕,被认定为是该聚落的首领)、勇武的胆略和敏捷的身手,这样的巴人之师,在武王灭商的过程中方能深得武王信赖,成为助"正义之师"取得成功的得力部队。

土家先民质直好义。《华阳国志·巴志》评价其民"质直好义。土风敦厚,有先民之流。"① 所谓"有先民之流",意思是"有中华先民流风余韵"②。土家先民待人质朴、耿直,为人忠义守信,廪君后人"巴蔓子"的事迹成为这一民族性格的人物符号。《华阳国志·巴志》载云:"周之季世,巴国有乱。将军蔓子请师于楚,许以三城。楚王救巴。巴国既宁,楚使请城。蔓子曰:'藉楚之灵,克弭祸难。诚许楚王城。将吾头往谢之。城不可得也。'乃自刎,以头授楚使。楚王叹曰:'使吾得臣若巴蔓子,用城何为!'乃以上卿礼葬其头。巴国葬其身,亦以上卿礼。"③ 巴蔓子将军为了保全国土,又为了不失诺言,自刎以谢楚王的事迹,至今仍在清江流域广为流传,成为生活在这片土地上各民族人民履道践诺的精神偶像。

土家先民浪漫多情。宋人晁补之《感兴五首次韵和李希孝》诗云:"盐阳亦群飞,日景为不明。"说的就是巴务相与盐水神女的故事。巴务相率五姓族民从夷水至盐阳,遇到盐水神女,盐水神女爱慕廪君,以"鱼盐之利"诱惑巴务相,不仅自荐枕席,还施用巫术阻止巴务相继续迁徙,却被巴务相射杀而死,这应该是一个由巴人讲述的浪漫悲情的爱情故事,由于它十分动人,所以很早就被记载于《世本》。它是比高唐神女更早的爱情神话,成为巴土儿女敢爱敢恨、浪漫多情的性格生成之文化基因。

土家先民创造的文化,更是神奇迷离、多姿多彩,古往今来,风习相传,充分证明了文化传统的独特性与稳定性。

---

① 任乃强校注:《华阳国志校补图注》,上海古籍出版社 1987 年版,第 5 页。
② 同上书,第 8 页。
③ 同上书,第 11 页。

巴人及土家人创造的文化，最为世人所熟知的就是源远流长的歌舞艺术。它起源于巫文化，其主要的形态就是巫歌巫舞，在早期社会中，具有移魂夺魄、感天动地的神奇力量，在历史上曾经十分风靡，至今仍然能通过民间传统歌舞感知其神韵。早在商周之际，巴人歌舞就名震一方。《华阳国志·巴志》载："巴师勇锐，歌舞以凌殷人，殷人倒戈。故世称之曰：'武王伐纣，前歌后舞'也。"① 至汉晋期间，这种歌舞在古阆中一带仍能见到，《华阳国志·巴志》载："阆中有渝水。賨民多居水左右，天性劲勇；初为汉前锋，陷阵，锐气喜舞。帝（汉高帝）善之，曰：'此武王伐纣之歌也。'乃令乐人习学之。今所谓《巴渝舞》也。"

先秦时期，巴楚之间往来密切，巴或附楚，或叛楚，但巴楚文化的异质性却十分突出，典型者莫过于楚歌之雅与巴歌之俗。在《宋玉对楚王问》中，宋玉描述了这样一种情形，一个擅唱的外地人在楚地郢中唱歌，先歌《下里》、《巴人》，"国中属而和者数千人"，再歌《阳阿》、《薤露》，"国中属而和者数百人"，又歌《阳春》、《白雪》，"国中属而和者，不过数十人而已也"，再以"引商刻角，杂以流徵"的形式按乐律而歌，"国中属而和者，不过数人"，然后他总结出了"曲弥高者，其和弥寡"的道理。② 宋玉之对楚王问，目的是标榜自己的高雅，无形中却说明了下里巴歌之受人们欢迎的程度。由南北朝入隋唐后，巴歌发展出了极为著名的竹枝歌，正如唐代诗人刘禹锡《夔州竹枝词》所云："楚水巴山烟雨多，巴人能唱本乡歌。"巴人剌水行舟、祀神扫瘟、倾诉离情别意之时，都会唱竹枝歌，且其音乐风格以婉曲凄怆为特色。

---

① 任乃强校注：《华阳国志校补图注》，上海古籍出版社1987年版，第4页。

② 宋玉"对楚王问"有两个版本，引文见《郢中对》，载吴广平编注《宋玉集》，岳麓书社2001年版，第160页。另一个版本为："客有歌于郢中者，其始曰《下里》《巴人》，国中属而和者数千人。其为《阳阿》《薤露》，国中属而和者数百人；其为《阳春》《白雪》，国中属而和者，不过数人而已。是其曲弥高，其和弥寡。"载吴广平编注《宋玉集·对楚王问》，岳麓书社2001年版，第88—89页。

土家先民创造的歌舞文化，著名者还有流传至今的摆手舞、哭嫁歌、跳撒叶尔嗬等。譬如跳撒叶尔嗬，在今天的长阳及巴东、建始一带，土家人办丧事时，古风犹在。唐人樊绰《蛮书》云："按《夔城图经》云：'夷事道，蛮事鬼。'初丧，鼙鼓以为道哀，其歌必号，其众必跳，此乃盘瓠白虎之勇也。"同治版《长阳县志》"风俗·丧祭"云："诸客来观者，群挤丧，擂大鼓唱曲，或一唱众和或问答古今，皆稗官漫义语，谓之打丧鼓，唱丧歌，儒家不贵也。"① 今天，我们还能感受到这种丧葬歌舞的独特魅力，当抑扬顿挫、响彻山峦的鼓声响起，酣畅淋漓的高腔唱和之声就开始在山谷之间回荡。"撒叶尔嗬"的舞蹈动作神韵极类似老虎的纵横腾跃，今天的土家人在跳这种丧舞时，神态如入醉梦之境，显示出十分豁达超然的生命观。

"刚勇生其方，风谣尚其武。"（左思《蜀都赋》）雄奇的武陵山水养育了古代巴人，也养育了今天生活在这里的各民族人民。武陵山区各族人民共同创造的文化，绵延不绝，塑造着民族的性格。如今，当我们乘游船在如诗如梦的清江画廊上沐风破浪，仰观奇峰耸峙，环视翠峦绵亘，追寻巴人开疆拓土的足迹，怀想先祖创制人文的胆略，那一段亦神话亦历史的讲述，总会勾起我们无限的感慨。我们相信历史虽然渐行渐远，但历史也在由今人延续和创造，而那些珍贵的文化遗产，更应该像美丽的清江河那样绵延不绝，代代相传。

---

① （清）陈惟模修，谭大勋纂：《长阳县志》，据清同治五年（1866）刻本影印，第467页。

容美田氏土司家族与汉族士大夫的
文学交往考论*

李 锋

（中南民族大学　中南少数民族审美文化研究中心）

摘要：明中期以后，由于容美田氏土司家族自身文学素养的提升和文学交际面的扩展，加之明清易代之际大量缙绅来容美避难的"因缘际会"，使田氏家族与汉族士大夫的文学交往大大增加，田氏交往的主要对象为：湖广籍士大夫、在湖广任职的官员和非湖广籍文士三种；其交往的主要方式为：诗歌赠和、撰写序跋、评点诗作。这种文学交往，不仅极大激发了田氏家族的创作、有力推动了其家族文学的发展，而且还形成了一系列的文论作品，成为有关土家族文论的先声。此外，田氏家族与汉族士大夫的文学交往亦是中华民族大家庭内部文化交流的生动标本和经典范例。

　　容美田氏土司家族，是中国土司史上乃至少数民族史上成就最高的文学世家，自田九龄至田舜年，相继五代出现了九位代表性诗人①，形成了

---

　　* 本文系 2015 年国家社科基金青年项目"明清南方少数民族文论文献的整理与研究"（项目编号：15czw15004）的阶段性研究成果。

　　① 九位代表性诗人及其诗集分别是：田九龄《紫芝亭诗集》、田宗文《楚骚馆诗集》、田玄《秀碧堂诗集》、田圭《田信夫诗集》、田霈霖《镜池阁诗集》、田既霖《止止亭诗集》、田甘霖《敬简堂诗集》、田商霖《田珠涛诗集》、田舜年《白鹿堂诗文集》。

"代代有诗人、人人有诗集"的盛况，综观这个文学世家的形成，除了家族传统的影响和自身的努力外，与汉族士大夫的文学交往也起到了极大的推动作用。

田氏家族与汉族士大夫的文学交往可以大致分成三个时段：首先是明中后期，代表人物是田九龄、田宗文，他们不仅开启了与汉族文士的广泛文学交往，而且这些文士的身份也呈现出多元化、层次高的特征，既包括湖广籍的士大夫、非湖广籍的名士或官员，也不乏王世贞、吴国伦这样的文坛代表人物，从现存的诗作来看，文学交往题材的诗作占到二田诗作的半数左右，可见这类交往对田氏家族文学的巨大推动作用；其次是明清易代之际，代表人物有田玄、田甘霖父子，其时，由于战乱导致很多汉族文士进入容美避难，从而促成了第二次文学交往的高潮，这些交往除进一步推动田氏土司文学的发展之外，还形成了第一批有关土家族的文学理论（序跋）；最后是清初，代表人物是田舜年，田氏不仅是家族文学的集大成者，其交往对象的特征也是集前辈之长，不仅人数众多、层次很高，而且形成了第二批有关土家族的文学理论（序跋、评点）。本文将在补考与田氏家族有文学交往的汉族士大夫身份的基础上，分析这些士大夫的类型构成、文学交往的方式及其重要而深刻的影响。

一　与容美田氏土司家族交往的汉族士大夫补考

对与容美田氏土司家族交往的汉族士大夫身份，前贤已经做了很多考证工作，并取得了可观的成果，如陈湘锋《〈田氏一家言〉诗评注》、吴柏森《容美田氏交游述略》等专著、论文，对文安之、严首升、黄灿、孙斯亿、孙斯传、孙羽侯、魏允中、沈思孝、殷都、龙襄等29位士大夫的身份分别进行了考定，为后续的研究奠定了基础。但是，仍有相当多与容美有过交往的文士身份有待进一步考证。

"陈明府"即陈洪烈。田九龄《紫芝亭诗集》中有《陈明府元勋召自崇阳却寄》，关于陈明府，前贤皆未详其人。明府，唐以降多用以专称县令，故据诗题之义，田氏之作当是写与崇阳的陈姓县令。又据同治《崇阳县志·职官》，明代先后任崇阳知县者 61 人，其中陈姓县令只陈恩、陈洪烈两人。陈恩为靖安人，"举人，嘉靖九年任一月"①，而据陈湘锋等人对田九龄生年的考证，其当生于 1530 年（嘉靖九年）前后②，因为其兄田九龙生于 1525 年，而田九龙与田九龄之间又隔有田九成、田九璋诸昆仲，因此，田九龄生年至早不会超过 1529 年，则嘉靖九年时，田九龄不会超过 2 岁，显然无法与陈恩有文学交往，因此，田九龄所说的"陈明府"只能是陈洪烈。同治《崇阳县志》本传载："陈洪烈，字复泉，光山人，进士，万历戊子由长阳调任。"万历戊子为 1588 年，田九龄时年当在 58 岁，正是其交游和创作的高峰阶段，与陈洪烈产生交集自是不成问题。且其寄与陈氏之诗云："江汉风流化不群，管弦久向日边闻。"称赞陈明府在崇阳任上政绩斐然，教化之功卓尔不群，这也与《崇阳县治》中的记载印证。《崇阳县志》本传载，陈洪烈到任以后，"风裁自励，留心民瘼"，不仅"复建义仓十二所"，使人民在荒年得以活命，还"立讲约所，注《皇祖六谕》（附二十六条）刻书晓民，月旦集约所宣讲，民风丕变"③。又《崇阳县志·礼乐》亦载："圣谕牌于乡约所，约正直月司讲约，设木铎老人以宣声于道路，各官如仪注，三跪九叩头，行礼毕，分班坐地，率领军民人等敬听，讲毕，各官散。崇邑乡约所，明时，在西城外，知县陈洪烈注《御制六谕附

---

① 《中国地方志集成·湖北府县志辑·同治崇阳县志》，凤凰出版社 2010 年版，第 204—205 页。

② 陈湘锋：《〈田氏一家言〉诗评注》，中央民族大学出版社 1999 年版，第 16 页。查《容美土司史料汇编》中辑录严首升《容美宣抚使田九龙世家》一文，关于田九龙的卒年记载有："公以万历丁亥岁摄事，癸巳年五月卒，年三十五。"万历癸巳年为公元 1593 年，若照此推算，则田九龙当生于 1559 年，即嘉靖二十八年，然《容美宣抚使田九霄世家》及其他资料记载，田九龙于嘉靖三十五年已随父兄奉诏征倭，故《汇编》中所引《田九龙世家》一文当有误。

③ 《中国地方志集成·湖北府县志辑·同治崇阳县志》，凤凰出版社 2010 年版，第 208 页。

二十六条》，刻书晓民，月旦讲于其所，其后寖废。"① 由此可见，陈洪烈确实在教化民众方面著力甚多，称得起"江汉风流化不群"。另外，田九龄《送陈长阳调武昌之崇阳》、田宗文《投赠陈长阳》两首中所说的"陈长阳"，也应指陈洪烈，因陈氏本由长阳调任武昌府崇阳县②，而古人多有以任职地为称的习惯，如柳柳州、刘随州之类，此处田九龄也是以陈洪烈的任职地长阳称之。

　　"张明府"即张履祥。田宗文《楚骚馆诗集》中有《泊舟石门呈张明府》一首，对于张明府，前贤亦未详其人。据前例，张明府当为石门县令，查嘉庆《石门县志·职官》，有明一代，石门共有张姓知县 8 人，分别是张观、张赞、张盖、张概、张夔、张澍、张履祥、张大亨。又据陈相锋等人考证，田宗文的生卒年当在 1562 年至 1595 年之间，即嘉靖四十一年至万历二十三年，这个时间段，在石门任上并有可能与田氏产生交集的只有张澍、张履祥二人，其中张澍未写明到任时间，但是其前任谢家诏为嘉靖十七年到任，则谢家诏与张澍需任职 24 年以上，才有可能与田宗文产生交集，又考虑到田宗文需具备基本的文学交往能力，则张澍的任职下限最早应在万历四年左右，而考《石门县志》，张澍与万历七年到任的马应祥之间，石门有过 4 任知县，这就需要 3 年时间换 5 任知县，显然不可能，且田宗文赠诗中有"心飞闽海月，兴满石门烟"之句，则张明府当为福建人，而张澍为婺源人，也不相合。因此，田宗文所说的张明府只能是张履祥，嘉庆《石门县志·职官》载张氏"字考吾，长汀解元，十五年任，有文学，治行，卒于官"③。又乾隆《福建通志·选举六·明举人》亦载张履

---

　　① 《中国地方志集成·湖北府县志辑·同治崇阳县志》，凤凰出版社 2010 年版，第 182 页。
　　② 陈洪烈任长阳知县时，颇有政绩，据《大清一统志》（卷二七三）载：陈洪烈"万历中，知长阳县，县接溪峒，蛮獠多梗化，洪烈抚循有法，威惠兼施，终其任无边患"。
　　③ 《中国地方志集成·湖北府县志辑·嘉庆石门县志》，凤凰出版社 2010 年版，第 361 页。另外，清末民初有著名理学家张履祥，字考夫，浙江桐乡人，与此非同一人。

祥为福建长汀人，隆庆元年解元，并曾任曲江知县。① 可见，张履祥无论是到任时间、籍贯还是文学优长均符合条件。

"谭总戎"即谭敬承。田宗文提到谭总戎诗共两首：《吴君翰自燕抵汴晤孔炎子厚远离罗施谭元戎宗启兹来山中访季父与文感而赠之工拙不论》、《送吴君翰之铜仁谒谭总戎宗启》。总戎，乃明清时对总兵之雅称，又据诗题之义，则谭总兵任职贵州。查乾隆《贵州通志·秩官》，明嘉靖、万历两朝，谭姓总兵只谭敬承一人。② 乾隆《长沙府志·选举》记载，谭敬承为隆庆年间武进士，"贵州总兵，前军都督"③。乾隆《长沙府志·人物》载："谭敬承，长沙卫人，丰标劲挺，幼习经书，长学剑术，工骑射。以武进士授卫使，掌篆务，升守备，转山东金书，修古北口边城，旋擢郧阳参将。在任七年，地方整饬，升贵州总戎，征播，播畏，归附。"④ 敬承既为隆庆武进士，最早也在隆庆二年，结合其履历所载，则敬承任贵州总兵应在万历十一年左右，与田宗文的活动时期正相重合。乾隆《长沙府志·人物》载："敬承能诗工书。"《艺文志》载其有文集三部，分别为《按剑集》、《清美堂集》、《行边集》。⑤ 可见其确是一位文武双全的将军，故田宗文诗有"倡和定知频入幕"之句，意谓吴君翰可凭与谭总戎的诗文倡和而得谭氏的欣赏，从而入幕为宾。想田氏定已听闻谭总戎擅诗之名，才会有这种推论。明代自嘉靖年间起，为防止苗疆叛乱，将总兵官驻地移至铜仁，直至天启二年才又重新常驻贵阳。《明史·职官五》载："镇守贵州总兵官一人，旧设，嘉靖三十二年加提督麻阳等处地方职衔，驻铜仁府。"⑥

---

① 《影印文渊阁四库全书·史部·福建通志》，台湾商务印书馆 1983 年版。

② 《影印文渊阁四库全书·史部·江西通志》，台湾商务印书馆 1983 年版。

③ 《中国地方志集成·湖南府县志辑·乾隆长沙府志（1）》，江苏古籍出版社 2002 年版，第649 页。

④ 《中国地方志集成·湖南府县志辑·乾隆长沙府志（2）》，江苏古籍出版社 2002 年版，第57 页。

⑤ 同上书，第 666 页。

⑥ （清）张廷玉等：《明史》，中华书局 1974 年版，第 1896 页。

故诗题中有"之铜仁谒谭总戎宗启"的说法。结合以上证据，可以推定谭总戎即谭承敬，宗启当为敬承之字。

"李大将军"当为李应祥。田九龄集中有《李大将军还自蜀中奉寄》一首，诗云："战代勋名塞两间，饶歌自蜀西还剑。悬牛斗龙云壮新，龙落旌旗虎豹闲。父老威仪欢借望，主恩弓失羡重颁。不须甘即频阳卧，早晚天书下九关。"① 诗中前四句赞誉李将军军容壮盛、军勋卓著；后四句表达家乡父老对李将军仰慕，即对其归来的盼望，又以秦将王剪病归频阳之典，喻李将军不甘罢归，盼望重新为朝廷效力的愿望，并预祝其成功。又综合诗题之义，可以推断出，李将军当是一位颇有军功、自四川罢归的湖广籍人士。又"大将军"，在明中后期，并非一定之职衔，而为武将之"尊称"，如王世贞赠戚继光诗之一《戚大将军入帅禁旅枉驾草堂赋此赠别》（《弇州四部稿》卷三九）②，此时戚继光为都督同知、福建总兵，即将转任禁军神机营副将；又其有《寿戚大将军序》（《弇州四部稿》卷六二）③，此时戚继光为左都督。据此，能够被田九龄称为"李将军"，其职衔当为五军都督府的左、右都督或同知这样的一品或从一品大员，而镇守四川的最高武官为都督同知（或佥事）、总兵官，查乾隆《四川通志·武职官》，正德以降，四川李姓总兵唯李应祥一人，且为湖广籍。④《明史》本传载："李应祥，湖广九谿卫人。……十三年改南京左府佥事，出为四川总后官。"并详细记载了其平定松茂、建昌诸番的事迹及其被罢经过，"论功，应祥屡加都督同知……当是时，蜀中剧寇尽平，应祥威名甚著。御史傅霈按部，诘应祥冒饷。应祥贿以千金，为所奏，罢职。兵部举应祥佥书南京

---

① "战代"、"弓失"陈湘锋等认为当是"战伐"、"弓矢"之误。《〈田氏一家言〉诗评注》，中央民族大学出版社 1999 年版，第 95 页。
② 《影印文渊阁四库全书·集部·弇州四部稿》，台湾商务印书馆 1983 年版。
③ 同上。
④ 《影印文渊阁四库全书·史部·四川通志》，台湾商务印书馆 1983 年版。

右府，给事中薛三才持不可"①。其事在万历十五年应祥平定邛部属夷腻乃的叛乱之后，直到万历二十八年明廷大征播州，才又重新起用李应祥，则应祥罢归在万历十五年至万历二十八年之间，这与田九龄的活动时期正相符合，被罢之前已官至都督同知，也配得上"大将军"之称。另，田九龄还有《赠大将军仁宇》一首，诗中有"谁将剞木小为舟，下峡今因访旧游。虎旅暂看云外卧，龙光偏识斗间浮"之句，据诗义，这位"仁宇"将军境遇与李应祥无异，疑即李应祥，仁宇或为应祥之字。其诗又云："漫夸武士千钧壮，倘许词人百战优。"称许李将军文武兼长，查民国《慈利县志·艺文志》载：李应祥著有《平播传》一部②，可见其亦有文才，"词人"之誉当不为过。

"周明府"当为周元勋。田宗文《楚骚馆诗集》中有《过华容奉呈周明府》一首。关于周明府的身份，查光绪《华容县志·职官志》，明代华容周姓县令有周应规、周骧、周洪范、周祉、周元勋五人③，田宗文能与之进行诗文唱和者，有周祉、周元勋二人，皆万历以降在任，其中，"周祉，江西永新，乡贡，质直能任事，厘料田弊，敬礼贤者。比觐还，以主藏吏盗帑金为直，指论，调在郡邸中，寻卒"④。"周元勋，江西南昌人，乡贡，文儒，谨守不自污，上官擿故周令事劾，调裕州学正，稍迁为上思州知州，卒。"⑤又乾隆《江西通志·选举》载：周祉为嘉靖四十三年举人，周元勋为万历元年举人⑥，从时间上看，皆有可能，不过就两人的传记来看，周元勋有"文儒"之称，则显然可能性更大。另外其诗《华容周

---

①（清）张廷玉等：《明史》，中华书局 1974 年版，第 6396 页。

②《中国地方志集成·湖南府县志辑·民国慈利县志》，江苏古籍出版社 2002 年版，第593 页。

③《中国地方志集成·湖南府县志辑·光绪华容县志》，江苏古籍出版社 2002 年版，第311—312 页。

④ 同上书，第 324 页。

⑤ 同上。

⑥《影印文渊阁四库全书·史部·江西通志》，台湾商务印书馆 1983 年版。

明府入觐》中的周明府亦应是周元勋。

"虞子墨"即虞客卿。田宗文诗集中有《九日与虞子墨对酌楚骚馆有赠》一首。关于虞子墨的生平,乾隆《华容县志·志余》载:"后四十年,有东陵虞客卿,字子墨,雅负节概,家累千金,一旦散尽,寻山探奇,贫窘不悔,苟非其人,一饭不及。从孙山人父子游,遂欲卜居元石,娶妻耕亩以自娱乐。"①② 光绪《华容县志·流寓志》亦载其事。可见,虞客卿为岳州府(即巴陵,亦称东陵)人,曾受到孙期亿的资助,并曾随孙氏在元石山居住,田宗文与虞客卿相识,当是通过孙斯亿的引见。

"海岱公"即殷都。田宗文有《奉呈殷夷陵海岱公》一首,对于"海岱公",《〈田氏一家言〉诗评注》未注。实则"海岱公"乃殷都之号,清人葛万里《别号录》卷三"殷都"条载:"斗 殷都 开/无美 海岱 部郎? 历苏。"③ 根据此书的体例,以号之下一字分韵编辑,且每韵唯第一人标两字,以下皆但标一字。因殷都号斗墟,"墟"韵依其体例,只第一人储罐标明其号为柴墟,其余皆只标其号之第一字,故"殷都"条只标一"头"字。"开/无美"④ 乃殷都之二字。而"海岱",依《凡例》"身兼多号,韵未收者,间附名下"的规定,可知即是殷都之别号。

"苟元君"即苟瑞仙。田九龄有《寄苟元君》一首,苟元君当即指苟瑞仙。据嘉庆《石门县志》载:"苟瑞仙,蜀女也,名正觉,明嘉靖时人,许字邑人陈文鳌,采蕨观国山,老妪食以灵芝,遂不火食,棲赤霞洞五十年仙去。"⑤ 另外,田宗文有《赤霞洞》一篇,亦当写此苟瑞仙所居之赤霞

---

① 后虞客卿将之武昌,曾赠诗于孙羽侯,其诗曰:"寒月人稀到,柴门黄叶稠。俄惊去城郭,梦想隔林丘。万事岁犹晚,孤踪行未休。相思蒲寥阔,空有卜居谋。"

② 《中国地方志集成·湖南府县志辑·乾隆华容县志》,江苏古籍出版社 2002 年版,第 200 页。

③ 《影印文渊阁四库全书·子部·别号录》,台湾商务印书馆 1983 年版。

④ 原文中"开"、"无"二字以小号字体并列。

⑤ 《中国地方志集成·湖南府县志辑·嘉庆石门县志》,凤凰出版社 2010 年版,第 410 页。

洞，宗文与苟瑞仙亦应有交往。

值得一提的是，敬瑞仙在观国山名声日显，不仅有诸多士大夫，如"庐山胡学宪、纬州冯方伯、继峰司寇、含虚范内翰、阳和张内翰"等常来拜访，乃至华阳王朱宣墡、荣王朱载瑾，甚至明世宗都曾与其有交往。梅鹜所写《观国山记》一文对这些事迹详细记载，如记华阳王"以境有至人当礼之，因致斋奉书，遣内使叩迎，三往"①。苟瑞仙始至王府。明世宗先是派礼部尚书顾可学致书邀请，又派顺天巡按王大任亲访，苟瑞仙均力辞之。可见，苟瑞仙在嘉靖朝是全国知名的女道士，田九龄和田宗文与其交往，可能是通过其他士大夫引见，可能是慕名而往。

关于诸葛元声的身份，田宗文的佚诗有《诸葛元声因订游黄岳访司马汪公伯玉山馆饯别一之归容城因呈郑虚中先辈》、《载阳王孙席送诸葛元声向吴中寻东海小冯君咸甫》、《归自家园王子献同诸葛元声访一赠》三首。诸葛元声，《四库总目》载其为会稽人，乾隆《云南通志》、《大清一统志》卷三百七十《曲靖府志·流寓志》有传，其传云："万历间至郡卖笔，一日，见诸生课艺，援笔改正数处，群相叹服，因请入书院教授生徒，所著有《咏水集》、《五经阐蕴》、《诗雅词林》等书，后与弟元敬归故乡。"

《四库总目》录其有《两朝平攘录》五卷，另外，《明史·艺文志》载其还有《滇史》十四卷（《滇略》中亦录是书，题作《滇事纪略》）。

宋登春与田九龄的交往情况补考。吴柏森《容美田氏交游述略》引嘉定徐学谟《鹅池生传》所载，认为田九龄《闻宋山人应元游南岳》一首中的宋山人即是宋登春，但未说明理由，似是认为宋登春字应元，与田九龄所说宋山人之字相同。宋登春生平，《四库总目》、《畿辅通志》、《湖广通志》、《画史会要》、《渊鉴类函》等皆有载，以《畿辅通志》卷一五〇所录徐嘉谟所写传记最为详明，但亦未提到宋登春与田九龄或其交游对象有直

① 《中国地方志集成·湖南府县志辑·嘉庆石门县志》，凤凰出版社2010年版，第418页。

接接触，似乎不足以证明宋山人即宋登春。实际上，光绪《华容县志·流寓》中对宋登春与孙斯亿的交游有明确记载，"宋登春，自号山人，江陵人，工诗，与孙山人倡和留连元石山，尝跣登天井峰，临大云泉濯足，有终年之志。"①② 其《志余》又载："宋山人登春，隐处江陵，往来桃源、衡岳间，道经华容，访孙山人，爱元石之奇，有终焉之志。"并录宋登春与孙山人唱和之作一首。③④ 这里所说的孙山人，即是孙斯亿，亦即田九龄、田宗文诗集中一再提到的"兆孺师"、"云梦师"。光绪《华容县志·隐逸》载："孙斯亿，字兆孺。……晚隐元石。"⑤ 又《志余》直称其"孙山人斯亿"。宋登春与孙斯亿都以隐士自处，从记载看，两人交谊颇有知音相惜之义，这必然影响到田九龄，因此，提出田九龄诗中所说的宋山人是宋登春的说法是有确证的。

"楚大中丞林柱楚"即林天擎。田甘霖有《楚大中丞林柱楚告归书至赋此奉饯》一首，又有佚诗《开府林公解楚任以大空召还奉饯一律》⑥，赠诗的对象"楚大中丞林柱楚"、"开府林公"应指一人，前贤皆未详其人。"大中丞"、"开府"乃明清时期对于巡抚的雅称，故此处所说"楚大中丞林柱楚"当指林姓的湖广巡抚，查明、清《湖广通志》，明代曾任湖广巡抚林姓者，如林大辂、林云同（包括郧阳抚治林富），皆嘉靖年间在任⑦，据严守升《田既霖世家》所载，以及陈湘锋等人的考证，田甘霖生卒年当

---

① 宋登春乃赵郡新河人，非江陵人，只是晚年定居江陵天鹅池，并自号鹅池生。

② 《中国地方志集成·湖南府县志辑·光绪华容县志》，江苏古籍出版社 2002 年版，第 398 页。

③ 同上书，第 486 页。

④ 除此之外，还录有赠山下萧君之作一首，另乾隆《华容县志·艺文志》还载其《元石观》五言诗二首，光绪《华容县志·艺文志》选录其一，题曰《元石》。

⑤ 《中国地方志集成·湖南府县志辑·光绪华容县志》，江苏古籍出版社 2002 年版，第 396 页。

⑥ 疑《开府林公解楚任以大空召还奉饯一律》诗题中，"大空"为"大司空"之误，果若如此，则林天擎曾担任过工部尚书。

⑦ 据《湖北通志》载，林大辂嘉靖元年始巡抚湖广，林富嘉靖七年抚治郧阳，林云同任年无考，但亦在嘉靖年间。

是万历四十年和康熙十四年，故以上明代诸巡抚皆与田甘霖活动时间无重合处，因此，此处所说的的巡抚当指清人。又查清初至康熙十四年（即田甘霖之卒年）间，湖广林姓巡抚唯林天擎一人。据《清史稿·疆臣年表（五）》所载，有关林天擎的任湖广巡抚的记录凡四条：

1. 顺治十一年"迟日益二月庚午罢，壬午，林天擎巡抚湖广"。

2. 顺治十三年，"林天擎九月己巳降，十一月丙寅，张长庚巡抚湖广"。

3. 康熙七年，"刘兆麒正月戊申迁，壬戌，林天擎湖广巡抚"。

4. 康熙九年，"林天擎七月壬午病免，八月乙未，董国兴湖广巡抚"①。

据此可知，林天擎曾两任湖广巡抚，而田甘霖诗中有"告归书"三字，疑当是写于康熙九年，林天擎因病致仕之时。此外，《容美土司史料汇编》辑有《大中丞林公批》一文，批文抬头有"巡抚湖广等处地方都察院右副都御史林批"字样，又该批文落款为康熙七年。② 此亦与《清史稿》的有关记录相契合。除此之外，《湖北通志·学校志》（一）中，亦有林天擎任湖广巡抚的记载，并辑有林氏所作重修府学文一篇：

学宫……明季毁于兵，清顺治十四年，总督祖泽远、巡抚林天擎修。林天擎记云："予自癸巳冬承乏左藩，瞻礼圣殿，颓垣芜陌，

---

① 《清史稿》卷 201，中华书局 1977 年版，第 7499—7500、7502—7503、7521—7522、7525 页。另外，《清史稿·疆臣年表（五）》载：康熙元年，南赣巡抚苏弘祖"二月辛亥，休。庚申，胡文华南赣巡抚。九月丁未，林天擎代"。但"林天擎代"四字误入"湖广巡抚"一栏中。另外，乾隆《湖广通志》、民国十年版《湖北通志》等文献的"职官志"中未见林天擎任湖广巡抚的记录，应有缺佚。

② 中共鹤峰县委统战部：《容美土司史料汇编》，1984 年版，第 9—10 页。

不避风雨，即图鼎而新之。……经始于十二年之秋，落成于十四年之春。"①

据文中林天擎之自述，其在任湖广巡抚之前，曾于顺治癸巳年（即顺治十年）任湖广左布政使（"左藩"）。结合《清史稿》所载，林氏当是于第二年（顺治十一年）因迟日益罢职，才接任巡抚湖广。另外，道光十五年，提学朱兰在重修武昌府学记中亦提道："顺治初，中丞林公益拓其规。"② 所说林公亦指林天擎。

据光绪《山西通志·名宦》载："林天擎，字玉礎，奉天盖州卫人，顺治二年以贡生知蒲州，招集流亡，俾村墟炊烟相属，宽城内宣平二里夫役，俾无困于供亿，安插满兵，尤有干略，兵民胥颂之。"③ 后累任江宁府知府、分巡常镇道、湖广巡抚、云南巡抚、延绥巡抚、南赣巡抚。田甘霖诗中作"柱楚"，当是"玉礎"之误，或其一字"柱楚"。

二 与容美田氏土司家族有文学交往的三类汉族士大夫

就目前已经基本考证清楚的 30 多位与容美土司家族有过文学交往的汉族士大夫来看，可以分成三类。

首先，是容美周边府县的湖广籍士大夫。这一类又分成两种。

一种是明中后期和清初与田氏有交往的士大夫。明中期与田氏有交往的士大夫有孙斯亿、孙斯传、孙羽侯、吴国伦、艾穆、龙襄、龙膺、郭正域、李应祥、毛寿登等。其中，孙斯亿、孙斯传、孙羽侯为岳州府华容县人，吴国伦为武昌府兴国州人，艾穆为岳州府平江县人，龙襄、龙膺为常

---

① 《湖北通志》卷 55，（台北）京华书局 1967 年版，第 1301 页。
② 同上书，第 1302 页。
③ 《山西通志》卷 97，（台北）华文书局 1969 年版，第 1914 页。

德府武陵县人，郭正域为武昌府江夏县人，李应祥为岳州府慈利县人[①]，其主要交往对象是田九龄、田宗文。反映汉族士大夫与田九龄、田宗文交往情况的材料，一部分见于二田的诗作，如孙斯亿、孙斯传、孙羽侯、艾穆、龙襄、龙膺、郭正域、李应祥诸人，二田均有寄赠、唱和之作，其中尤以与孙斯亿的唱和之作（另外还有一些感怀、悼亡之作）所占数量最多，从诗作本身内容看，二田始终对孙氏执以师礼，言辞不仅甚是崇敬，而且充满了感情。还有一部分见于二田诗集的序跋当中，如田舜年《〈紫芝亭诗集〉小叙》曾记载"子寿（田九龄字）乃从华容孙太史学"的史实。另外，《小叙》还记载吴国伦曾为田九龄的诗集写序，并给予高度评价。

清初与田氏有交往的士大夫是毛寿登（荆州府公安县人），其主要交往对象是田甘霖。据道光《鹤峰州志·沿革志》载，"残明降寇之为勋镇者"曾借田甘霖奉清朝为正朔之口实，将其"阨之于皖国公刘体纯营中"[②]，后经多方营救方才脱难，毛寿登亦曾参与此次营救。田甘霖后作《追感诗》（今存毛寿登和诗一首）表达对毛的感谢之情[③]，其诗前小引道："安居忽忆毛廓庵少司马，援余于危险中，情深意重，犹记当年与予书云：'越石在困，有愧解骖。每一念及，令人泚汗如雨，昨已力言及当事，幸其已有善意。不久，自当脱颖而出，正不必抱角乌之感耳，珍重，珍重！'嗟呼！此道今人弃之如土矣。予安能忘者，久无闻问，因成此诗。"[④] 从田氏所引毛寿登的信件原文，可以看出毛氏在营救过程中出力甚多，从"力言及当事"等话语中可以推定，毛寿登可能因其曾在南明政权下与农民起义军联合抗清的特殊关系，直接与刘体纯等人联系，为田甘霖斡旋。由此

---

① 慈利，明时曾先后隶属于澧阳府、常德府，后才改隶岳州府。

② 《中国地方志集成·湖北府县志辑·道光鹤峰州志》，凤凰出版社 2010 年版，第 355 页。

③ 毛寿登和诗，见中共鹤峰县统战部等编《容美土司史料汇编》，1984 年版，第 163 页。

④ 陈湘锋：《〈田氏一家言〉诗评注》，中央民族大学出版社 1999 年版，第 336 页。

亦可见田、毛二人交谊之深。此外,《田氏一家言》还收有田、毛唱和之作两首。

另一种是明清易代之际,避难于容美的士大夫,主要有文安之、黄灿、伍起宗、伍翜、严首升等人,其中文安之、黄灿为夷陵州人,伍起宗、伍翜为荆州府松滋县人,严首升为岳州府华容县人。对士大夫避难容美的史实,记载较为详细的是严首升所著《田氏世家》,其《田氏世家》载,明末天下大乱之时,"戎马长驱,无一寸干净之地","唯容美一区,称为乐土者,比之桃源武陵,良不虚矣"。于是"缙绅上流,避地相依。如彝陵文相国铁庵、黄太史、宜、枝、松滋、远安、归州……及公安姓族,不下数十辈。"这里提到的文相国铁庵即文安之、黄太史即黄灿,《田武靖公父子合传》亦载:"时大清正朔,未及吴楚,寇氛未殄,公犹戮力堵截……爰是容阳一隅地,如异世江左然,人文荟集,避地者咸以为归。一时名贤,如……松滋伍计部及归州、公安士大夫数十辈,挈家聚族而依于公,馆谷不暇给。"这里提到的松滋伍计部就是伍起宗,就连作《田氏世家》的严首升本人也是避难容美的士人,《田氏世家·附记》载:"当清代鼎革之初……海内分崩,惟容美一隅,可称干净土。于是名贵缙绅者流,多避乱于此。夫首升避此之日,正值田舜年居位之时。"① 除田氏本族之外,其他一些地方志也记录了汉族士大夫去容美避难的史实。如道光《鹤峰州志·沿革志》载:田玄时② "避寇氛者,如彝陵文相国、松滋伍计部数十辈多挈眷相从,馆餐不倦,其华阳诸蕃及华容孙中丞之避居九永诸卫者,不时存问"。田霈霖袭职后,"寇氛益炽,缙绅之避难者,霈霖待之一如元时"③。道光《鹤峰州志·杂述》亦载:"又称彝陵文相国铁庵、黄

① 中共鹤峰县委统战部:《容美土司史料汇编》,1984 年版,第 96—103 页。
② 同治《鹤峰州志》中,"田玄"作"田元",乃是避清圣祖玄烨之讳。
③ 《中国地方志集成·湖北府县志辑·道光鹤峰州志》,凤凰出版社 2010 年版,第 354—355 页。

太史中含明末避难来容美司"，并据《明史》、《东湖县志》的相关文字认为："所称二公避难容美之说信矣。"① 同治《宜昌府志·杂载》亦云："彝陵文相国铁庵、黄太史中含，明末避难来容美司。"② 可见，明清易代之际，士大夫来容美避难，不是一个短暂的过程，而是经历了田玄、田霈霖、田既霖、田甘霖、田舜年三代五位土司。

这些人中，文安之、黄灿、伍起宗的主要交往对象是田玄和田霈霖一辈，伍骘、严首升的主要交往对象是田舜年。记载文学交往的文献，一种是田氏的诗文作品，除伍骘外，其他人田氏均有唱和、寄赠之作，其中尤以赠和文安之的诗作为多，这一方面是因为被文氏忠贞高洁的人格所打动，另一方面忧国伤世的共同情绪也让他们有知音之感。另外，田舜年在《平山万全洞碑记》中还回忆了文安之与田霈霖的交往，有"大伯父双云公时，值闯、献肆讧，不信文相国之谋，以致张皇远避"③。可见，文安之不仅在容美避难，而且还曾参赞军政，只是未得采纳。另一种是序跋，如文安之、严首升、伍骘都曾给田氏诗集写过序跋，文安之《〈秀碧堂诗集〉序》中有"余入容阳而交太初使君，良有奇缘，足垂佳话者矣"之句。④ 严首升也曾详细记载自己与田家族交往的过程，其《〈田氏一家言〉又叙》道："予自崇祯壬午逐队武昌，则知特云（田甘霖字）先生以列爵攻举子业，偕诸生入闱，一时都人士咸异其事。时予年三十，略有姓字在人间，特云遂与予两两神交矣。……迨今可四十年，乃得与韶初使君定交，并其长君大别以赏奇，剖疑商订，不以道阻千里，一岁三至，如其研席，然后尽读其《一家言》。"⑤ 可见，严氏从田甘霖开始，就与田氏家族神交已久，

① 《中国地方志集成·湖北府县志辑·道光鹤峰州志》，凤凰出版社 2010 年版，第 471 页。
② 《中国地方志集成·湖北府县志辑·同治宜昌府志》，凤凰出版社 2010 年版，第 361 页。
③ 《中国地方志集成·湖北府县志辑·道光鹤峰州志》，凤凰出版社 2010 年版，第 436 页。
④ 《中国地方志集成·湖北府县志辑·光绪长乐县志》，凤凰出版社 2010 年版，第 327 页。
⑤ 陈湘锋：《〈田氏一家言〉诗评注》，中央民族大学出版社 1999 年版，第 433 页。

后又与田舜年有深厚的交谊和频繁的交往。伍嶐所写《白鹿堂诗序》，曾记载其本人及祖上与田氏的交往历史，所谓"予先世与田氏以风雅名家，颉颃一时。迨忠襄公又以勋绩，同纪太常，从来久矣。迨中叶有震，而先君子颇效急难之谊，遂世好无尤。三十年来，予父事老伯铁峰先生，今庭诸玉树，使君亦复命以诸父待予"。"忠襄公"即伍嶐之祖父伍文定（严首升有《伍忠襄公传》），则伍家与田氏的交往在三代以上。除了这五位土司，文安之还与田圭这样的土舍有诗歌寄赠。

其次，是容美周边府县的官员，如殷都（夷陵州知州）、陈洪烈（崇阳县知县）、张履祥（石门县知县）、周元勋（华容县知县）、徐惺（湖北布政使）、姚淳焘（分守湖南岳常道）、刘绞（松滋知县）等人。根据文献记载来看，殷、陈、张、周的交往对象是田九龄、田宗文，徐惺、刘绞的交往对象为田甘霖、田商霖，姚淳焘则与田舜年有交往。相关记载主要见于两种文献：一是田氏和诸士大夫的诗作，如殷、陈、张、周、刘诸人，田氏有寄赠、唱和之作，徐、姚二人，虽未见田氏的寄赠之作，但徐惺有《有怀容美田特云棠荫深处兼寄》一首①，姚淳焘则有《答宣慰土司田九峰兼送令□应恒归里》四首②，分为与田甘霖、田舜年的倡和之作。就作品来看，田氏与这些官员的交往，有些是其还在湖广任上时所作，如殷都、陈洪烈、张履祥、周元勋。有些则是其离任之后所作，如

---

① 原作载光绪《长乐县志·艺文志》，作者题为"布政使司徐天星，子星"，吴柏森《容美田氏交游述略》一文（《湖北三峡学院学报》2000年第6期）认为，"徐天星"应是"徐惺"，有理，今从之。另嘉庆《江宁府志·人物志·仕绩下》载："徐惺，字子星，上元人，顺治间进士……擢湖北布政司，寻罢归。"徐惺赠田诗云："棠荫经行处，山川万古新。芝兰原有种，天地迥无尘。鸟语笙簧奏，花飞锦绣陈。前贤仍未出，如在武陵津。"

② 该组诗，《容美土司史料汇编》与《〈田氏一家言〉诗评注》均未载，今从道光《鹤峰州志·艺文志》中辑出。其一云："兰津峡路未全遥，锁钥同心答圣朝。三代风流归洞口，怀春诗苴□芭蕉。"其二云："几年史略费删除，投赠牙签载满□。二十一朝披览尽，可知荒徼故同书。"其三云："鹓雏春暖向兰皋，还往翩翩试羽毛。染瓮欲倾千石绿，为清边气答贤劳。"其四云："汉家明月共迢遥，有意重过莫待招。料得南州归梦晓，锦鸡啼处忆吹萧。"（道光《鹤峰州志·艺文志》，凤凰出版社2010年版，第453页。）

刘絃，田商霖有《刘秉三民部典试云南过其旧治松滋赋赠十韵》一首，刘秉三即刘絃，曾任松滋知县，据诗题之义，则刘氏此时调任户部，因主持云南考试，路过松滋旧治，故有此作。① 二是序跋，如姚淳焘《宣慰土司田九峰〈二十一史纂〉序》，记载了其与田舜年的交往过程："戊寅夏四月，田子忽遣使载书满车，冒风雨数百里，走兰津投赠索叙。其子应恒款门入谒，风流淹雅，有吴公子遗意。"② 姚氏虽未与舜年谋面，但"莅政之初，即闻宣慰田子尊贤礼士，饱读诗书，以著述名家……既又闻其编辑史略二十一朝……殆类通儒之所用心，非苟焉而已也"。可谓是神交已久。

最后，是既非湖广籍、亦非湖广官员的士大夫，如王世贞、王世懋、宋登春、魏允中、沈思孝、倪元璐、孔尚任、顾彩、蒋珑、毛会建等人。其中二王、宋登春、魏允中、沈思孝的主要交往对象是田九龄，倪元璐的主要交往对象是田圭、田甘霖，孔尚任、顾彩、蒋珑、毛会建则与田舜年多有诗文往来。相关的记载主要见于诗作、序跋和游记。就诗作看，以上诸人，田氏均有寄赠、唱和之作，诸人的唱和之作，存世的有孔尚任《容美土司田舜年遣使投诗赞余〈桃花扇〉传奇依韵却寄》、毛会建《寄容美田韶初》和顾彩《至宜沙善晤田九峰使君答来韵》、《平山和九峰来韵》、《柬九峰》、《答来诗二首》、《雨中酬九峰以诗见讯》、《雨止寄九峰》、《别田九峰十韵用藏头体》、《又与九峰话别二首》等③；就序跋看，主要是孔尚任在《〈桃花扇〉本末》中曾对田舜年有介绍，并略记顾彩游

---

① 据《云南通志·秩官》载："顺治十八年辛丑，云南初入版图，补行庚子科乡试"，刘絃"以翰林院侍读充正主考"。则田舜年此诗亦当作于是年。又《松滋县志·职官志》记载，徐絃因在松滋知县任上，颇有政绩，典试云南，道经松滋时，"邑士民攀留不忍去"。

② 《中国地方志集成·湖北府县志辑·道光鹤峰州志》，凤凰出版社2010年版，第435页。

③ 以上数首分见孔尚任《长留集》（《孔尚任诗文集》，中华书局1962年版，第365页）、（光绪《长乐县志》，凤凰出版社2010年版，第369页）、顾彩《容美纪游》（高润身：《容美纪游注释》，天津古籍出版社1991年版，第18、60、68、72、77、78、97、100页）。

历容美之经过："楚地之容美，在万山中，阻绝人境，即古桃源也。其洞主田舜年，破嗜诗书。予友顾天石有刘子骥之愿，竟入洞访之，盘桓数月，甚被崇礼。"①

就游记看，主要是顾彩的《容美纪游》，文中介绍了自己与田氏交往的缘起："余自十五年前，闻毗陵蒋子玉渊极道容美山水之秀，主人之贤，固已心向往之。"在这种情况下，又经孔尚任和枝江县令孔振兹等人鼓励，乃寄书并诗于田舜年，得到了田氏热情的回应，并开启了两人的文学交往。顾氏的《容美纪游》不仅较详细地记载了自己游历容美，并与田氏土司等交往、酬唱的情况，还记载了蒋珑游历此地的情况，如"中府，为宣慰司治城……寓余于龙溪之百斯庵，毗陵蒋玉渊昔曾寓此，壁间题咏犹存"。并有《百斯庵佛楼追忆蒋玉渊》二首。

三 汉族士大夫与容美田氏土司家族文学交往的三种方式及影响

汉族士大夫与容美田氏土司家族文学交往的方式主要有三种：诗歌赠和、撰写序跋和评点诗作。

今天所见的《田氏一家言》所收诸田之诗中，与汉族士大夫的寄赠倡和之作占有较大比例②，如：

田九龄《紫芝亭诗集》现存128首诗作中，明确标为"寄赠"或为倡和之作的有53首③，主要对象为孙斯亿（7首）、艾穆（5首）、孙羽侯（3首）、李应祥（2首）、陈洪烈（2首）、王世贞（1首）、王世懋（1首）、孙斯传（1首）、魏允中（1首）、沈思孝（1首）、殷都（1首）、伍起宗（1首）等。

田宗文《楚骚馆诗集》83首诗作中，倡和寄赠之作更是达到71首，

---

① 孔尚任：《桃花扇·桃花扇本末》，人民文学出版社1982年版，第6页。
② 此处所说的寄赠倡和之作，包括怀人诗、悼亡诗。
③ 其中《西宁曲——为艾和甫赋》原题标为八首，今仅见五首，故以五首计之。

主要对象有孙斯亿（3 首）、孙斯传（3 首）①、龙襄（3 首）②、殷都（2首）、陈洪烈（2 首）、张翼先（2 首）、周元勋（2 首）、伍起宗（1 首）、张履祥（1 首）、龙膺（1 首）、艾穆（1 首）、孙羽侯（1 首）、郭正域（1首）等。

田甘霖 179 首诗词作中，有 88 首寄赠倡和之作，主要对象有文安之（5 首）、伍起宗（1 首）、毛寿登（1 首）、倪元璐（1 首）等。

另外，田玄的 21 首诗作中有 5 首，田圭 44 首诗作中有 17 首，田霈霖13 首中有 12 首，田既霖 12 首均为倡和之作，除田氏家族成员外，其主要的倡和对象有文安之（5 首）、伍起宗（1 首）、倪元璐（1 首）等。

序跋方面，现存的主要有文安之《碧秀堂诗集序》，严首升《田氏一家言叙》、《田氏一家言又叙》，伍骘《白鹿堂诗集序》，姚淳焘《宣慰土司田九峰〈二十一史纂〉序》。另外根据文献记载，黄灿、孙羽侯亦为田氏诗集撰写过序跋。如田舜年《〈田信夫诗集〉小引》道："文铁庵、黄中含、严平子三先生皆尝为之叙。"可知黄灿（字中含）曾为田圭的诗集做序，惜其原文已经亡佚。另外田楚产《〈楚骚馆诗集〉跋》曾载其在编辑田宗文诗集之时，曾"丏湘山太史言于简端，以付剞劂"。这里的"湘山太史"即指孙羽侯。③

评点方面，今天所存的主要是文安之、黄中含、严首升的诗评 111 条，其中文安之 7 条、黄中含 1 条，其他均出自严首升之手。

汉族士大夫与容美田氏土司家族的文学交往，其主要影响有三个方面。

---

① 寄赠孙斯传诸诗中，有一首《归澧后忆在华容习孺叔成孝廉鹏初太史道伸和尚醉游有述》，其中"习孺叔"指孙斯传，"鹏初太史"指孙羽侯，为免重复统计，将此诗归于孙斯传名下。

② 寄赠龙襄诸诗中，有一首《从季父饮中得龙君超君善书因有卜居桃川之约》，其中"龙君超"指龙襄，"君善"指龙膺，为免重复统计，将此诗归于龙襄名下。

③ 乾隆《华容县志·人物志》载："孙羽侯，字鹏初，号湘山。"

首先，激发了容美土司的文学创作。通过上文对容美土司家族诗作的统计可以看出，与汉族士大夫的寄赠倡和作品占了相当大的比例，而这些作品的产生，其直接原因就是容美土司家族与汉族士大夫的交往。而且，这些倡和寄赠之作，主题丰富，有宴饮、送别、感怀、邀约、游戏等，诗体也涵盖了古体、近体和五言、七言，使容美田氏土司家族的文学才能得以更丰富的展现。严首升《〈田氏一家言〉叙》及《又叙》记载了田氏与汉族士大夫诗歌倡和的盛况，并肯定了这种交往对于激发田氏文学创作的作用。其《叙》道："田氏世集异书、产词人，与天下诸名家倡和。忆自嘉隆子寿先生与吾邑孙氏云梦山人颉颃王李……特云座上常满，刻烛成诗，迥绝一时。"其《又叙》道："顾何以文人骚客瞻仰靡及，如梁菀建安，词流辐辏，投止如归，各展所挟，以鸣得意。……子寿诸君，起家尔雅，与隆万诸名家倡和，则予舞象时稔知之，不自特云始也。"可见，汉族士大夫与田氏诗歌倡和，就时间长度而言，自明中期田九龄始兴起，一直沿续到清初期田舜年时，就热烈程度而言，始终都有众多士大夫——其中不乏大家、名士，与田氏倡和，形成了"争鸣"的局面。在评述田氏家族文学发展历程时，严氏又道："盖自子寿名家，嘉隆太初列传儒行，而特云下帷不窥园舍，与双云、夏云伯仲禺子一堂，积渐至韶初，书益富、交益广，著作益多。"这里，严首升认为田氏家族诗作的丰富和文学成就的形成，一方面是由于苦读使其文学素养不断提升，所谓"书益富"；另一方面则是广泛的交游使其文学视野不断拓展，所谓"交益广"，这才有了"著作益多"的成果。严首升在《田信夫诗集序》中又重申了这一观点："其世世尔雅，与吾邑孙氏、油江袁氏倡和不歇，子寿、国华著作益多，以诗名家。"正是因为"倡和不歇"的文学活动，才有了"著作益多"的结果。

另外，从个体来看，亦可见与汉族士大夫的交往对田氏创作的激发作用。在田氏家族的诗人中，田九龄占有特殊的地位，他是田氏家族第一位具有代表意义的诗人，其诗作存世的数量也仅次于田甘霖①，与此相对，他的文学交往也相对活跃，是第一位真正开始广泛文学交往的田氏诗人。正如田舜年所言，"子寿（田九龄字）乃从华容孙太史学，性耽书史，喜交游，足迹遍两都，所交与唱和多当时名士"（《〈紫芝亭诗集〉小叙》）。可见，田九龄的广泛交游，尤其是与汉族名士的文学交往有利地促进了他的创作。田氏家族的另一位代表性诗人田宗文亦有广泛的文学交往，田楚产在《〈楚骚馆诗集〉跋》中有言："国华（田宗文字）叔自山中出居，交游海内贤豪，江汉诸名达，倡酬寄赠，翩章伙伙。"

其次，促进了容美土司的文学创作的发展。伍跸在《〈白鹿堂诗集〉序》中认为，由于广泛的倡和，使田氏诗风亦受到与之相倡和诗人，尤其是当时文坛领袖人物、代表人物的深刻影响，其整体诗风亦会随着时代主流诗风的变化而变化，并且能汲其所长、避其所短："田氏……百年来与中原诸名家倡和，故风气亦乘之屡变。当隆万时，济南琅琅，或歌或咢。迨天崇后，南岸复州，吹笙鼓瑟。而金陵雕绘云间，裘马纷争艺园。田氏之诗，皆与之竞爽，而同其瑜不同瑕，又加于人一等久矣。"② 所谓"济南琅琅"、"金陵雕绘云间"当分指明中后期以李攀龙（济南府人）为代表的"后七子"复古诗派、明末以陈子龙（松江人，松江古称云间）为代表的"云间诗派"等。正是由于田氏"百年来"坚持与中原士大夫保持文学交往，使他们能始终保持与时代主流文学风格的同步，有力地促进了其文学的发展。

除了田氏通过文学交往主动学习、模仿主流诗风之外，汉族士大夫还主要通过撰写序跋和评点诗作两种方式，帮助和促进了其文学的发展。

---

① 据田舜年介绍，田九龄的诗文本有二十卷之多，但大部分因战乱散佚，只余下第七卷、第八卷各半，后又经田舜年"汰其太染时调者"，所以仅剩下128首，由此亦可推知，田九龄的原作规模是相当可观的，数量应不在田甘霖之下。

② 《中国地方志集成·湖北府县志辑·光绪长乐县志》，凤凰出版社2010年版，第327页。

就序跋而言，汉族批评家对田氏文学的支持和帮助，首先，体现为高度肯定田氏诗人家族性和群体性特征及其意义价值，包括两方面：一是赞其诗人之多；二是叹其沿续之久。如文安之《〈秀碧堂诗集〉序》中提出："况复凤将九子，咸有律吕之和，龙导五驹，各具风云之概。"明言田玄及其诸子，形成了一个规模很大的诗人群体，且各有专擅。又如严首升在《田氏一家言·叙》中将田氏诗人群体与历史上著名的晋朝王氏家族诗人群体、南朝时萧梁家族诗人群体相比较，提出"晋王氏七叶，人人有集"，萧梁"著录最盛"都已颇为不易，但是今"田氏乃更多且久矣"。"卷帙盈筒，烂然如万花谷矣。"在赞叹田氏诗人群体之盛的基础上，严氏还分析了其兴盛的原因。严首升认为内因是田氏诗人群体"历代沿习、世擅雕龙"，在家族内部很好地营造了文学创作的氛围，并重视传承。外因是明代很多文士都被科举所绊，无力、无暇、无心进行诗歌创作，而田氏诗人则有得天独厚的自然环境（"居楚要荒"、少染世情）和世袭的土司爵位或贵族身份，环境、生计、地位皆不成问题，故能"名利心净"、潜心创作，所谓"天下作诗者，概为制料（按：当为'科'）干禄，分去大半，而山中人颛志肆力，旬锻月炼，世擅厥美"（《〈田氏一家言〉又叙》）。

其次，体现为高度肯定田氏诗人的创作水平及诗作价值。文安之云："即使延陵倾耳，必且羡其遗风；倘逢殷璠搜罗，又应目为间气。"认为田氏诗作，即便古代著名的批评家吴公子扎、殷璠，也必为其所动。严首升《〈田氏一家言〉叙》中既对田氏诗人群的总体成就予以绝高赞誉，称其"阔绝寰宇"，《又叙》云："读其诗如探幽选胜，处处移怀而锦绣璀璨，膏馥沾人，受用不尽。"并具体评价了代表性诗人，如认为田九龄的诗作与明代"后七子"的代表人物王世贞、李攀龙的诗作水平不相上下。又称田霈霖、田既霖、田甘霖为诗坛"三珠"，并特言田甘霖"刻烛成诗，迥绝一时"，誉田舜年诗文"冠绝古今。"

就评点而言，汉族批评家对田氏文学的支持和帮助主要体现为能够坚持实事求是、褒贬分明的批评原则，"一针见血"地指明诗作的优劣所在。考虑到进行评点的汉族批评家均是以避难者的身份寄居容美，却未因自己寄人篱下的处境而一味曲笔阿谀就更显得可贵，同时，也说明他们对于田氏诗人发自内心的尊重和促进其文学发展的诚意。如严首升评田玄《军官行》云："条序井井如奏疏然"①，就点明此作的突出特点在以歌行体写出，而条分缕析、丝毫不乱。又如评田甘霖《松山晚眺》道："竟是松山图"②，则强调该作的特点在于形象鲜活。文安之评田玄《送伍趾薛往添平》云："何其蕴藉"③，指出该诗的突出之处在含蕴丰富，余味无穷。对于诗作的不足之处，严首升也毫不含糊，如评田九龄《送陈长阳调武昌之崇阳》有云："未能免俗，聊复尔尔。"④ 认为该作未能脱出一般送行诗"恭维"、"祝贺"的陈套，缺乏真情实感。在《紫芝亭诗集》最后的总评中，严首升一方面肯定九龄之作，"风骨内含，韵度外朗"，但也指出其诗有"间落时蹳，未去陈言"的毛病。⑤ 又如田圭《饮止止亭观白芍药其种曰杨妃吐舌》，严氏评为"未能免俗"，指出该诗和多数咏花之作一样，绮艳有余，而兴寄不足。评田甘霖《续梦中句》亦云："轻艳"⑥，认为该作流于轻靡华丽。在严氏所批评的这些诗人中，田九龄是田氏诗人群的标志性人物，是让容美土司引以为傲的族中先贤，田圭是他所依附的容美土司田舜年的祖父，田甘霖更是田舜年的父亲，但是严首升在批评之时，却能相对客观地指出其作品的不足之处，不仅显示了其批评的水准，彰显了其批评的道德和勇气，更为重要的是，这样的评点，以"他者目光"检视容美土司家族的文学创作，直陈利弊，更有利于容美土司文学的发展。

---

① 中共鹤峰县统战部等：《容美土司史料汇编》，1984年版，第136页。
② 同上书，第169页。
③ 同上书，第146页。
④ 同上书，第231页。
⑤ 同上书，第234页。
⑥ 同上书，第154页。

最后，汉族士大夫的序跋和评点，与田氏本族的序跋一起成为有关土家族文论的先声。文论是文学发展的重要里程碑，是文学创作有自发走向自觉的重要标志，一族文学创作是否发达，重要的依据之一即看其有无较丰富的文论。在中国南方少数民族当中，土家族文论尤其是针对作家文学的文论产生较早，相关文献也较多，这其中汉族士大夫对容美田氏土司的文学批评起到了重要的开创性作用。

同时需要指出，田氏土司文论的发生在中国南方少数民族文论中也是一个特殊的案例。田氏土司文论的形成，与南方其他少数民族有关土司（如纳西族木氏土司）文论的发生既有共性——如都是在明中期以后，由于中央政府大力推行"土司子弟入学"的文化政策，使得土司开始接受汉文化乃至文学，并逐渐开启与汉族士大夫的文学交往，从而产生了文论，又有个性，如田氏土司管辖区域与中土相近，尤其是与文化发达的江、汉平原相近，使其有更多的机会接触到汉族士大夫及主流文学，再加之明清易代之际，很多汉族士大夫来到容美避难这样的"因缘际会"，也进一步促成了其文论的产生。

文论的产生，不仅标志着田氏家族文学的发展进入一个新的高度，而且其中有关田氏家族文学发展史的记载，有助于我们了解田氏家族文学发生、发展的具体过程，其中有关田氏家族文学作品及其整体特征的分析，亦有助于我们了解其价值和意义所在。

容美田氏土司家族与汉族士大夫的交往，不仅有力促进了土家族文学的发展，推动了土家族文论的诞生，同时，它还是中华民族大家庭内部文化交流、融合的一个生动标本和经典范例。借由这个标本，我们可以理解中国少数民族是如何在基于同一"文化身份"（中华民族一员）的基础上，运用同一"文学话语"进行交流和沟通，并相互促进的。通过这个范例，我们亦当思考，在今天新的形势下，应该如何借鉴历史上的成功经验，在保持民族文化特性的基础上，进一步促进各民族之间的文化交流和族群和谐。

少数民族审美文化研究

"民之歌"与"歌之民"：民歌研究的双重维度

范秀娟

（广西民族大学文学院）

摘要："民歌"研究涉及不可分割的两部分："民之歌"与"歌之民"，即"民之歌"是怎样一种"歌"，"歌之民"是怎样一种"民"。从"民"看"歌"与从"歌"看"民"，这是两种不同的视角。两种不同的视角构成了两种不同的音乐人类学：一种研究"人的音乐"，即 The Anthropology of Music；另一种研究"音乐的人"，即 Musical Anthropology。研究"民之歌"，出发点在"民"、落脚点在"歌"；研究"歌之民"，出发点在"歌"、落脚点在"民"；前者的研究方式为"The Anthropology of Music"，后者的研究方式为"Musical Anthropology"。研究"民之歌"即"人的音乐"的音乐人类学实践与研究"歌之民"即"音乐的人"的音乐人类学实践，完全可以并且应当融合在一起，从而使"歌""人"互证、"人""歌"互通，达到对音乐与人的双重理解与认识。以壮族民歌的音乐人类学研究为例，应该着力探究的是：壮人如何创造了壮歌，壮歌如何建构了壮人，壮人与壮歌之间是如何互相建构、互相表征的。

一 两种音乐人类学

美国民族音乐学家安东尼·西格尔在他的代表作《苏雅人为何歌唱——一种亚马逊人的音乐人类学研究》（*Anthony Seeger，Why SuyàSing：A Musical Anthropology of an Amazonian People*）的序言中提出，有两种"音乐人类学"：一种是把音乐看成是文化和社会生活的一个子系统，在文化中研究音乐，他称之为 The Anthropology of Music；另一种是把音乐视为社会建构、文化建构的方式，研究作为音乐表演的社会生活和文化模式，他称为 Musical Anthropology。西格尔所说的两种不同的音乐人类学，其根本分歧在于：前者研究的是"文化中的音乐"，或者说是"人的音乐"；后者研究的是"音乐作为文化"，或者说"音乐的人"。研究"文化中的音乐"或"人的音乐"，要探究的是某一特定的音乐在特定的文化系统中有什么样的特质，音乐与其他文化之间有何种联系，音乐如何被其他文化赋予特定的品格。研究"音乐作为文化"或"音乐的人"，要探究的是音乐如何作为一种文化人的方式被特定的人群实践着、表演着，从而铸就了特定的人群和特定的社会生活，即铸就了"特定的文化"或"特定的人"。前者的焦点在"音乐"如何被"文化化"或"人化"，后者的焦点在"文化"或"人"如何被"音乐化"。西格尔对这两种音乐人类学的区分是颇有意义的，他指出了两种音乐人类学之间细致而鲜明的分野。西格尔同时指出：这两种音乐人类学的研究方式都有价值，没有孰高孰低、孰轻孰重之别，就像吃香蕉，你可以从左边切，也可以从右边切。[①] 笔者同意这种观点，但是，由此引发的进一步思考是：这两种不同的研究方式可否适用于同一项研究？两种音乐人类学可否熔于一炉？即既可关注"音乐"如何

---

① 参见 Anthony Seeger，*Why SuyàSing：A Musical Anthropology of an Amazonian People*，Cambridge University Press，1987。笔者 2012 年 3 月在 UCLA 对 Anthony Seeger 访谈时，她强调了关于两种音乐人类学是不同的切香蕉方式的观点。

被"文化化",又关注"文化"如何被"音乐化"。

笔者认为是可以的。以民歌研究为例,"民歌"研究涉及不可分割的两部分:"民之歌"与"歌之民",即"民之歌"是怎样一种"歌","歌之民"是怎样一种"民"。这是一种双向审视、双向开掘、合围并进的研究方式,较之只研究"民之歌"或只研究"歌之民"的单向研究方式,似更周到系统些。如此,我们通过研究一个地方的民歌了解一个地方的人民,通过研究一个地方的人民了解一个地方的民歌。从"民"看"歌"与从"歌"看"民",这是两种不同的视角。前者出发点在"民"、落脚点在"歌",后者出发点在"歌"、落脚点在"民";前者的研究方式为"The Anthropology of Music",后者的研究方式为"Musical Anthropology"。以此观之,壮族民歌的音乐人类学研究,一方面要通过壮族人或壮族文化来理解壮族民歌是什么样的歌,另一方面要通过壮族民歌来理解壮族文化或壮族人是什么样的人,也就是把对"民之歌"的研究与对"歌之民"的研究综合在一起,从而对以下问题作出应有的解答,即壮人为何歌唱?这个被誉为"歌唱的民族"的民族为何如此钟爱歌唱?歌唱给壮族人带来了什么?或者说,壮族民歌的根本精神是什么?它如何滋养了这个民族?这个在民歌滋养下的民族是一个什么样的民族?

安东尼·西格尔的代表作《苏雅人为何歌唱——一种亚马逊人的音乐人类学研究》最重要的学术价值,就在于他的研究回答了"苏雅人为何歌唱"的问题。他通过细致的人类学观察,犀利地指出:苏雅人不是像他们声称的那样"因为快乐才歌唱,因为歌唱而快乐"。与苏雅人一样,壮族人也不是"因为快乐才歌唱,因为歌唱而快乐"。问题的真正答案需要人类学、社会学、音乐学、美学等方面的诸多洞察。美国民族音乐学家梅里亚姆(Alan P. Merriam)在其重要著作《音乐人类学》(*The Anthropology of Music*)中提出,应该从多种角度来研究音乐,因为音乐融汇了文化、社会、历史、心理、身体、美学、象征等各个方面的知识,没有一种单一的研究可以成功、完整地诠释音乐。为此，他提出了"概念—行为—音乐"的"三维理论模式"，认为音乐是一种行为，音乐行为发端于音乐概念，因此研究音乐必须研究关于音乐的概念和行为，而这种以研究音乐概念和行为为基础的音乐研究，倡导音乐学、人类学、社会学等的结合，倡导以研究人的文化价值为主旨的人文科学和以研究人如何生活为主旨的社会科学的互相结合。音乐人类学就是这种结合的一种范式；在音乐人类学的视野里，"苏雅人为何歌唱"、"壮族人为何歌唱"、"人类为何歌唱"这些问题就有了更多探究的方式与空间。

二　不一样的"民"，不一样的"歌"

苏雅人不是为快乐而歌唱，他们之所以歌唱，是因为歌唱建构了他们的宇宙观和社会秩序，歌唱使他们保持着与过去历史的联系，歌唱召唤和激发了人之为人的本质力量。这是西格尔的发现。笔者在对壮族民歌的长期研究中，也发现了相似的规律：壮族民间歌唱建构了壮族男女男尊女卑、男主女从但互相尊重的两性秩序，这样的两性秩序也是整个壮族社会秩序的基础；歌唱使一代一代的人保持着族群的历史记忆，这种记忆是沟通历史、现在与未来的桥梁；男女对歌是情感的交流，更是才华的比试，因此歌唱是一种使人成为人即文化人的方式。可见，无论苏雅人还是壮族人，歌唱都是他们生活中很重要和很有意义的一部分。那么，这是否意味着苏雅人和壮族人——一个在南美洲巴西的亚马逊流域，一个在东亚中国的珠江流域——有着同样的歌唱？

2011 年 10 月至 2012 年 10 月，笔者在安东尼·西格尔教授工作的加州大学洛杉矶分校（The University of California at Los Angeles，简称 UCLA）民族音乐学系做了为期一年的访问学者，有机会与西格尔教授面对面交流关于"人类为何歌唱"的问题。因为笔者研究的是壮族民歌，壮族民歌的主体是情歌，壮族人"以歌传情"、"倚歌择配"，因而有着极为悠久、深厚的民歌传统，爱情是壮族民歌最普遍的主题——而且爱情也是现代音乐作品中最普遍的主题——因此，笔者与西格尔教授交流时提出的一个重要问题是：苏雅人的音乐里是不是也有很多爱情歌曲？他们是不是为了爱情而歌唱？西格尔教授的回答是"否"，他说因为苏雅人的歌都是从神那儿来的，通神的祭司从神那里得到歌，就教给大家，因此没有情歌，只有神灵的歌。苏雅人以食物交换来表达爱情，不用歌来表达爱情。西格尔教授的回答令笔者感到深深震惊：苏雅人没有情歌，不用情歌表达爱情，而用食物交换来表达爱情，这看上去太原始、太不开化、太不浪漫了。相比之下，中国南方的少数民族壮族，他们无情不歌、无歌不情；现代社会也是如此，爱情是流行歌曲永恒的主题，情歌是现代音乐中最常见、最重要的一部分。因此，在现代人通常的观念中，用歌唱来表达爱情比用食物交换来表达爱情，似乎更高雅、更浪漫，更像是真正的"人的生活"。

但是，苏雅人和壮族人用不同的方式来表达爱情，果真有高低之分、文野之别吗？格罗塞在他的《艺术的起源》一书中，曾鄙夷地说到原始人抒情诗匮乏是因为他们感情粗鄙和匮乏的缘故。与原始民族的粗鄙相对比，他无比骄傲地提到西方近现代丰富的抒情诗，认为这是现代人感情丰富和感情精致的结晶。仔细体味格罗塞的这些话语，不难发现进化论时代的艺术史家格罗塞对于原始民族的偏见和鄙视。[①] 众所周知，需要来源于匮乏，像苏雅人那样的原始民族中没有情歌、情诗，是不是因为他们生活的重心不在爱情而在神灵的缘故？或者，是不是他们的爱情圆满、没有匮乏的缘故？近现代诗歌和音乐中泛滥的爱情主题，是不是因为现代人生活

---

① 格罗塞在他的著作中说："大多数的原始诗歌，它的内容都是非常浅薄而粗野的。"又说："我们无论打开哪本抒情诗集，必定可以看到其中的大部分是专门描写爱情的快乐和痛苦的。但在原始的抒情诗上，除了极其粗野情况之外，却难得看见他们叙述两性关系。"参见［德］格罗塞《艺术的起源》，蔡慕辉译，商务印书馆1998年版，第九章"诗歌"。

的重心不在神灵而在爱情的缘故？或者说，现代情歌、情诗是不是现代人对爱情的过度关注、爱情不圆满或过度放纵情感的象征和表达？就如笔者所研究的壮族民歌，其情歌之丰富不是由于爱情的丰富和自由，而恰好是由于爱情的匮乏和恋爱不自由——因为壮族传统社会的文化规定是三四岁由父母包办订婚，十八岁左右结婚，但结婚后新娘不落夫家，而是长住娘家，直到怀孕生子才落夫家。"不落夫家"期间，女子可以自由对歌、结交情人。壮族传统歌圩上对歌的主体就是那些结婚了但还不落夫家的女子和她们的情人们——她们的情人从哪儿来？当然就是那些结婚了但妻子还长住娘家、未曾怀孕生子的年青丈夫们。那些年青的丈夫们和妻子们，由于配偶是自幼由父母之命、媒妁之言、八字合命而订婚、结婚的，他们虽然成婚，但年轻夫妇之间普遍缺乏了解，而文化成规又允许和规定他们结婚之后生子之前必须分居，到歌圩上去与配偶之外的异性对歌、结交情人和恋爱，因此他们（她们）特别珍惜这段自由对歌、自由恋爱的时光，他们把这段时间的生活称为"做后生"，于是歌圩上遍地流淌着爱情的歌。

不一样的"民"，有不一样的"歌"，与没有情歌的苏雅人相反，壮族遍地都是情歌，壮族人唱歌的方式就是男女情人对歌的方式，因此所有的歌都是以情歌方式创造的。但是，壮族情歌的繁富和壮族歌圩强大的生命力不是滥觞于壮族恋爱自由、婚姻自主，而是滥觞于壮族婚俗中规定的"不落夫家"期间的情爱自由，也得益于"不落夫家"时期结束之后对情爱自由的无情终止。情歌既是有情世界的象征，也是无情世界的隐喻。壮族情歌的勃兴不是肇始于这个社会对于个人情感的无止境的自由放纵，而是肇始于这个社会的文化机制对情爱自由的或放或收的调控之中，肇始于自然与文化、个体需要与社会控制互相冲突的夹缝之中。壮族情歌也因此获得了卓越的艺术品格：既有因情爱自由而成就的情感丰沛饱满，也有因情爱自由随时可能终止而成就的深沉深刻。壮人也因此拥有最为纯粹和超拔的艺术观念：唱歌为人生之切要问题，艺术使人成为人。两相对比，尽管苏雅人和壮族人都宣称他们"因为快乐而歌唱，因为歌唱而快乐"，但壮族人的歌唱世界与苏雅人的歌唱世界，其实是完全不一样的世界。

人类学的魅力就是让人有机会去认识另一个世界，音乐人类学的魅力就是让人有机会去聆听和理解另一个世界的声音和它的主人。在研究壮族民歌的过程中，笔者深深地体会到"民"与"歌"之间水乳交融、密不可分的关系。论到它们之间的逻辑关系，到底是这样的"民"铸就了这样的"歌"，还是这样的"歌"铸就了这样的"民"？按照我们惯常的思路，当然是有这样的"民"才会有这样的"歌"，因为人是歌的创造者和承载者，有"民"然后才有"歌"，先"民"后"歌"。但是，如果没有这样的"歌"，"民"还是这样的"民"吗？譬如壮族，如果没有聚会对歌的歌圩、没有无数像刘三姐那样嗜歌如命的歌手，壮族还是壮族吗？又譬如侗族，如果没有侗族大歌、侗族风雨桥，侗族还是侗族吗？或者，再放大一点说，如果没有中国书法、水墨画，中国还是中国吗？当然，我们也可以漫不经心、没心没肺地回答说"还是"，但没有壮族民歌，壮族不会是那个壮族；没有侗族大歌、侗族风雨桥，侗族不会是那个侗族；没有中国书法和水墨画，中国不会是那个中国。使事物是其所是的核心就因为某些东西决定了它是"那一个"，而不是别的"另一个"。因此，"民之歌"和"歌之民"的关系，不是简单的先有"民"才有"歌"的关系，而是有这样的"民"就有这样的"歌"，有这样的"歌"就有这样的"民"。推之于壮族，就可以说：有壮人才有这样的壮歌，有壮歌才有这样的壮人；"壮人"与"壮歌"，是一个互相阐发、互相承载的关系；认识壮人，才能认识壮歌；认识壮歌，才能认识壮人。因此，研究"人的音乐"的音乐人类学实践与研究"音乐的人"的音乐人类学实践，完全可以并且应当融合在一起，从而使"歌""人"互证、"人""歌"互通，达到对音乐与人的双重理解与认识。

三 "民"生"歌","歌"生"民"

民歌是音乐人类学研究的经典领域。壮族是一个有丰富民歌传统并且在中国的多声部音乐中占有重要地位的民族，是一个名副其实的"歌唱的民族"。在中国民族学家编撰的"20 世纪中国民族家庭实录"的大型丛书中，记录壮族家庭生活的那一本叫《山歌里的人生：壮族》。[①] 可见歌唱在壮族人一生中的重要地位。壮族歌圩为壮族男女集体聚会对歌、倚歌择配的盛大节日，因而多声部民歌极为丰富。20 世纪 80 年代初，中国多声部民歌研讨会在广西壮族自治区首府南宁举行，来自全国各地的音乐学研究者们见识了壮族民歌传统之深厚、多声音乐之丰富。故有学者指出：壮族二声部民歌在中国多声部民歌中占有重要地位，其和声方式多种多样，有支声型和声型、对比和声型、模仿和声型、持续低音型，其调式扩展手法比之专业创作毫不逊色。壮歌在多声合唱方面取得了高度的艺术成就，要发展中国民歌合唱，要重视借鉴广西的民歌手法。[②] 毫无疑问，壮族民歌是音乐人类学研究的合适个案。研究壮族民歌传统，不能不研究壮族的重要风俗"倚歌择配"习俗。壮族之所以有悠久强劲的民歌传统，主要与壮族的重要文化风俗"倚歌择配"相关。"倚歌择配"不仅是壮族传统社会的重要风俗，也是华南、西南许多其他少数民族传统社会的重要风俗。在这种风俗性活动中，"歌"由于"择配"的需要而被大量地生产出来，"民"也因为大量生产歌而成就其"歌手"身份，故此，"歌"与"歌手"其实是互相生产、互相成就的关系："歌"是由"歌手"生产的，"歌手"是由"歌"得以成就的，正如海德格尔在《艺术作品的本源》中所指出的那样：艺术作品之所以是艺术作品，是因为它们来源于艺术家之手；艺术

---

① 李向春：《山歌里的人生：壮族》，云南大学出版社 2003 年版。
② 陈良：《广西多声部民歌与中国民歌合唱》，《音乐研究》1994 年第 4 期。

家之所以成为艺术家是因为他创造了艺术作品,因而艺术作品和艺术家互为本源。优秀的壮族歌手就是在"倚歌择配"的经典场合"歌圩"中成长起来的,即被"歌圩"生产出来的;歌圩不仅是风俗规定的,也是由世世代代的歌手们的歌唱活动创造出来的。壮族民歌既是"歌",也是"诗",优秀的壮族歌手既是本民族的歌唱家,又是本民族的诗人,他们对本民族的音乐语言和诗歌语言有高超的驾驭力,甚至达到炉火纯青、出神入化的地步。他们迄今仍活跃在偏僻壮乡的各种仪式中,为新生的婴儿庆生、为结婚的新人庆婚、为高寿的老人"添粮"①、为新落成的房屋"暖屋"……他们不是可有可无的乡间文化人,他们是沟通天人之际的"巫"——在这里,"巫"绝对不是一个贬义词,而是一个重量级的褒义词;在这里,"巫"不是指壮族社会中沟通阴阳的女性通灵者,而是泛指壮族传统社会中一切以对歌形式存在的娱神娱人活动的倡导者、组织者和实践者,他们的文化实践活动构成了整个壮族社会最重要、最独特的精神性景观,是理解壮族社会的一把钥匙。

在现代社会,"倚歌择配"已经是一个遥远而浪漫的民俗。但是,探讨这一浪漫的民俗,不仅有助于理解一个与音乐紧密相关的少数民族传统社会,也同样有助于理解一个似乎与音乐不密切相关的现代主流社会。音乐并不独立于这个世界之外,这个世界也并不独立于音乐之外。关于音乐与社会的关系,梅里亚姆指出:音乐有助于理解文化的其他事项,因为音乐具有象征意义,能反映出一个社会的体制,因而音乐是理解人群和行为的手段,是分析文化和社会的重要工具。② 梅里亚姆的这段话,勾勒了由音乐出发来理解文化、社会、人的途径。梅里亚姆也认为,音乐是人的产物,它有它的结构,但是它的结构不能脱离产生它的人类行为而独立存

---

① "添粮",壮族传统风俗,在重要寿诞时为老人进行的特别仪式,"添粮"意为"增寿"。

② 参见〔美〕艾伦·帕·梅里亚姆《音乐人类学》,穆谦译,陈铭道校,人民音乐出版社2010年版,第13—14页。

在。要了解为什么一种音乐构造以它现有的方式存在,我们必须了解产生它的那种人类行为的形成过程及原因,还有为了产生所需的特定声音组织形式,作为这种行为基础的那些观念是如何被组织的,又为什么这样被组织。①梅里亚姆的这段话,则勾勒了由人、社会、文化来理解音乐的途径。也就是说,分析文化和社会的其他事项,也有助于理解音乐,因为文化和社会的其他事项会在音乐里得以建构并象征性地呈现,只有深入地理解这些文化事项,才能深入地理解音乐。由此可见,就民歌研究来说,对"民之歌"和"歌之民"的研究,在音乐研究中是同等重要和有价值的,两者不可偏废,因为在实际生活中,人创造了音乐,音乐也创造了人,就像刘锡藩概括岭南蛮族为什么爱唱歌的原因那样:"无论男女,皆认为唱歌为其人生上之切要问题。人而不能唱歌,在社会上即孤寂寡欢,即缺乏恋爱求偶之可能性,即不能通古博今,而为一蠢然如豕之顽民。"②歌唱创造了博古通今之民即教化之民。壮族人把歌唱视为一个人之所以成为人的标准,这与汉族音乐美学经典《乐记》所谈的"知声而不知音者,禽兽是也;知音而不知乐者,众庶是也。唯君子为能知乐"其实是一个道理。因此,就"歌唱"与歌唱的民族"壮族"之间的关系来说,我们可以说:壮族创造了歌唱,歌唱也创造了壮族;关于壮族民歌的音乐人类学研究,真正要探究的是:壮族如何创造了歌唱,歌唱如何创造了壮族。

---

① [美]艾伦·帕·梅里亚姆:《音乐人类学》,穆谦译,陈铭道校,人民音乐出版社 2010 年版,第 7 页。

② 刘锡藩:《岭表纪蛮》,"歌谣"部分,商务印书馆 1934 年版。

论走会表演场域下北方秧歌的
类型化区分及其文化变迁

杨民康

摘要：走会（艺阵）乐舞活动是中国北方农村和城镇地区最具有代表性、流传广泛的一种传统节庆民俗。半个多世纪以来，许多汉族分布区域均结合上述走会的诸项艺术要素，衍生、发展出了各种不同的地方戏曲、曲艺、杂技及歌舞表演等单一艺术品类，学者们也一直从不同的艺术或学术角度，对其中的主要衍生类型给予了分属不同艺术品类的定性和解释。然而，无论是走会或秧歌，皆因其携带的传统艺术特有的多维、多层文化性质及"四不象"混融性特点，而难于采用某种单一性思维和方法进行整体观照。但若借助于艺术人类学平台给予的学术和文化空间，便能够结合表演场域和上下文语境对之展开相关的讨论和研究。

一 缘起

走会（艺阵）活动是中国北方农村和城镇地区最具有代表性、流传极为广泛的一种传统节庆民俗。以往笔者曾经采用音乐形态学及其分类方法，从"歌舞与歌舞音乐"的角度，对其主要表演类型——秧歌与高跷进行研究，并且提出其中包含了民歌、歌舞、曲艺（说唱）、戏曲乃至民间美术、杂技等不同艺术要素的观点。[①] 从半个多世纪以来传统艺术在专业教育与艺术表演领域的发展状况看，一方面，受到学科分化的影响，传统秧歌在艺术形态上产生了明显的裂变和艺术分化；另一方面，许多汉族分布区域均在国家文艺政策的主导下，结合上述走会的诸项艺术要素，衍生、发展出了各种不同的地方戏曲、曲艺、杂技及歌舞表演等单一艺术品类，学者们也一直从不同的艺术或学术角度，对其中的主要衍生类型——二人台、二人转等给予了分属不同艺术品类的定性和解释。然而到了今天，一个颇让人觉得尴尬的事情是，发生在专业教育与表演领域的上述艺术实践、文化宣传与学术研究活动，往往让我们的学生和一般观众只能看到艺术分化之后的各种以"秧歌"为名的衍生物，而难以窥知其以往存身于文化原型——走会、踩街活动中的真面目，这样的文化误读现象，引发了笔者以下的一些相关思考。

二 北方秧歌类型化区分的历史与现状

从研究现状看，自20世纪八九十年代以来，国内学界对于与走会乐舞活动有关的研究大体表现为如下几种代际性的视角。

20世纪中叶至"文革"时期，由于受到阶级斗争观念的驱使，在相关的表演和教学研究实践中，中国民间歌舞里涉及传统民俗与宗教文化的内容和背景逐渐遭到排斥和剥离。至八九十年代，受到现代性与现实主义学术思潮影响，在艺术学（含音乐学）强调学科分类及艺术规律学术思路的主导下，当时的各种涉及民间音乐的概论性、综述性以及歌舞音乐专论中，大多沿袭过去偏于静态、孤立的学术研究思维，仍然以作品及乐种的分类和形态分析为聚焦中心，主要选择传统走会活动中的秧歌舞、

---

① 杨民康：《中国民间歌舞音乐》，人民音乐出版社1996年版。

小戏、器乐、舞歌等艺术品种作为研究对象，而较少将其与完整的走会、踩街及有关衍变、动态、发展的研究议题联系起来分析。其中，北方秧歌半个多世纪以来也一直被放置在"民间歌舞"或"舞蹈音乐"的视阈里讨论，对于其内涵完全不以"音乐"或"艺术"为限的事实存在状况，人们往往保持一种视而不见的态度。同时，还由于受到当时"极左"政治思潮的持续性影响，当时的这类研究成果，对于传统歌舞及其音乐中所明显携带的民间信仰因素及种种时代变迁因素更是少有提及。再具体来看这一时期有关传统歌舞音乐的教学和研究，面对兼具艺术与文化的综合、整体性质的走会活动，人们同样是较偏向于考虑将其中的音乐、舞蹈等艺术因素分离出来，较多关注其中的"旋律学"、"乐种学"等较单纯的艺术形态或艺术本体特征以及艺术发展规律和历史源流的分析，却忽视了该类民俗活动所具有的，包含歌舞、器乐、竞技、游艺等因素在内的"全息性"整体文化艺术结构特点。除了各种传统音乐及歌舞音乐教材外，在相关学术论著里也多以上述分科、静态的分析梳理为主要的研究方向。它从侧面反映出来的一个带普遍性的问题是，无论是整个艺术学门类或其音乐、舞蹈、戏曲、曲艺等分支学科，在此前一个较长的时期内，一直是沉湎于封闭、内向的归属性（model of，以抽象的理论或图表体现的概念模型）研究，而对开放、外向的对象性（model for，上述模型的实践层面或真实状态）研究有所忽视。① 上述学术状况导致了在后来"非遗"保护热日益升温之时，面对具整体性、综合性的"走会"、"社火"、"踩街"等民俗文化现象，究竟应该采用什么样的应对策

---

① 参见 Geertz，*Clifford The Interpretation of Cultures*，New York：Basic Books，1973，p. 118。另见仪式学者格雷姆斯的解释："一种仪式的刚性（hard）的定义，是一个具已知特性的仪式的模式（model of），一种柔性（soft）的定义则是一个意在关注什么是仪式中未知关系的模式（model for）。刚性定义企图去确立一幅清楚的图象。柔性定义则以考察和联接其相邻领域为目的。"（Grimes，Ronald L.，*Beginnings in Ritual Studies*，Washington，D. C.：University Press of America，1982，p. 55）

略？人们尚未能够怀有足够的心理准备。而在民族音乐学（或音乐人类学）学科领域，便具体表现在人们对应用民族音乐学研究方法的种种疏忽和缺失。

在上述学术与文化背景下，拙著《中国民间歌舞音乐》于1996年出版，该书采用了当时学界流行的分科研究观念，以"民间歌舞"的视角切入民间走会活动，提出"北方汉族歌舞，可以说形成了一个以狭义的秧歌为中心，结合其他共生的、衍生的歌舞文化类型，并具有相对独立文化意义的民间歌舞文化系统"。同时还认为："流传于中国北方汉族地区的民间歌舞品类繁多，其中大都与'秧歌'有关。一般来说，'秧歌'有狭义与广义之分，广义的'秧歌'泛指民间节庆集会时，可穿插或同时表演的各种歌舞节目，如《秧歌》、《旱船》、《龙灯》、《小车》、《秧歌》、《打莲厢》、《打花棍》、《莲花落》等，亦可合称为'闹秧歌'、'走会'、'闹社会'等。由于常在元宵节表演，又常统称为'灯歌'。狭义的秧歌专指俗称为'地秧歌'和'高跷'的两类节目，也有人认为可包含东北二人转在内。地秧歌又称为'徒步秧歌'，因双脚着地表演而得名。高跷秧歌的表演者双足踩在钉有踏板的木棍上歌舞或跳跃，含有技巧表演性质。"①

结合以往的相关研究，笔者通过多年来的思考，认为在狭义的秧歌与属广义秧歌范围的其他北方民间舞（乐）种之间，有着程度不同的亲缘关系，又可分为两类情况：一类是民间节庆及走会、社火活动中，狭义的秧歌与其他民间歌舞及艺术表演品类之间存在的并存互融关系，即共生文化关系；另一类是指秧歌与某些在秧歌基础上产生分化，向歌舞音乐、民间舞蹈、戏曲、曲艺、技巧表演等过渡的艺术类型之间存在的衍生文化关系。在前一类情况里，尽管狭义的秧歌与其他歌舞之间往往来源各异，但

---

① 杨民康：《中国民间歌舞音乐》，人民音乐出版社1996年版，第91—92页。

由于存在共同的表演场合、民俗文化环境和长期的相互融汇交流，致使它们彼此身上均萌生出许多共同的艺术与文化特征。在后一类情况里，一方面，在秧歌与其他民间歌舞并存互融的基础上，产生出了既与秧歌有继承关系，又因为艺术元素的更新重组，显得更为成熟而定型化的新的民间艺术品种；另一方面，这些新的民间艺术品种又在共同的表演场合与文化环境中，与狭义的秧歌和其他民间歌舞结成了新的文化共生关系。故此，北方汉族歌舞，可以说形成了一个以走会、社火等为文化场域，以狭义的秧歌为展演中心，结合其他共生的，衍生的歌舞文化类型，并具有相对独立文化意义的民间歌舞文化系统。①

回溯以往的相关研究，感觉其中虽然顾及了中国民间节庆及走会、社火活动中民间歌舞音乐不同品类之间的共生关系和衍生关系，然而尚存在如下几个问题：一是除了从艺术形态特征——艺术本真或文本符号的层面对上述共生和衍生关系给予特殊的关注外，对于走会作为上下文语境——表演场域和文化环境所起到的重要作用尚未能给予应有的重视；二是还应该进一步考虑其他相关的语境因素，如宗教信仰、民俗、节庆等对之产生的影响；三是在当时的学术条件下，学者们还尚未来得及对当代变迁问题进行分析和比较。此外，对于同一表演场域及相关文化语境中不同传统艺术学科分支表演内容之间的相互关系也未能够给予进一步的论述和分析。

值得欣慰的是，20 世纪末 21 世纪初，英国学者钟思第及中国学者薛艺兵、张振涛等掀起的，具有较大学术影响的冀中音乐会（民间器乐乐种及会社）研究，不仅在普查、民调等方面做了大量工作，而且对于其民间信仰及民俗环境也给予了较多的关注。以上三位学者在此间完成了大量用中英文写作的有关冀中音乐会研究的个案调查及学术论著，其中具体涉及

---

① 杨民康：《中国民间歌舞音乐》，人民音乐出版社 1996 年版，第 91—92 页。

走会或秧歌的代表性论文,早期如薛艺兵的《四地秧歌舞曲的分析与比较》(1990)①,后期如张振涛的《晋北采风二题——民间花会与国家在场》(2007)。②并且还出现了从音乐民族志个案角度展开研究的博士学位论文《河北霸州胜芳镇民间花会音乐民俗志》③等新的成果。

近年来,受到人类学界的超民族志④、多点民族志及实验民族志等研究思维的启发,在人类学、民俗学及民族音乐学研究领域都出现了一些在研究对象上较注重考察走会具有的"全息性"、整体性文化艺术结构因素的新成果。在研究方法上,则出现了由以作品、文本为对象焦点向结合文本、行为、行动及其上下文语境关系的研究过渡的较新的研究思维和学术趋向,由此体现了由重视艺术性、规律性到通过艺术表征看其文化内蕴以及对人与行为过程的逐渐重视等学术发展轨迹。⑤

下文将分别从共生型及衍生型两个方面,对走会及秧歌的发展现状及走向略做讨论。

三 共生型的走街及秧歌展演活动

1. 走会——狭义性秧歌的表演场域和文化语境

"走会""踩街",原指北方秧歌中的一种活动内容。传统社会的秧歌

---

① 薛艺兵:《四地秧歌舞曲的分析与比较》,《中国音乐学》1990 年第 1 期。

② 张振涛:《晋北采风二题——民间花会与国家在场》,《黄钟》2007 年第 1 期。

③ 李莘:《河北霸州胜芳镇民间花会音乐民俗志》,中国艺术研究院博士学位论文,2005 年。

④ 人类学者马库斯(George E. Marcus)提出:"'超民族志'这一概念的关键在于习俗、传统和'过去'并非构成了文化的全部,文化还是指向未来的认知性实践,它能够生产出新的意义和行为结构。"(〔美〕乔治·马库斯:《十五年后的多点民族志研究》,满珂译,《西北民族研究》2011 年第 3 期)马氏在此区分了两种民族志研究风格:"面向过去"的,呈静态、归纳、收拢性的"经典型"学术风格和"指向未来"的,呈动态、演绎、开放性的"应用型"学术风格,恰好对应于格尔兹所强调的归属型和对象型两种仪式研究思维方法。

⑤ 相关成果如张振涛:《晋北采风二题——民间花会与国家在场》;张义飞:《北京妙峰山民间武会研究》,华南师范大学硕士学位论文,2007 年;张蔚:《闹节——山东秧歌的仪式性与反仪式》,上海戏剧学院博士学位论文,2007 年;苗大雷:《村落变迁与妙峰山香会浮沉——京西古城村秉心圣会研究与反思》,《民俗研究》2011 年第 3 期。

展演，作为带本真性的表演文本，与其上下文语境——一种原生性的"走会"、"踩街"展演环境相结合，易于达致一种情境相融、物我两忘的境界。狭义性和广义性的秧歌以及其他艺术或非艺术品类，都能够在这里和谐相处。

在中国传统社会，走会活动曾经明显受到民间信仰体系的影响和制约，并且在普通民众阶层，对于其信仰到制度的薄弱、缺失部分，整体、全面地予以补给和填充。20世纪中叶，该信仰体系及走会活动曾经普遍中断。如今，这些信仰内容在南方地区恢复较为彻底，北方有部分地区有所恢复，总体上则逐渐趋于淡漠。例如，在笔者近年对福建莆田湄州岛妈祖祖庙祭祀仪式和天津皇会活动的关注及考察中，便明显感觉到在此"一南一北"、两地并存的妈祖信仰中枢，民间信仰及宗教对于庙会、走会等民俗活动的影响及控制便呈现出明显的"浓、淡"程度差异。限于本文篇幅，对于该论题在此暂不予展开论述。

从本文所涉及的案例来看，在我国农村地区的传统道教、佛教及民间信仰祭祀活动中，也存留了一些同"走会""踩街"类似，并且在活动方式和内容上相互交叉的部分。此类活动与同民间信仰逐渐剥离的村落走会活动形成了鲜明的对照，对于学界在传统研究中以世俗歌舞音乐来看待"踩街""走会"的思维倾向来说，无疑有着积极的补充乃至正本清源的作用。

2. 北方走会的时空关系与当代变迁

自古以来，各种走会活动及城镇传统庙会及一直具有岁时节日的基本性质，遵循着岁时节日的基本活动规律。至今，在京郊的妙峰山庙会、天津皇会及北京龙潭庙会等大型城镇庙会期间，与走会踩街相关的演艺活动仍然是在传统的春节、元宵节及天后辰诞等节日期间进行，且仍然保持着作为节庆民俗应该具备的某些外在特征。如据相关考察资料，京西"古城村秉心圣会"的活动时间，便主要是正月初二踩街和农历四月妙峰山朝顶进香，除此并不参加其他商业演出。①

按照传统分类，香会内部可分文会和武会，一种广义的区分方法是：文会又称为"善会"，主要是为朝顶进香的香客提供义务服务；武会又称"走会"，是以献艺、娱神为主要功能的花会。此外还有另一种狭义的区分方法，是以后一类走会活动为关注对象，将其中涉及音乐、戏曲、舞蹈等文艺节目者称为文会，将其展演活动称为文场，其音乐表演（如笙管乐）通常为主奏；而把涉及杂技、武术及其他娱乐活动的会档项目称为武会，将其展演活动称为武场，音乐（打击乐为主）在其中一般起伴奏作用。此外，也有将这些不同的会档内容及表演项目分为文、武、歌、舞四类者。

按照上述广义的划分，香会活动又可分为坐棚香会和行香走会两类。其中，坐棚香会，通常指朝山进香时及城镇庙会里各种坐棚服务的会社；行香走会则指以献艺、娱神为主要功能的花会。前者以坐守和服务为常态；后者则不断处于行走、流动过程之中。然从上述狭义的分类来看，各地花会人员在千里行香及绕村走会前后，也会在庙会上人多的地方搭个棚子，坐下来为其他香客表演。另外，在古今城镇的大型庙会活动中，各村镇的地方花会也会遵从集会组织者的安排，来到庙会上定点表演，其来往的行程路途上，也具有行香走会的性质。故此，从狭义的分类看，节庆期间的香会中，武会的行香走会和文会的坐棚香会两类活动往往联系在一起，是难以完全分开的。

传统的行香走会，根据路途的远近及其他客观因素，其举办的时间和日程长短不一。路途远，时间长者，如在每年四月妙峰山庙会开山（庙）之前，来自北京四郊的各种走会（又称武会）便由市内出发，且行且练，文场在前，鼓钹齐奏。后有大车数辆，载行李、粮米、炊具等，眷属多坐于车上。车前多面杏黄旗，多名壮汉身穿缀有某老会字样的黄色号坎和套

---

① 苗大雷：《村落变迁与妙峰山香会浮沉——京西古城村秉心圣会研究与反思》，《民俗研究》2011 年第 3 期。

裤,剃光头,挑着圈笼走于前。老会负责人及知客手执旗帜在前后行走。沿途遇庙宇,文场打起"参拜"和"起驾"鼓点。遇有茶棚,会头急上打招呼,互道"您多虔诚"。老会朝顶进香后,陆续下山时也边走边演,行至各大镇店,盛行"劫会"(村民备下茶水果品,拦路求演),表演毕互道"虔诚",拱手相别,会众沿路敲打,取道回府。① 路途近,时间短的例子,如京西古城村秉心圣会的行香走会仪式,仅安排在开山(庙)期间的最后几天,其过程便按照"(农历四月)十一踩街(按香道上的规矩在村中献档预演)、十二扬香(从村中三义庙出发,徒步从南道前往妙峰山)、十三朝顶(先在灵官殿前举行报号礼,由高跷秧歌会的玩角儿演唱《灵官殿佛歌》,然后按引会、攒香、念香词、焚表、号佛、献档表演的程序举行朝顶仪式)、十四还乡(回村之前,他们要绕道到距村庄约五里的石景山进行'二山朝顶',祭拜这里的碧霞元君娘娘)"的程序来进行。②

以上述及的是传统意义上的朝山进香时行香走会的情况。若论及过去天津皇会一类城镇大型花会活动,可知在城镇周边花会队伍往赴城镇庙会的途中,也同样存在行香走会的情况。相比之下,如今的这类朝山进香活动以及北京龙潭湖庙会和天津天后宫皇会等活动中,参演(展)的花会组织来自更远的地方,路上所耗时间更长。近年来,在交通、食宿的日益便利以及旅游化、功利性目的的驱使等新的条件下,各路进香朝圣队伍均存在改乘现代化交通工具,普遍缩减了时间、路程和走会程序上的花费,而把主要的功夫和注意力放在了定点表演上面的现象。传统的行香走会,也就在现代化进程中渐渐地遁形消失了。

3. 传统庙会、"行乐"中的民间信仰遗迹及其当代传承

目前在北方部分农村地区,存留了一些繁复、鲜活,富有宗教与民俗

---

① 参见王隐菊、田光远《庙会》,《北京往事录》,北京出版社 1990 年版,第 202—204 页。

② 苗大雷:《村落变迁与妙峰山香会浮沉——京西古城村秉心圣会研究与反思》,《民俗研究》2011 年第 3 期。

文化内蕴的程序内容，或许较能够从中体现该类民俗活动的传统风貌。

在北方地区，民间走会与宗教信仰活动结合，成为所有传统宗教与民间信仰仪式中，将"内坛"与"外坛"，"坐棚"与"行香（道）"区分开来，对其不同的仪式及艺术文化功能进行研究的重要依据。可以河北省的巨鹿、广宗一带的道教仪式活动为例。这里的民间道教，与民间信仰接近，带有民间艺术活动的宗旨与含义。说它是道教，或者是"广宗道教"，某种意义上乃是为其贴上了特殊的文化标签。据学者于立柱调查，巨鹿、广宗一带，该类仪式活动时间长达 3 日（实为 4 日），其间道教音乐班的道士要做 13 次道场，共计 226 个音乐项目。正月十四晚上做第一次道场，正月十五至十七三天，每天由早至晚要做 4 次。每次道场都围绕中心内容安排进行各项程式，都包含了"坐棚行仪"、"坐棚行香"、"坐棚行乐"与"出棚行乐"等几种不同的活动方式，可谓"麻雀虽小，五脏俱全"①。2015 年 2 月 25 日，正月初七，笔者曾随河北邢台市文化局、邢台学院邀请组织的邢台地方音乐文化考察团，到广宗县（与巨鹿县紧邻）金塔寨村醮场考察邢台市广宗县金塔寨村，参与了一次围绕正月初九玉皇诞辰纪念日举行的玉皇大醮祭祀仪式，醮期为时三天。现以该次仪式中，由"出棚起师"（发文）到"回棚"（"启师"毕）这一阶段的活动过程为例，对"出棚行乐"这一"踩街"过程进行描述。

该日，大约 15：50，道士们结束了棚内精彩的音乐法仪，由会首手托内置酒壶的托盘居前，以笙及两只唢呐与小锣居中，另一笙与竹笛殿后，在村民的簇拥下，一路吹奏，开始"出棚行乐"。大约 15：50，他们先来到一户村民家，进入厨房，高功执香立于"东厨灶君"像前，两位道士分别手持木鱼和经卷、表文在后，一齐念诵经文，此即为"监斋、灶吒"②

---

① 参见于立柱《巨鹿道教打醮法事科仪音乐的考察与研究》，中央音乐学院硕士学位论文，2003 年。

② 监斋、灶吒，指上下厨房两位神，行仪时要去各厨房上碟（见上文）。

（图1）。拜毕，先回棚安神，再列队出门，乐队只用三具大小不一的钹和一只铛子，不用笙管。穿过整个村落，16：20，来到村外距醮棚约3里地的一处空旷地带，择一道场，摆好香案，高功唱一句，击乐一通。高功起念祷文，一青年在道士指引下，把写有"喜"字的幡旗挂上幡杆，称"挂杨幡"，亦称"召亡"①。高功与会首相继焚烧表文，仪式毕。会首再手持盛酒的托盘，后随高功、道士及打击乐队，一路敲敲打打回棚。另据李云豪所述，2014年2月17日至23日，广宗县高家庄打醮为时6天，包含了唱大戏，扭秧歌，打"广宗梅花拳"，对山歌小调等不同的民俗表演内容。② 可以说，这类民俗表演活动，因其与民间信仰结合得那样天衣无缝，从而存留和隐现了非常原始、生动的走会、踩街活动痕迹。

图1　立于"东厨灶君"神像前行法奏乐（杨民康摄影）

---

　　① 挂杨幡：杨幡是召集鬼的记号，幡下搭个鬼王棚，周围几百里地的鬼都前来赴宴（见上文）。老道士张仪宝：通俗地说，"这是要把四野的魂灵召请回来安居"。
　　② 李云豪：《为抢救非遗"打醮"和"太平道乐"——广宗县计划结集出版〈广宗打醮影像纪录〉》，河北非物质文化遗产保护网（http://www.hebfwzwhyc.cn/），发布日期：2014-4-17。

4. 同民间信仰逐渐剥离的村落走会活动——以北京平谷区后北宫村踩街为例

在当下北方农村以春节、元宵节为代表的节庆民俗中，多数农村花会的活动一般都有相对固定的时间限制，通常都是在春节至元宵节的 15 天内举行。这个与岁时节日相关的基本特征，在 20 世纪中断与恢复的过程中，几乎没有大的改变。同时，在不同的走会活动中，村镇走会、踩街所花时间最短，程序最为简略，地点比较集中，人员比较固定，组织结构比较灵活，而且由于其活动内容的顺天时、接地气等原因，始终是一种较为盛行和能够保持民间固有特色的传统民俗活动。

目前，北方地区除了前述"行（朝）香走会"活动之外，村镇内部的走会活动多数已经逐渐同民间信仰剥离，较少与"谒庙"、"行香"等活动有关。现举 2014 年北京平谷区大华山镇后北宫村的一次踩街活动为例。①春节前夕，2 月 4 日晨，我们驱车前往位于平谷西北部，京东 80 公里处燕山脚下的后北宫村，只见各支花会队伍已经齐聚于此，整装待发。当日的走会活动由本地的著名花会——善城老会举办。在实际的表演程序上，当走街队伍在街面上汇齐后，长长的队伍便出发了，其行列基本按照上述顺序，依太狮、高跷、笙管乐、吵子、小车（地秧歌）、十不闲、大鼓等一一行进，沿途敲锣打鼓，笙笛齐鸣，舞狮行车。每到一户"劫会"（拦路求演）的主家门口，村民备下茶水果品，走会队伍便按以上方阵排列的情况，把所预备的各种演艺节目陆续呈现在主家及邻居的眼前。②（图 2）

———————————

① 为了选择适当的考察地点，笔者特查阅了"北京本地宝网"上的信息网页"2014 年北京市春节期间文化活动时间地点一览"，得知该年春节至元宵节期间，北京郊县的怀柔区、平谷区等地将有对外公开的走会及相关庆祝活动，其中有多达数十个村落参加的大型花会表演，也有一两个村落单独举办的秧歌走会活动。最后，笔者决定参加 2 月 4 日在大华山镇后北宫和大华山两村北宫村举办的秧歌走会。据告，该日将有"十几支民间秧歌花会队伍在此走会一天"（http://bj.bendibao.com/，发布日期：2014-2-2）。

② 根据笔者实地调查的资料。调查者：杨民康；时间：2014 年 2 月 4 日；地点：北京平谷区大华山镇后北宫村。

图 2 平谷县善城老会走会活动之———"吵子"表演（杨民康摄影）

在其他地区的村落走会踩街活动中，基本沿用了上述后北宫村走会的活动规模及表演结构程序，可以说这便沿袭和体现了自古以来北方村落走会踩街活动的一个基本的活动规律和程序格局。可以说，这是笔者近年在北方地区所见走会活动中最能够恪守传统的一类实例，然而其中仍然隐藏着种种存世难题与传承危机。

5. 狭义性——广义性秧歌在共生文化环境中的共融

北方传统秧歌里，较带原生性特点的一类展演环境，如前述北后宫村的走会，由太狮、高跷、笙管乐、吵子、小车（地秧歌）、十不闲、大鼓等节目组成。其中，高跷和地秧歌一般被认为是狭义秧歌类型，其他器乐或舞蹈表演品种则被认为是广义性的秧歌及其他表演品类，两类传统艺术依托走会、踩街等文化场域，达到了文化共生的境况。

以往上述这类展演活动，通常是依附于类似天津皇会这样由民间组织举办的大型庙会。如今，这类展演活动多半出现在由地方政府组织的节日庆典暨花会里，其展演环境即包括各种庆典、公益活动中的踩街或展演活

图 3　平谷县善城老会走会活动之二——"十不闲"（杨民康摄影）

图 4　平谷县善城老会走会活动之三——"鼓乐"表演（杨民康摄影）

动在内。在这类脱离了"走会"环境、较带次生性因素的展演环境中，秧歌表演的共生性，得到了更为充分的体现。以网络上公布的天津市"西青区 2015 元宵节期间年各街镇秧歌花会展演安排"① 为例。该表格列出了该年 3 月 4 日至 5 日期间，该区 8 个乡镇各自举办的元宵节庆祝活动中包括的花会组织，以镇为单位，每镇参加的花会少则 2 档，多则 19 档。笔者参加了其中 4 个乡镇的庆祝活动。3 月 4 日（农历正月十四），上午 9：30，我们提前来到王稳庄镇示范镇（锦汇道东），该日参会的有东台子、小韩庄、西兰坨、小张庄等 15 档花会，狭义性秧歌——高跷和地秧歌两支队伍，以其高超的表演技巧和丰富的文化色彩，仍然在场上居于核心地位。沿村边的大道，以地秧歌为主，还有跑驴、小车、旱船、健身舞等，几乎都是中老年表演队伍。直到最后一档高跷，才出现了青壮年男性的身影。10 位高跷演员，按传统定制，分别扮演 10 种不同角色。演员手中各执扇子、拂尘、双棍、小锣、鼓槌等，既作为表演的道具，又有平衡身体的作用。每一轮表演，都要先走圆场，圈出场地，再一个一个展现那些复杂、惊险的技巧性节目。颇觉显眼的还有其中执两鼓、两锣表演的四人，边走步，边演奏，就连手拿双棍者，也都加入了击乐的行列里。一侧再配上武场锣鼓乐队，热热闹闹，熙熙攘攘，让人眼花缭乱，目不暇接。最后，再以众人身体拼织出叠罗汉的亮相图案，向观众频频谢幕（图 5）。

在观众很多的秧歌大场表演中，需要有人维持秩序、扩展表演场地时，通常由表演人员来兼任"跑场子"的任务，这成为甚有特色的一种民间活动方式。据笔者所见，在天津高跷独立表演时，由高跷演员自己通过跑圆场的方式来拓展表演场面。而在河北邢台的"招子鼓"（图 6）表演时，则由"跑驴"的演员来跑圆场和拉场子。

四 衍生型的秧歌表演元素及其他艺术品类

衍生型的秧歌表演元素及其他相关艺术品类，依其与文化或社会结缘

① 根据"西青之窗网"（http://www.xq.gov.cn/xqweb/NewsCenter/LastNotice/14848.aspx），引用日期：2014-03-02。

图 5　天津高跷表演（杨民康摄影）

更多的偏向性，如今可归结为两种基本的分类或划分方式：一种是起因于社会变革的文化变异途径及其分类方式，即指在当代经济—旅游文化的现代化以及"全球化—在地化"分道行驶等发展潮流中，走会秧歌的表演文本——一些从艺术本体上看并无太大变化的传统秧歌乐舞展演作品，随着其上下文语境——展演环境的改变，具有了如下一些隐喻性的意义变体及文化属性：其一，兼具节庆、旅游性质的城镇庙会游艺展演；其二，各种国家及社会性的庆典、公益活动中的踩街或展演活动；其三，遍布街头、广场的非节令性、群众性乐舞健身活动。限于篇幅，将另文予以阐述。另一种是立足于艺术分化的变迁、发展途径及其分类方式。缘于 20 世纪以来，传统秧歌与许多传统文化形式被纳入学校、研究院所等各种艺术教育体系，被肢解、分化为歌舞音乐、民间舞蹈、民间技巧（杂技）等不同艺术门类，分别在音乐学院、舞蹈学院或杂技学校、体育学院进行教学，并

图6 河北邢台"招子鼓"表演（杨民康摄影）

展开相应的学术研究。在舞蹈音乐方面，可见早年流行于安徽怀远地区
常家坎一带，由著名民间艺人常春利为首的常家锣鼓班子演奏的传统曲
牌《蛤蟆跳井》，最初来源于为包括技巧动作"蛤蟆跳"在内的男性舞蹈
和技巧表演伴奏的锣鼓曲，于20世纪80年代，通过中央音乐学院部分
教师的教学采风活动，将安徽花鼓灯的打击乐伴奏加以记谱改编，逐渐
演变为可以单独演奏的锣鼓乐曲牌。而许多冠以"民间歌舞"的舞蹈节
目，则被去掉了原用于伴奏的锣鼓乐，改用更"好听"、更"精致"的民
乐队或管弦乐队伴奏。在20世纪五六十年代大力发展现代戏、地方戏的
政策引导下，秧歌、花鼓、花灯等许多的地方民间歌舞小戏，经专业创
作人员之手，发展为独立的地方戏（剧）种。这些传统的民间表演艺术，
在脱离了"走会""踩街"等固有的文化语境之后，既抛掉了以往的"四
不象"旧貌，又不见了狭义、广义的性质区分，——开始进入了其雅化、
艺术化的变迁之途。

结　语

近观北京天安门的抗战胜利 70 周年阅兵，中国式游行（或可看作一种踩街的发展和延伸）的队列越来越精致化、标准化。有人说西方的习惯不是这样，看人家运动员入场，牵手谈笑，潇洒随意。其实，这种自由随意地"踩街"，其老祖宗或许是在中国的走会活动中。而中国游行的那种精致化、标准化的做法，正是学习西方军队操练乃至古典舞蹈艺术、体操等队列表演，在其影响下发展而成。所以，我们从原生场域或语境的角度去研究走会，从艺术原型的角度去研究踩街和秧歌，其目的绝不仅限于眼下的民间歌舞或节庆仪式活动的研究。

经过更多的研究实践，笔者认识到，仅仅对传统民间歌舞及其音乐提出其中具有多维性、混融性因素的观点，还远远不够。还有必要看到，真正在民间节庆活动中，作为中国传统表演艺术原型在起作用的，不只是秧歌与高跷这样的"艺术本体"或"表演文本"。无论是走会或秧歌，皆因其携带的传统艺术特有的多维、多层文化性质及"四不象"混融性特点，而难于采用某种单一性思维和方法进行整体观照。同样重要的，还有作为表演场域、生态环境和"上下文语境"存在的"走会"或"踩街"展演活动。正是这类展演活动及与之混同的各种外在的环境条件因素，对传统秧歌的当代发展和变迁起到极其重要的作用。若借助艺术人类学平台给予的学术和文化空间，便能够结合这些上下文语境因素，对之展开相关的讨论和研究。随着我们日益的用心着力，在中国民间歌舞音乐研究中，或许会衍生出愈见深邃的意义和更加长远的目标。

黎族民间摇篮曲的美学价值研究

金乾伟　　池圣女

（广西师范大学文学院；

广东外语外贸大学南国商学院东方语言文化学院）

摘要：黎族民间摇篮曲，源于对生活的热爱，对生命的呵护，对未来美好的祝福。探讨其美学意义主要体现在民俗、心灵、生态维度上，以其特有的母子亲情呈现了黎族族群独特的生命印记、母性的心灵光辉、长久的诗性智慧，天地之间天籁一样的歌谣，不仅是让婴儿安然入睡的歌谣，也是让整个世界沉浸在幸福中的歌曲，更是人类延续永恒的艺术创造，同时也是母爱最好艺术的呈现。

世上哪种画面会让人们联想到神秘、神圣——创造奇迹的神话，会相信宇宙之间上帝的存在，会相信神灵的力量，会相信这么美好的情景绝对是个神奇的创造，就是这么一幅画面：母与子——称作妈妈的母亲怀抱天使般的婴儿或是手牵蹒跚迈步的孩童，这是不是世上最美的富有动感的画面？伴随着她们的一定会有这样的歌声，是天籁一样的乐声，不仅是让婴儿安然入睡的歌谣，也是让整个世界沉浸在幸福中的歌曲——这就是展现母亲自主创造、随口哼唱的摇篮曲，视觉和听觉会使目击者内心深处想到甜美、圣洁、生命一类的心里话。

环绕黎族母子的摇篮曲诞生于风光秀丽的海南，源于对生命的呵护，对生活的热爱，对未来美好的祝福，有其族群自身的美学价值，主要体现在民俗、心灵、生态维度，带有鲜明的族群特色。

一 民俗美：黎族族群的生命印记

黎族作为独立的族群载入华夏正史始自《宋史》，《宋史》卷四五九有"黎洞"专目，是将黎族真正看作有独立特色的民族收录。黎族自称"赛"[ᵈai⁵³]有"主人、土著、本族人、自己人"之意①，由此观之，黎族人富有自主意识，体现在生活习俗、民间信仰、人际伦理散发出浓郁的民族风情，而民俗却是包含着该族长期生活的独特风格、记录着他们这样一个团体特殊习惯性的见证，是展示他们族群立体生存状态的资料库。正如周作人所说："现在研究童谣的人，大约可以分作三派，从三个不同的方面着眼。其一，是民俗学的，认定歌谣是民族心理的表现，含蓄着许多古代制度仪式的遗迹，我们可以从这里边得到考证的资料。"② 黎族摇篮曲所闪现的黎族民俗无不显示出生生不息的生命印记。

1. 生产民俗

由古史记载黎族男子为耕农，种禾稻、苎麻，女子桑蚕织绩（汉班固《汉书·地理志》卷二十八下）来看，属于自给自足的传统农业社会生活，"睡了妈捡柴，睡了妈绣花，睡了妈缝衣，睡了妈纺纱"③。善于纺织的女性成员是特别重要的，试想如果无法为家人拿出御寒遮体的衣物，在黎族族群中就等于是无用之人，"找了懒女人，筒裙不会织，难得懒女人，懒到死。舂米壳不脱，养猪猪不肥，难得懒女人，懒到死。酿酒酸如醋，请人人不吃，难得懒女人，懒到死"④。所以，小姑娘十二三岁就开始学习纺

---

① 高泽强、文珍海：《南黎族研究》，海南出版社、南方出版社 2008 年版，第 7 页。
② 周作人：《读〈童谣大观〉》，《歌谣》1923 年周刊第 10 号。
③ 符桂花：《黎族传统民歌三千首》，海南出版社 2008 年版，第 637 页。
④ 同上书，第 147 页。

织技术，而且会把纺织当成一种美德，成为姑娘完美的标志。她们有专门的织布屋，专属女人的世界，是她们生命的一部分，而且还把纺织当作神圣无可侵犯之地，男子及其男童不能触动纺织工具，否则妇女不能织出美丽的花纹，万一男人闯入，就会吐口水念咒消灾，女性的美丽与纺织紧紧联系一起。"金梭银丝手中拿，手中飞出七彩霞，织山织水织花鸟，黎家都是纺织家。"①

2. 服饰民俗

一道亮丽风景——真正的风景，民族的密码就在这里——在耳环上大做文章，世上独特，完全出乎人们的想象，看来黎族族群十分注重女孩子的独特和形象，突出女性的美，由于与他族不同，黎族女性耳饰是典型的"这一个"："黎女均穿耳，载铜圈，小者径寸，大者五六寸，四差黎女，每耳多至十八铜圈，圈径五六寸，两耳穿孔大盈寸，各铜圈于耳前后另用小圈束之置于头上，望之如戴铜丝帽然。约计两耳之铜圈重量都十两以上。老黎妇之耳多破裂而低垂者，则以耳圈累之也。"② 这个独特的标志，西方学者也注意到了，德国学者史图博写道："那里的妇女，在耳朵上吊着10—20个有毫米粗的黄铜制的环束。这种黄铜制的环，直径约20厘米。因此，戴上这种耳环，耳朵就长得不像样，往往有长及肩头的。为了让耳朵吊这种很大的耳环，因此在少女时代耳朵就已经拉得很大。成年妇女把这种不雅观的耳环从两边盖在头上，看上去好像是一种胄甲。结成一束的耳环的数目越多，表明那个人就越富裕。"③ "我的姑娘真好命，银环戴在您颈上，帽边有五色花，裙上又有青蛙花纹。有钱人要娶她做老婆，富人又送戒指给她戴，嫁给富人与他共席坐，有很多仆人'龙仔'给她煮

---

① 符桂花：《黎族传统民歌三千首》，海南出版社 2008 年版，第 417 页。
② 陈明枢：《海南岛志》，海南出版社 2004 年版，第 143—144 页。
③ ［德］史图博：《海南岛民族志》，中国科学院广东民族研究所编印 1964 年版，第 314 页。

饭。"① 女子除了独特的耳饰，还有显示女性线条、透风凉爽的筒裙。这是海南地方特色服饰，能够保持空气流通，地方燥热潮湿，彰显了黎族妇女的智慧，"贝布为衣，两幅前后为裙……用贝棉纺线，以色彩网成圈券，从头穿下，至腰结住为裙，名曰黎充"（《古今图书集成》卷 1391）。清代屈大均也说："妇女率著黎桶，以布全副，上与下紧连"，黎人"妇女率著黎桶，以布全幅，上与下紧连，自项至胫不接续，四围合缝。"（《广东新语·人语》卷 7）上述的民俗美，摇篮曲都一一记载着："睡啊睡啊，闭上眼睛，睡啊睡，睡吧，要不猫咬眼睛，睡吧，要不狗咬鼻子，睡吧，要不山猪要咬脸。摇啊摇，睡啊让妈妈去找螃蟹，躺下让妈妈捡螺，让妈妈去织筒裙，免得人家说妈妈懒。"②

3. 饮食民俗

"饭稻羹鱼"是百越生活习惯，体现了饮食与地域、族群的文化特点，勤劳的百越人民靠田吃米、靠河吃鱼，这在随口哼唱的歌谣中也能体现得清清楚楚。

"孩啊，吃饭了，配饭吃的石菱鱼是在一个叫 nanba 的河里抓的，配饭的石菱鱼是从我们挑水的地方抓的，想抓鱼怕潭深，看见虾子在河边弹跳，配饭吃的鱼是在一个叫 nanba 的河里抓的。"③ 这首民歌不仅告诉孩子吃的鱼虾从何而来，还反复讲到抓鱼的河流，可以看出对于家乡物产富饶的满意，希望孩子快快长大，也能为家庭三餐做贡献。"睡吧小宝贝，睡吧，妈妈好舂米，（呃咿 呃咿 呃咿 呃咿 呃咿）睡吧小宝贝，睡吧妈妈好扫地，饿了妈喂奶。"④ 稻米作为黎族主食，当然要让家庭主妇忙碌不停，在照顾、哺育孩子的间隙，还要承担家庭三餐，特别是有孩子的家庭，更离

---

① 符桂花：《黎族传统民歌三千首》，海南出版社 2008 年版，第 431 页。
② 同上书，第 634 页。
③ 同上书，第 433 页。
④ 同上书，第 636 页。

不开家庭主妇，她在这首歌谣里就是每天生活的保障，更是孩子未来幸福的依靠。"喂呀喂——摇摇我孙睡，等我孙睡久，让孙睡得熟。让拜能去园，让拜能下田。能去种山兰，能挖山薯煮。"① 黎族同胞生活在坡地、旱地为主的山区，除了稻米，还会种植番薯、芋头等杂粮，作为生活的副食，调节生活的口味，也有利于身体健康。

二 母性美：黎族族群的心灵光辉

蓝色星球生命的生成毫无疑问是母爱神秘、永恒的体现，科学力量也可以宣告：母爱是包括人类在内有机生命生存、延续、进化得以实现的最大保障。母爱早于人类文化维度上的造物主（上帝），自然成为人类世界得以诞生、存在、繁衍的必然基础，由此又生成了人类精神需求的艺术空间，所以，她是召唤真实世界和艺术世界可能完美的最佳载体。之所以我们人类生活的真实世界能够存在，是因为有母爱存在，仅仅有真实世界人类可能索然无味，艺术世界又给人类提供了诗意的栖居，笔者以为真实世界能够与艺术世界在一定条件下重叠，就是因为有我们人类赖以生存的母爱。而心灵最美的莫过于母爱，因为她不仅能够延续生命、哺育生命，还能奉献整个生命，女性由于自身的特性，待人接物都会以温情方式来展示，故而母亲是心灵美的最佳代言人。

1. 真实世界里的母爱

人类生存的世界之所以真实，缘于女性酿造的母爱能让整个生活流泪、欢笑，这个世界在每一位母亲的眼里都是那么真实，因为真实就要面对生活的各种现状，从不逃避现实，更不会用母性具备的浪漫掩盖生、老、病、死，也不会用母性特有的甜美笑意忽略人生天地间面临的衰老、患病、死亡，从而也不会回避生活岁月的苦恼、艰辛、哀痛、悲愤……震

---

① 符桂花：《黎族传统民歌三千首》，海南出版社 2008 年版，第 186 页。

撼一切的母爱始终直面生活的真实，但是母爱的伟大又往往能对这个坚硬的世界报以微笑，母爱的温情完全投射在平凡的生活里，伴随人类历史的整个进程。

"睡吧我的孩子！睡后妈妈要到田间劳动，睡觉爸爸要上山，摘回熟山果给你吃，抓回蝉儿给你玩，挖回山薯给你吃，剩下分给小伙伴，人家的妈妈在家闲着，很羡慕有吃的人家。"① 这是一个普通的家庭，毫不隐瞒真实的生活，爸爸上山为家庭做应该做的事情，妈妈为了生活要劳动，她的工作都与生活紧紧联系在一起，她会老老实实记住明天三餐准备做些什么，甚至后天穿的衣服，孩子又和妈妈连在一起，所以，妈妈不会忘记把山果、蝉儿给孩子玩耍，还会带回山薯，要孩子给伙伴分享，在这种氛围中成长的孩子，一定是热爱劳动、吃苦能干、珍爱友谊、孝敬长辈、乐观知足的人，因为父母给了实际的参照。"睡吧我的孩子！睡吧稻子要抽穗，睡吧蒿要打苞，扁豆要开花，羊儿要吃草。"② 妈妈总是把自己最为熟悉的稻米、蒿、扁豆、羊儿等生活常识传给后代，这些看似平常的事情，就是人间真正的生活。

2. 艺术世界的母爱

母爱是母亲情感升华的最好见证，一个懵懵懂懂的女孩子，一般来说，她本来就会认为自己是个人间的精灵，一个行施人间真善美的天使，她会为保存世上她认为最美的东西而欣喜，而对责任、义务等，她还觉得遥远，可一旦做了母亲，她拥有的全部是惊喜，就会把害怕远远抛掉，她立马会把义务当作责任，会自觉成为世上承担一切的人，无论是千座大山，还是万座大山，都不觉着沉重，她知道生活里需要做什么，不需要做什么，会把生命理解得彻底；她知道无论世上有多优秀的文人墨客也比不

① 符桂花：《黎族传统民歌三千首》，海南出版社 2008 年版，第 431 页。
② 同上。

上她随口哼哼的歌谣,因为一个精灵,来自她血液的孩儿要成为世上最优秀的一员,她必须也要成为最优秀的母亲。因此,把这个世界看成了浪漫、惊奇、丰收,没有残酷的现实,也即是一个女孩成为母亲那一刻,就被送入了一个尽善尽美的艺术世界;把一片叶子也会看成整棵树,一滴水也堪称大海,一粒沙也成了珠宝,母爱与艺术紧紧联系一起,并随口哼出,哪位母亲不是无师自通成为哄孩子睡觉的最红歌星?

"侬啊快快大!小嘴儿,红红像稻虾;长辫子,像藤又像麻。那一双脚叉叉,走路扭摆可美啦。你那娇模样,像龙眼初开的花。你长得白嫩嫩,像椰子刚出的芽。旁边站着你姐姐,两人美丽不相差。姐姐戴着金帽子,妹妹就把银笠拿。侬啊你快长大,两人都去找亲家。找得着时才回来,你一笑来我一笑,拿着碗啊吃饭吧!"① 歌词中展示的未来不正是期待孩子在这个世上最闪光的吗?不正是天生丽质,又穿金戴银,长大成人姻缘美满生活幸福吗?即使一个普通家庭的母亲也会把自己的女儿想象为公主。

三 生态美:黎族族群的诗性智慧

生态介入我国族群学术探讨的核心应是着力于整个成系统的生命圈,正如德国学者汉斯·萨克塞所分析的:"生态学的考察方式是一个巨大的进步,它克服了从个体出发的、孤立的思考方法,认识到一切有生命的物体都是某个整体的一部分","我们要尽可能广泛理解生态学这个概念,要把它理解成研究关联的学说。……能够在某种程度上触及到整体"② 黎族族群生态美就美在人与人、人与自然、人与整个社会之间自然构成的生态系统,一种可持续长久发展的诗性智慧。

---

① 符桂花:《黎族传统民歌三千首》,海南出版社 2008 年版,第 831 页。

② [德]汉斯·萨克塞:《生态哲学·序》,文韬、佩云译,东方出版社 1991 年版,第 2—3 页。

1. 敬长爱幼

长者有丰富的阅历和实际经验，他们在生活的岁月里已经为族群的生存发展做出了贡献，孝敬长者基于黎族族群在自己发展中认识到智慧的重要，而长者又是智慧的载体，对他们表达敬意最好的办法就是礼让，比如猎取的珍奇禽兽，动物的头要让老人长者先吃，"欧明小朋友，宝贝快长大。长大端饭碗，食在屋边旁。环绕室邻近，分你同伴尝。吃完回家勺，勺从一边灌。宝贝快长大，快大我宝贝。长大拿弓箭，入林射山鸡。山鸡尾长长，尾长你要射。鸡腿给阿妈，鸡头给啊爹，鸡翅归公公，记住啊宝贝"①。在日常生活中处处体现老人的地位，遇到困难老人贡献他们的智慧，想出更好的办法，让族群生活更美好，这就是黎族祖先崇拜的延伸，他们认为祖先能护佑后代子孙，所以要祭拜祖先，当然年长者也是应该敬重的，"摇呀摇子睡，让母做田园，等父打猎回，母带回塔兰（野生豆类干果荚，摇起能发声，做玩具），醒后给你玩。摇呀摇子大，大后耕田园，大后砍山兰，大后打山猪，把母养到老。"②

真正的可持续发展智慧还要看到未来，而孩子就是未来，他们知道爱孩子也是爱护自己的将来，"儿啊快长大，长大砍山兰。爸砍在山顶，妈砍在边边；因为你人小，你砍在中间。人小要懂做，做工如水流。儿啊快长大，长大砍山兰"③。其实，敬长爱幼是他们对当下和未来寄托的一种自信和祝福。

2. 善待万物

万物在这儿指人类以外的动植物，也就是如何与周围山川河流、飞禽走兽打交道，是粗暴的掠夺、占有，还是爱惜、呵护，共同拥有一个鸟语花香、生意盎然的美好世界？答案当然是善待万物。"人与自然是在同一

---

① 符桂花：《黎族传统民歌三千首》，海南出版社 2008 年版，第 831 页。
② 同上书，第 186 页。
③ 同上书，第 831 页。

个浑然和谐的整体系统之中的，自然不在人之外，人也不是自然的主宰，真正的美就存在于人与自然的和谐中，最大的美就是人与天地、万物之间的那种化出化入、生生不息、浑然不觉、圆通如一的和谐。"①

"宝贝快长大，快大我宝贝。长大拿弓箭，入林射山鸡。山鸡尾长长，尾长你要射。"② 万物有灵当然也是黎族人家一种诗性智慧的认识，他们打猎祭拜山神，但不能随意入山打猎，避免了无节制地猎杀飞禽走兽，对于维持人与动物平衡起到了很好的作用，对于千百年的古树，大榕树、酸梅树、芒果树等，不能乱摸、乱动，更不能砍伐，因为那是"灵宝树"，要善待椰子、菠萝蜜等才能果实累累。他们还崇拜芒草，作为祭祀器具，能够避邪，原因就是搭建茅屋需要这种野草，而且茎秆还能制成扫把使用，这些能看出有点宗教意味的崇拜，并表现出族群的忌讳，就是变相地保护人与万物，特别是维持了人与自然的和谐相处。"当一个事物有助于保护生物共同体的和谐、稳定和美丽的时候，它就是正确的，当它走向反面时，就是错误的。"③ 黎族人将万物视为整个生命共同体，就是把自身融入了整个自然，都是天地之间的一员，何不其乐融融呢？

3. 学习智慧

一个始终学习的民族才是有前途的民族，黎族的文明与进步，是与族群的持续学习分不开的，是他们对明天的思考，对未来幸福的憧憬……他们会把美好、希望、成功留给下一代，告诉他们太阳伴随四季送来的是更艳的花、更甜的水、更酣畅的睡眠，这种把最有效的生态智慧传给孩子的做法，在一些偏远的族群多数都依赖口耳相传，并视为以后支撑族群壮大、幸福的密码，这是天地之间最大的秘密武器——学习再学习！

母亲就是抱着这种愿望教授孩子的："见饭就吃见工做，低头做工不

---

① 鲁枢元：《生态批评的空间》，华东师范大学出版社 2006 年版，第 68 页。

② 符桂花：《黎族传统民歌三千首》，海南出版社 2008 年版，第 831 页。

③ ［美］奥尔多·利奥波得：《沙乡年鉴》，侯文蕙译，吉林人民出版社 1997 年版，第 213 页。

偷闲；夜当睡眼要早起，鸡声一啼要起来。起来梳头后扫室，担水劈柴清猪窝；客人如不煮饭侍，先奉槟榔后拿酒。"① 希望孩子懂得礼节，不要成为没有家教、无修养之人，父母担心会留下骂名。除了生活礼仪、劳动技能、性格习性，还有更重要的是学习人类智慧的结晶——文化知识，这是让后代永远立于不败之地的最佳学习，所以，"积钱不如教子，闲坐不如读书。人生不识字，惨过牛马猪"②。"劈柴批小头，问事问老头。"③ 这种认识就注定黎族人天生喜欢学习，对于文字应用产生的效果明明白白，虽然他们没有形成本民族正规的文字，但是口头文学的传授，其民间留存的摇篮曲却始终缠绕在孩童记忆的耳畔，扎根于他们幼小的心灵里。

曾繁仁先生指出："狭义的生态美学仅研究人与自然处于生态平衡的审美状态，而广义的生态美学则研究人与自然以及人与社会和人自身处于生态平衡的审美状态。"很清楚，广义的生态美学更符合人类的需求，即"在新时代经济与文化状况下提出的人与自然、社会达到动态平衡、和谐一致的处于生态审美状态的存在观，是一种理想的审美人生"④。具体到黎族人构成的整个生命圈，囊括了人与人之间的关系，人与自然万物相融相处，族群自身的未来——学习智慧方是真正的可持续发展，这才是黎族人诗性智慧的体现。黎族民间摇篮曲美学意义主要体现在民俗、心灵、生态维度方面，是源于对生命的呵护，对生活的热爱，对未来美好的祝福，更是人类延续永恒的艺术创造，是母爱最好的艺术呈现。

---

① 符桂花：《黎族传统民歌三千首》，海南出版社 2008 年版，第 395 页。
② 同上书，第 187 页。
③ 同上书，第 873 页。
④ 曾繁仁：《试论生态美学》，《文艺研究》2002 年第 5 期。

土家族傩面具造型的审美内涵

——以恩施自治州三岔乡为个案

李 欣 朱凤群 黄 山

（中南民族大学 中南少数民族审美文化研究中心）

摘要：傩文化作为民族文化的重要组成部分，是原始宗教符号永久的留存。在傩戏表演中傩面具不仅是展现民族文化的载体，而且在外观造型和内在意蕴上都体现了深厚的内涵，是土家族宗教意识、民俗观念、审美意识等的具体表现。本文以土家族傩面具为研究对象，以恩施州三岔乡为考察地点，欲探究恩施土家族傩面具的审美内涵，试图全景式地对傩面具在审美学、民俗学、人类学等方面的价值进行开掘，力求对土家族傩面具进行全方位的把握。

傩，经历了三千多年的漫长历史，积累了丰厚的文化内涵，形成了深厚的文化积淀，融合成多元宗教、民俗、艺术、仪式的复合文化形态，建构了庞大的文化体系，具有深远的历史文化价值。作为傩文化的重要载体，傩面具是一种非常原始的面具造型，它也是特定的少数民族的原始图腾的再现，是消灾解难、祈求吉祥福祉的象征，自产生以来就是人们精神力量的承载者。傩戏面具，俗称"脸壳子"，它伴随着"傩愿"等祭祀活动的流传，至今已有近千年的历史，在形制、质地、造型、工艺等方面都具有鲜明的民族特色。在初步接触傩面具的时候，我们就被傩面具的这种浑厚、粗犷的美深深地吸引了。

傩面具是我国较为原始的面具造型之一，它植根于民间，随着时代的变迁，其作用发生了一系列变化，已由原始的巫术祭祀活动用具转向戏曲表演的饰物，由驱灾避凶的象征物转向审美娱乐的工具。虽是如此，但千百年来其承载的审美学、民俗学、人类学意义仍历久弥新。

本文拟就以恩施土家族傩面具为调研的对象，主要出于以下考虑：第一，现存的傩面具以贵州分布最广、保存最多。但大部分分散在巫师手中，且此地的傩面具名称不完全一致，内容相差也很大，这都不利于深入的调研。就地域来讲，黔东北和黔西南以及黔东北自身傩面具的具体内容相差也很大。土家族地区是中国傩文化保存较为完整的一个地区，在土家族聚居的湘、鄂、渝、黔，至今还有数以千计的傩坛班活跃其间。第二，傩面具是多元文化碰撞的产物，深受多民族文化的浸染。恩施就地域上来讲居于鄂西，与巴蜀、湘文化接壤，或多或少会受其影响。就民族组成成分来讲，恩施本身就是土家族苗族自治州；从传统角度来讲，土家族苗族本身就深受傩文化的影响，为此他们在与汉族及其他少数民族的大杂居、小聚居中彰显出了其特性。第三，荆楚古俗也推动了傩文化的发展，为其蒙上了一层厚厚的面纱。众所周知，楚地自古就深受巫文化的影响，这无疑又为傩文化的发展增添了动力。第四，就恩施土家族傩面具自身的分布来说，相对比较集中，多见于三岔、红土两地。且尤以三岔最为出名，不仅因为此处保留了百副原始傩面具，更在于新一批培养起来的面具继承人多聚集在此，如我们熟知的已故的谭学朝老人，以及新兴成长起来的他的徒弟汪儒斌等，这些都为傩面具的保护、传承、发展增加了助力。因此，要想全面地对傩文化的催生物——傩面具进行了解，就要深入恩施土家族这一群体之中。正是在这样一个地理位置、文化背景的影响下，恩施土家族的傩文化更见普适性和可研究性。

一 傩文化、傩戏、傩面具

傩文化是民族文化的有机组成部分，它自身拥有着庞大的体系，要想对其进行全方位的把握，就必须从其分支入手，进行由点到面的体认。傩戏无疑是最好的突破口，傩戏作为傩文化的一个分支，它较为完整地再现了原始文化的深层内涵，而傩面具作为傩戏表演的载体，更是完整地保存了傩文化的精髓，为此要想全面了解傩面具，就要对傩戏、傩文化有一定的认识。

（一）傩文化：原始宗教永久的印记

傩文化是中国最古老、留存最久、生命力最顽强的非物质文化遗产之一。它构筑起以傩仪为核心，以傩舞、傩戏、傩工艺、傩俗为主要内容的庞大的文化体系。如果说，傩文化起源于远古狩猎时代对野兽的驱逐法术、原始巫术以及原始战争的话，那么它所连缀起来的自然崇拜、图腾崇拜、祖灵崇拜、神鬼崇拜、巫术崇拜等原始思维，则是傩文化得以深入植根的沃土。① 傩文化发端于上古的夏、商，形成于周，并与周代严密的"礼"相结合而自成体系。据记载，周代时楚国就有"二祀一礼"，即社祭、雩祭与傩礼，此为傩文化发展的早期雏形。社祭为后世祭祀后土、社神，兴起春祈秋报社火之滥觞；雩祭是祈求上苍降雨，以求农业丰收；傩礼为权威性的国家祭祀活动，一年春、秋、冬举行三次，甚是隆重。②

傩文化在与不同地域、不同民族的多元文化融合过程中，得以丰富和发展。由艺术、面具和仪式构成的多元"文化空间"深深地渗透进人们生活的方方面面，成为慰藉心灵、解除苦难的法宝。综观中华文化，我国的少数民族地区大多生产力低下，生产关系发展滞后，长期处于狩猎、游牧

---

① 钱茀：《傩俗史》，广西民族出版社 2000 年版。
② 曲六乙、钱茀：《东方傩文化概论》，山西教育出版社 2006 年版，第 1 页。

或半农半牧文化人文生态和地理环境中，这些决定了他们没有也不可能产生具有整体性、完备性的宗教祭祀活动。然而幸运的是，正是在这样一些自然状态下，也为傩文化的发展积累了丰富的宝藏。曲六乙和钱茀主编的《东方傩文化概论》中这样总结：傩文化是具有浓厚生命意识和生存意识的，继承了强烈的"人定胜天"的神话思维，弘扬了人类本体精神和旺盛亢奋的生命力量。

（二）傩戏：土家族文化的活化石

从已有的资料可以见出，在庞大的傩文化体系中，能被用以研究，且保存较为完整的形式当数傩戏与傩仪下属分支。为此我们需要对傩戏进行必要的考察。

早期的傩戏是整个动态的傩仪过程中最富艺术美感的一部分，在整个仪式中，傩戏不仅吸纳了宗教、民俗、巫术和多种原始崇拜等文化因子，更注重艺术的表现，不论是表演过程还是服饰、面具制作，都可看出创作者共同的审美意识。例如傩戏表演主要的特点之一就是娱神与娱人的结合，即在向神灵表示崇敬的同时，又通过世俗节目来使世俗民众感到娱乐，从而使人们获得宗教心理和审美心理的双重满足。

恩施是土家族的聚集区，为此恩施的傩戏沿袭了土家族的传统傩戏样式。土家族傩戏源于古代的傩仪和傩舞，是以驱鬼逐疫和酬神还愿为目的的一种民间戏剧。它大约于宋元时期由中原地区传入土家族地区，巫风盛行的文化气候以及土家族浓郁的原始宗教意识，使傩戏于明清之际很快在土家族地区发展兴盛起来。恩施的傩戏又称为"傩堂戏"，此称谓是以祭坛命名的。在早先，傩堂戏的主要成员由巫师组成，他们组成傩坛班，并被邀请到还愿人家，设立神坛进行傩仪及演出活动。在恩施的傩戏中我们经常会听到"愿傩"这个词，"愿傩"其实是以傩戏的品种命名的，主要为许愿或事后还愿而举行的傩仪。愿主延请巫师组成的坛班，在家中堂屋搭棚—设坛—巫师焚香—礼拜—作法，伏请神灵降坛，为愿主家病人医病，或驱邪除祟，或保婴儿平安，或做寿傩，以求老人免灾长寿。为此我们可以看出，傩堂戏如果说是表演活动的总称，那么愿傩就是演出前后的一种形式。

在《恩施州志》的文化卷中记载到，恩施是"歌舞之乡"，"无事不歌舞"，是一座"艺术宝库"①。如今，恩施傩戏这一文化瑰宝已经被收入国家级非物质文化遗产名录，当下各方也提供了大量资金、人员等的支持和保护。综观傩戏发展，我们可以说，傩戏是民间文化的活化石，民间的宗教意识和审美意识在发展过程中潜移默化地渗入其中。另外，傩面作为傩戏演出所佩戴的面具，是傩戏表演中最重要的器具之一，不同的面具表示着不同的身份，并且在傩仪中是神的化身，故傩戏又称为"面具戏"。

（三）傩面具：土家族文化的自画像

考古学和历史学告诉我们，世界上绝大多数民族，在其摇篮时期都曾经产生过面具。今天，在不少国家和地区，尤其在那些经济、文化比较落后的民族中，面具仍然非常流行。

中国是世界上面具历史最悠久、面具品种最丰富的国家之一。在我国古代典籍中，有很多关于面具的记载，在考古发掘中，也时有面具出土。但在从前，由于我们对面具的搜集、研究很不够，介绍得更少，因此这笔珍贵的艺术遗产至今鲜为人知。现在世界上的面具专家开口便是非洲、北美洲、大洋洲以及希腊、埃及、日本的面具，而对中国面具则很少提及，这不能不使人感到遗憾。

王国维先生在《古剧角色考》中说："面具之兴古矣，周官方相氏，掌蒙熊皮，黄金四目……似已为面具之始。"面具作为一种源远流长的世界性古文化事象，通过对它的研究考证，可以看出在中国，傩面具主要运

---

① 湖北省恩施土家族苗族自治州地方志编纂委员会：《恩施州志》（第22卷），湖北人民出版社1998年版。

用于祭祀、求神、还愿等宗教性活动中，为此以面具为载体并运用于祭祀中也许是傩文化区别于其他祭祀活动的最大特征。在原始人及其后来者眼中，面具并不是一种化装术，而是将人的灵魂输送到另一个世界里去的运载工具，它本身就是一种"神物"，一种不轻易让人接触的东西，一种宗教意识物化的产物。马林诺夫斯基在《自由与文明》中指出："面具、纹身、识别符号、装饰，能把一个演员送到一种神秘的世界中去，或赋予他以一种临时性的特殊精神状态。"由此可以看出，这种特殊的精神状态要想实现就要有所依附，那么在傩文化，或者缩小到傩戏中来看，这种精神状态的实现就要借助面具，并把面具与音乐、舞蹈相结合制造出一个喧嚣的世界，并通过其表情达意，给予参加祭祀仪式的人以强烈的视觉刺激，以达到改变他们意识状态的目的。

面具从史前发展到现在，承载着一个民族独特的宗教心态、民俗心态以及审美心态。可以这样说，面具就是展现一个民族心灵的窗口，是"一个民族、一个文化的自画像"[1]。面具就自身发展来说，大体上经历了以下几个阶段：动物面具、鬼神面具、英雄人物面具、世俗人物面具。这几个阶段与人类文明的演进过程大致切合，即由图腾崇拜、生殖崇拜向鬼神崇拜、祖先崇拜进而转向对人自身价值的高扬和肯定。如果说中外面具文化都是循着这一理路发展的，那么傩面具的发展在此基础上又有所创新。

中国傩面具资源极其丰富，在漫长的历史过程中，多元文化的交融使傩文化这个大系统保留下来了大量的、不同层次的、不同风格的傩面具。随着古代傩祭和傩仪的流传，我们不觉要一起追溯一下傩面具数千年的历史脉络，更好地了解傩面具的发展。

关于傩面具的最早记载当上溯到商代。《周礼·春官·司马政官之职》

---

① 湖北省恩施土家族苗族自治州地方志编纂委员会：《恩施州志》（第22卷），湖北人民出版社1998年版。

称"方相氏掌蒙熊皮，黄金四目，玄衣朱裳，执戈扬盾，帅百隶而时傩，以索室驱疫"。"掌蒙熊皮，黄金四目"是指用熊首制作的假头面具。时傩，是指春夏秋冬四时均作乐礼，巫师和傩师把百姓对鬼神的敬畏与祈祷的愿望加以具体化和形象化的产物。当时的面具多为铜质，其铸造工艺十分复杂，且皆为人面造型，这些人物，形象狰狞、表情恐怖、状若恶鬼，双耳和额头留有缚绳索的穿孔。

秦汉时期，傩面具从驱鬼逐疫、祭祀祈神扩展到以面具装扮亡人，以象征死者灵魂不灭，同时还出现了与鬼神观念联系不大的世俗人物面具，且铜质面具逐渐向木质面具过渡。汉代傩祭中除方相氏外，还出现了木质面具"十二神兽"。汉时的面具用途主要有两个：一是用于驱傩，二是用于百戏。① 据考证，汉代还出现了动眼、断额面具。

至唐代，傩祭中除方相氏仍"假面，黄金四目，黑衣朱裳，右执盾"外，十二神兽衍变成"十二执事"。宋代，傩祭在艺术表现上产生了历史性的转折：一是在表现内容和形式上产生了飞跃。原仪式中的"方相氏"、"十二执事"等形象已消亡，而民间传说中的"将军"、"门神"、"判官"、"土地"、"灶神"等则成了主角②。二是自北齐时傩祭面具传入军队后，不仅临阵戴面具迎敌成为时尚，而且民间傩戏传入军中并盛行，面具的威严及驱鬼作用逐渐转变为表演娱人的功能。当时还出现了专门制作面具出售的匠人，可见面具当时已在社会上广为流传，具有了商品属性，除木质面具外，竹质、纸质面具也日渐增多。

元代以后，随着我国戏曲艺术的高度发展，社会形态的迅速变革及人们审美情趣的日益更新，中原傩戏在与各种日趋兴盛的民间戏曲的激烈竞争中，因适应不了人们日益提高的审美情趣要求，来不及充分发展而迅速

---

① 朱世学：《土家族傩戏面具的演化特点及功能》，《民族论坛》1995 年第 4 期。
② 同上。

339

走向"衰老"①，傩戏面具也逐渐被戏曲脸谱所代替。恰好在这一时期，傩戏随着屯军的汉族移民逐渐传入了湘鄂川黔接壤的土家族地区，并在这块相对封闭、原始文化意识形态遗留甚丰的土地上，找到了一个相对稳定、适宜发展的生态环境。

新中国成立初期，傩戏由于其浓厚的宗教迷信色彩而遭取缔，尤其是"文革"初期的破"四旧"运动，给土家族地区尚存的傩坛以毁灭性的打击，大多仅存的傩戏面具被没收销毁，许多面具制作艺人被批斗，直到 20 世纪 80 年代中期，随着傩戏研究的不断深入，过去被认为土俗粗陋、不能登大雅之堂的傩戏面具，其艺术价值和学术价值才越来越受到人们的重视。

由上述关于傩面具的发展概述，我们可以看出，傩面具的发展随着历史的沿革发生了许多变化，无论是造型上的威严、恐怖向滑稽、怪诞的转化，还是材料由青铜质向木质、纸质的发展，抑或是人物造型的世俗化演进，都说明了傩面具在逐步地适应社会的发展，这也许是它永葆生机的力量源泉。

二　恩施傩面具的审美造型

土家族傩面具是早期原始先民漫长实践的结果，它的发明和使用昭示了原始先民的内心诉求和美好愿望。从已搜集的资料来看，恩施傩面具从功用上分，大体可粗略地划分为两类，即演出类面具和供奉类面具。它们造型各异，极富审美意蕴。

（一）演出类面具

所谓演出类面具，顾名思义就是演出过程中戴的，也就是人们通常所说的傩堂戏面具。这类面具十分注重人物性格的刻画，男、女、老、少、文、武、鬼、神等众多角色细分开来，其中，演出类面具还可以分为三小

---

① 朱世学：《土家族傩戏面具的演化特点及功能》，《民族论坛》1995 年第 4 期。

类：第一小类为"正神"，如引兵土地、唐氏太婆、先锋小姐、消灾和尚、李龙、杨四等，他们都是正直、善良、温和的神祇。民间艺人抓住他们的性格特征，将其塑造成慈眉大眼、宽脸长耳、面带微笑的形象，色彩也比较柔和协调，使人感到十分亲切可爱。他们给人的印象并不是高高在上、享食人间香火的神祇，而仿佛是生活在我们身边的老翁、老妪和少女。在这一类型的面具中，德江县的先锋小姐颇具代表性（见图1）。

图 1　先锋小姐

先锋小姐是正戏《霸王抢先锋》中的主角。她原名崔良玉，与崔洪是亲兄妹。兄妹二人自幼失散，后来崔洪到二龙山落草，当了山猫王。崔良玉到桃园学道，被封为桃园先锋，并受命前往二龙山收服猫王。路上，土地赠她斩妖剑和捆仙绳。在二龙山，崔良玉一番苦战，将崔洪捉住，经过盘问，才知道是自己的哥哥。于是兄妹放火烧掉山寨，一起转回桃园。戏中这样描绘先锋小姐的外貌："眉毛弯弯龙戏水，樱桃小口露银牙……收拾打扮多细雅，赛过南海观世音。"① 民间艺术根据剧情描写，把她眼刻成一个头戴凤冠、面相丰满、弯眉秀目、端庄美丽的少女，与唐代的菩萨塑像颇为神似。那简洁明快的刀法，柔美流畅的线条，蕴含着浓厚的民俗意识，凝聚着作者的审美理想。

第二小类为"凶神"，如押兵仙师、开山莽将、龙王、灵官、钟馗等。他们是一些勇武、凶悍、威严的神祇，民间艺术以头上长角、嘴吐獠牙、眉毛倒竖、眼珠暴突等夸张手法，突出其精神气质。此类面具的共同特点是：线条粗犷奔放，色彩大胆强烈，给人以深刻的印象。沿河县的开山莽

①　蒋晓昀、张安建：《浅议贵州傩面具造型艺术》，《大众文艺》2011 年第 17 期。

图 2　开山莽将造型

图 3　秦童造型

将（见图 2）是此类面具中的代表杰作。

开山莽将是桃园洞中的一员镇妖猛将，手执金光锥斧，专门砍杀五方邪魔。相传他身高一丈二尺，头上长着一对红色的角，一顿饭能吃下一整只牛，行走起来山摇地动。他相貌虽然凶恶，但却一贯扶弱惩强，曾为百姓扫除三头八臂的妖怪。① 民间艺人在塑造这样一个富于传奇色彩的人物时，采取了大胆夸张的手法，以直立的双角和狰狞的獠牙突出其威猛，以炯炯有神的眼睛和烈焰般的眉毛刻画其疾恶如仇的性格。整个作品造型怪诞、神采生动、线条奔放、充满力度，观者无不被其浪漫诡奇的形象和咄咄逼人的气势所震撼。

第三小类为世俗人物，这类面具又可按照剧情和人物性格分为正面人物和丑角两大类。其共同特点是更加接近生活真实，而没有丝毫"神气"和"鬼气"。正面人物如甘生、刘高、梅香等，造型大多五官端正、眉目清秀，显示出淳朴忠厚的个性；丑角如秦童、秦童娘子、秋姑婆等，是插科打诨的滑稽角色，歪嘴皱鼻、细眉小眼、呲牙咧嘴是其主要的造型特征。其中以秦童的形象最为生动（见图 3）。

秦童是正戏《甘生赴考》中的角色，由于嘴歪眼斜，又叫"歪嘴秦童"。他家境贫寒、长

---

① 蒋晓昀、张安建：《浅议贵州傩面具造型艺术》，《大众文艺》2011 年第 17 期。

相丑怪，甘生进京赴考，雇他去挑担子。到京城后，甘生名落孙山，秦童去碰运气，却偏偏高中皇榜。在剧中，秦童机智幽默、妙语连珠，有时还耍一点小小的无赖，充满了喜剧色彩。秦童属丑角造型，民间艺人使用极度夸张的表现手法，将其刻画为五官不正、歪嘴暴牙、斜眉扯眼、歪缩发髻，一副丑陋、憨厚的模样逗人发笑，虽然充满滑稽，却不失智慧。[①] 在傩戏中，秦童出演的戏不仅分量重，而且是真正的主角。其佝偻驼背与跛脚，加上行为举止笨拙，言谈的荒诞、风趣、幽默，庄谐并蓄，使秦童的演出成为人们最为喜爱的节目。各地的秦童面具虽大体是一个模式，但仔细观察，却又各具特点：有的嘴往右边扯，有的嘴往左边歪；有的两只眼眯成一条缝，有的一只眼微闭，一只眼圆睁；有的长着一排细齿，有的生着两倾虎牙。从人体结构看，秦童面具完全违背了解剖学原理，但正是这变了形的五官，给民间艺人提供了驰骋想象的广阔天地。

（二）供奉类面具

供奉类面具主要是供奉在事主家中的面具，多悬挂在门楣、墙壁、厅堂横梁上赋予震慑、辟邪等功能。如傩公、傩母、土家的"大二三神"、"丫角九娘"、"吞口"、"张五郎"等。以傩戏中的重要面具神傩公、傩母为例来展示供奉类面具的特点（见图4）。

傩公、傩母为傩坛的主神，又称"东山圣公"、"南山圣母"。传说为洪荒之后再造人烟的始祖伏羲与女娲。他们的出现大约在唐代，比远古驱傩的主角——掌蒙熊皮、黄金四目的方相氏要晚一两千年。傩公、傩母的出现，标志着"乡人傩"逐步走向寻常百姓家，成为小农经济社会个体家庭的保护神和生育崇拜的偶像。傩公、傩母多为圆雕偶像，配以头冠、耳翅，造型端庄稳重、慈祥和蔼。从开坛击锣敲鼓迎接圣驾起，傩公、傩母便被安放在神坛正中的米碗中，一直等到送神、安神之后，才用红布分别

---

① 蒋晓昀、张安建：《浅议贵州傩面具造型艺术》，《大众文艺》2011年第17期。

图 4 傩公傩母造型

将二者包裹存放。在农村百姓眼里，那些"三清图"上的众多神祇都是虚无缥缈的，只有傩公、傩母才与人类社会及个体家庭有直接的联系。傩戏的传承者正是利用人们这样的心理，把傩堂戏推向农村的家家户户。

从上述对于傩面具的分类我们可以看出，傩面具有完整的、谨严的造型特征，这也是它区别于其他面具，在面具谱系中独占鳌头的利器。傩面具蕴含着浓郁的巫术意识和原始宗教色彩，并且具有驱鬼逐疫、驱灾辟邪的功能。先民缺乏科学的医学知识，误以为天灾人祸、瘟疫流行是恶鬼作祟，故而装扮神灵，包括动物图腾神以驱逐恶魔。先民有一种简单的思维逻辑：要想赶走、震慑住鬼神，就必须比恶魔更凶恶。为此在现存的早期的面具中，我们很容易看到面目狰狞、恐怖的形象。随着时间的推移，人们对自然有所认识，逐步掌握了征服自然的方法，这使得人们转而加速了对自身的认识。此时的傩面具呈现了世俗化的趋势。傩面具是人类文化的产物，伴随着人类文明成长而成长。

三　土家族傩面具的审美价值

上一章我们主要从土家族傩面具的外在造型上区分了不同造型的傩面具所体现出的审美特色。从宗教、民俗、文化心理等方面，我们可以更深入地了解傩戏面具具有的较高的学术和审美价值，是高层次的民间艺术。它的内蕴极其丰富、深邃，造型千姿百态、各具神韵，而且有着不同的层次。面具是作为神的载体来供奉和展现的，所以面具就成为傩事活动的核心。傩事活动离不开面具，面具就是神灵，因此无论是请神敬祖的仪式，还是傩舞表演等所有傩事活动的全过程都必须围绕着面具来进行。

（一）傩面具的形式美

傩面具的质料多采用杨木和柳木，主要原因是杨木质轻而又不易开裂，用柳木是因为民间认为可以避邪。傩戏中的面具是极具特色和魅力的民间艺术，在傩文化中占有着重要而不可替代的位置，是傩文化中审美内涵集中而直观的体现。从傩面具的着色上来讲，有淡彩和重彩两种类型：淡彩是先在面具上涂上一层赭石或土黄作为底色，然后用桐油均匀地刷上几遍，只在眼睛、眉毛、头发等部位用黑色渲染勾勒，并在帽子上描绘出各种图案；重彩是用红、蓝、黄、黑、绛等各色颜料在面具上勾画涂抹，一些细致的地方用笔精心地加以描绘，再涂上一层光油；亦有用各色油漆甚至用土漆绘制的。[①] 总的来说，傩堂戏面具的色彩浑厚、凝重、古朴，注重整体效果，有的面具经过岁月的长期侵蚀，油彩已经剥落，显得古色斑斓，酷似陶器或青铜器，具有一种特殊的魅力和美感。这些着色不一的面具，无疑是不够精细的，但它们在祭祀仪式与舞蹈的渲染中，在表演者的统一韵律、节奏、氛围中产生了摄人心魄的特殊效果，使人们暂时从现实的意识中摆脱出来。这种与现实的分离，把人们带入潜意识的幻想世界

---

① 王兰英、王娟、吴小静：《贵州傩面具的色彩运用研究》，《大舞台》2011 年第 8 期。

中去，大大拓展了人们的思维空间。

从傩面具的表演上来讲，在正式的演出中，演员都要戴上面具，每个面具都各有神名，并有传说故事说明来龙去脉。演出时，演员戴上面具，通过面具上所开的小孔往外视物、表演，当地也有些面具，如先锋小姐、唐氏太婆等，并未在五官处开小孔，此都系民间匠人据传说故事及个人认识的结果。面具背面系根据人体面部结构，凹凸挖空，便于演员戴在脸上。面具往往大于真人的面庞，可以用来改变面形，突出气质、性格特点，与剧情协调。虽然一个面具只能代表一个人物，但使用变换方便，戴上面具即隔离了演员与观众直接的情绪交流，很快入戏。从观众角度来说，这种陌生化的手段，更容易使他们内心产生一种疏离感，并以此确立内心的震慑作用；从表演者角度来讲，这种掩面的方式，更容易使其神圣化，拉开与观众的距离，进入一种神秘的境界。

从傩面具造型上来讲，形态各异。因制作材料的原因，傩面具给人以沉重的质感，再加上特殊的造型图式，整体给人一种厚重感。极度的夸张是恩施傩面具的主要造型特征，不管是什么人物造型，制作者都将面部肌肉刻画到最大程度，"是武将，则眼球暴突，如金刚怒目那样的凶猛……制作丑角则极力强调其嘴歪眼斜的可笑外形，如秦童一类"①，民间艺人在创作时抓住了各个道人的外形特征，随类赋形，突出其精神气质，给人以深刻的印象，例如前面已经提到的先锋小姐，民间艺人根据剧情描写，把她雕刻成一个头戴凤冠、面相丰满、弯眉秀目、端庄美丽的少女，与菩萨塑像颇为相似。从对先锋小姐的造型我们可以看出，民间艺人大多把傩面具当作神灵来看待，虽然面具雕刻艺人多为家传与师传的结合，口传心授，但在他们眼中，神灵本身存在于树木之中，雕刻者借用树木这一载体把神灵复制出来，这类似于早期的"神灵凭附说"。这些神灵存在于艺人

---

① 辛艺华、罗彬：《土家族傩仪面具象征性审美论析》，《中南民族大学学报》2003 年第 7 期。

们的心灵和幻觉之中，经过代代相传，大多已经约定俗成。他们以极其虔诚的宗教感情进行创作，在这种氛围中孕育出来的创作冲动，一经雕刻成面具，就具有某种难以言传的灵性和神性。[①]

（二）土家族傩面具的民俗情趣

傩面具的价值不仅反映在造型上，也体现在民俗上。民俗是一个内容十分广泛的概念，它承载着丰富的历史记忆，连缀着庞大的稳定的时空链条，并以其宽宏的容纳品格，为培养发展壮大傩文化提供了温床。在民俗学上我们常常列举信仰民俗、巫术民俗、发时节令民俗、人生礼仪民俗、建筑民俗、生产民俗等概念，这些都与傩有着不同程度的联系，傩的生存意识、生命意识和巫术意识，对许多民俗事象都具有不同程度的渗透性、黏着性和融合性。傩与民俗相结合成为"傩俗"。傩俗在傩文化中占有相当突出的位置，在数千年的发展过程中，傩俗不断与艺术文化相结合，形成了以音乐、吟诵等时间艺术为表现手法，以雕刻、绘画、剪纸、泥塑等空间艺术为表现手段的综合样态，这种时间、空间相结合，动、静相结合的独特艺术，为傩与民俗的结合发展注入了新的力量。

傩面具的产生从原初意义上讲，属于自然崇拜的范畴，然而在社会族群交流、冲突交融以及文明产生，发展和逐步成熟的过程中，自然崇拜往往超越了其本初意义，成为一定文化背景下意识形态的反映。虽然早期千差万别的生态环境导致了人们生活状态的差异。但人们仍然把自己的美好愿望、内心诉求倾注在傩面具等载体上，以表达相同的原因、方式、目的。当然在对傩面具的人类学研究角度上看，傩面具已经逐渐跳出了自然崇拜的范畴，逐渐上升到对原生性的崇拜观念的研究。为此，我们更能在傩面具的发生、发展、流传、变异等文化演进的态势中，窥见中国各阶段人类生活的轨迹和动向。

---

① 蒋晓昀、张安建：《浅议贵州傩面具造型艺术》，《大众文艺》2011 年第 17 期。

土家族傩戏面具作为一种人类美学意识凝固而成的物化形态和具有特殊表意性质的象征符号，充分体现了傩戏世俗化和宗教化的精神，它造型夸张、色彩强烈、工艺精湛、别具匠心、惟妙惟肖。那独具匠心的表现手法和表现内容，表达了土家族人民对生命的讴歌，对生活的希冀，融汇着丰富的民族文化内涵，多角度、多层次地展现出土家族人民的聪明才智。傩戏面具本身虽是一种静态的艺术形式，但一旦与表演者结合后，就能在以静寓动中，表现人的神化和神的人化，具有动态艺术特征。由于它们出自农村民间艺术家之手，属于"下里巴人"的艺术，迎合了土家族人民的欣赏习惯和审美情趣，使之成为民间文艺中最直观、最普及的形式之一，因此能在民间广为流传，历经千百年而不衰。

（三）傩面具的宗教意味

傩面具不仅是鲜明的演出载体，而且承载着独特、奇妙的造型技艺，是神灵的象征。广大人民秉持着对于神灵的敬畏和宗教的虔诚对其顶礼膜拜。据民间艺人、傩堂戏演员介绍，除部分放置于博物馆中以供展览的面具外，大部分供表演的面具平日里都被封入箱中，收藏于祠堂、庙宇等处。仪式前启箱，仪式后封箱，都要焚香跪拜，敬请神灵起驾或归位。这足见傩面具的神圣性与独特性。

在中国历史上，傩文化由来已久，也许现存可考的傩仪、傩戏已不甚完备，但作为傩艺的面具，却历久弥新，从侧面反映出了悠久的中华历史文化传统。恩施从地图上看，在地理位置上有一定的特殊性，这一地理位置很容易让人想到巫文化，不仅仅是因为其深处荆楚巫文化的腹地，而且在于傩文化与巫文化之间本身的相互交错的关系。为此，我们需要对双方加以界定和概说。巫反映了原始先民的信仰、幻想和心态，也是先民在同自然界进行斗争中主观经验的积累。但这种经验是以原始人一厢情愿的主观幻想和极其简单、幼稚的思维方式进行总结的。因此这种经验的总结自然具有严重歪曲客观规律的特征。但在进行宗教活动时巫师是真诚无欺的，只是本质上是真诚的欺骗。巫可以说是一种民间宗教形态，弗雷泽在《金枝》上说："巫术是一种被歪曲了的自然规律的体系，也是一套谬误的指导行动的准则；它是一种伪科学，也是一种没有成效的技艺。"① 从弗雷泽的话我们可以看出，巫师带有浓厚迷信色彩的主观幻想，具有浓厚的神秘色彩。对巫文化的大致界说，我们可以看出巫文化和傩文化是你中有我、我中有你、密不可分的。但巫文化包含着积极和消极两种反差极大的影响，为此在对傩文化的影响上，应宣扬善的、积极的因素，放弃消极的因素。

高国藩的《中国巫术史》表达过这样的一个观点：在传统意义上，巫是原始自然宗教的产物，而佛、道等是人为宗教，当人为宗教兴起，那么原始自然宗教必然面临消失的结果。但在中国却是个例外。傩的生命意识和生存意识，决定了它善于及时地吸收佛、道神祇，以充实自身。

中国传统的宗教观具有兼容性和吸纳性，促进了各种宗教信仰的人们在和平相处中得以持续发展，长期苦难的人们和贫穷中的人们，对宗教采取了一律信仰的态度，祈求任何一种宗教的神灵，来解脱自己，救赎自己，以期缓减现实的痛苦。但综观这些宗教，我们可以看出佛教、道教都有自己的神仙体系，而以民间宗教出现的"巫"仅在傩坛或神坛上的图案，就已经出现了一百多个神灵，其中包括了佛教的、道教的、民间的、历史的、各行业的等神灵。这正好切合了芸芸众生"见庙烧香，见佛磕头"的急功近利的实用主义宗教祈福心态。当然以巫文化为蓝本的傩文化，在与其他宗教合流的发展过程中也显示了其自身的独特性。傩文化强调的是一种"主生"的文化，表达的是人们美好的愿望和诉求，以及对病痛等现实的苦痛的一种消解，是一种积极向上、化解矛盾的样态；而其他

① ［英］J.G.弗雷泽：《金枝》，徐育新、汪培基、张泽石译，新世界出版社2006年版，第15—16页。

宗教，如道教、佛教都表达的是对灵魂的超渡、因果业报等，在生与死的轮回中，表达了对人生的诉求，所以也可以说道教、佛教是兼有对现实生活的理想化追求，又对来世超渡的。而傩文化，是对现实生活的愿景，表达了人们的美好愿望。

傩面具作为傩戏艺术的表征，它形象地凝聚着傩文化所体现的原始崇拜意识、宗教意识和民俗意识。傩面具作为神灵的载体，体现了傩文化与巫、道、佛等多种宗教文化的相互渗透，在其千百年的发展过程中更是与各地的民风民俗紧密融合，有着深厚的文化积淀和广大的群众基础，凝聚着民间艺人的智慧和心血，是我国各民族的文化瑰宝。

四 结语

恩施土家族傩面具源于自然的农耕经济模式，具有相当稳定的延续性，因此它是一种原生的文化模式，故而质朴厚重、绵延悠长。这一文化载体既有深受宗教影响对未知世界的敬畏而产生的神灵崇拜，又有对现实世界中物质和精神的渴望与追求及对金钱权力的崇拜，当然还有受到儒家思想影响而形成的价值观和道德观。这反映了人们既向往美好生活，又对未知世界的好奇和生命的渴望，而这一切都靠儒家的价值取向来维系。通过对傩面具的研究，我们可以深切地感受到恩施本土强烈的重生利命的生命意识和民俗内涵。这里一切艺术和民俗活动都是人们尊重生命，热爱生活的美好愿望，所以我们看到他们认为"万物有灵"，他们用虔诚的心去对待万事万物，与人为善，哪怕面对的是恶人与灵异。古人用其精湛的工艺去创造一件件造型独特而精美的艺术品，并把它们当作神灵来祭拜，以讨得"上天"、"神灵"的开心，从而让自己的生活更为美满和谐。他们在满足精神祭拜的同时，在现实生活中严格遵循着封建等级制度，不敢有丝毫的冒犯，保证了社会的安宁。从傩面具中我们看到了具有强烈本土特色的艺术形式。

综上所述，我们可以看出，恩施傩面具作为一种带有土家族意识形态的器物，它造型夸张，色彩强烈，线条粗犷，却包孕着浓厚的美学意识。从它身上我们不仅看到了审美价值，更看到了其折射出的深层的世俗化和宗教化的精神，这些都为我们了解傩面具乃至傩文化提供了帮助。傩面具不仅给人以视觉冲击，更给人以心灵的震颤，这些都促使我们去领略其潜藏的特殊表意性质。傩面具表达了土家族人民对生命的讴歌，对生活的希冀，融汇着丰富的民族文化内涵，从傩面具这一载体上我们看到了土家族人民的审美情趣，领会到了他们的傩俗形态，更看出了他们的原始宗教意识，通过这一载体，也许还有许多更深层的价值留待我们去开掘。

土家族茅古斯舞审美意识特征和流变

宗 菡

（中南民族大学 中南少数民族审美文化研究中心）

摘要：茅古斯作为一种非常古老的原始祭神戏剧，被称为人类戏剧的"活化石"，深深植根于土家文化之中。从原始粗犷的茅古斯到具有浓厚现代艺术气息的茅古斯，历经千年发展，茅古斯依然闪耀着光辉。本文以茅古斯为例，从其服饰和动作内容中展现的土家文化内涵与审美意识的演变，分析茅古斯重焕生机的原因和现阶段存在的问题，并提出相应的发展对策。

土家族是一个有着悠久历史文化的民族，土家族人长期居住在云贵高原的武陵山区，主要分布在湘、鄂、渝、黔四个地区。由于地处封闭山区，其受外来文化的影响相对较小，本民族的传统文化保存得较为完整，特别是湘西永顺县境内的土家族文化独树一帜。尤其是土家族的舍巴节，作为土家文化"调年"的节日，对于土家族具有重大的意义。其中茅古斯舞作为土家族舍巴节的一个组成部分，不仅丰富了舍巴节的内容，其自身也蕴含着丰厚的历史文化内涵。

由于土家民族没有文字，土家文化的传承采用言传身教的方式，所以我们只有依托外族部落对其进行的相关描述来透视远古土家族先民的生活文化状况。早在先秦时期，有一些史籍方志将土家举行的活动蔑称为"淫祀"。《汉书·地理志》曰："楚地……信巫鬼、重淫祀。"《永顺县志》"风俗"载："土民多淫祀、所奉之神梅山、云霄诸名为他处所不知。"清朝乾隆时期，中央政府对土家族进行改土归流，对土家族的风俗习惯记载逐渐增多。清代《龙山县风俗日志》中记载着："千秋铜柱壮边陲，旧姓流传十八司。相约新年同摆手，看风先到土王祠。"清代彭施铎《溪州竹枝词》："福石城中锦做窝，土王宫畔水生波。红灯万盏人千叠，一片缠绵摆手歌。"从史料来看，大部分记载的是舍巴节举行活动的状况，茅古斯一直淹没在舍巴节之中，并未受到重视。直至1957年中央民族民间艺术考察团到湘西考察，在保靖县土碧村观看到土家族茅古斯舞表演并认为茅古斯是中国舞蹈的最远源头开始，茅古斯才逐渐走进人们的视野，对茅古斯相关的资料收集和研究逐渐发展起来。2006年5月20日，茅古斯经国务院批准列入第一批国家级非物质文化遗产名录。2015年7月4日，湘西永顺县内古代土司遗址老司城、湖北唐崖土司城遗址和贵州播州海龙屯遗址，联合申报世界遗产的"中国土司遗产"，并成功列入《世界遗产名录》。

本文将以土家族茅古斯舞为例，来阐释土家族茅古斯舞对土家文化的特殊意义，再现土家族文化、历史与情感体现，反映古老土家族人民的生活和美好愿望。特别是对当下土家文化的传承与保护进行分析，对今后的发展做出相关建议。

一 原始土家族茅古斯舞蕴含的审美文化内涵

现代留存的茅古斯舞虽然更具有现代气息，但它同时继承了原始茅古斯舞的特征，探讨茅古斯舞首先要了解茅古斯的原始状态及其文化内涵。茅古斯在土家语中大致有13种称谓，不同地区的人们对其称谓不同，到了现代，人们一般统称为"拔普卡"或"古司拨铺"，大意即"浑身长毛的打猎人"，汉语多称为茅古斯。它是舞蹈界和戏剧界公认的中国舞蹈及戏剧的最远源头和活化石。茅古斯舞延续几千年，最初的风貌我们已经无法亲眼所见，不过在现代气息下的原始茅古斯舞沉积着大量史前艺术的特质。土家族茅古斯舞以原始的形态和粗放的艺术特征为主，再现了远古时期人们的生活状态。茅古斯舞之所以被称为人类舞蹈的"活化石"，不仅在于其悠久的历史文化积淀，更在于其蕴含了原始土家人民的审美意识特征。

原始的茅古斯舞由六个章节组成，分别为找地方、狩猎、抢亲、做阳春、捉鱼、读书，囊括了土家族先民生活的全部内容。在服饰上，茅古斯表演者头戴五根用棕树叶或是茅草、稻草编织成的辫子，身披两块用棕树叶或是茅草、稻草所制成的"衣服"。最具代表性的当属人们在腰腹间捆绑一条一尺余长并用红布包头的草把，用来代表繁衍的工具——男根。原始的茅古斯舞动作十分奇特，同原始人的行为比较接近：身体下沉，双腿弯曲，行走时不断来回抖动，左右摇摆，并伴以土家本土语言。集歌、舞、话为一体的湘西土家族原始仪式性舞蹈，真实再现了远古时期土家人的生产生活。茅古斯历经千年的发展，尽管有些舞蹈内容随着时间不断变化，但茅古斯舞的独特性使其保存相对完整，保持着自身的民族特色。通过现今原始的茅古斯舞可以窥探出远古土家族人民的审美意识。

（一）万物有灵，神性崇拜意识

土家族人民长期生活在深山丛林之中，他们领略过大自然的狂风怒吼，接受过大自然的无情洗礼，与此同时，大自然又赐予了他们丰厚的食物，赠予他们生存下去的力量。"原始社会人们对自然朦胧而神秘的认识使原始人产生了对这种力量的崇拜。在原始人看来，在他们日常生活领域，在他们能被感知的实实在在的自然物之外，还有一种冥冥之中的不可企及的力量，还有一个'不可见的世界'。他们一切行动和思想，是由可见的和不可见的世界、所有事物和因素都是相互联系相互渗透这一概念所指导的。"① 人们对自然心怀敬畏，茅古斯舞作为土家族的一种表演艺术，从中反映出来的内容正是当时原始人们对自然的真实理解，他们借用这种方式来获得心灵的慰藉。

土家人民有一句俗语——"十天打猎，九天空"。人们在漫长的狩猎过程中，承受着生存的压力，在打猎过程中思索着今天的食物归属，每天的心理重负无以宣泄，于是人们便向神明祈求庇护。在茅古斯舞中人们开始祭梅山和酬谢梅山，在上山打猎之前，在院堂中摆上供桌，桌子上放几块石头（代表梅山神），敬香、作揖、磕头，同时口中念念有词，大意是请梅山把山门打开，让猎人们能在山中畅通无阻，有丰富的收获，祈求梅山神能给他们带来丰厚的收获。在收获的同时，土家先民们还会把猎物献祭给梅山，感谢梅山给他们带来的收获。至此，祭拜神灵这一活动便一直流传下来。

除敬谢梅山之外，原始的茅古斯舞中还有"扫堂"这一场景的表演。人们相信通过扫进扫出，能将风调雨顺、丰收、福气扫入堂屋内，把邪气、疾病、盗贼等扫出屋外，土家族人们相信，通过这种方法，能扫除瘟疫，带来幸福的生活。随后请敬菩萨，摆上供桌，对菩萨作揖，请求神灵降福于自家屋内，保佑生活吉祥顺利。

自古以来，人们在向神明祈求庇护，向神明寄托自己美好的愿望。所以，时至今日，这种观念深深扎根在土家族人们的头脑中，每到丰收的季节，人们就会举行盛会，跳起摆手舞，摆上供桌来酬谢神灵。

（二）原始传统茅古斯舞所蕴含的祖先崇拜意识

万物有灵观念的发生，导致了图腾崇拜与祖先崇拜以及其他各种崇拜的出现。原始的茅古斯舞涵盖了土家先民社会生活的全部内容，可谓是社会生活的一面镜子，他们不仅祭祀神灵，对祖宗的崇拜更是贯穿其中。

---

① 利普斯：《事物的起源》，四川民族出版社 1982 年版，第 325 页。

1. 有关茅古斯的起源说

茅古斯舞的起源问题研究一直是个难题，因为土家族缺乏文字记载，所有的文化传承活动都是通过言传和身教，仅仅依靠口头传播，难免会发生一定偏差，只有依靠考古对材料进行佐证。研究茅古斯舞的起源，必然牵扯到土家族的起源问题。关于湘西地区的土家族来源，学界目前尚无统一定论。目前学界有三种学术观点：一是本土说。根据调查得知，当地土家族自称"毕兹卡"，意为"本地人"，即他们是世世代代居住于此，是土生土长的本地人。二是巴人说。春秋时期，楚国战败，巴人南下，迁移至湘西地区，而湘西土家族即是逃亡至此的巴人后裔。认为在此之前，湘西地区是没有土家族的，因为茅古斯舞是作为舍巴节——摆手舞的一个组成部分，而摆手舞则是由巴人带来于此，根据湖北宜昌三星堆考古中出土的一些文物可以证明此种说法。三是融合说。根据对湖南永顺县不二门的考古发现，在新石器时期该地就有人类活动的痕迹，表明有本土人的存在。同时结合茅古斯舞表演的第一场内容——找地方来看，远道而来的人们向本土居民讨要一块生活的地方，生活安定之后同湘西本土居民进行融合，由此形成了新的民族——土家族，茅古斯即融合了两个的民族风俗习惯而形成。

除学界的考察外，湘西永顺县当地的土家族人们有一段有关茅古斯舞的传说：相传古时候，有一位土家族青年独自下山去学习劳动技能，学完以后想回山寨传授其他村民技能，在山路上衣服被刮破了，等他回到山寨时，刚好碰见村民在跳摆手舞。由于他衣不蔽体，便躲在暗处观察土家人民的过年活动。他不想被村民发现让他，便随手用附近的棕榈叶披在身上，参加到摆手舞活动中。由此，茅古斯成为土家人民纪念这位传授农耕技能的先祖的一种形式，每逢舍巴节，茅古斯便作为其中一个重要的组成部分被流传下来。

2. 从表演内容来看

在茅古斯的表演中，老茅古斯被称为"pa（第二声）bu（第四声）ka

（第二声）"，意为"祖先爷"，并且表演时全程由老茅古斯带领。比如在第一场找地方中，由一位老茅古斯带着一群小茅古斯表演着当年土家族老祖宗带着族人迁徙的场景。表演过程中，随时保持着弯腰、屈膝的状态，不断跳动，身上的茅草衣服随着摆动唰唰作响。崎岖的山路，使人们必须保持着屈膝行走的状态，路途中，互相扶持，本着"一个都不能落下"的观念，老祖宗带领其族人来到了湘西永顺境内。在此，遇见了当地的老百姓，便向其讨要一块地方，能让其同族人在此安家。原当地寨首站在堂前显眼的地方与老茅古斯进行对话，大意是寨首问老茅古斯从哪里来？之前睡哪里？吃的是什么？来这里做什么？几个人来？老茅古斯回答的是从董补来的，睡岩石脚下凹进去的地方，吃的是树籽，喝的是岩浆水，来这里是因为树木都发芽开花了，打算来这里找些地挖荒土，带着儿孙们一起来的，随即在案桌上摆上几块石头，用来象征祖先，进行祭拜。在祭祖的时候，小茅古斯争着做"父亲"，表明"父亲"这一角色在土家族中崇高的地位，体现出土家人们对于祖先的敬仰之情。

（三）浓厚的生殖崇拜意识

在众多少数民族的传统文化中，都有生殖崇拜这一现象。生殖之所以成为文化现象，有学者认为是由三种因素所致：其一，由生物机体而来的本能冲动，这是原始人类的自然行为。其二，在原始人类的生存意识中，壮大部族群体力量的基本方式是繁衍和生殖。这类行为对生存有着举足轻重的意义，所以很快上升为社会行为，并且不仅是行为，更是一种观念。其三，原始人类在对自然的观察中，所获得最强烈的印象就是自然界万物生生不息的繁衍和自然创造力所带来的魔法般的奇迹。对这种创造力的探究之心，使他们将自身的繁衍和生殖观念与对自然的繁衍现象的感知结合起来，从而导致对生命更替、生命形式演变的最初思索。[①] 上述三种原因，

---

① 张晓凌：《中国原始艺术精神》，重庆出版社 1992 年版，第 173—174 页。

使生殖崇拜占据了原始人们生活的大部分。通过各地考古所得，大部分的生殖崇拜集中于图式上，以图像进行展现。比如以阴山为中心的岩画，或是把蛇、鱼、鸟等作为生殖的象征符号，而茅古斯舞则以舞蹈形式直接展现出来。

综观湘西土家族的发展史，可以发现土家族人们历经苦难。从茅古斯舞中我们可以了解到，古老的土家族人民在迁徙至湘西这块地区时，跋山涉水，翻山越岭。未向当地的人民讨要到住处时，他们居住在山顶洞穴中，饱受饥饿和疾病的折磨，生存状况十分糟糕。为了能在地方上立足，土家先民急需扩大自己的族人数量与规模，生息繁衍的渴望使其对生殖崇拜尤为重视。土家族的茅古斯舞以粗犷，甚至可以说是激烈的方式表达了对生殖的崇拜，同时，把生殖崇拜直接搬上舞台，这是在其他少数民族不多见的。

土家族的生殖崇拜有着悠久的历史，从母系社会开始，人们对于生殖的渴望通过各种形式展现出来。茅古斯舞反映出土家族群内实行群婚制，母系是这个族群的核心。由女性根据男性特征来选择并进行通婚，并且可以同多名男性进行通婚。男性们为了能受到女性的青睐，需要表演"打糍粑"、"撬天"等平日生产生活内容，显示男性身体的健硕与强壮，甚至下身穿着裙装，他们模仿女性的衣着，表现着女性在生殖中的崇高地位。同时，茅古斯中所敬拜的梅山神也是作为女性形象而出现。

随着人们劳动力度的不断提高和强化，对人们身体力量的要求开始显现，女性的柔弱适应不了高强度的劳动需求，与此同时，男性在身体上的优势开始显现，逐渐由母系社会进入父系社会。男性形象开始凸显并占据主要地位，逐渐成为茅古斯舞的主体表现。特别是原始茅古斯男根表演环节，人们把玩着腰腹间象征男根的草把，进行比雄、挺腹送胯，甚至是模仿两性交媾的场景，把生殖崇拜渲染到了极致。在土家族先民眼中，这种具有象征意义的男根代表一种富有创造性的力量，使土家族得以繁衍生息并且更为强壮，贯穿于茅古斯舞始终。

茅古斯舞作为土家族传统文化的载体，再现了土家族原始的审美文化意识与内涵。其独特的形式与精神文化，使茅古斯舞不断地得以传承和发扬，并闪亮于世界舞台之上。

二 茅古斯舞现代审美意识的演变

茅古斯舞从新石器时代到现代茅古斯舞的定型，历经岁月的洗礼。社会经济和文明的不断进步，使人们逐渐摆脱了劳动的束缚，从劳动中所积攒的经验开始转化为审美的创造。舞蹈的动作、形式随着人们审美心态的具体形式发生变化，更趋于复杂化。为了适应不同的时代文化环境和审美需求，茅古斯舞也实现了自身的定型和丰富化。

（一）现代原始茅古斯舞在服饰上的演变

随着原始人们在劳动中对自然材料的使用与认识力不断增强，从新石器时代到农耕时期，人们对每种材料性能的掌握不断深入，新的材料也不断被开发出来。复杂的劳动使人们的外部感知能力日益增强，反映在茅古斯舞中就以外部服饰的变化为特征。

现今的茅古斯舞服装都以稻草为原料制成，从服饰与社会经济发展水平的关系中我们可以推测，在以石器为主的时期，人们生活在深山里，基本是"靠山吃山"。山上的植被多为棕榈树或是灌丛，所以茅古斯的最初服装是用棕榈叶来裹身，而且只裹下半身，上半身并未有所遮掩，最为接近原始人的穿着。

随着人们狩猎、采集到进入农耕时代，逐渐转化成农业型的劳作样态，人们通过对大自然的改造替代了远古时期以树籽、树皮为生的时代。农耕文化使土家居民获得了稳定的生活，心理状态趋于稳定，安定的生活使各类形象自然人化的审美趋向越来越浓。稻作文明兴起，人们用稻草代替了棕榈树，服饰全部采用稻草制作，同时增加到用五股稻草遮体，即在腰间围一稻草如裙，一块遮胸前与后背，两肩上各披一块搭在左右臂，最后一块套头以遮面。腰腹并捆绑有一条一尺余长并用红布包头的草把用来代表男根，结草表明当时的人们不会织布做衣，只得把草系身上。关于头饰，也采用草料材质，有扎两根、三根的，亦有四根的，据有的学者研究，他们以辫子象征犄角，偶数代表兽，奇数代表人，奇数多于偶数，人角数目越多是用来吓唬兽，战胜兽。① 据调查，一般茅古斯头上扎五根草编辫子，对五根辫子的由来并未有相关的记载，根据当时的自然环境和现今流传下来的茅古斯舞的内容所推测，茅古斯头上所扎草编数目必须为单数，单数可以发双，正如道家所说的一生二，二生三，三生万物，也从侧面表明土家族对种族繁衍壮大的渴望。

直至到现今的茅古斯舞，已定型以稻草为装饰。随着现代文明的发展和人们的审美需要，茅古斯的服饰在以稻草为核心的前提下，增加了色彩和各种装饰，视觉效果得以提高。原始的茅古斯舞的服饰以稻草的黄色和腰腹间草把前端的红色为主。如今舞台上的茅古斯舞的服饰已经大为改观。为了增添视觉感官的刺激，在色彩上增添了绿色、金色等用以点缀。在材质形式上，不再局限于稻草或是茅草，增加了绸、尼、麻等布料。一改原始茅古斯服饰的厚重感，以轻巧、便捷、舒适为主。在头饰上，人们不再用五根草编，多采用帽子式样，以圆锥形或是圆柱形式样为主，并在其中插入稻草，未明确要求"五"这个数目。同时在臂膀或是手腕处增加了相应的手饰来配合整体服装效果，比如在手腕和臂膀处戴一草环，用来代替原始茅古斯中肩上所披两块厚实的草料。整体来看，用稻草遮体已不覆盖全身，有的只象征性地遮住胸部和腰部，有的服饰制成露肩式，更有甚者直接袒露上身。

从原始茅古斯舞纯粹而粗糙的服饰，发展到如今繁杂、精巧、闪亮的

----

① 汤静：《析土家族民间舞蹈"茅古斯"》，《艺海，Art》2009年第4期。

形式。随着技艺的发展，人们从客体上抽取自己所需要的表现因素，根据时代的发展衍化成新的形式，赋予了茅古斯新的审美意义。

（二）茅古斯舞蹈内容的演变

苏珊·朗格曾有一段话："艺术创造的推动力，对所有人都显得十分原始的推动力，首先在周围这一切神怪的形象之中得到了自己的形式……在一个由各种神秘力量控制的国土内，创造出来的一种形象必然是这样一种动态的舞蹈形象，对人类本质所作的首次对象化也必然是舞蹈形象。因此，舞蹈可以说是人类创造出来的第一种真正的艺术。"[1] 原始茅古斯舞既有悦神的性质，又内含着人们不自觉的自悦，茅古斯舞恰好表现出土家人的活动方式和精神特征。

原始的茅古斯分为六个章节，即找地方、狩猎、抢亲、做阳春、捉鱼、读书。从现代茅古斯舞来看，茅古斯舞已由当初的六个章节，缩减成现今的三个章节，即找地方、抢亲、狩猎。随着人们意识形态的转变，茅古斯舞动作、内容都发生了相应的改变。

首先体现在动作细节上。原始的茅古斯采用的都是小碎步步伐形式，屈膝行走，身体重心下移，采取"Z"字形运动，折动形行走，同时跨步都保持在 30 厘米左右。湘西地处武陵山区，在农耕时期之前，人们一直依靠渔猎来生存，需要不断地跋山涉水，崎岖的山路使人们在行走时必须保持重心的稳定，同时避开险要地势。由于湘西独特的地理环境特征，影响了人们行走的状态，反映在茅古斯舞中便形成了屈膝行走的姿态。同原始茅古斯需要保持身体平衡性不同，现代的茅古斯摆脱了自然地理条件的束缚，身体得以大幅度的伸展。舞台上的茅古斯通过艺术化的细节处理，使茅古斯舞的动作更为优美，流线型动作得以强化，摆动幅度加大，由屈膝行走变为直立行走，跑动动作增加，律动性加强，韵律美

---

[1] ［美］苏珊·朗格：《艺术问题》，滕守尧、朱疆源译，中国社会科学出版社 1983 年版。

得以彰显。

除一些动作细节发生变化之外，尤以男根表演变化为代表。原始茅古斯舞对男根并不是单纯的模仿，而是建立在自身的表现基础上。他们不拘于形体的单纯模仿，以特定的情绪同视觉感受相结合的方法去塑造男根表演。在表演男根时，先躬身，然后上身向后仰起，挺腹送胯，把代表男根的道具粗鲁棍高高扬起，以象征自身的强壮。甚至还有"玩男根"这一表演情景，有的去抢同伴的粗鲁棍，有的晃动着粗鲁棍互相打闹，跟随老茅古斯高高翘起粗鲁棍，表演到高潮时期，还会用粗鲁棍去碰触围观的人群。这种热烈而奔放式的表演，展现出土家先民蓬勃向上的精神，和一种洒脱、粗犷之美。

原始经验理性意识和合规律性的发展，使其在向文明时代的特征和意义转化。随着宗祖制度与"礼"制的发展，使人们开始注重现实生活的"文化化"。"礼"制观念的深入，使人们形成一定的社会道德观念，在茅古斯舞中表演男根的环节时，未出嫁的姑娘不得观看。直至新中国成立之后，由于社会历史原因，人们羞于对男根表演的描述，甚至闭口不谈茅古斯。这一时期，茅古斯的表演多为外人诟病，也匿迹在了历史之中。随着今日国家对少数民族文化传统的保护政策，茅古斯舞得以重见天日，男根这一茅古斯的代表特征重新回归到茅古斯舞中。遗憾的是，失去了如原始茅古斯舞那般大胆而狂烈之美，只象征性的表达，并未完整演绎出来。为了符合大众的审美需求，艺术化的茅古斯也早已不见了男根环节的踪影，用老一辈茅古斯表演者的话说——"现今的茅古斯舞早已失去了其中的精髓部分"。

（三）原始舞艺与现代技艺的结合

伴随着人们审美心智的不断成熟，审美要求的不断增高，各种现代技艺手段在茅古斯当中的运用，使茅古斯在世界舞台上崭露头角。在对茅古斯舞文化内涵、形式特征经验性的总结下，人们尝试着对茅古斯的形式内容及配乐、对白、动作等加以融合与创新，赋予了茅古斯现代气息，审美创造性不断凸显在茅古斯舞中。

现代人的审美需求和古老的传统艺术产生一定的距离，为了把握现代人的审美需求，符合现代观众的审美心理和欣赏习惯，一些舞蹈编导通过整理原有的茅古斯舞动作和形式，融合了当代的艺术表现手法，呈现出"现代原始茅古斯舞"形态。原始的茅古斯舞在形式上过于单调，较为生硬，现今的茅古斯舞通过夸大表现某些动作来表现茅古斯的精神内涵。比如，在表现茅古斯中的祖宗崇拜意味时，原始的茅古斯用石头替代祖先，现今舞台上直接人化，以人直接扮演"老祖宗"，高高站立在祭台上，接受子孙的膜拜。原始的茅古斯需要通过人为解说了解他祭拜的内容和意蕴，过于晦涩难懂。现今的茅古斯直接把文化表征简洁明了地表达出来，直接呈现于人们的视觉之中，易于人们对土家文化的了解。

在配乐上，传统的茅古斯舞的伴奏以锣鼓为主，节奏明快，同时土家对白与锣鼓的节奏相互呼应，如同原始的音乐剧。现代艺术化的茅古斯舞借助音响，摒弃了传统的敲锣打鼓式，采用现代科技的声响效果，增强了茅古斯的神秘而狂烈之情，让观众们切身感受到茅古斯中内涵朴素而真挚的情感，比如在表演祭祀环节之时，声乐时而神秘，时而激荡热烈。借助现代科技屏显技术，直接把对土家人的对白文字翻译出来并展现给人们，使观众明晰茅古斯所要表现的内容。观众跟随着音乐与演员们的表演，如身临其境一般，原始的茅古斯或许给人一种诙谐之感，但是艺术化的茅古斯给人一种高昂、敬佩之感。在保持茅古斯原生态的舞艺中融合现代科学技术，展现了茅古斯的全新魅力，使得茅古斯在现代社会环境中得以发展。

三 茅古斯舞重焕生机的原因及发展对策

随着社会经济文化的不断前行和现代舞台艺术的不断发展，人们道德观念的树立以及政府不重视少数民族文化传统和管理机制的滞后，曾使茅古斯舞在很长一段时间内不被人们所认同。但是，国家对少数民族文化的传承与保护政策，使茅古斯舞重新出现在人们的视野当中，并被列入国家非物质文化遗产名录。茅古斯舞能保存完整，并具有重大的艺术价值，同湘西地区的地理文化环境、土家民族的民族性格特点和审美心理特征密不可分。

（一）重焕生机的原因

1. 相对独立的地理自然环境和文化特点

艺术的发展离不开当地的自然条件。湘西地处云贵高原之东侧，西北高，东南低，属中国由西向东逐渐降低第二阶梯之东缘。地势由西北向东南倾斜，武陵山脉由东北向西南斜贯全州，北部多山。其中永顺县地处中西部结合地带的武陵山脉中段，境内地貌以山地、丘岗为主，最高海拔1437.9米，最低海拔为162.6米。小盆地、台地和高峰、沟谷和陡坡，相互交错，山峦重叠，千姿百态。由于地处山区，交通不便，封闭的地理环境，使湘西地区土家文化保持相对完整，从而将原有的艺术文化传承下来。湘西气候湿润，降水充沛，特别适合水稻的种植，土家族世代种植水稻。所以，茅古斯舞用稻草作为主要服饰材质，并延续至今。同时也使得土家文化少受外来文化的影响，人们的意识长期处于一种朦胧状态，这样独特的生态环境，使茅古斯保留着鲜明的民族文化特色。

2. 土家人民和谐、朴素的心理特征

我国是个多民族的国家，各个民族都有强烈的部族特色和地域特征，有自己独特的个性和文化内涵。由于各部族的血缘氏族集团的发展，形成了自身的民族心理和价值观念、审美意识。以稻草为服饰，平日生产生活为表演内容，表现出土家人民希冀与自然和谐相处的心理状态。茅古斯是土家人民对生活经验的精当总结和工作指南，也是他们在劳动中一种鼓舞情绪的东西。

同时，茅古斯是集团性的产物，由 10—20 人组成。在表演过程中，人们必须相互合作，比如在狩猎中，可以发现每个人都有明确的分工，坚守自己的职责，井然有序，人与人之间的和谐恰如其分地体现在了土家先民的身上。打猎所得兽皮被"咕噜子"（土家对汉族的称谓）骗取之后，也浑然不觉，受同伴指责也不还口，只一味向族民们道歉，反省自身的问题。表演内容和基本形态综合起来形成一个憨厚而坦诚的土家先民形象，展现了一种朴实无华的性格特点。"他们完全认同劳动是一种美德，辛勤和汗水播下的不只是稻种，也是幸福之种。"[①] 土家民族特有的心理状态和情感意志熔铸在了茅古斯舞中。

（二）发展对策

自 2006 年茅古斯列入第一批国家级非物质文化遗产名录之后，对茅古斯的发展与保护进入一个新的阶段。茅古斯盛名一时，同时在 2008 年作为北京奥运会开幕式的表演节目，获得了世界的关注。然而经过近几年的发展，茅古斯舞的发展不尽如人意，艺术气息过重，使茅古斯逐渐失去了其精髓部分。现代社会经济的发展，虽然使茅古斯舞得以被推广到世界舞台，获得了人们更大的关注与支持。但是由于社会道德观念对茅古斯舞的某些束缚，使茅古斯舞逐渐走向变异。比如在张家界的山水实景剧《新刘海砍樵》中，融入了茅古斯的表演，并且作为一种驱邪的仪式出现，表演不到 1 分钟，不免有断章取义之嫌。同时，随着现代舞台艺术的进入，使茅古斯舞中的动作和内容都发生了巨大的变化。怎么样能不失茅古斯的精髓，使茅古斯得到完整的保存与发展，笔者试着提出以下几点。

1. 大力培养传承人

任何文化技艺的传承都离不开人，土家文化依靠行动、语言进行传播和继承。由于口头传播的不稳定性，常常因时间、民族、地域差异，以及

---

① 马翀伟、陆群：《土家族湖南永顺双凤村调查》，云南大学出版社 2004 年版，第 284 页。

传播者的主观创作表现和接受者的审美情趣变化，使得茅古斯在传承中出现变异，这就使得土家文化对传承人的培养迫在眉睫。传承人是使茅古斯舞保持原型、不断传承的重要因素。湘西被国家列入西部大开发范围之内，经济相对落后，交通设施发展缓慢，生活水平较低，贫困人口多。同时，现代文明不断涌入，使年轻人渴望接受现代教育、经济观念增强，追求都市生活，不再愿意学习茅古斯。随着老一辈茅古斯舞表演者人数的不断减少，使茅古斯舞原型表现越来越困难。目前湘西永顺县只有双凤村有一位享受国家津贴的传承人，但是传承人年事已高，这就迫切需要寻找新鲜血液进行补充。如今表演茅古斯的人数虽然不少，遗憾的是跳茅古斯并非出于自身爱好，未能全身心地投入茅古斯舞的表演和钻研之中，而是作为一门兼职工作。并且，跳茅古斯的收入并不高，越来越多的年轻人选择外出打工。这就造成了茅古斯舞出现青黄不接的现象。即使国家对少数民族非物质文化传承人的待遇很好，但是名额只有一个。茅古斯是一个大型的舞蹈，它是由多人出演的，国家和政府只保障一个"师傅"即传承人，那种多"弟子"继承者又该何以自处。所以就出现了师傅愿意教，而没有弟子愿意学的尴尬状况。以上原因，造成茅古斯的表演者越来越少，要使茅古斯舞得以长远流传，就必须培养传承人。

为了保护茅古斯中的原始风貌，就要制定相应的政策对茅古斯的本来面貌进行保护，同时加大对传承人的保护力度，或是增加传承人的名额。培养青年一代对本民族传统文化的自豪感，使其自觉加入保护工作当中，才能使茅古斯永久持鲜，并得以流传后世。

2. 发展和规范现有的茅古斯舞表演

目前，茅古斯的表演主要以政府组织表演，由剧团或是表演舞团来进行表演，这就对茅古斯的原初样貌进行了改编，原生态性受到冲击。现代的茅古斯舞在舞蹈编排、音乐创作等方面进行创新，加入更多的时代元素，改变了原始茅古斯较为僵化、缺少个性情感的表现，使其更为生动，满足了现代人的审美观。也有仅仅为了经济效益去迎合世人的低俗的观赏性、娱乐性而随意"创新"。这些所谓的"创新",使茅古斯舞的文化价值受到了冲击,不利于对茅古斯舞的传承与保护。比如在某些实景剧中加入茅古斯舞,虽然有效地推广了茅古斯舞,但使茅古斯舞本身固有的文化价值受到削弱。或是有些在服装上过于"裸露"也使茅古斯舞的原有韵味受到了一定程度的损害。特别是旅游业发展旺盛,为了抢占旅游市场,以茅古斯作为噱头来吸引游客,实则茅古斯的表演早已变异,失去了其真正魅力。现代茅古斯舞更多是其原生态性遭到破坏,为了能使茅古斯长久流传,就必须保持茅古斯的原有生态性。同时加强文化基础建设,广泛开展群众文化活动,努力打造双凤村茅古斯、摆手舞和土家山歌的极具土家族文化特质的群众文化传统基地。特别是 2008 年茅古斯作为第 29 届北京奥运会开幕式前表演节目,让国内外的朋友们一起欣赏到了这一古老土家族舞蹈的魅力。只有在保持茅古斯舞原生态的基础上,进行再创造,才能使茅古斯舞获得永久性的发展。

想要改变目前茅古斯舞在多旅游区中"拿来"主义的现象还有赖于政府建立专门的机构来进行规范化管理,同时加大与周边现存茅古斯舞地区的联系,取长补短。在现实生活基础上,吸收其他舞蹈的表现手法,使这些素材能运用到茅古斯舞中,并结合茅古斯自身特点,使得茅古斯舞得到艺术的创新。

3. 土家文化常态化

茅古斯舞作为湘西土家文化的一个独特代表,想要取得长远发展,必须同外界艺术文化形式形成互动交流。茅古斯舞表主要通过动作和神情来表现人物的内心世界,并伴以土家本土语言。就这要求茅古斯的表演者要精通土家本土语言。但是,随着与外界的交流,土家本土语言受到冲击。随着城市化的进程加快,新生一代已少有人使用土家语,对于非土家族的市民来说,茅古斯中用土家语言对白更为困难。同时,茅古斯舞土家语对白也隔离了茅古斯与观众之间的距离，观众听不懂土家语，不能很好地了解茅古斯舞中的内在精神，不利于茅古斯的持久发展。

为了更好地保护与开发茅古斯，我们应该将土家文化常态化，要变跳摆手舞、毛古斯舞等为土家人们的"健身操"，要变讲土家语为人们"拉家常"，要变穿土家服装为"时装秀"……只有这样，我们的土家族文化常态化了，茅古斯的开发与保护也就会在旅游的发展中不断得到强化。可以采取举办土家文化夜校班、农闲时节操练、重大节日展演等形式，既不耽误村民的农耕劳作，也有利于文化传承。大家在休闲时聚集在一起，或歌或舞、或说或唱，在欢乐的氛围中共同传承土家文化。文化的传承，并非一人之力可解决，依靠的是群众的力量，特别是对于茅古斯这种群体表演的舞蹈来说，除传承人之外，更要发动群众，一起参与到其中，才能保持茅古斯的生机活力。

结　语

关注茅古斯舞不应只着眼于过去，更应着眼茅古斯未来的发展。对于当下各种艺术的融合与创新，我们一直强调原生态的艺术。茅古斯舞中蕴含着土家先民的原始精神，恰好是其亮点之一。同时，作为一种非常古老的原始祭神戏剧，作为人类戏剧的"活化石"，它对戏剧的研究工作具有重大的学术价值。在中国少数民族众多的"文化空间"里，最具有原始历史文化意蕴的并反映上古先民原始崇拜内容的稀有项目中就包括反映祖灵崇拜的土家族的茅古斯，并展现了原始土家族先民的审美文化特征。通过对茅古斯文化原始审美特性和现代艺术气息下的特征，总结出茅古斯舞随着社会文明的流变而产生的变化，并对当下茅古斯存在的问题提出相关的建议。

生态美学

从圆形叙事看草原书写的生态关怀

——以海勒根那的作品为例[*]

丁　燕

（内蒙古科技大学外国语学院）

摘要：新时期蒙古族作家海勒根那在环形时间观和古典文学的基础上，借鉴并吸收拉美魔幻现实主义的圆形叙事结构。本文以海勒根那的多部作品为文本，通过对比螺旋式环形结构、"来而复去"的空间循环模式和"死而复生"的生命循环模式等圆形叙事结构，旨在揭示海勒根那在草原题材作品中所表现出的生态关怀。

新时期蒙古族青年作家海勒根那的作品多以草原为审视对象，以草原生态环境为文学审美聚焦点。海勒根那在作品中所表现出来的生态关怀引发了国内评论家的关注，然而作者笔下的叙事结构与生态关怀之间的内在联系却未引起重视。中国新时期的蒙古族文学吸收了蒙古族和汉族的文艺元素，并不可避免地受到外国文学的影响。海勒根那对圆形叙事结构的使用也同样离不开古典文学作品和环形时间观念的长期滋养，但是综观圆形

---

* 2013年度国家社会科学基金青年项目"西方现代文学对新时期蒙古族生态文学的影响研究"（项目编号：13CWW014）；内蒙古科技大学创新基金项目"生态主义视野下新时期蒙古文学和现代西方文学比较研究"（项目编号：2011NCW008）的阶段性成果之一。

叙事结构在中国文学史中的发展变化，作者正是在魔幻现实主义的启发下使用叙事模式，将之应用到草原生态书写中并使其大放光彩。

一 叙事模式与时间观念

圆形叙事结构和循环时间观从中国古典文学作品到拉美魔幻现实主义几经兴衰沉浮。圆形叙事结构较早见诸中国古代四大名著和蒙古族英雄史诗等作品，是中国古典文学常见的叙事模式之一，其产生原因与中国传统循环时间观不无联系。时间在中国传统循环时间观中被视作一个圆圈"周而复始，周而复返"[①]，并体现在中国古代文学作品和"六十一甲子"的天干地支说、周易八卦，阴阳五行说等传统文化中。然而循环时间观在新文化运动时期却受到线性时间观的挑战。随着达尔文生物进化论和斯宾塞社会进化论等西方文化思潮的引进，科学的、理性的、线性的、开放的西方线性时间观也在新文化运动时期被大规模介绍和传播到中国。在梁启超等人所倡导的"小说界革命"的口号声中，以线性时间观为基础的小说叙事模式取代了传统的圆形叙事模式并被广泛接受。在追求经济发展突飞猛进的20世纪，科学、理性和线性的时间观念主导着人们的思想观念。标志着"进步"与"发展"的线性时间观直接影响到小说叙事方式和结构安排的线性思考与探索。时间从此被社会化、政治化，线性的叙事模式常常表现出和"过去"的诀别及对"未来"的憧憬，并一度成为新文化运动后的主流文学形态。

随着工业生产和科学技术的飞速发展，工业和科技文明对自然的征服和破坏达到了前所未有的程度，人类不得不反思工业文明下的科学主义和线性时间观等。线性时间观由于远离自然的生命节律，而受到20世纪思想家尼采、斯宾格勒等人的反对，并由此改变了西方现代文学作品情节结构

---

① 吴国盛：《时间的观念》，北京大学出版社2006年版，第53页。

的变化。现代主义托马斯·多切特依据新的循环时间观念将现代主义小说定义为"滴答滴"式情节。① 受到西方现代主义和"滴答滴"式循环时间观的影响，拉美魔幻现实主义作家常常在话语层面上"任意"拨动调整时间以构建情节或揭示作品主题。随着马尔克斯的名声大噪，魔幻现实主义作品连同圆形时间模式一时间成为国内众多作家纷纷模仿与借鉴的对象，莫言、陈忠实、李锐的作品中都存有模仿痕迹。新时期的蒙古族作家也不同程度地受到拉美魔幻现实主义叙事模式的影响，例如用蒙语创作的乌力吉布林，用汉语创作的海泉和海勒根那，以及用藏语写作的次仁顿珠等。较之其他几位作家，海勒根那在多样的圆形叙事结构中融入了丰富的生态主题，这与传统文化和古典文学的长期熏陶不无联系，但同样离不开拉美作家胡安·鲁尔弗和豪尔赫·路易斯·博尔赫斯对其影响。海勒根那曾经撰文坦言："最后我还想要说的和做的是，向引我上路的文学大师们脱帽致敬，正是这些素不相识的人告诉我文学的奥妙和写作究竟为了什么。他们的名字是：福克纳、鲁尔弗、艾·巴·辛格、莫泊桑、屠格涅夫、博尔赫斯、叶赛宁、帕斯捷尔纳克，还有中国的余华。"②

二 螺旋式环形结构

《佩德罗·巴拉莫》是拉美魔幻现实主义作家鲁尔弗的重要代表作，其显著的写作特色之一便是螺旋式环形结构。故事以同父异母的兄弟阿布迪奥带"我"进入柯马拉寻找从未谋面的父亲——佩德罗·巴拉莫开始，止于阿布迪奥亲手杀死了佩德罗·巴拉莫，整个作品结构形成一个环形。但是特别值得注意的是此环形结构并非封闭的环形，苏萨娜是这个环形结构中的希望所在：作为柯马拉村唯一不受佩德罗摆布的人，苏

①　Docherty, *Thomas. Reading (Absent) Character: Towards A Theory of Characterization in Fiction*, Oxford: Clarendon Press, 1983: 135 – 136.

②　海勒根那：《我的写作》，《民族文学》2006 年第 11 期。

萨娜至死也没有屈服于佩德罗。苏萨娜的逝世日期恰好是圣母圣灵受孕的日子，这无疑是苏萨娜再生的征兆，因此当葬礼钟声敲响时，人们从四面八方赶来将一场葬礼变成了盛大的庆典。由此看来，鲁尔弗笔下的圆环并非完全封闭和找不到出路，而是呈螺旋式的。人们恰恰是在这种螺旋式的运动中找到了出路和希望，而这种出路与希望不仅是主人公的梦想，也是小说作者的初衷。海勒根那将鲁尔弗的螺旋式运动模式应用在多部中短篇小说的创作中并巧妙地在悲观失望中展现出一丝曙光。《父亲鱼游而去》以"我"五岁那年"父亲"在一场洪水中去世后化作黑鱼为叙事起点，然后循着时间轨迹追述到洪水来临前"父亲"开掘河床的前因后果，并由此延伸出多年后"母亲"对"父亲"的跛脚回忆，继而跨越到 20 年后"我"来到"父亲"的故乡探寻"父亲"背井离乡的秘密，最后回到"我"五岁那年洪水发生前后的记忆。《父亲鱼游而去》整部作品采用了圆形叙事结构，即从圆环上的任意一点开始阅读都能看到一个有关人类寻水的完整故事。从"父亲"足生蹼，到掘河找水，再到"鱼游而去"，每一个故事环节都在暗示人类与水自古至今的"难解之缘"，也由此体现出草原环境下水资源的保护和维持人与自然和谐的重要意义。蒙古族在历史上被描绘成"逐水草而迁徙"北方游牧民族，在蒙古人眼里水是生命之源，生灵之本。然而，20 世纪 80 年代较 20 世纪 60 年代，短短 20 年间内蒙古湖泊就减少 1321 平方公里，总计缩减面积 10943.4 平方公里。草原地区湖泊面积的减少和水资源的匮乏与草原生态环境的破坏密不可分，随着草原的过度开垦和人口的迅猛增长，水资源短缺现象日趋严重。长期以来干旱已经成为危害农牧业生产和促使生态环境恶化的重要因素，然而"父亲"并没有丧失信心，而是凭借着坚忍不拔的执着不停地寻找着水源。此外，螺旋式环形结构下还套嵌着一个小环形结构："母亲"和"我"在寻找失踪"父亲"的途中遇到一个胡毛像鱼须，眼睛如玻璃球，皮肤似鱼鳞的怪模样老头，并从老人那里获悉"父亲"所化作的黑鱼被"钓上来"又被"重新放回水里去了"。鱼神形象的塑造体现出蒙古族人对鱼的崇拜。草原地区干旱缺水，蒙古族对鱼更是崇敬有加，例如蒙古族民间工艺的传统图案中多见鱼纹图案，信仰喇嘛教的部分蒙古族人忌食鱼类；蒙古族民间神话常出现鱼公主、龙王女儿等鱼神形象。鱼神形象传递出蒙古族对大自然的崇拜情结，鱼神将"父亲"钓上来又放生的小环形结构表现出人类与自然的和谐包容，也蕴含着对未来人类生存发展的思索。海勒根那通过置换人与鱼之间的位置关系从而达到颠覆人类中心主义的目的。在人与自然的关系上，人类长期占据着以人为本、为中心、为主宰的地位，例如现实生活中的垂钓者永远是人类，鱼儿则是被钓的对象。倘若有朝一日边缘者和被主宰者也会以另一种方式反过来主宰人类，人类的命运将何去何从？

同样的螺旋式结构还见诸海勒根那的另一部小说，《寻找巴根那》以寻找失踪的巴根那和羊群开始，经历了长途跋涉后，"我和堂兄"尽管找到了化作领头羊的巴根那和数量多达百只的羊群，然而"我们"的步伐却未停止，而是追随巴根那一起继续寻找。"寻找"是整部小说的起因、线索和结尾，然而"寻找"的意义却在环形结构中发生着不同的变化。草原生态环境恶化导致农业歉收和连年干旱，在人、畜、自然关系尖锐的对立时期，巴根那为了保护羊群而选择古老的草原生产和生活方式——游牧经济。"我"和30多人的随行者在寻找巴根那和羊群的途中随着环境的变化也不断地在涤荡着自己的心灵，并试图重新找回游牧民族的精神家园和草原文化的生态精神。

海勒根那的上述两部作品都发生在受严重生态问题困扰的内蒙古草原，生态环境的日益恶化让生活在草原的蒙古族人民产生了强烈的焦虑和忧患，生存的困境唤起了人们的生态意识，作者用螺旋式环形结构喻示草原人民并没有放弃对生活的信心，而是继续找寻希望之路。保护家园和恢复昔日草原风光的路途是漫长而艰难的，但是长期的奋斗和不懈的寻找之后必然出现希望的曙光。

三 "来而复去"的空间循环模式

"小说《佩德罗·巴拉莫》……在空间结构中向上或是向下运动，在时间结构中则在过去—现在—将来三点上运动，在生命的进程中又是沿循着生命—死亡—生命这样一条运动轨迹。"[①] 受之影响，海勒根那笔下的叙事结构也不仅仅局限于螺旋式循环结构，还体现在空间进程方面，并按照"来—去—来"的空间循环轨迹依次展开。在《母亲的青鸟》中"小傻瓜"的"母亲"在挖掘水渠的过程中劳累致死，并化作青鸟腾空而去（功能1）；"小傻瓜"不得不离家出走并踏上寻找"母亲"的漫长征途（功能2）；在外漂泊了几十年后，"小傻瓜"在青鸟的带领下重新回到故乡并躺在母亲的墓穴中（功能3）。正是在来而复去的空间模式中，在人与自然、人与社会的矛盾过程中，严酷的自然环境和复杂的社会关系锤炼和造就了"小傻瓜"克服困难的坚毅品格和对待生命的博爱之心等民族文化精神。随着技巧的日臻成熟和生态意识的增强，《到哪儿去，黑马》、《寻找巴根那》、《父亲鱼游而去》和《父亲狩猎归来》等作品中的地点在"来—去—来"的叙事结构中发生着细微的变化。作品中的故乡不再是单纯意义上的主人公出生地，而是具有现实中的故乡和理想中的故乡的双重含义。《到哪儿去，黑马》中的主人公巴图骑着黑马离开"低矮、有着机井的窝棚"，回到已经远逝的童年，重返梦牵魂绕的茫茫草原；《寻找巴根那》中的巴根那则离开旱情严重的家乡，化身为羊寻找理想中的草原；《父亲狩猎归来》中的"父亲"也在来去之间试图恢复昔日的狩猎文明。现实情境下的故乡往往是主人公现居的遭受生态破坏的草原或森林，而理想中的故乡则是存

---

① 郑书九：《执着地寻找天堂——墨西哥作家胡安，鲁尔福《佩德罗，巴拉莫》，外语教学与研究出版社 2003 年版，第 6 页。

留在记忆深处或令人憧憬的美丽草原或繁茂的森林，由此昔日水草丰美的草原和物种繁多的森林与当下遭受严重破坏的生存环境形成鲜明的对比。为了突破生存困境，作品主人公于是在"来—去—来"的叙事结构中不断地寻找昔日令人梦牵魂绕的故乡草原，回归游牧生活，重构草原文明的作品主题也从而得以展现。

四 "死而复生"的生命循环模式

《佩德罗·巴拉莫》中所有的人物都是鬼魂，海勒根那笔下的主人公也并非都是人类。长期在萨满教和藏传佛教的熏陶下，海勒根那的作品中蕴含着万物有灵论和生死轮回的观念。《父亲鱼游而去》中的父亲死后幻化成一条长着脚蹼的黑鱼，《寻找巴根那》中的巴根那失踪后变成一只黑脸跛腿的领头羊，《母亲的青鸟》中的母亲死后化为一只青鸟展翅飞翔。海勒根那正是借助不受时空限制的小说人物从而摆脱传统现实主义小说因素的制约，并在"生—死—生"的生命循环模式中自由构建理想中的世界。在海勒根那的代表作中，主人公所面临的对手通常是遭受生态破坏的生存环境。《父亲鱼游而去》中的"父亲"与水资源极度匮乏的恶劣环境作斗争，长年离家在外只为掘河找水（功能1）；一场突如其来的大雨引发了洪水，"父亲"在情急之下救出"母亲"和"我"，自己却因耗尽力气被大水冲走（功能2）；洪水过后，"父亲"幻化成一条黑鱼，在与家人的短暂团聚后鱼游而去（功能3）。整篇故事情节在父亲化鱼的奇思妙想中完成生命循环模式。与《父亲鱼游而去》结构相似的另一部作品《父亲狩猎归来》中的"父亲"原本是当地最好的猎人，在退猎归农的政策下，父亲依旧坚持每日上山查数以此表达对大自然的崇敬之情（功能1）；由于森林遭到严重的破坏致使黑熊闯入村庄，父亲在村人的央求下一同上山捕熊，但在最后关头用自己的生命挽救了熊的生命（功能2）；父亲虽然命丧熊口，但却由此获得重生（功能3）。《父亲狩猎归来》的结尾不免有些出人意料，但却意蕴深远，"父亲"对大自然的崇敬之情在小说结尾处达到高潮。鄂伦春族人的祖先是熊，"父亲"最后与熊合而为一，人熊之间的互换关系巧妙地隐藏在故事的开端和结尾，且蕴含着古老的布里亚特蒙古神话故事中有关萨满、猎人和熊之间互相转换的观念。[1] 生命时间的永恒轮回在小说结构上表现为一种生—死—生的圆形叙事结构。《母亲的青鸟》中借牧羊人之口道出羊、狼、青草三者之间的关系，假设一只羊被狼吃了，狼的粪便是青草的好肥料，青草再度被羊吃下并生下一只小羊，牧羊人由此失而复得。[2] 牧羊人的一番话富有深刻的哲理，世界上所有的生命形态都在微妙的平衡中生存，生命的轮回，万物的盛衰，一切都必然遵循自然规律。

"来而复去"的空间循环模式和"死而复生"的生命循环模式所蕴含的圆形思维来自草原先民对四季循环、日升日落、草木荣枯及生死轮回的环圆形认识模式。值得称道的是，海勒根那在借鉴和学习圆形叙事模式的过程中并非一味遵循鲁尔弗的写作模式，鲁尔弗的作品中由爱情、复仇，孤独为主线贯穿作品始终，海勒根那却以人与自然的和谐关系为主线表达作者的生态思想观念。目睹了草原沙化、湖泊干枯、森林砍伐等草原环境的变化，作者深切地感受到自然环境的恶化给草原人民的生活和心理所带来的巨大负面效应，并希望通过一则则感人肺腑的生态故事召唤和期待美好家园的重建。

五　结语

海勒根那创造性地借鉴了拉美魔幻现实主义中的圆形叙事模式并将之用以表现草原题材作品的生态主题，其中包括螺旋式环形结构、"来而复

---

① ［日］秋尾长一郎：《有关熊和狼的几篇蒙古传说》，《满洲民族学会会报》1945 年第 2 期。
② 海勒根那：《母亲的青鸟，父亲鱼游而去》，内蒙古人民出版社 2007 年版，第 174 页。

去"的空间循环模式和"死而复生"的生命循环模式等叙事结构。然而，海勒根那对圆形叙事结构的借鉴和学习并未停留在浅尝辄止的句式模仿，而是将游牧文化和草原生态观融会贯通在作品的时间、空间和生命结构中，以此丰富和深化作品的生态主题，彰显蒙古族的生态文明理念，并形成别具一格的民族特色。海勒根那的创作特色正体现了全球文化背景下少数民族文学在民族文化认同构建中应该注意的问题。民族文学要走向世界，不仅要吸纳世界文学中有价值的东西，还要更好地保持和发展民族文化，只有这样才能走向世界，矗立于世界文学之林。

生态公共艺术的基本特征与发展方向

摘要：生态公共艺术的产生与发展来源于哲学与美学原理。从哲学层面，它是生态思维、生态世界观和生态伦理学等文化观念的产物；从美学角度，生态公共艺术是生态美学的产物。生态公共艺术是在当代生态文化观念层面生长的，与生态理念发生共振的思维方式。生态公共艺术的创作过程与最终的艺术作品形式，具有可持续发展、可循环性、加工过程对环境友好、振兴地方文化产业的特征，充分体现生态文化与公共艺术的共享。

公共艺术是被公众认可，在公共环境中，通过艺术样式展示的艺术。包括建筑、雕塑、壁画、公共设施、环境艺术等。"'生态艺术'并不是新名词，惟将'生态＋艺术'整体看待，甚而将'生态＋艺术＋公共艺术'整体看待，却是1980年以后才逐渐发展成型的，惟在文献上却仍未有真正'生态的公共艺术'此专有名词之出现。"[①] 生态公共艺术是生态学与公共艺术的有机结合，从广义上说包括人与自然、社会与人自身的生态审美关

---

① 郭琼莹：《自然制造——生态公共艺术》，（台北）行政院文化建设委员会2005年版，第13页。

系，是一种符合生态规律的当代存在论美学。"国内美学界更多的人认为，在生态系统中存在着审美问题，生存环境存在着美丑问题，理所当然要进行生态美学研究，并且已经着手进行研究，现已有研究成果出版。例如徐恒醇教授的《生态美学》、袁鼎生教授的《生态审美学》、曾繁仁教授的《生态存在论美学论稿》和多篇论文，其他如陈望衡从美学的角度研究生态系统不仅是可能的，而且是必要的。"[1]

18 世纪以来，西方社会的科技、经济、人文方面发展迅速，由此推动现代公共艺术的理念发展，强调公共艺术的生态化。19 世纪 50 年代，生态学被西方生物科学家定义为：生物有机体与外部世界、生存条件之间产生关系的科学。20 世纪中叶，面对社会环境、资源、气候等问题的现实挑战，科学界把生态学的范畴扩大到人类的生活、生产、消费、交往以及包括战争行为在内的社会过程。而后将人类与其他生命体放置在一个有机系统，形成广义的生态学定义。

活着，让他人也活着。"作为社会公共活动之一的公共艺术，在生态危机日益频繁之时，被赋予了缓解生态压力，甚至解决生态问题的价值。"[2] 公共艺术原创者除去要承担保护生态环境的任务，还要承继文化艺术的发展，由此形成公共艺术的生态发展及其社会审美特性。因此，在当代公共艺术实践活动中，自然、平衡、和谐的发展与城市文化以及艺术品质相统一是生态公共艺术的发展趋势。

公共艺术的主题大多表现出对环境的关怀，对生命状态的关注，对生存环境的思考，因而被称为生态艺术。生态学原理是当代公共艺术、大地艺术以及雕塑艺术景观的一个核心理念，已然上升到哲学的高度，在某些原理方面具有相似性。在具体的艺术创作方面，则体现出文化差异性与文

---

① 聂振斌：《关于生态美学的思考》，《贵州师范大学学报》（社会科学版）2004 年第 1 期。
② 张苏卉：《艺术介入生态——公共艺术的生态观》，《文艺评论》2013 年第 20 期。

化价值观。

一 公共艺术与生态学本质意义的共同属性

1. 存在方式相同

公共艺术和生态学是多元的、跨学科的、动态的、可持续发展的学科。它们的存在方式即对象性也具有相同之处。公共艺术以人类活动、自然生态环境为对象；公众参与为主要方式，引导人与环境实现其本质意义。生态学是以人为主体，发生、发展学科研究和意义的；从广义上看，人和生态环境成为生态学分支中更为宽泛的研究对象。

2. 系统结构相似

以纵向的研究视角管窥：公共艺术与生态学均由自然—人—社会—发生者（公共艺术的艺术家和生态学的研究者）—发生物（公共艺术作品和生态学成果表征）—社会—人—自然，这样一个系统结构循环进行。其中任何一个环节的缺失都会影响乃至破坏整个系统结构的运营。

3. 公共艺术和生态学都具有多元性

公共艺术由交叉学科构成，它的艺术样式、发生载体、记叙方式是多元的。生态学在表征形式、系统观念表征上都具有多元性特征。在当代，公共艺术与生态学都是具有时代意义的多元学科体系。

4. 公共艺术和生态学都具有对话性

对话性，即相互讲述的过程。公共艺术和生态学本质意义都是在进行一种对话性的巡回进程。它们的对话意义超出本学科领域关系同时，也真实地反映精神文化领域。生态学本质是物种之间和谐的循环关系，对话的概念具有广泛性；公共艺术是以某种符号材料表现出来的，具有一定意义的艺术对象，当这种对象为视觉感知呈现时，对话关系就存在了。人作为生态系统中的重要组成部分，与人类公众的对话显得更为重要。

随着社会、科技、经济的发展，社会对生态公共艺术的需求逐渐由追求艺术主张的自我表达转向更为现实且多样化的目标——零排放、融入环境并与环境和人产生良性互动，最终实现艺术与社会发展的共赢。生态公共艺术是在大自然系统中的不同生态特征、生态现象，能呈现具有艺术内涵与实际的形体或现象。

二　生态公共艺术的特征

1. 可再生性

原生态设计理念在公共艺术利用资源等方面有一定的指引性。伴随当代社会工业化的迅猛发展，许多建筑、厂房等被拆除，造成大量的资源浪费和环境污染；众多历史遗迹、文化风俗也逐渐消失。如何将这些废旧资源进行再利用，是当下生态公共艺术亟待解决的问题。通过裸露的管线体现现代艺术的法国蓬皮杜国家艺术文化中心，在创作时，设计者使用了社会发展过程中保留下来的烟囱、钢筋、管线等废旧资源，使其在当今，成为巴黎市内的后现代建筑杰作。徐冰创作的《凤凰》是用商场建设过程中遗留下来的建筑垃圾，制作出来的具有中国意象的凤凰图案。

1982 年，第七届卡塞尔国际当代美术作品展览第一天，博伊斯在弗里德里希广场上，种下第一棵橡树，给作品起名为《7000 棵橡树》。之后，他不幸去世，他的儿子与夫人完成了种下第 7000 棵橡树的壮举。从此，卡塞尔有了一座可以生长的生态雕塑。博伊斯希望这次植树行为体现的根本观念，即生态观念，他在世界范围内唤起保护生态环境的意识。

2. 可循环利用性

部分欧美艺术家和设计师开始依托寻常可得的工业化技术与材料，将生态观念应用于更广阔的室外空间。美国 Tonkin Liu 公司设计的名为《未来之花》的大型公共雕塑，位于英国墨西河边，作品用多组镂空金属片编成花状，自身高 4.5 米，用钢柱支离地面后全高 14 米，钢柱上固定风力涡轮，120 片穿孔镀锌软钢花瓣内部包含 60 个由风力提供电能的 LED 照明灯。当风速超过每小时 5 英里时，灯光就会逐步明亮，直至形成一团红色的光芒，因此被命名为"未来之花"。作品不但在白昼和晚间都取得很好的视觉效果，还突出了与环境互动的主题，具有生态特征的公共艺术应符合的工程标准。

3. 可持续发展性

耗资巨大的生态公共艺术，毕竟不是一场吸引观众眼球的露天表演，而是必须具备可持续性与实用性，实现价值最大化。公共艺术在保护自然环境、满足人们审美要求和生活水平方面，担负一定的社会职责。实际上，我们从宫殿、园林等的环境设计、绘画作品，或者文学的思想表达，都可以感受到人与自然的相互联系，以及对美好生存环境的追求。例如，弗朗索瓦·沙因在纽约一条普通的街道上创作的"纽约地铁图"，就是有趣、生动的公共艺术，具有简洁、有机融入整体环境，同时给大众的生活带来便捷的优点。

4. 加工过程对环境友好

公共艺术创作者有责任和义务以作品为媒介，在艺术品中呈现对环境友好的理念。例如，延长作品的使用寿命、对材料或结构进行拆卸与重组；关注艺术作品可循环再生的艺术形式；以及在使用时对环境的保护与影响，从而使得公共艺术获得再利用价值。例如，2010 年上海世博会的意大利馆的创建理念，即从节能减材出发，运用大量新环保技术，将整个会馆建设成为一座拥有生态气候调节功能的建筑物。例如，会馆的玻璃墙不仅能遮挡阳光照射，还可以产生更多的电能，节约资源。

生态公共艺术作品不但在落成后具有生态审美价值，在材料的开采和加工过程中也必须善待环境。比如，现在被视为绝对环保、生态的材料——石材，在加工过程中需要大量切割、打磨等工序，以加工成业主所需的完全人工化的形态。这些过程制造了大量粉尘，不但影响加工地空气质量，对施工人员和所在地居民健康也极为不利，而且留下大量边角料也得不到有效利用。从这一角度说，如何评价一种公共艺术生态材料是否符合可持续发展标准，还要与其处理工艺综合看待。加工地的环境和作品最终落成地的环境应当得到一致对待。可持续工程公司 XCO2、结构工程师埃克斯利·卡拉汉（Eckersley O'Callaghan）与麦克·史密斯（Mike Smith）艺术工作室，联合设计并开发了《未来之花》，他们运用高精度金属加工工艺和计算机模数化设计，应当成为今后中国相关设计领域的重点发展方向之一。

5. 对地方文化产业具有积极意义

生态公共艺术的设计者一定要超越技术、艺术的局限，从社会、思想的高度去看待作品的选址、材料、形式等问题，主动介入当地文化，并为文化产业做出贡献。

在 20 世纪 50—60 年代的美国芝加哥市，毕加索为市政广场创作艺术品，以提高芝加哥的城市形象。毕加索创作了 1.05 米高的模型免费赠送给该市，后经放大后成为该市的精神象征，为这座处于五大湖地区、面临暴力和经济下滑威胁的老工业城市带来新的气息。1993 年，由著名公共艺术家奥登博格与布鲁根夫妇设计，并落成于英国米德尔斯堡市的《漂流瓶》（Bottle of Notes），英格兰东北部利用艺术作品振兴经济不景气地区的艺术项目，独特的构思以及将瓶身作为文本记录米德尔斯堡历史的创意，都是作品融入所在地人文、历史环境，提升所在地知名度的关键因素。英国纽卡斯尔的高 20 米、翼展 54 米的《北方天使》更是极大地改善了纽卡斯尔这一资源枯竭型城市的人文形象。同样，《未来之花》由英国西北开发署资助，作为墨西河滨水区再生计划的一部分进行竞赛招标设计。该计划目标大胆，内容广泛，包括清洁闲置的、受污染的土地，为本地创造 1100 个就业机会，营造一个现代化、享有足够休闲设施的商业办公环境。甚至，"花"这一灵感来源于墨西河岸边自然和工业的相遇，这也可以看作是艺术来源于生活的一种具体表现方式。总体而言，以作品本身的艺术质量和创新理念为基础，加之适当的宣传力度，《未来之花》已经成为柴郡威德尼斯地区复兴的象征，当地人非常满意该作品能吸引更多观光客与投资者的目光。像这样将艺术作品与地区经济、社会发展紧密结合的案例在中国具有借鉴意义。

三　生态公共艺术发展趋势

1. "禅"生态艺术

"少即是多"——一些艺术作品应用这个创作理念，尽可能采用对自然影响小的做法，进行公共艺术创作。在生态学的语境下，根雕、竹雕、植物园艺等类自然生态雕塑，出现在公共区域内，都可称为生态公共艺术。"渗透着生态意识的东方美学思想，把天地人作为一个有机的、统一的、动态的自然整体来看待，并自觉地维护人与自然的和谐关系，赞美和讴歌生机勃勃的自然生命。把凡是体现生命，显示生命力旺盛的事物看成是美的，始终关注人与自然的关系并把这种关系作为思考立论的出发点，反对以人害天，强调人与万物的平等一致，珍视与爱惜自然生命等等。这些思想蔓延浸透于东方各民族美学思想中，使得东方美学思想带有明显的泛生态思想意识特征。"[①]

　　例如，中国文化艺术体现人性与自然共生的理念，反映的是"天人合一"的精神理想。日本的"物派"雕塑则主张："作为现代艺术，不是永无休止地往自然界添加人为的主观制作物的工具，而应是引导人们感知世界真实面貌的媒介。"他们重视自然的存在，对人类入侵自然的造景方式进行修正。中国艺术家傅中望为表达他对当前大肆开采地下资源，破坏自

---

① 彭修银、张子程：《东方美学中的泛生态意识及其特征》，《中南民族大学学报》2008年第28卷第1期。

然环境行为的质疑与谴责，创作了"以守为攻"：为大地安装两扇大门，并且加上一把锁，好像要把大地封存起来，避免被肆意开采，造成资源匮乏。美国艺术家罗伯特·史密森创作的公共生态艺术作品《螺旋防波堤》，号召艺术远离赞助商和人群，他以石头和结晶盐，在犹他州盐湖区，筑起1500英尺的堤岸。自然景色的变化，时间的推移，都成为作品的一部分。

注重公共艺术设计活动中对自然生态的尊重与维护，深入了解和发掘自然的特质，尽量利用自然元素和天然材质创造自然、质朴的生活环境，确保生态系统的良性循环和资源的合理配置，减少物质和能量的消耗，改善人类生活环境，或修复已遭破坏的生存环境，这体现着公共艺术设计活动中对城市自然生态的综合考虑。

2. 发展方向

"生态艺术并非一拘泥的风格流派，生态的观点将艺术放在一个较大整体和关系的网络中，使艺术与存在的整合性角色做一个连接。新的重点植基在社群和环境而非个人获得与成就。生态的看法并没有取代审美的观点，而是给艺术功能一个深层的解说，在画廊与美术馆系统之外给艺术一个新的意义和目的，以便深入讨论在审美模型中极度缺乏的关怀以及脉络和社会责任等的议题。"① 公共艺术和生态学都体现生态循化、生态平衡的结构关系；二者都以社会和科技发展为依据而发展。科学技术具有明显的价值取向。科技在公共艺术和生态学科的应用中具有重要的推动作用。公共艺术和生态学都将自然生态环境的平衡、自然社会环境的平衡和自然心理环境的平衡作为发展方向。

艺术作为人类精神活动的表现形式，充分意识到尊重、爱护自然，

① 周灵芝：《生态永续的艺术想象和实践》，（台北）南方家园文化事业有限公司2012年版，第18页。

并通过不同的艺术形式传达这个观念非常重要。公共艺术和生态学都以建立自然生态为发展方向，关注自然的平衡可循环的动态关系为理念，希冀在未来创作出具有美感的生态公共艺术作品，走进公共环境之中。

试论生态美学在自然环境公共艺术创作与批评中的应用

王 鹤

（天津大学建筑学院）

摘要：在中国当前国情下，如何借鉴发达国家成功经验，在自然环境中推进公共艺术建设以促进公众艺术参与感，需要生态美学的系统理论支撑。生态美学在自然环境公共艺术创作与批评中的应用既存在理论基础，又有成功个案，运用得当将能从内容与形式两个层面有效提升中国自然环境公共艺术的创作水平，从而更好地改善所在地区的文化氛围，推进人与自然的和谐发展。

一　问题的提出

自从当代公共艺术于 20 世纪后期出现以来，尽管其形式上日趋多媒介、多角度、多形态，但其放弃传统艺术承载的教化、提升作用，始终将公共性作为自身本质属性的精神内核却未曾改变。许多艺术家、策展人及至市政部门通过公共艺术创作推进社区、城市文化建设，以及人与环境和谐发展也成为 20 世纪后期欧美、日本等发达国家通行的惯例。其中在自然环境中建设公共艺术最具代表性的个案便是美国艺术家罗伯特·史密森

1970 年在犹他州大盐湖创作的《螺旋形防波堤》，罗伯特·史密森把大自然变为巨大的美术馆，把湖泊当作画布，用石块、带有腐殖质的水等纯天然的材料做颜料和画笔，在大盐湖上建造了一个巨大的防波堤形构造物，并呈螺旋形伸入湖中。盐分很高的湖水经年累月地拍打着作品，留下一道道白色的盐结晶痕迹。随着时间的磨蚀，这件作品终将淡化、消散，恢复环境最初的形态。但是，这件作品无疑曾经存在过，从这一点来说，其具有永恒性。只有航拍手段才能令观众欣赏其壮阔与秀美，并感受那份神秘、原始和生命的气息，而深入其间，就犹如置身大地、森林，忘记自己的所在。

以《螺旋形防波堤》为代表的自然环境公共艺术作品因为与城市、街区等人工环境公共艺术在形式和内涵上都存在很大区别，因此自成一类。无论是位于原生态自然环境，还是位于森林公园、环湖公园等半人工化的自然环境，它们都具有相近的本质，即将原本在美术馆内进行的实验搬到广阔的室外，将不可抗拒的自然力和永无休止的时间作为作品的有机组成部分，利用艺术之外的不可控因素不断改变作品的面貌，让事实性而非事实本身成为作品的灵魂。因为这种深刻的内涵与壮观的视觉效果，这些作品本身、创作作品的行为以及它们所处的自然环境都具有了极高的知名度与影响力。

对中国的建设部门、文化部门、学者和艺术家而言，借鉴发达国家成功经验，在纯粹自然环境和半人工化自然环境中推进公共艺术建设以提升城市文化形象，并促进居民生活环境的系统改善，显然是有吸引力的选择，相关实践案例也屡屡见诸媒体。但是在具体建设过程中，如何超越模仿阶段，基于当前中国城市化进展快速、土地稀缺、环保压力较大等现实国情，在尽可能少破坏自然环境的基础上取得尽可能大的社会共鸣，目前还缺乏相应的理论支撑，由此带来的结果是实践活动的零散与混乱。衡量一件自然环境公共艺术是否成功，必然需要一套系统的审美评判标准。但是，传统、单一的形式美、艺术美、社会美都无法解释现有的成功案例，更无法有效指导今后该领域的实践。已有学者注意到这一问题："艺术样式的变化虽然使传统单一的审美评价标准面临困境，但美学向文化领域的拓展却有效避免了这一学科面对新艺术形式的失语问题，并衍生出更具多元性的艺术评价方式。"① 基于此，如何拓展美学研究对象，利用具有交叉性、前瞻性和可行性的美学原理指导在自然环境中的公共艺术创作与批评就具备了强烈的现实需求。

二 生态美学应用于自然环境公共艺术的理论基础

自 20 世纪后期以来，随着现代工业文明对自然的破坏以及人对自身与自然关系的迷茫，生态问题逐渐进入美学界研究视野并成为美学的主要研究对象之一。各国美学界开始认真思考如何将生态学和美学有机结合，从生态审美的高度去审视人与自然、社会的关系，以求破解工业文明破坏自然生态这一"现代化陷阱"。尽管生态美学研究肇始于西方，但是进入 21 世纪以来，中国的生态美学研究在立足于中国传统文化的基础上积极吸收国外先进成果，在马克思主义生态美学构建等领域逐渐取得重大进展。这一"以和谐共生的生态纬度作为自身理论立论的逻辑起点；以自觉的、有节制的和取舍有道的实践纬度作为自己理论的原创动力；以创建完满和谐的生态大境界之美作为自己的追求目标"② 的马克思主义生态美学在自身理论体系不断完善深化的同时，还在积极探索如何从社会、经济、文化角度应用于实践。面对在自然环境中推进的公共艺术创作，生态美学完全可以与艺术美学有机结合，为这一领域的创作与批评活动提供宏观和微观层面的理论支持。

---

① 刘成纪：《美的悖论与公共艺术的审美质量——现代城市公共艺术中美的位置系列谈之二》，《中国文化报》2011 年 4 月 18 日。

② 彭修银、张子程：《人类命运的终极关怀——论当代马克思主义生态美学建构的人文学意义》，《江汉论坛》2008 年第 5 期。

生态美学应用于自然环境公共艺术有两方面的理论基础。首先，公共艺术在自然环境中的出现与存在，这种行为本身就体现了人类保护自然环境的努力以及与自然和谐共存的愿望，具有一定的后现代反思意味。同样，生态美学也建构于人类对高度理性、以人类为中心的现代性反思基础之上，提倡生态平衡和协调发展。因此自然环境公共艺术与生态美学从根本上是同源的，是从不同方向向一个终极目标的努力，完全可以在理论与实践上互为补充、互相促进。其次，自然环境公共艺术建设中的人类行为与生态美学的研究对象并不抵触。生态美学虽然以自然生态以及人与自然的关系为核心，但是社会生态、文化生态也包含在其研究范畴之内。马克思认为自然事物只有经过人的社会实践的选择、改造、征服，才获得了一定的社会意义和价值，其自然属性才会转化为一定的审美属性，其自然形式才会转化为审美价值形式。从这一点上说，应用于自然环境公共艺术的生态美学原理与原生态自然美还是有一定区别的。

综合来看，生态美学应用于自然环境公共艺术的创作与批评，既有现实需求，又具备理论基础，下面将结合部分成功案例尝试分析其具体运用的原则。

三　自然环境公共艺术的内容应反映生态美学内涵

艺术家在进行公共艺术策划、论证和创作过程中，应该将具有生态审美价值的观念，如人与自然的和谐观念作为自然环境公共艺术主要的表达内容。同理，对已建成的自然环境公共艺术进行批评亦应秉持这样的原则。罗伯特·史密森就是最早在自然环境公共艺术中表达明确观念的艺术家之一。在他以壮阔的大自然为场地和画布，将观念融于其中，最后营造出恢宏景观的过程中，始终把传达观念作为主要目的。在艺术探索的同时，他尤其追求这种人造痕迹与大自然原始痕迹间的对比效应，也蕴含着保护自然环境的深邃内涵，并为观念、行为、材料、自然这四个因素的结合找到了一个完美的突破口，这是罗伯特·史密森与《螺旋形防波堤》奉献给世界的最宝贵的财富。

同样，中国当代自然环境公共艺术创作在将环境保护、人与自然和谐相处等后现代语境中的生态美学观念作为主要内容的同时，还不应放弃对中国传统文化资源如"天人合一"观等观念的再发现与灵活运用。因为"'天人合一'观至少包含着两点，一是整体思想，二是平等观念，这是截然不同于西方主客二分思想的哲学观，是中国哲学蕴含着丰富生态思想的生动写照，同时这两点也与现代生态学的两个核心原则是对应的，即生态中心原则和生态平等原则"①。将中国传统文化资源融入自然环境公共艺术的创作，既是中国公共艺术创作者的使命，也是中国艺术家的优势所在。

四　自然环境公共艺术的形式应符合生态审美标准

自然环境公共艺术的形式较之传统艺术具有多元、消解、动态等特征，但在具体建设过程中，自然环境公共艺术还是应从材质、风格和安装方式三方面符合生态审美标准。

1. 材质

为了体现人与自然和谐相处的诚意，在最严格意义上的自然环境公共艺术建设范例中，材质的选择应当以可降解、消散、自然消失为标准，《螺旋形防波堤》使用的石块、带有腐殖质的水体等就完全符合这一标准。日本神奈川县藤野町将建设公共艺术的计划与当地丰富优美的自然山区景观结合起来，诞生了"故乡艺术村"。在其中布置的作品大多是巧妙利用自然环境的实验性公共艺术品，离开山林，离开自然，这些艺术实验就无

---

① 彭修银、侯平川：《马克思主义生态美学建构中的中国传统文化资源》，《中南民族大学学报》（人文社会科学版）2010 年第 6 期。

法实现。其中尼尔斯·乌多的《竹巢》完全用树木制作而成，随着自然环境的变化而变化，乃至消亡，实现了艺术的最高境界。①

从稍宽松的标准来看，自然环境公共艺术的材质不必刻意追求可降解，但应属于未经过多加工的天然材质，特别是能够与周边环境共同变化的天然石材。相比之下，无论是从物理特性还是心理感受都更强调科技性的金属材质，则不应在自然环境公共艺术建设范例中使用。日本的带广市从20世纪70年代就开始建设绿丘雕塑公园，作品全部使用当地的白色花岗岩，并以绿草坪和白桦林为背景。管理方在维护中有意减少人为干预，使得这些作品经过数十年的风吹雨淋已经长出了斑驳的苔藓，表面也不如当年光泽，棱角也不再锐利，但是与自然环境契合得天衣无缝，反而具有了视觉上的、心灵上的、理性上的美感。②

如果囿于各种因素，材质既不能完全降解，也并非取自当地的天然材料，那么就必须可拆卸、搬运、消失。在这方面，美籍保加利亚裔艺术家克里斯托使用的"布"具有代表性。在早年用布包裹澳大利亚石礁海岸的尝试后，克里斯托在加利弗尼亚山间用数千根钢架支撑长达四十多公里的8英尺高尼龙布，从而在山谷间形成了一道美妙的屏障，并命名为《山谷幕》。《山谷幕》不但成功营造了视觉上的"壮观"感受，而且作为材料的"布"在此时此地有了极强的象征意义，它担负起了改造"第一自然"的作用，只不过是用一种柔和且事后不留痕迹的方式，并通过这种方式来宣传作者的艺术观。

2. 风格

在艺术风格和造型语言上，只有风格含蓄、内敛的公共艺术作品，才能在宁静和谐的自然环境中不引起观众的突兀之感。从实例来看，大多数成功的自然环境公共艺术作品在造型上都呈现多曲线、多弧面的特征，注

---

① ［日］竹田直树：《世界城市雕塑·日本卷》，高履泰译，中国建筑工业出版社1997年版，第9—102页。

② 同上。

重自身的完整、开放、内敛，注重与周边自然环境的和谐、统一。人工环境公共艺术那种通过色彩、形式感与周边建筑环境形成强烈对比以彰显自身存在的现象，在自然环境公共艺术创作中很难见到。

3. 安装方式

严格说来，无论基于何种建设初衷，公共艺术作品毕竟是人造物，依然会对自然产生一定的破坏。但是，设计者完全有条件通过各种可以采取的手段，将对环境的改变、影响和破坏降至最低。而且就自然环境公共艺术给人带来的心灵安慰与放松来说，就其产生的经济意义和教育意义等多方面效应来说，对自然环境有节制的、非永久性的改变应该被允许。在很多成功案例中，主办者和艺术家都争取在安装时采用最少破坏自然的方式，并以科学指标量化对环境造成的影响。以克里斯托早年的作品《山谷幕》为例，由于作品在自然中进行，因此克里斯托向美国政府递交了数百页的可行性报告，其中包括环境作用、经济成本、交通环境甚至于生物学评估文件，并成功通过了当地政府的听证会。

从具体层面上说，许多日本雕塑公园中的公共艺术作品甚至没有永久性的地基，只依靠雕塑自身的重量安放于平地上，不但便于搬运，而且随着时间流失与周边环境几乎完全融为一体。同样，克里斯托在纽约中央公园进行公共艺术创作时，与园方签订合同中包含有"不得损坏公园里的花卉、山石和草木"、"为埋放钢质结构的底座而挖的洞穴日后应回填自然材料，使地面处于良好状况"等条款。①

结　语

从上述论述可以看出，生态美学原理能够有效作用于自然环境公共艺术的内容论证与形式选择两个层面。借鉴生态美学基础原理建设的高水平

---

① 孙振华：《公共艺术时代》，江苏美术出版社 2003 年版，第 81 页。

自然环境公共艺术作品应当在内涵上体现人与自然和谐发展的深刻思想，在形式上亲近自然，融入环境，不以追求永久性为目标。这样的高水平公共艺术作品不光是单纯的学术实践探索，还能在彰显地区文化特色，提升所在地区公众的艺术参与氛围方面发挥具体的积极作用。反过来，优秀的自然环境公共艺术实践还能丰富生态美学的研究内容，并为进一步的深入研究提供更多的素材。因此，生态美学原理与自然环境公共艺术创作的融合与互动是理论与实践互为促进并最终造福于社会的典范，无论是对中国当前的"和谐社会"建设，还是对全人类面临的可持续性发展问题，都具有不容忽视的借鉴意义。